SPSS 24 统计分析基础与案例应用教程

罗花容　编著

北京希望电子出版社
Beijing Hope Electronic Press
www.bhp.com.cn

内 容 简 介

SPSS 适用于自然科学、社会科学、商业管理等领域，是世界上流行的统计软件之一。本书由浅入深、循序渐进，使零基础的读者能够熟练掌握 SPSS 统计分析的方法。

本书包括 17 章，分为 4 部分。第一部分是 SPSS 软件介绍，包括 SPSS 统计软件的历史、安装操作与新版功能、操作界面等。第二部分是 SPSS 基础操作，包括 SPSS 数据文件的创建、数据清洗、变量的计算转换、自定义表格以及 SPSS 的图形制作方法。第三部分是 SPSS 统计分析，包括频率分析和描述分析、多重反应分析、均值比较、方差分析、非参数检验、相关分析、回归分析和因子分析。第四部分是 SPSS 进阶学习，包括 Syntax 命令语句程序设计与 SPSS 实战案例。

本书内容精练、重点突出、实例丰富，是广大商业统计分析工作者必备的参考书，同时也非常适合大中专院校师生学习阅读，还可供高等院校统计分析及相关专业作为教材使用。

图书在版编目（CIP）数据

SPSS 24 统计分析基础与案例应用教程/ 罗花容 编著. —北京：北京希望电子出版社，2017.10

ISBN 978-7-83002-549-6

Ⅰ. ①S… Ⅱ. ①罗… Ⅲ. ①统计分析－软件包－教材 Ⅳ. ①C819

中国版本图书馆 CIP 数据核字(2017)第 220550 号

出版：北京希望电子出版社
地址：北京市海淀区中关村大街 22 号
中科大厦 A 座 9 层
邮编：100190
网址：www.bhp.com.cn
电话：010-62978181（总机）转发行部
010-82702675（邮购）
传真：010-82702698
经销：各地新华书店

封面：深度文化
编辑：李 萌
校对：刘 伟
开本：787mm×1092mm 1/16
印张：26
印数：1-3000
字数：648 千字
印刷：北京昌联印刷有限公司
版次：2018 年 1 月 1 版 1 次印刷

定价：59. 80 元

前言

随着国内大数据概念的普及，越来越多人意识到数据分析对经济发展的重要意义。市面上的统计分析软件繁多，但SPSS作为集成了数据管理、统计分析、图形报表、编程扩展为一身的功能强大的应用统计分析软件包，和SAS、BMDP并称为国际上最有影响的三大统计软件。近年来，我国的政府部门、医疗卫生、体育、经济等领域的工作者已广泛使用该软件进行信息管理和决策分析工作，同时掌握SPSS统计分析软件已成为许多高等院校本科生和研究生的必备技能。

为了方便广大读者学习，作者结合自己多年的SPSS统计分析应用经验写作本书。本书全面地介绍了SPSS的基础统计分析功能，并结合实例讲解了SPSS的应用操作。学完本书之后，读者将会具有SPSS统计分析和数据研究项目的能力。

本书的特点

1. 内容丰富，知识全面

全书共分4篇17章，采用从易到难、循序渐进的方式进行讲解。不仅介绍统计操作也深入浅出地介绍基础统计原理。

2. 最新版本，时代案例

书中所有功能版块和操作界面的介绍都是基于最新的SPSS版本展开的，避免因版本滞后影响操作体验。同时书中的诸多案例是紧跟时代给出的，如最后一章的移动音乐用户研究项目示例。

3. 循序渐进，由浅入深

为了方便读者学习，本书首先让读者了解SPSS，并掌握软件的基础界面和数据操作。读者在掌握如数据清洗、变量转换等SPSS基础数据操作之后，逐渐学习SPSS的具体统计操作方法，这要求读者掌握一些统计知识。从而读者可以边学习，边动手，更快熟练应用SPSS进行分析。

4. 案例精讲，深入剖析

书中所有涉及统计方法的章节都提供了实例示范，通过现实中的案例更能够让读者理解统计分析在生活和工作中其实无处不在，也能够让读者更高效地理解各统计方法的应用场景和条件。

本书的内容安排

本书分为4篇17章，主要章节内容如下。

第一篇（第1章～第2章）为SPSS软件介绍。

第1章介绍了SPSS统计软件的历史、安装与最新功能。第2章介绍SPSS的操作界面以及SPSS内的数据结构设定。

第二篇（第3章~第7章）为SPSS基础操作。

第3章将开始讲解创建SPSS数据文件并进行基础编辑操作的方法。第4章介绍如何对数据进行清理和整理，剔除不必要不合理的数据，抽取并整理目标样本数据。第5章尝试进行变量的计算和数据转换。第6章中介绍了自定义表格的制作，用于自行设计并输出所需表格。第7章介绍了SPSS的3种图形制作方法与常用的若干图形类别的制作过程。

第三篇（第8章~第15章）为SPSS统计分析。

第8章介绍了基本的统计操作，用于初步分析和了解目标样本数据。第9章介绍多重反应分析，主要用于处理问卷中的多选题。第10章的均值比较和第11章的方差分析用于比较不同条件水平下的各个样本分组的差异是否显著。第12章是非参数检验，用于比较不符合正态分布总体之间的差异。第13章是相关分析，用于描述多个样本之间的相关性。而第14章介绍的回归分析，适用于分析因果关系。第15章是因子分析，用于将众多原始变量浓缩成少数几个有强解释性的因子变量。

第四篇（第16章~第17章）为SPSS进阶学习。

第16章介绍了Syntax命令语句程序设计，对SPSS的命令语句程序设计过程进行入门讲解，方便进阶学习。第17章是SPSS实战案例的应用，讲解了在实际工作中合理有效地运用SPSS进行数据分析，作出最佳商业判断的方法。

本书由浅入深，由理论到实践，尤其适合初级读者逐步学习和完善自己的知识结构。

源文件下载

本书应用到的源文件可到北京希望电子出版社官方网站下载。

适合阅读本书的读者

- 希望从事数据分析相关工作的人
- 统计分析工作人员
- SPSS统计分析软件入门者
- 大中专院校统计相关专业的学生

本书由罗花容组织编写，参与编写的还有刘桂珍、陈冠军、魏春、张燕、孟春燕、项宇峰、李杨坡、张增胜、曾桃园、曾利萍、谈康太、蒋啊龙、汪春兰、李秀、董建霞、方亚平、李文强、张梁、邓玉前、刘丽、舒玲莉、孙敖、黄艳娇、刘雁、朱翠元、郭元美、张宇微、张淑凤、伍云辉、孟庆宇，在此一并表示感谢！

编　者

目　录

第1章

SPSS for Windows 概述

本章包括

- SPSS 的发展简史
- SPSS 24.0 for Windows 的安装
- SPSS 24.0 for Windows 的新增功能
- SPSS 24.0 for Windows 的帮助系统
- SPSS 与数据统计

SPSS 是集成了数据管理、统计分析、图形报表、编程扩展为一身的功能强大的应用统计分析软件包。它和 SAS、BMDP 并称为国际上最有影响的三大统计软件。该软件适用于自然科学、社会科学各领域。近年来，我国的政府部门、医疗卫生、体育、经济等领域的工作者已广泛使用该软件进行信息管理和决策分析工作。同时，应用 SPSS 软件进行统计分析已成为许多高等院校本科生和研究生的必备技能。

SPSS 24

1.1 SPSS的发展简史

SPSS（原名Statistical Package for the Social Science，现名Statistical Product and Service Solutions）最初作为社会学统计软件而诞生，是一种集成化的计算机数据处理和统计分析通用软件。该软件是世界上公认的最优秀统计分析软件包之一，现已广泛应用于经济学、生物学、心理学、医疗卫生、体育、农业、商业、金融等领域。

1968年美国斯坦福大学的三位研究生开发了最早的SPSS统计软件，当时主要面向中小型的计算机和企业级用户，统称为SPSSx版，并于1975年在芝加哥成立了SPSS公司。后来随着微型计算机和DOS操作系统的出现，SPSS公司又于1984推出DOS操作系统上的SPSS微机版，即SPSS/PC+版，一共推出三个版本。随着图形界面Windows操作系统的出现和普及，1992年推出面向Windows操作系统的版本。

自SPSS 11.0起，SPSS全称为“Statistical Product and Service Solutions”，即“统计产品和服务解决方案”。2009年：SPSS公司宣布重新包装旗下的SPSS产品线，定位为预测统计分析软件（Predictive Analytics Software）PASW，包括PASW Stastics、PASW Modeler、Data Collection family、Pasw Collaboration and Deployment Services等四个子产品。2009年7月28日，IBM公司宣布用12亿美元现金收购统计分析软件提供商SPSS公司。

SPSS是用于分析数据的综合系统，可以选择包括简体中文在内的多种语言，可广泛地适应不同用户的要求。如表1.1所示，目前全球最新的推广版本是第24版，第25版尚未在国内发行，官网上仅有测试版供试用（从被IBM收购之后，SPSS的更新都是一年一个版本，通常每年的8月中旬更新）。

表1.1　SPSS的历史版本

历史版本	发布日期
SPSS 15.0.1	2006年11月
SPSS 16.0.2	2008年4月
SPSS Statistics 17.0.1	2008年12月
PASW Statistics 17.0.2	2009年3月
PASW Statistics 17.0.3	2009年11月
PASW Statistics 18.0.0	2009年8月
PASW Statistics 18.0.1	2009年12月
PASW Statistics 18.0.2	2010年4月
PASW Statistics 18.0.3	2010年9月
IBM SPSS Statistics 19.0	2010年8月
IBM SPSS Statistics 20.0	2011年8月
IBM SPSS Statistics 21.0	2012年8月

续表1.1

历史版本	发布日期
IBM SPSS Statistics 22.0	2013年8月
IBM SPSS Statistics 23.0	2014年8月
IBM SPSS Statistics 24.0	2015年8月

SPSS for Windows的分析结果清晰、直观、易学易用，而且可以直接读取Excel及DBF数据文件，现已推广到多种各种操作系统的计算机上，它和SAS、BMDP并称为国际上最有影响的三大统计软件。在国际学术界有条不成文的规定，即在国际学术交流中，凡是用SPSS软件完成的计算和统计分析，可以不必说明算法，由此可见其影响之大和信誉之高。

SPSS产品由原来单一统计分析软件的开发为主转变为向企业、教育科研及政府机构提供全面信息统计决策支持服务，并广泛分布于通讯、医疗、银行、证券、保险、制造、商业、市场研究、科研、教育等多个领域和行业，在全球财富1000家企业中，有95%的企业是SPSS客户。

1.2　SPSS 24.0 for Windows的安装

作为Windows操作系统下的应用软件，SPSS 24.0 for Windows安装的基本步骤与其他软件基本相同。

步骤1　在下载文件夹目录内找到并执行setup.exe文件，出现如图1.1所示的安装界面。

步骤2　按照安装向导的提示，阅读产品说明，单击“下一步”按钮，出现如图1.2所示的许可协议，详细阅读许可协议后，选中“我接受许可协议中的全部条款”。

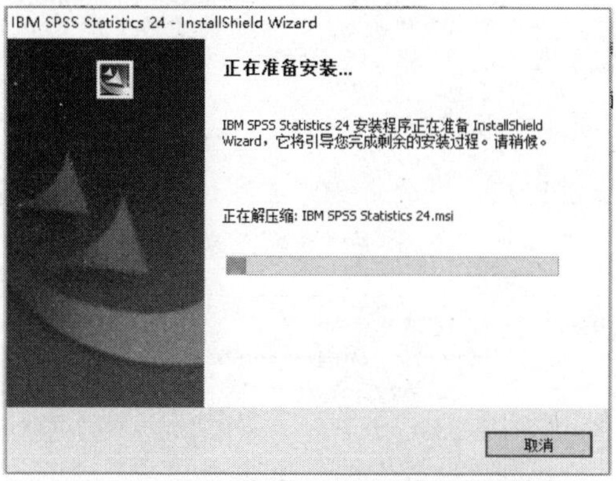

图 1.1　SPSS 24.0 for Windows安装界面

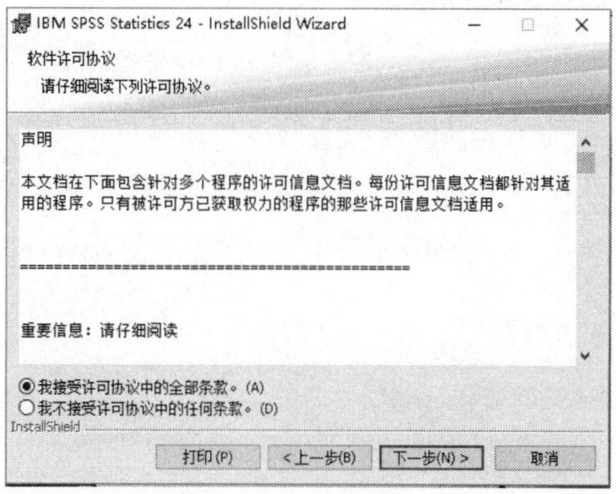

图 1.2　SPSS 24.0 for Windows 许可协议

步骤3　单击“下一步”按钮，出现如图1.3所示Python组件安装确认界面，根据需求选择是否安装。

步骤4　如果要安装Python组件，单击“下一步”按钮后出现如图1.4所示Python安装许可证协议窗口，选中“我接受该许可证协议中的条款”，然后单击“下一步”按钮进入SPSS的Python组件安装许可证协议页面，同样选中接受并进入下一步。

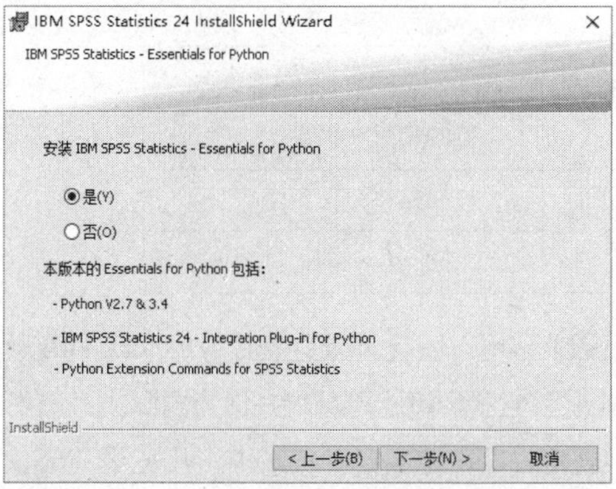

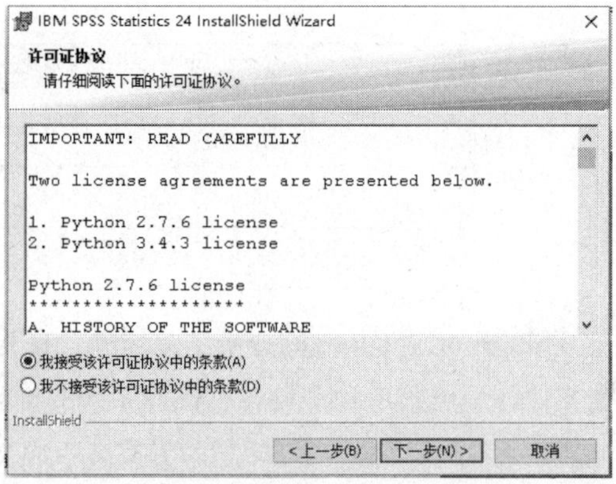

图 1.3　SPSS 24.0 for Windows Python组件安装确认　　　　图 1.4　Python 安装许可证协议

步骤 5　在图1.5所示页面设定用于安装SPSS 24.0的目标文件夹，可通过“更改”替换默认安装路径，可通过“Available Space”查看本地磁盘的剩余空间。

步骤 6　单击“下一步”按钮后在弹出的如图1.6所示的页面中单击“安装”按钮。

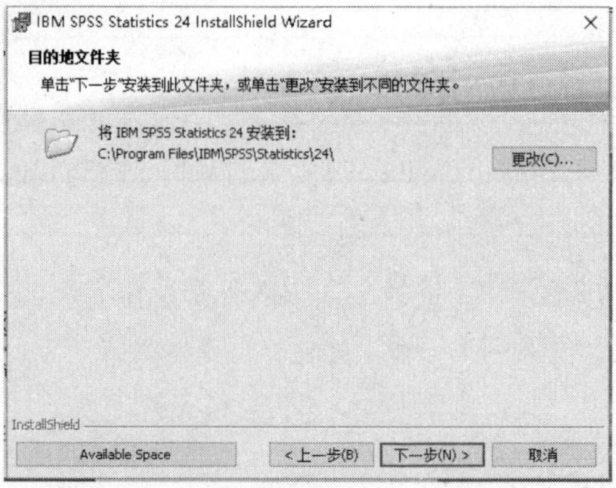

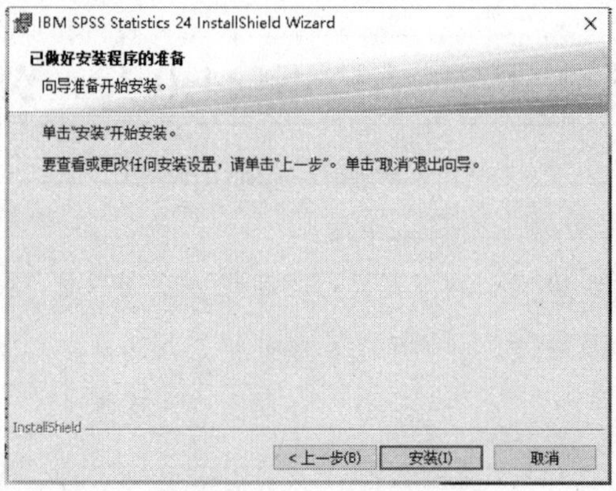

图 1.5　SPSS 24.0 for Windows安装路径　　　　图 1.6　SPSS 24.0 for Windows确认安装

步骤 7　自动关闭安装向导。稍后出现如图1.7所示安装进程窗口。

步骤 8　几分钟后出现如图1.8所示窗口提示安装完成，默认选中“立即启动 IBM SPSS Statistics 24”，如无须立即打开则取消选中，随后单击“完成”按钮。

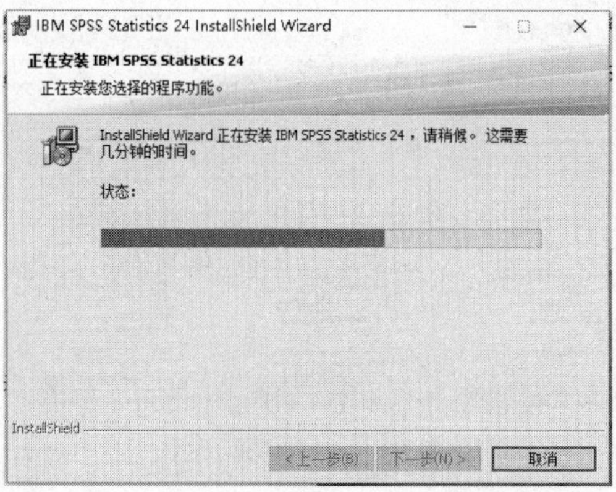

图 1.7　SPSS 24.0 for Windows 安装进程　　　　图 1.8　安装完成并启动

1.3　SPSS 24.0 for Windows的新增功能

SPSS 24.0推出了很多自己独有的特色，本节来详细介绍。

1.3.1　自定义对话框构建程序

新版SPSS可以通过如图1.9所示的定制对话框构建程序获取主要的内容升级，包括新控件、现有控件的新属性、对话框的菜单位置的新选项以及更新的界面。

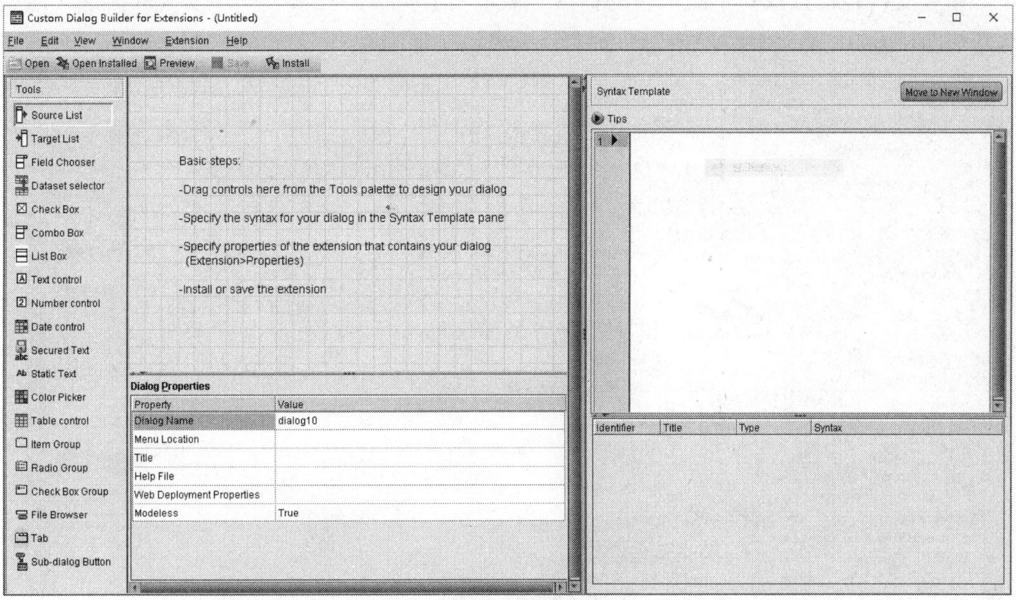

图 1.9　定制对话框构建程序

- 可以指定将定制对话框安装到安装对话框时创建的新子菜单。还可指定是将定制对话框安装到所有窗口类型（“数据编辑器”、“语法”和“查看器”）还是仅安装到特定窗口类型。
- 现在支持以下控件：字段选择器、数据集选择器、日期控件、安全文本控件、颜色选取器、表控件和选项卡控件。
- 可以根据其他控件的状态启用或禁用控件。
- 可以指定目标列表的最小或最大字段数。还可以指定多选列表框的最小或最大所选项数。
- 可以指定组合框控件是否可编辑。控件可编辑时，会在运行时输入定制值。
- 可以将标签放置在以下控件的左侧：组合框、文本控件、数字控件和文件浏览器。
- 针对生成项列表的控件，可在所生成的语法命令中的各项之间指定定界符。此属性适用于目标列表、字段选择器、表控件和列表框控件。
- 可以指定以下控件类型的文本区域的宽度：文件控件、数字控件和安全文本控件。

- 用来放置控件的画布上的功能性列表由原先的3列增加为4列。先前，仅支持三个功能列。
- 可以将文本控件的内容指定为数据集名称（在运行时进行验证）。
- 可以指定如何处理带单引号或双引号的值中内部引号。此属性适用于以下控件类型：文本控件、表控件、组合框和列表框。

1.3.2　可编程性增强功能

新版支持轻松查找和下载最新的扩展、获取现有扩展的更新、移除安装的扩展，还支持从如图1.10所示的新"扩展中心"查看已安装的扩展的属性。

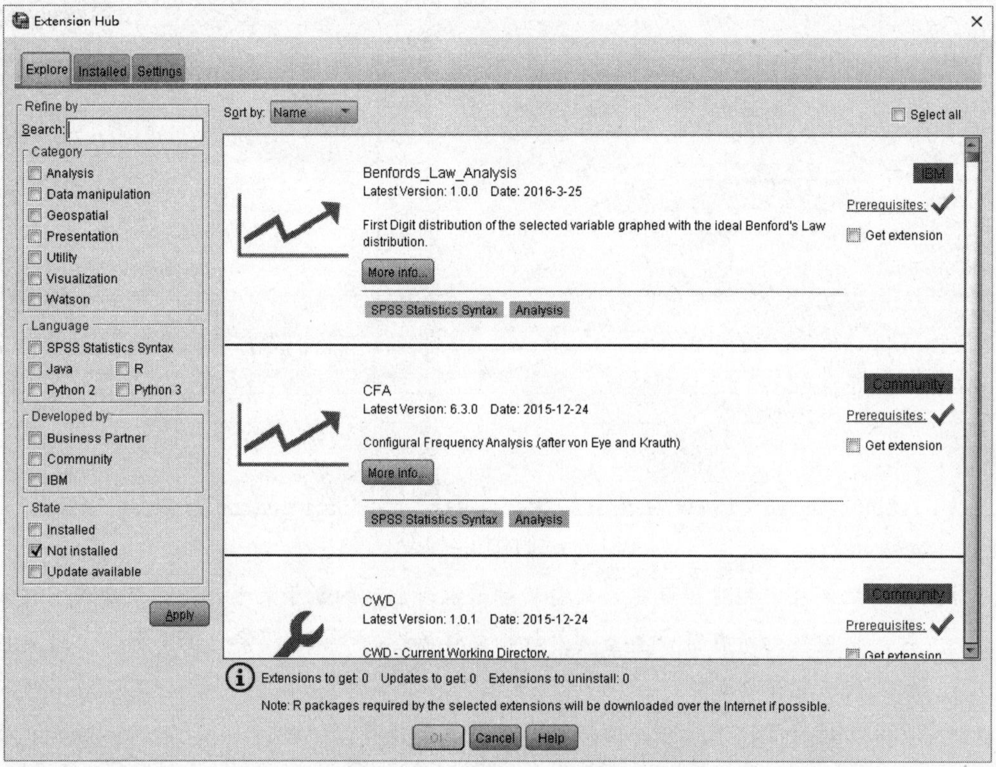

图 1.10　新"扩展中心"

说　明

在最新版本中可以选择使用Python 2或Python 3处理器运行Python代码。默认情况下，Python代码使用Python 2处理器。

1.3.3　图表美化

新版软件对图表形式进行了美化。表1.2是新版输出的组间效应检验表（Tests of Between–Subjects Effects）。

表1.2　组间效应检验表（新版）

Tests of Between–Subjects Effects

Dependent Variable: 培训后收入

Source	Type III Sum of Squares	df	Mean Square	F	Sig.	Partial Eta Squared
Corrected Model	12295.033[a]	3	4098.344	429.755	.000	.564
Intercept	131.271	1	131.271	13.765	.000	.014
培训状态	106.795	1	106.795	11.199	.001	.011
培训前收入	7152.586	1	7152.586	750.025	.000	.430
培训状态 * 培训前收入	4.292	1	4.292	.450	.502	.000
Error	9498.318	996	9.536			
Total	297121.000	1000				
Corrected Total	21793.351	999				

a. R Squared = .564 (Adjusted R Squared = .563)

1.3.4　读取和写入 Excel 文件

根据具有相同格式的值的指定百分比确定列的数据格式。先前，如果列中所有值不具有相同格式，那么为字符串格式分配列。现在，可以指定用于确定格式的值的百分比。默认设置为95%。

- 忽略隐藏的行和列。
- 从字符串值移除前导空格和尾部空格。
- 写入Excel数据文件时指定工作表名称。
- 将命名工作表追加到现有Excel工作表。
- 将变量标签而不是变量名称写入Excel文件。

1.3.5　读取文本数据文件

读取文本文件的功能也发生了变化：

- 提供了用于读取CSV数据文件的简单、灵活界面。
- 可更灵活地读取文本数据文件，包括自动检测数据格式和更好地处理日期和时间值。

1.3.6　日期/时间格式

新版对日期和时间格式进行了优化：

- 可以使用新YMDHMS格式读取和显示格式为yyyy–mm–dd hh:mm:ss 的日期时间值。还可使用新MTIME格式读取和显示格式为mm:ss 的持续时间。
- 可以忽略输入值中DATE、ADATE、EDATE、SDATE和TIME格式的定界符（具有一些限制）。

1.4 SPSS 24.0 for Windows的帮助系统

SPSS具有强大的帮助系统。SPSS提供了多种帮助功能，适合不同用户的需要。合理地利用这些帮助功能，可以方便地实现查询和解决问题，使用户迅速从SPSS入门级别提高到高级阶段，大大提高工作效率。

在主菜单中选择“Help”→“Topics”命令，浏览器会打开如图1.11所示的帮助主题文档。该文档给出不同形式和内容的联机帮助功能。在该文档对话框中逐级打开目录，可以获得帮助信息。下面重点介绍几个常用的文档。

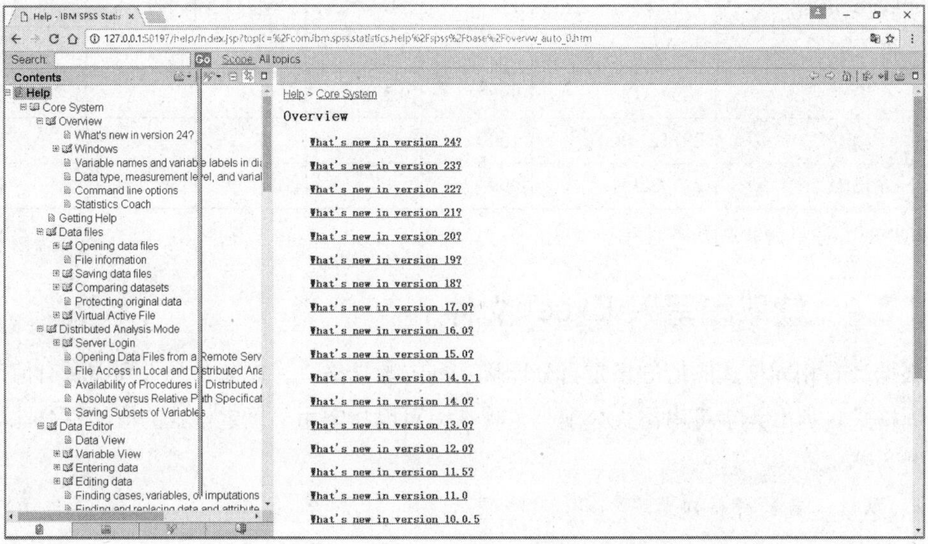

图1.11　主题帮助文档

单击“Tutorial”（辅导）目录，打开如图1.12所示的辅导帮助文档。该文档以图解的形式详细给出SPSS基本操作的每一个具体步骤，是初学者SPSS快速入门的很好的工具。

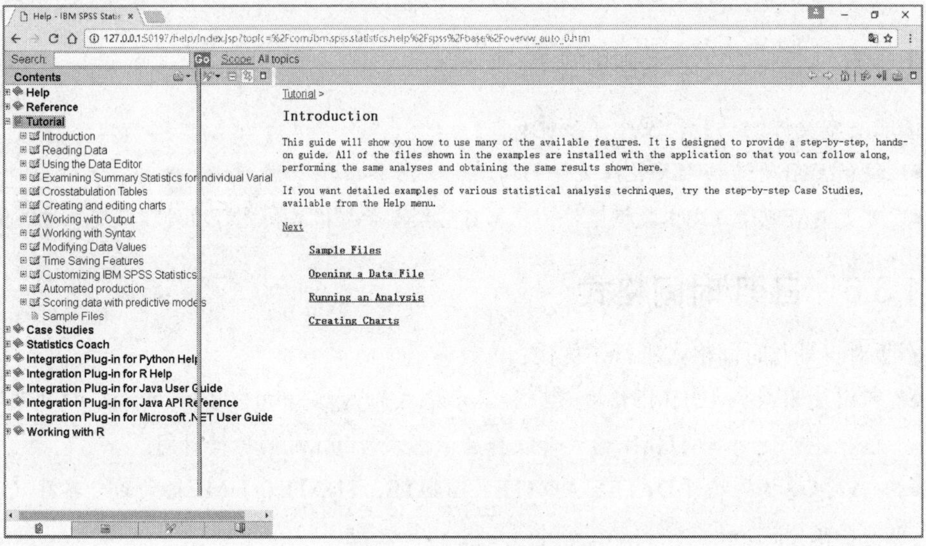

图1.12　自学指导界面

单击“Cases Studies”目录，打开如图1.13所示的帮助文档。该文档以具体示例的方式提供了SPSS 24.0中统计分析过程的操作步骤和结果分析，并且以图解的形式详细给出每一个操作步骤。无论是初学者，还是具有一定经验的SPSS用户，均能从该帮助文档中的示例中获得启发和帮助。

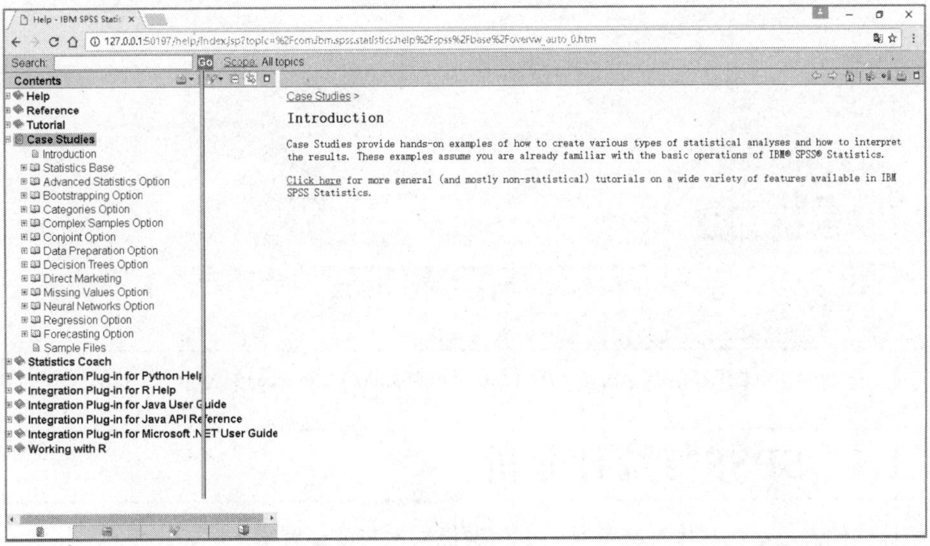

图1.13　案例研究界面

单击“Statistics Coach”目录，打开如图1.14所示的帮助文档，该电子文档帮助用户给出统计分析中所需的各种统计过程以及对话框的选择。

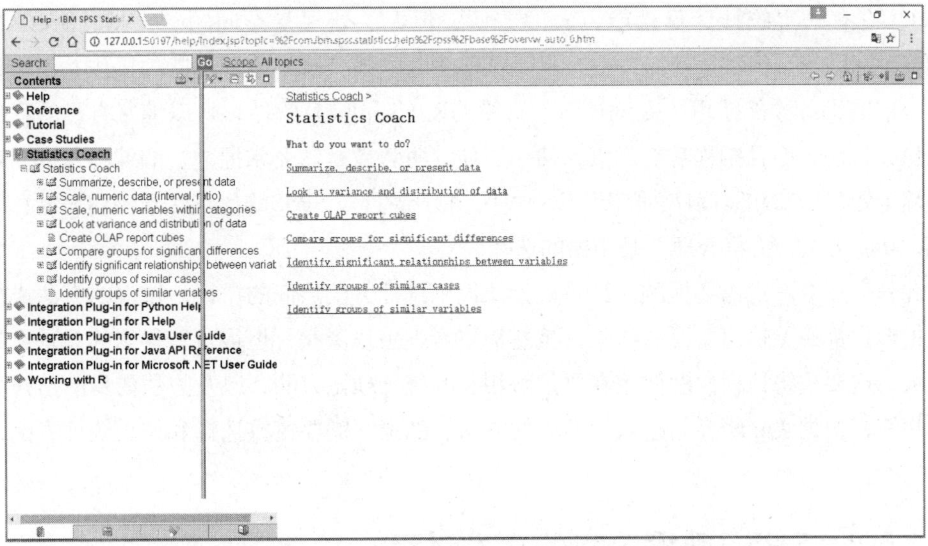

图1.14　统计辅导界面

单击 “Reference”下的“Command Syntax Reference”（命令语句参考）目录，打开如图1.15所示的帮助文档。该文档提供了所有的命令语句以及相应的示例，并对SPSS命令语句给出了详细的解释，具有很大的参考价值，供利用SPSS命令语句程序进行数据管理和统计分析的专业人士参考。

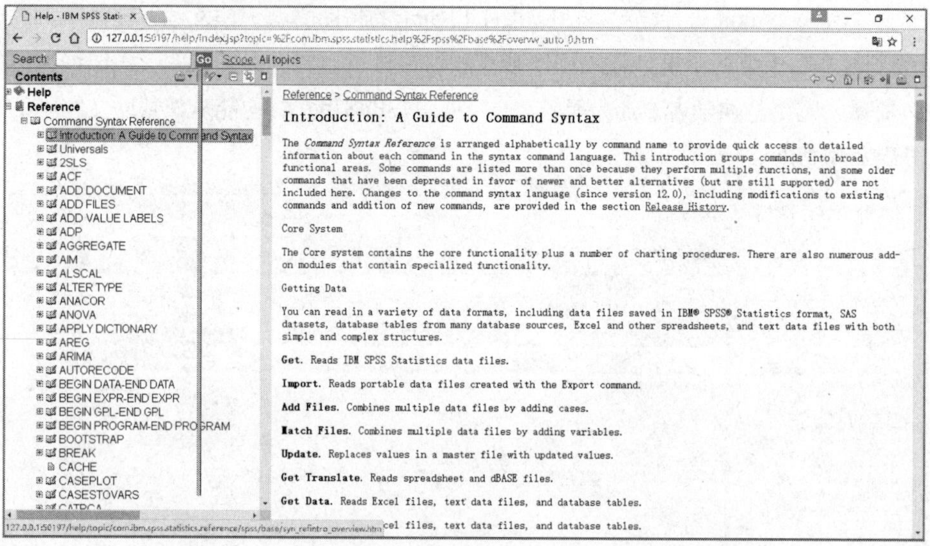

图1.15　命令语句参考（Command Syntax Reference）文档

1.5　SPSS与统计分析

统计软件有很多，具体选择哪种，如何选择，本节就来解惑。

1.5.1　常用统计软件对比

在实验室研究和商业应用场景下常用的统计软件各有各的优劣势。比如最常见的Excel，它有一定统计计算功能，入门方便，但无法处理复杂问题。SAS（Statistical Analysis System）优势是功能齐全，但是价格不菲，而且基本统计功能的操作并不方便，需要一定的训练才能使用。受统计学家喜爱的R（S-plus）软件，可以编写自己的程序实现理论或想法，而且编程功能强大，使用方便，劣势就是需要掌握一定的编程基础。还有主要用于处理回归和时间序列的Eviews软件。相比之下，SPSS的优点在于操作容易，输出漂亮，功能齐全，价格合理，是不错的选择。

此外，还有一点需要提醒。计算机无法识别统计方法层面的错误。错误的方法或错误的数据形式都必然输出错误的结果。虽然输出看上去很漂亮，但很可能得到的只是大量数据垃圾。这要求统计软件的使用者要了解相关的统计理论方法，以及方法使用的前提条件和使用性，根据实际研究问题选用准确的方法。综上，需要慎重选择和使用统计方法以及统计软件。

1.5.2　SPSS数据分析的基本过程

数据分析的基本步骤归纳成五步：

- 第一步是找到研究的目标。
- 第二步是收集数据。

- 第三步是对数据进行预处理，同时掌握数据的特性。
- 第四步是选择并应用合适的统计分析方法进行分析。
- 最后一步是解释并报告分析结果。

相对应的，将SPSS应用于数据分析的过程也要完成5个阶段。

（1）需要建立SPSS数据文件，定义SPSS数据文件的结构，录入和修改SPSS数据，或者从其他文件中读取数据。第一阶段主要通过图1.16所示的SPSS界面主菜单上的“File”和“Edit”两个栏目完成。

（2）进入SPSS数据的加工整理阶段，需要进行数据的预处理，如数据分组、数据排序、数据计算、变量转化以及缺失值的补漏等。这个阶段主要通过主菜单上的“Data”和“Tranform”两个栏目完成。

（3）再进入SPSS数据的分析阶段，该阶段要求选择正确的分析方法，对数据编辑窗口中的数据进行统计分析和建模，再辅以必要的图表说明。第三阶段主要通过主菜单上的“Analysis”和“Graph”两个栏目完成。

（4）进行SPSS分析结果的说明和解释，要求读懂输出窗口中的分析结果，明确其统计含义，并给出合理解释。这个需要结合数据背景和统计原理共同分析得出，不是软件能够代劳的。

（5）数据和分析结果的保存，也可以进一步转化为更加系统的分析报告并输出。

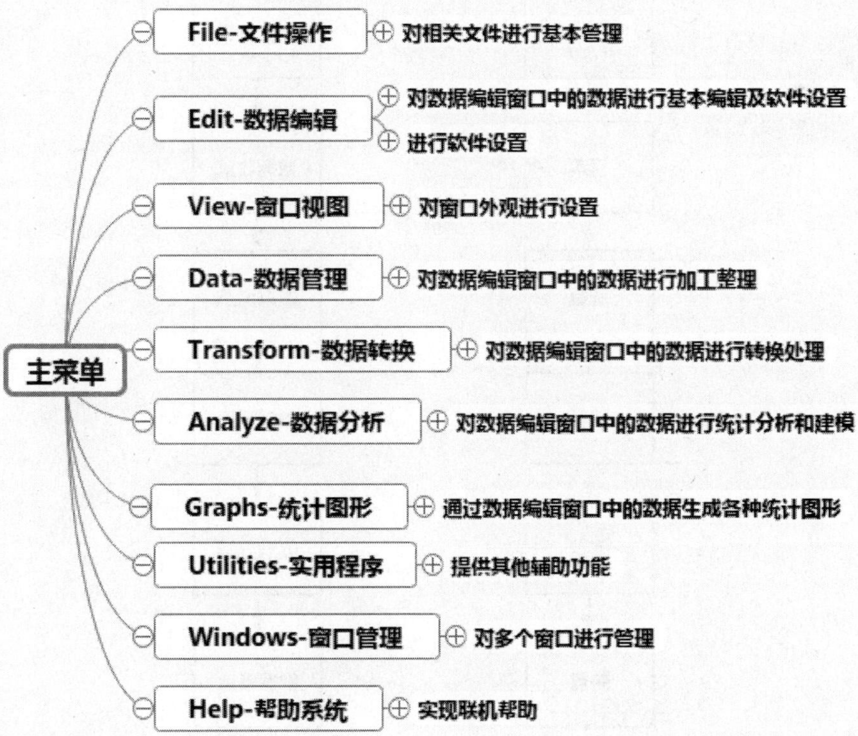

图1.16　SPSS界面主菜单

1.5.3 本书的结构安排

完整的数据分析过程如同烹饪一道菜肴。在这个基础上本书可以看做是一本详细的食谱指南。

本书的第1章介绍了SPSS统计软件的历史，同时介绍了如何在PC上安装好SPSS 24.0。SPSS强大的帮助系统有助于建立对SPSS在统计分析应用中的角色的理解。

第2章将介绍SPSS的操作界面以及SPSS内的数据结构设定。

第3章将介绍如何创建SPSS数据文件并进行基础编辑操作。

第4章介绍如何对数据进行清理和整理，剔除不必要不合理的数据，抽取并整理目标样本数据。

第5章尝试进行变量的计算和数据转换。

至此，为后续的大菜烹饪做好了准备。从图1.17可以看出烹饪前的准备是非常重要的，需要经过很多繁复的步骤，才能让数据符合目标统计分析方法的要求，即食材的选择和处理很大程度上决定了最终菜肴的品质。

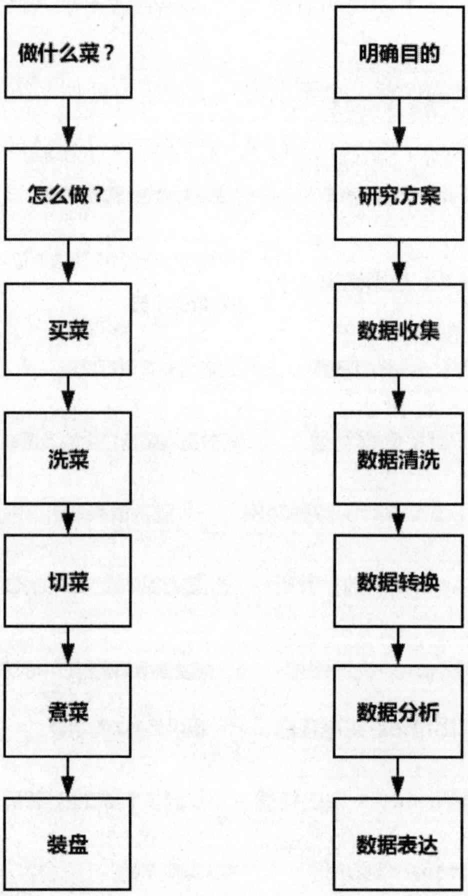

图1.17 数据分析与烹饪

本书第6章介绍了基本的统计操作，用于初步分析和了解目标样本数据。第9章的均值比较和第10章的方差分析用于比较不同条件水平下的各个样本分组的差异是否显著。第12章是相关分析，用于描述多个样本之间的相关性。第13章介绍的回归分析，是用于分析因果关系的。第14章是因子分析，是研究如何以最少的信息丢失，将众多原始变量浓缩成少数几个有强解释性的因子变量的一种多元统计分析方法。

本书第8章介绍多重反应分析，主要用于处理问卷中的多选题。第10章是非参数检验，用于比较不符合正态分布总体之间的差异。

各类统计图形的制作，可以用在分析过程中为自己提供更直观的信息，也可以各种格式输出作为报告的组成。本书第7章中介绍了自定义表格的制作，用于自行设计并输出所需表格。第15章是和第7章相对应的统计图表的制作，介绍了SPSS的3种图形制作方法与常用的若干图形类别的制作过程。

本书第16章介绍了Syntax命令语句程序设计，对SPSS的命令语句程序设计过程进行入门讲解，方便进阶学习。最后一章是SPSS实战案例的介绍，阐述了如何在实际工作中合理有效地运用SPSS进行数据分析，作出最佳商业判断。

1.6　小结

本章开始了SPSS for Windows之旅。首先介绍了SPSS的发展历史；其次，介绍了SPSS 24.0的安装过程；然后介绍了SPSS最新版本24.0的新增功能特性；再次，给出SPSS软件的帮助系统的功能和用法。最后，简单阐述了统计分析与SPSS统计分析软件之间的关系以及本书的架构安排。

通过本章的学习，读者应了解SPSS for Windows的应用价值和功能界限，同时能够充分利用帮助文件自行探索学习，提高对SPSS软件的直观认识。在对SPSS有了一定的直观认识后，就可以进入第2章，去认识SPSS for Windows的各种窗口与数据结构了。

第2章

SPSS 窗口设置与数据定义

本章包括

- SPSS for Windows 的三种运行方式
- SPSS for Windows 常用对话框
- SPSS for Windows 的窗口及其设置
- SPSS 数据的属性及其定义方法

SPSS 为用户提供了三种不同的运行方式，不同方式下窗口的功能也不同。本章首先讲解 SPSS 运行方式和不同窗口的特点及其设置方法；利用 SPSS 进行数据管理和统计分析任务，必须熟悉菜单方式下常见对话框的按钮和功能，本章对此也进行了简要讲解。在熟悉 SPSS 操作界面的同时也有必要先了解 SPSS 的数据结构与设定，数据属性结构的定义主要在数据编辑窗口的变量视图下进行。

SPSS 24

2.1 SPSS for Windows的三种运行方式

SPSS为用户提供了三种基本运行方式，即完全窗口菜单的运行方式、命令语句运行方式、混合运行方式。三种运行方式分别适合于不同的用户和不同的统计分析要求。

2.1.1 完全窗口菜单的运行方式

完全菜单窗口方式是指用户在使用SPSS过程中，所有的数据录入和分析操作过程全部通过菜单、按钮、输入对话框等方式完成。

完全菜单窗口方式是Windows图形界面下最常用的管理方式，其特点是操作简单和直观，SPSS中几乎所有的统计功能都可以通过SPSS提供的菜单模式来完成。用户不需要记忆统计功能的各种命令和参数，就可以完成统计分析工作。SPSS for Windows和其他统计分析软件的最大区别也在于此。

完全窗口菜单方式的缺点是每次进行统计分析工作时，都要将相应菜单和所需参数操作一遍，对于处理大量重复统计分析工作，这种方式的处理速度较慢，并且容易产生操作和输入错误。但由于操作简单，运行结果直观，所以此方式仍是大多数用户的主要操作方式。

说　明

本书介绍的所有统计分析功能主要以完全窗口菜单模式给出，同时也介绍其他方式的运行模式。

2.1.2 程序运行方式

程序运行方式是指在语句窗口（Syntax）中直接运行已编辑的程序的一种管理方式。在语句窗口中输入SPSS命令组成的程序，然后提交SPSS系统执行，并且给出统计分析结果。关于语句窗口的使用可以参看本章SPSS for Windows的窗口及其设置一节。

程序运行方式适合于大规模和多步骤的统计分析工作，编写好的程序还可应用于其他数据文件。

2.1.3 混合运行方式

混合运行方式是以上两种方式的结合。使用菜单方式的同时可以编辑和运行SPSS命令语句程序。

实现混合运行方式用户首先按照菜单方式选择统计分析的菜单和选项，选择完毕后，在对话框中单击“Paste”按钮，SPSS系统自动打开一个Syntax窗口，并将菜单方式的统计分析功能和参数转化成命令程序，并粘贴到打开的Syntax窗口，用户则可根据分析的需要，对语句窗口的程序进行编辑修改和保存，然后在语句窗口中，选择“Run”→“All”命令，完成程序的执行工作。

2.2 SPSS for Windows常用对话框

SPSS系统主要通过各种对话框及其对按钮的控制和选择来完成特定的统计和其他功能。在完全窗口运行模式下，可以通过主菜单窗口打开相应的对话框，选择命令、变量或者参数，然后提交系统执行。同时，在操作过程中，还可通过各种选择按钮、下拉菜单等指定选择项。

SPSS提供两种主要的对话框：文件操作对话框和统计分析对话框。

2.2.1 SPSS文件操作对话框

SPSS文件操作对话框的主要功能是数据文件的编辑、输入、输出以及分析结果的显示，是SPSS数据文件处理最重要的对话框。

在SPSS数据编辑窗口，选择“File”菜单后，在弹出的下拉式菜单中选择相应命令，完成相应的数据处理和文件操作等功能，如图2.1所示。

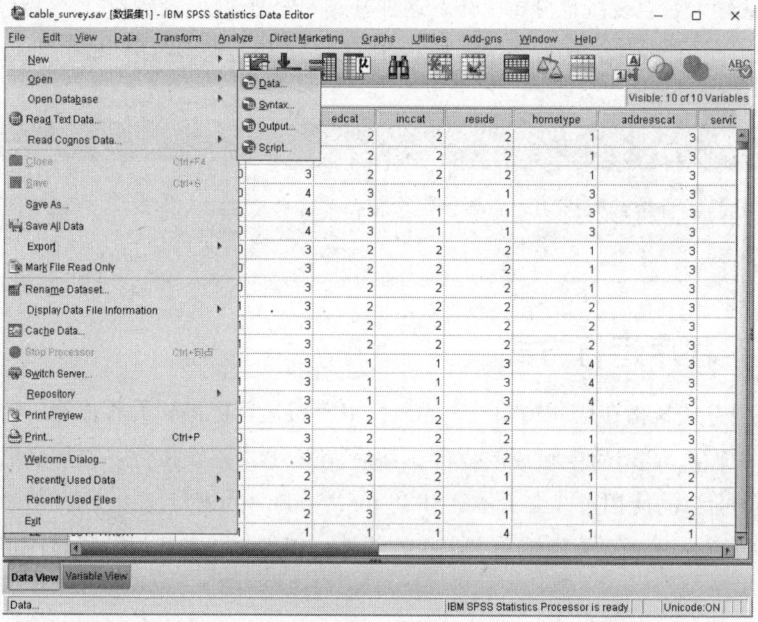

图2.1　SPSS文件操作菜单

下面列出文件操作菜单中命令的主要功能：

（1）New 新建文件。

（2）Open 打开文件。

（3）Save 保存当前数据文件。

（4）Save as 另存当前数据文件为其他类型文件类型。

SPSS的数据转换功能十分强大，按保存格式的类型可分为：SPSS系统读取的格式、ASCII格式、Microsoft Excel读取的xls格式、dBASE读取的dbf格式、SAS统计分析软件读取格式和Stata统计分析软件读取的dta格式。按软件版本可保存为28种数据文件类型。

（5）Rename Dataset 修改数据集名。

当通过菜单或者对话框打开一个数据源时，每一数据源自动分配一个数据集名：DataSetn，这里n是一个整数序列；但通过command syntax窗口打开的数据源，则系统不分配数据集名，这时可利用此命令自定义数据集名。

定义数据集名应遵守SPSS变量名的命名规则，相关规则可参考变量名的命名一节。

（6）Display Data File Information 显示数据文件信息。

（7）Cache Data 在读取外部数据文件时，创建一个缓存的数据文件，可以改善对数据的存取速度和过程的执行速度，提高运行效率。SPSS系统在文件的暂存区，建立了一个原始数据文件的副本。

- OK 下一阶段适用该数据文件时，创建数据缓存文件。
- Cache Now 立即创建缓存文件。

说　明

在处理巨量数据的情况下，编辑数据窗口中的滚动鼠标变得缓慢和不连贯，这时利用Cache Now功能会显著地提高滚动和编辑数据文件的速度。

2.2.2　SPSS统计分析主对话框

主菜单Analyze中的统计分析功能是SPSS的最核心部分。SPSS几乎所有的统计分析功能都可以通过主菜单Analyze模块提供的各类过程来完成。

主菜单Analyze模块打开的第一个对话框均可视为统计分析主对话框。选择参与分析的各类变量是该对话框的主要任务；不同分析方法有不同的其他各类选项。图2.2为线性回归分析主对话框。

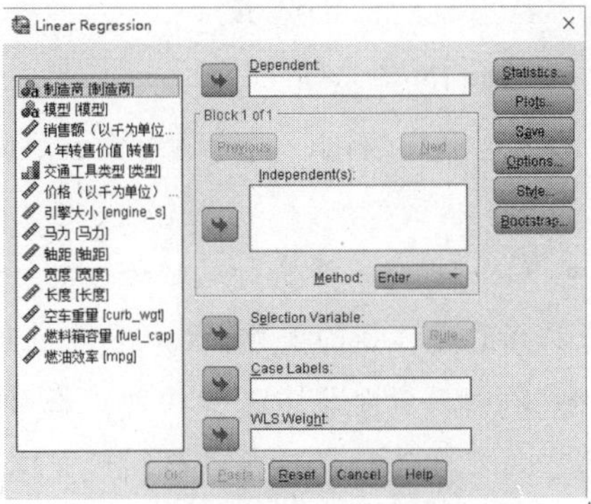

图2.2　线性回归分析的主对话框

2.2.3　对话框的控制与选择

SPSS的对话框是由执行各种功能的按钮和表示不同含义的各种方框组成。可以通过对话框中按钮的类型了解按钮的功能。

1. 对话框中的按钮

按照按钮的功能分，对话框可由下列3种形式的按钮组成：

（1）变量选择按钮

变量选择按钮为一指向右侧或者左侧的箭头，两侧的矩形框是备选变量和已选变量。将备选变量移动至右侧的已选变量框内，指定参与分析的变量，图2.3显示的是“Bivariate Correlations”对话框，该对话框中出现了1个变量选择按钮。

变量选择按钮的箭头方向是可变的，鼠标若选择了左侧备选变量，箭头指向右侧，表示可以将选择的变量移到右侧的变量表中；当选择了右侧变量表中的变量时，箭头指向左侧，即可以将先前选择的变量送回备选框中，即从选择中删除此变量。

（2）子对话框选择按钮

矩形按钮中出现下一级对话框的名称，名称后出现省略号。单击该按钮，进入下一级对话框进行操作。图2.4的右侧出现的三个按钮“Statistics”、“Charts”和“Format”都是子对话框按钮，单击任何一个按钮，都可进入下一级子对话框进行相应操作，并分别进行统计量、图表和格式的选择。

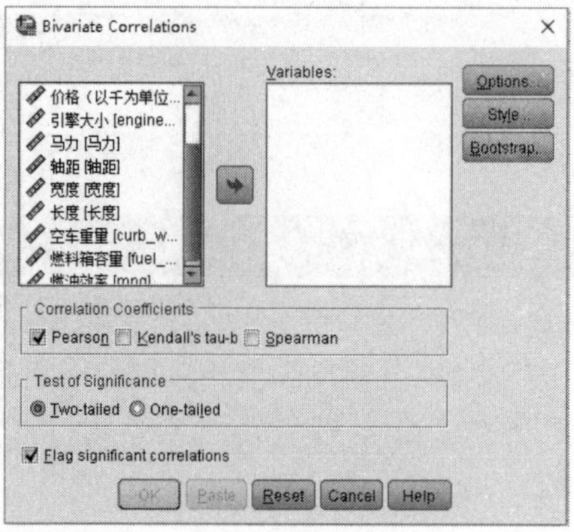

图2.3　变量选择按钮

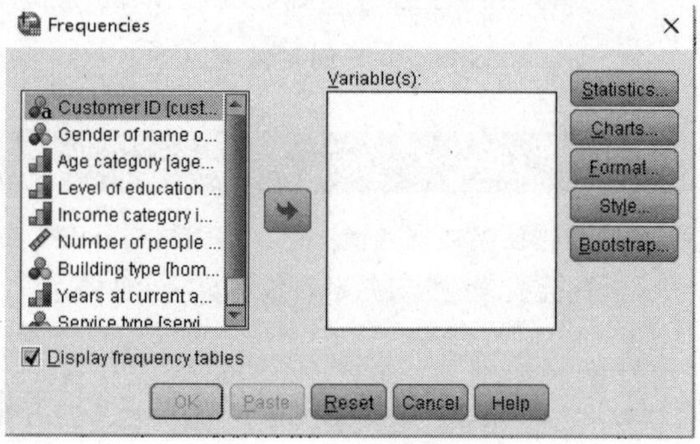

图2.4　子对话框按钮例图

（3）执行功能按钮

单击这一类按钮，系统将对设置好的对话框执行某种操作。执行功能按钮以下几种形式：

- OK　提交系统执行过程语句的按钮。过程语句包括经过主菜单、子菜单、各级对话框等选择的带有参数的命令过程，并在结果输出窗口中显示执行结果。
- Paste　命令语句显示按钮。在单击“OK”按钮之前，单击该按钮，可以将准备提交的过程粘贴在语句编辑窗口。在语句编辑窗口下，可以编辑过程语句中的参数，或者输入其他命令，然后提交系统执行。
- Reset　复位按钮。单击此按钮，可以清除当前对话框所作的所有操作，恢复到选择前的状态。

注　意

Reset只对当前对话框有效，不修改上一级对话框所作的操作和参数的设置。

- Cancel 取消当前对话框的操作，返回上一级对话框或者菜单。
- Continue　当前对话框所作的操作生效，并且返回上一级对话框或者菜单，该按钮总是出现在二级对话框。
- Help 帮助窗口。联机帮助，显示当前对话框及其有关的信息。

图2.5给出几种执行功能按钮的例图。

图2.5 执行功能按钮例图

2. 对话框中的框

相应地，SPSS的对话框中还会出现如下3种形式的框：

(1) 单选框

单选框为一圆形框。在同一对话框中，总是多个单选框排列在一起，单选框旁边给出选择项的内容。这些选择只能择其一。被选中后圆圈内将出现黑点。有时在同一对话框中会出现多组单选项。图2.6给出有两组单选项的一个示例。

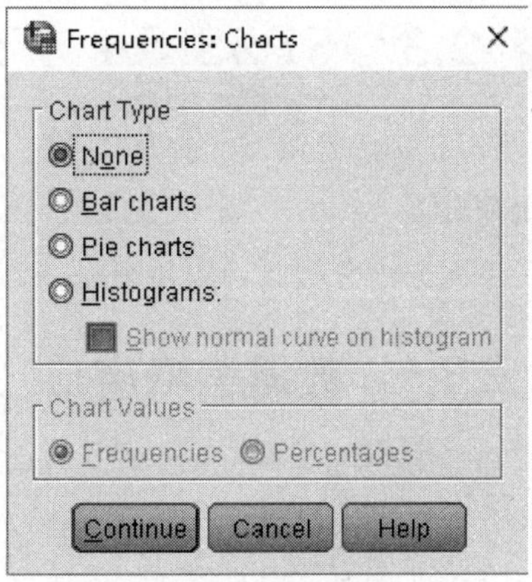

图2.6 单选框

(2) 复选框

复选框为一矩形方框，方框旁边给出所选内容。当给出多个并列选项时，可以选其一，也可多选或不选，选中的方框内出现符号“✓”，图2.7给出线性回归分析过程中单击“Option”按钮打开的对话框，其中有三组复选框供选择。

(3) 参数选择框

选择参数的数值。该项为一矩形框，填入所需的参数数值。默认情况下，系统会自动填入默认值。图2.8显示的是探索分析（Explore）中“Explore：Statistics”（探索：统计量）子对话框，该对话框中设置描述统计量的置信区间，需要在“Confidence Interval for”栏中输入置信区间的置信度，默认为95%，也可根据需要，修改为0到100之间的数值。

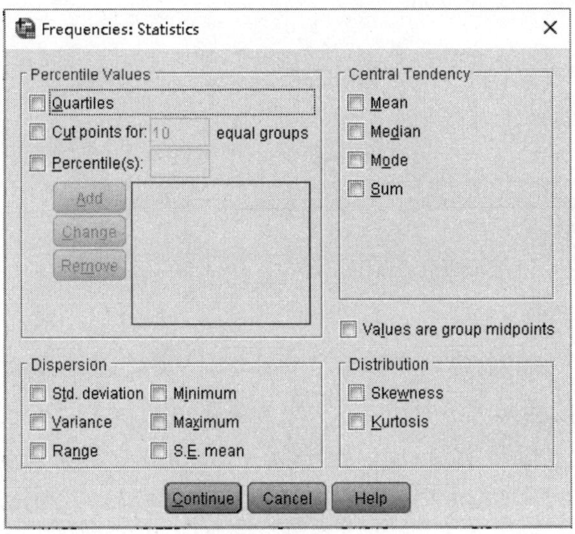

图2.7 复选框

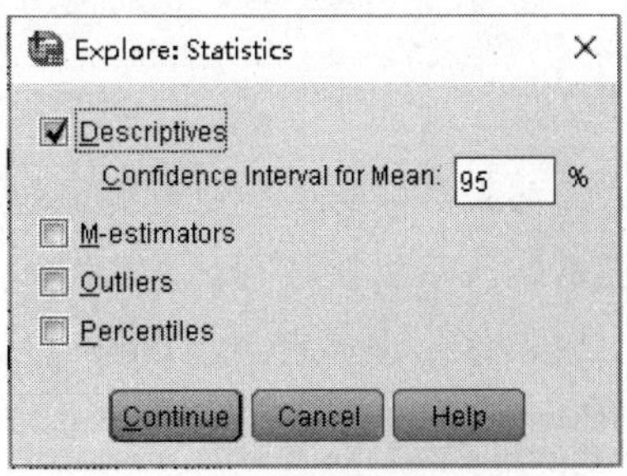

图2.8 参数选择框

注 意

在通常情况下，参数的选择范围是有限制的，例如置信度必须在0%到100%之间选择，而对于利用Monte Carle方法模拟计算，需给出要求正整数的模拟次数等。

2.3 SPSS for Windows的窗口及其设置

SPSS for Windows的窗口主要有数据编辑窗口、语法编辑窗口、结果输出窗口和脚本编辑窗口。

下面分别介绍其功能和设置。

2.3.1 数据编辑窗口（Data Editor）

启动SPSS for Windows后，系统自动打开数据编辑窗口，如图2.9所示。在数据编辑窗口的左下角显示编辑窗口的两个视区：Data View和Variable View，分别用于输入变量的值和定义变量类型。两个视区可以通过鼠标单击进行切换，默认为Data View。

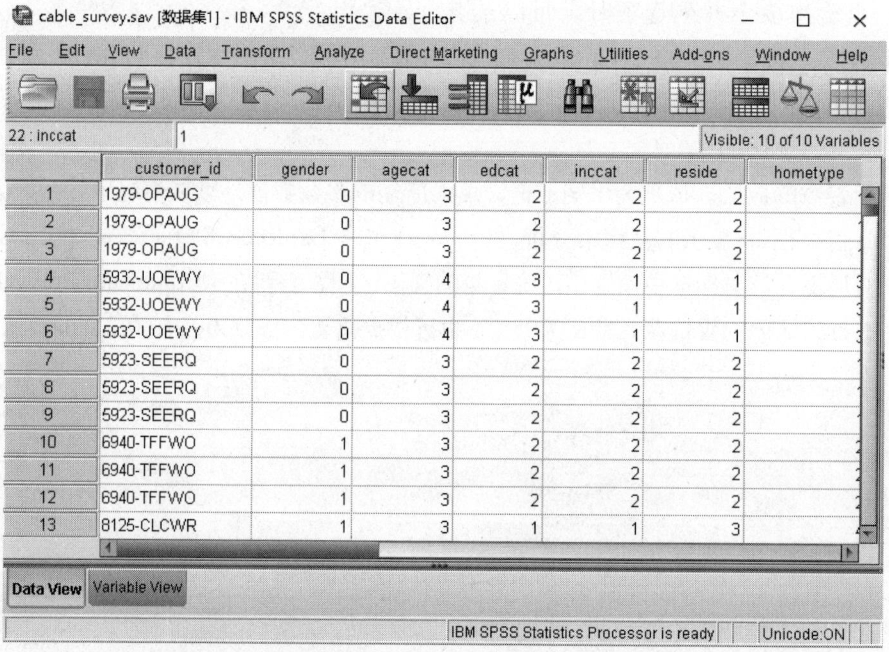

图2.9 数据编辑窗口的“Data View”（数据视区）

如果打开的是空白数据编辑窗口，则先将窗口切换至“Variable View”视区，如图2.10所示。在该视区需要定义变量的变量名（Name）、变量类型（Type）、长度（Width）、列宽度（Columns）、变量名标签（Label）、缺失值（Missing）、度量尺度（Measure）等信息。若不定义相关项目，则系统会指定默认数值或类型。具体的数据结构设置将在2.4节进行讲解。

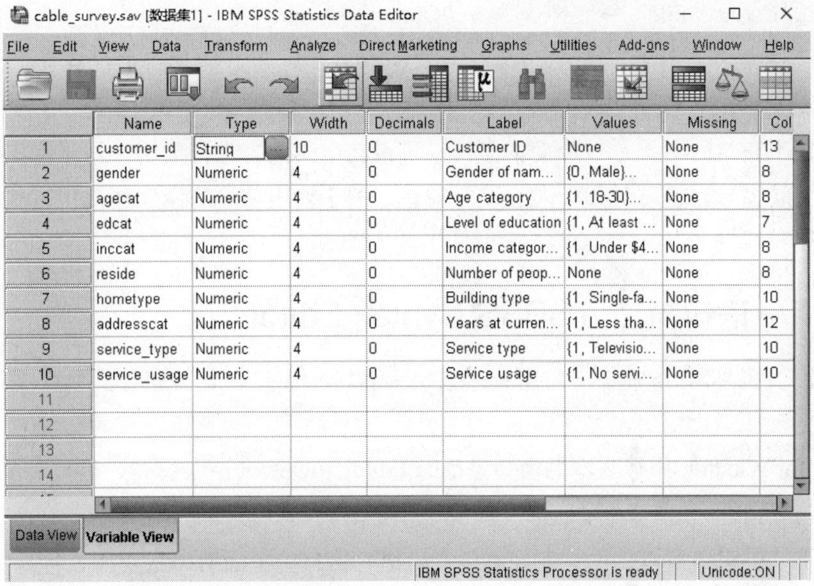

图2.10 数据编辑窗口的“Variable View”（变量视区）

2.3.2 输出窗口（Output）

SPSS的输出窗口用于显示和编辑数据分析的输出结果。如果分析过程所设参数和统计过程正确，则显示分析结果；如果分析过程中发生错误使处理失败，则在该窗口中显示系统给出的错误信息。图2.11给出一个由相关分析和T检验统计分析过程产生的结果输出窗口。

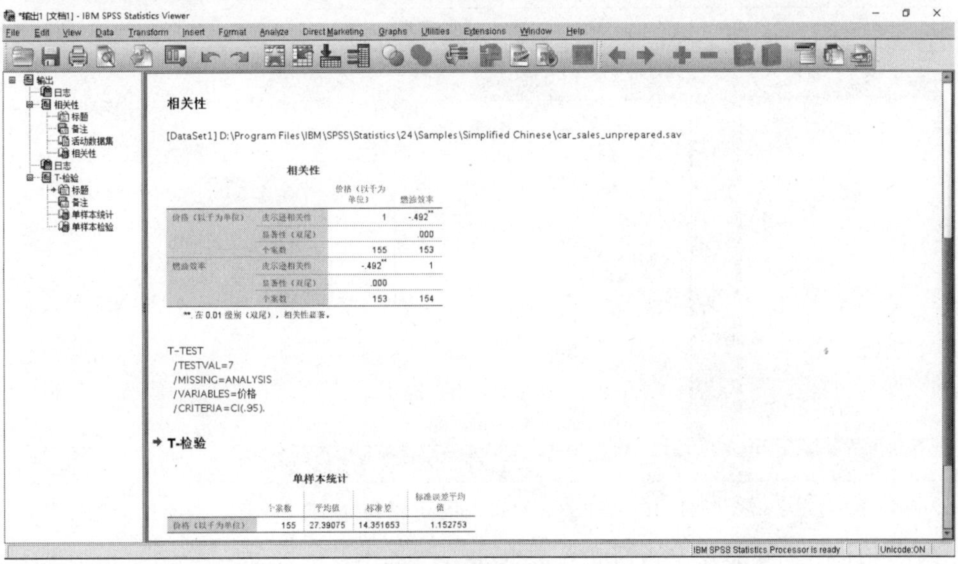

图2.11 （SPSS Viewer）结果输出窗口

在SPSS主画面，有多种方式产生结果输出窗口，下面给出三种方式：

（1）使用“Analyze”进行统计分析，单击对话框中的“OK”按钮后，分析结果自动出现在输出窗口。

（2）选择菜单“File”→“New”→“Output”命令，可产生一个空白结果输出窗口。

（3）选择菜单“File”→“Open”→“Output”命令，打开一个已存在的结果输出文件。

结果输出窗口的右侧是一个文本窗口，可对其中的内容进行编辑；结果输出窗口的左侧是一个导航窗口，也可对其中内容进行编辑。关于输出窗口的设置和使用方法，将在后续章节详细介绍。

2.3.3 语句窗口（SPSS Syntax Editor）

语句窗口也称SPSS命令语句窗口，或Synatx语句窗口，是编辑和运行命令文件的编辑器。

SPSS for Windows中最基本的窗口是Data Editor 和Output 两个窗口，因此Syntax语句窗口在SPSS 启动后是否显示在主画面上取决于系统的初始状态设置。

类似于结果输出窗口，也有多种方法产生语句窗口，下面给出常用的三种方法：

（1）利用SPSS的Analyze菜单和产生的对话框进行统计分析工作，在单击“OK”按钮，即提交系统执行之前，单击对话框中提供的“Paste”按钮，则系统自动将任务以命令形式粘贴至一语句窗口。

（2）单击菜单“File”→“New”→“Syntax”命令，可产生一个空白输出窗口，可以在窗口文本框内输入命令，如图2.12所示。

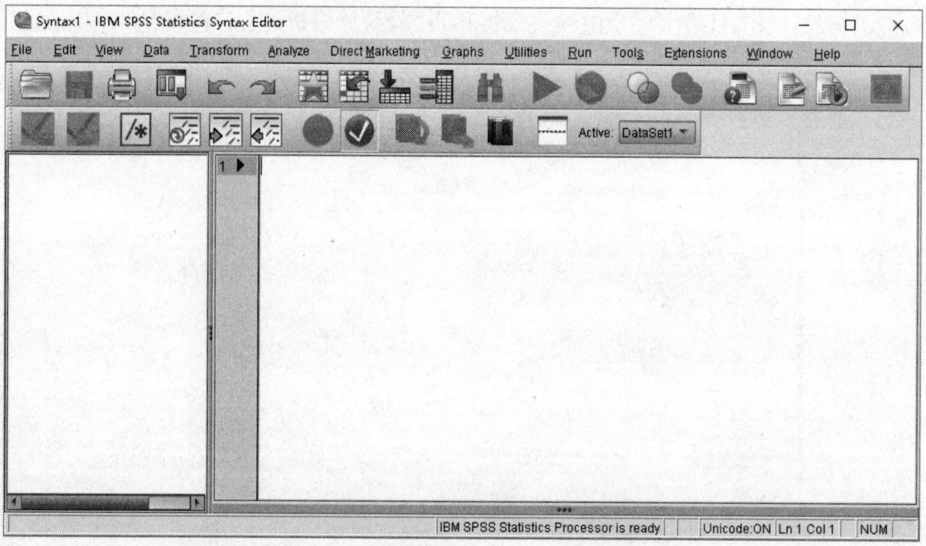

图2.12 （SPSS Syntax Editor）语句编辑窗口

（3）选择菜单“File”→“Open”→“Syntaxt”命令，打开一个已存在的语句文件。

在显示的Syntax Editor窗口，可以根据用户的要求，对命令文件进行修改、编辑，也可新编写针对当前数据文件的命令程序。

命令文件是由一系列SPSS命令行组成。命令行包含命令和子命令。

例如，下面是一简单的命令行语句：

```
/*  t 检验的命令语句 .
T-TEST
  /VARIABLES = q1
  /CRITERIA = CI(.95)  .
```

其中，T–Test为T检验命令，表示对变量进行T检验；VARIABLE=q1，表示对变量q1的t检验；CRITERIA=CI(.95)表示T检验的置信度为0.95；/*表示注释语句标记。

对于编辑好的命令文件，可通过单击菜单工具栏上的“RUN”按钮，提交系统执行，显示输出窗口，得到分析结果。

2.3.4　脚本编辑窗口（Script）

脚本编辑器提供了3种编程环境，如图2.13所示，在新建脚本文件时，可以选择“Python 2”、“Python 3”和“Basic”。用户可以选择使用Python 2或Python 3处理器运行Python代码。默认情况下，Python代码使用Python 2处理器。

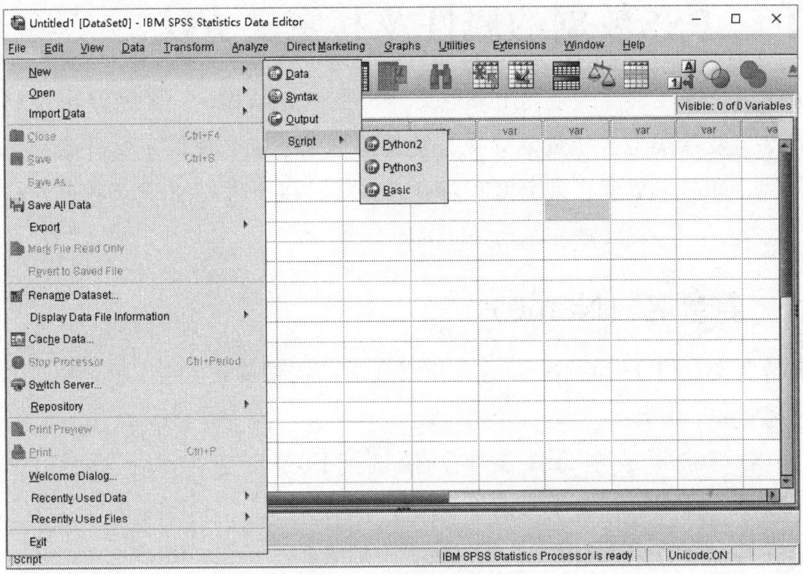

图2.13　新建脚本文件

在加载对应编辑器后，单击“Basic”将调用如图2.14所示编辑器。

单击“Python 2”，将调用如图2.15所示编辑器：

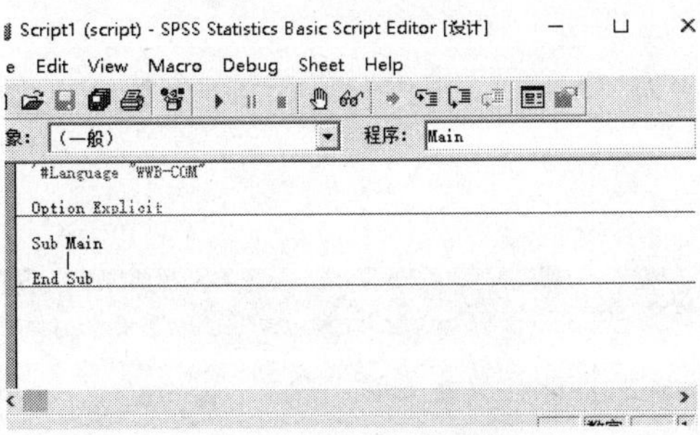

图2.14　Basic脚本编辑器

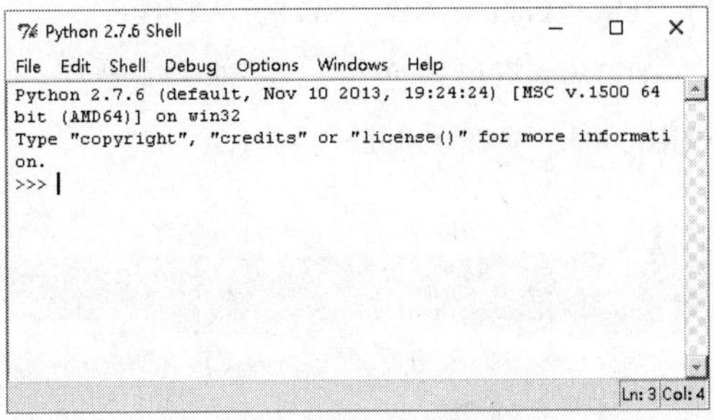

图2.15　Python 2脚本编辑器

单击“Python 3”将调用如图2.16所示编辑器：

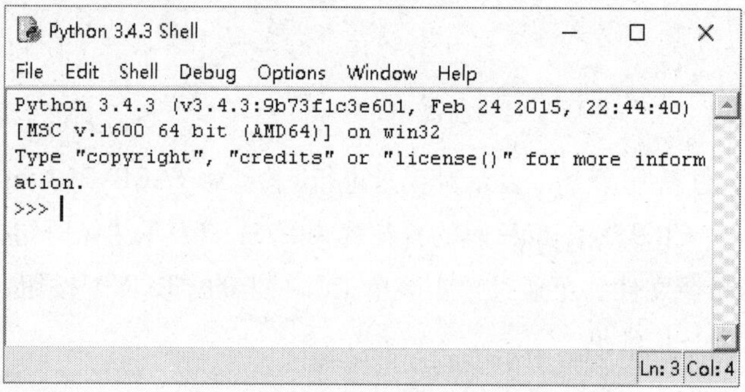

图2.16　Python 3脚本编辑器

利用编辑器，可以将经常做的工作编成脚本文件，使用时直接调用，从而提高工作效率。在该编辑器中，可以利用程序或对话框编辑器写出友好的Windows界面。还可以基于DDE或OLE机制编写程序，实现与其他程序的接口。

2.4　SPSS数据的属性及其定义方法

数据编辑窗口的变量视图主要用来定义SPSS的数据结构，一个完整的SPSS数据结构应包括变量名、变量类型、变量名标签、变量值标签、缺失值的定义、度量尺度以及数据的显示属性，即显示宽度、列宽度和对齐方式等。接下来介绍SPSS数据的结构及属性设置。

2.4.1　变量名（Name）

变量名是变量参与分析的唯一标志，定义变量结构时首先应给出每个变量的变量名。变量命名应遵守如下规则：

（1）首字符必须是字母或汉字，后面可以是任意字母、数字、句点或除“！”“？”“*”之外的任意字母或数字。

（2）变量名的结尾不能是圆点、句点或者下划线。

（3）变量名长度不能超过64个字符（32个汉字）。

（4）变量名必须是唯一的，且不区分大小写。

（5）SPSS的保留字不能作变量名。SPSS保留字有：ALL、NE、EQ、TQ、LE、GE、BY、OR、GT、AND、NOT、WITH等。

（6）如不指定变量名，则系统默认变量名为“VAR”开头，后面跟5个数字，如VAR00001、VAR00002、VAR00018等。

技　巧

为便于记忆和理解，定义变量名最好与其所代表的具体含义相一致，例如“country”，“GDP”，“汇率”等等。

2.4.2　变量类型（Type）

SPSS的变量类型有数值型、字符型和日期型，其中数值型变量根据其功能和形式又可细分为标准型、逗号型、句点型、科学计数型、美元型和自定义货币型。系统默认的变量类型为标准数值型。

每一种变量类型都有系统默认的宽度、小数位和列宽度。这里的宽度是变量可显示的最大字符位数，列宽度是数值编辑窗口中每列显示的字符位数。如果列显示宽度小于变量的宽度，则相应列中的数据将显示为需要列宽较小的科学计数法，或者显示为若干个“*”号。图2.17给出变量类型的定义对话框。

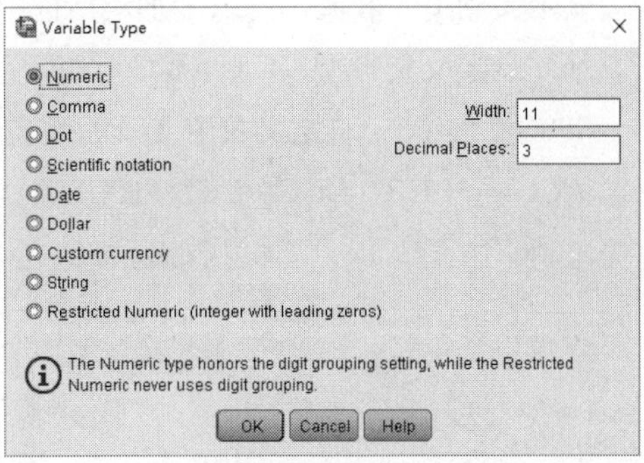

图2.17　数据类型定义对话框

下面给出变量类型的分类和定义方式。

1. 数值型变量（Numeric）

数值型变量是SPSS最常用的一种变量类型，一般由数字和其他特殊字符（如圆点、逗号、美元符号）等构成。例如军费开支、零售价格指数以及药剂量的大小等都可定义为数值型变量。SPSS中数值型变量有6种不同的表示方式，即：

（1）标准型（Numeric）

SPSS默认的数值类型。系统默认宽度为8位，小数位数为2位，小数点用圆点。数据编辑窗口显示数值的标准形式或者科学计数法格式。

（2）科学计数法型（Scientific Notation）

科学计数法适合于显示数值很大或者很小的变量。变量值显示为指数形式。例如−1.28E+002表示-1.28×10^2，在数据编辑窗口中显示为2.88E+002的数值，可以用下列方法输入：2.88E2、2.88D2、2.88+2、288、2.88E+2等。

（3）逗号型（Comma）

逗号型数据的整数部分从个位数开始向前每隔3个数字用逗号分隔，且以圆点作为小数点。输入数据可以利用上面的任意形式，不需要输入逗号，SPSS显示时会自动在相应位置添加逗号。

（4）圆点型（Dot）

圆点型数据的显示方式和逗号型相反，即其整数部分从个位开始每隔3位以一圆点分隔，用逗号作为整数和小数部分的分隔符。

说　明

变量值可以根据对变量数据类型所作的定义或者列宽的限制显示为不同的数值类型甚至“*”号，但数据值的显示对数据的存储和计算没有影响。

（5）美元型（Dollar）

美元型变量是在逗号型变量前加上美元符号“$”的数值型变量，图2.18显示美元型变量对话框。在美元型变量定义对话框中，列出多种固定格式，用户可以选择格式，也可以自己定义。例如，某产品价格为1789.98美元，可以选择“＃＃＃，＃＃＃.＃＃”格式。若需显示大额美元数值，可以增加对话框中参数选择项“Width”的值。

（6）自定义货币型（Custom Currency）

SPSS提供了5个自定义数值变量的类型，如图2.19所示。对应的自定义类型，系统分别命名为CCA、CCB、CCC、CCD和CCE型。若用户将变量类型自定为5个中的一个，但没有事先定制CCA、CCB、CCC、CCD和CCE的具体类型，则系统自动默认为逗号数值型。

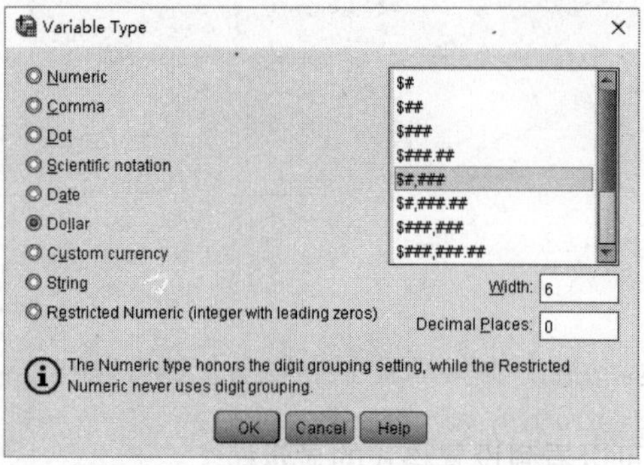

图2.18　美元型变量定义对话框

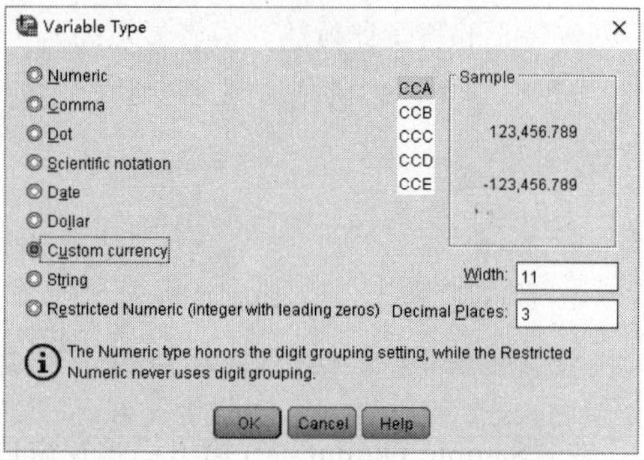

图2.19　自定义货币型变量定义对话框

重定义CCA、CCB、CCD、CCC和CCE的类型，需打开“Edit”菜单的“Option”项，具体方法如下：

首先，在SPSS主画面中，选择菜单“Edit”→“Options”命令，在显示的对话框中，单击选项标签“Currency”，出现如图2.20所示的对话框。

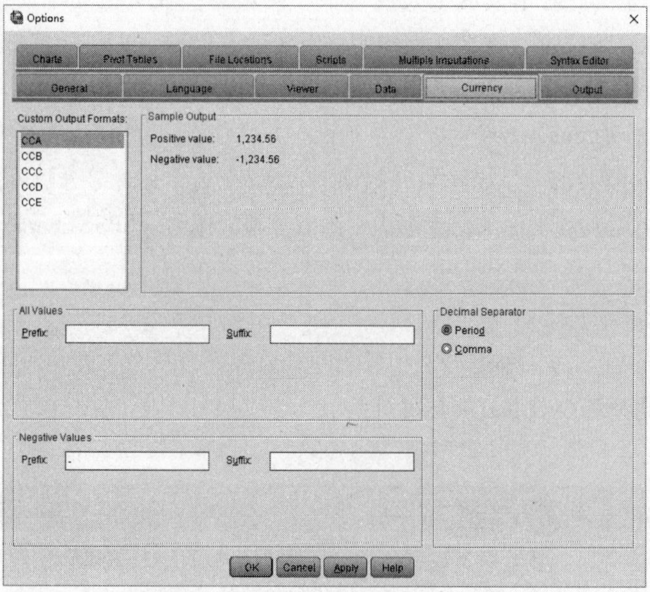

图2.20　自定义货币型变量设置对话框

提　示

“Edit”菜单下的“Options”对话框里包含了SPSS主要的定制和控制功能。利用“Options”对话框中提供的项目，可以定制变量的显示类型、图表的显示方式以及输出结果的形式，同时，还可控制SPSS启动的内容以及暂存文件夹的地址等。后续章节讲述各种窗口的设置时仍要用到该对话框。

其次，若先定制CCA的类型，可先在“Custom Output Formats”窗口中，选择CCA；然后，在“All Variable”（所有变量）窗口中，选择前后缀：

- Prefix 前缀。该栏中输入数据开始字符。
- Suffix 后缀。该栏中输入数据结尾字符。

在“Negative Values”（负数值）窗口中设置负数的输入格式，有2个选项：

- Prefix 前缀。该栏中输入负数数据开始字符。
- Suffix 后缀。该栏中输入负数数据结尾字符。

在“Decimal Separator”窗口中，选择数值部分小数和整数的分隔符，有2个选项：

- Period 圆点。
- Comma 逗号。

在“Sample Output”（输出样式）窗口中可以看到设置格式的显示样式。设置完毕后，依次单击“应用”按钮和“确定”按钮，使定制生效。

例如，在“All Variable”（所有变量）窗口中的“Prefix”栏中输入“￥”，在“Suffix”栏中输入“元”，则在数据编辑窗口中定义为CCA类型的变量中，输入数据2388.95，数据显示为：￥2388.95元。

2. 日期型变量（Date）

日期型变量用于表示日期和时间的变量类型。SPSS提供了多达29种日期型变量的格式，例如，dd.mm.yy格式，dd表示两位数的日期，mm表示两位数的月份，yy表示两位数的年份，中间用圆点分隔符，08.07.17表示2017年7月8日；再如，dd−mmm−yyyy，dd表示两位数的日期，mmm表示英文月份的三个字母的缩写，yyyy表示是位数的年份，这里“−”为分隔符。例如31−OCT−2017表示2017年10月31日。

图2.21为日期型变量的定义窗口，在窗口中的文本选择框中SPSS给出了29种日期类型的格式供用户选择。

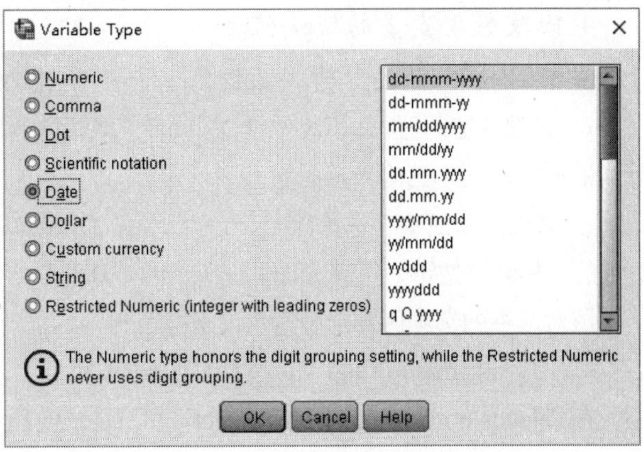

图2.21　日期型变量的定义窗口

表2.1列出了几种主要的日期格式示例，供用户选择参考。

表2.1　日期型格式及示例

格式	含义	示例
dd–mmm–yyyy	日期–月份（英文）–年份	31–OCT–2017
mm/dd/yyyy	月份/日期/年份	10/31/2017
yyddd	年份日数	06271
qQyyyy	季度Q年份	4Q2017
mmmyy	月份（英文）年份	JUL06
wwWKyyyy	周数WK年份	32WK2017
MANDAY，TUESDAY…	输入英文的星期	FRIDAY
JAN，FEB，MAR…	输入英文的月份缩写	AUG
dd–mmm–yyyy hh:mm	日期–月份（英文）–年份 小时：分钟	31–OCT–2017 12:59
hh:mm	小时：分钟	06:24
hh:mm:ss.ss	小时：分钟：秒.百分秒	18:38:08.89
ddd hh:mm:ss.ss	天数 小时：分钟：秒.百分秒	188 08:32:48.89

3. 字符型变量（String）

字符型变量类型是非数值型变量类型，其值是由字符串组成。字符型变量的定义对话框只有一个输入项：Characters，如图2.22所示，表示输入变量字符的最大个数，默认值是8，可以修改字符串长度。对于字符数超过8个的字符型变量称为长字符型变量，等于或少于的字符型变量称为短字符型变量。字符串变量值不能参与计算，但可以通过函数转化为数值型变量进行运算。

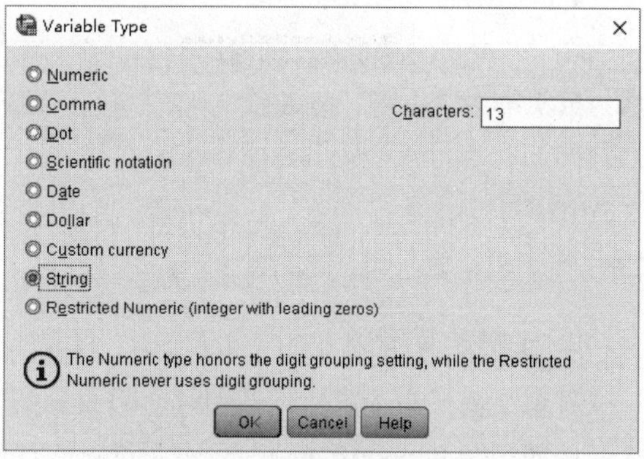

图2.22　字符型变量定义对话框

4. 修改数据变量的默认值

对于SPSS变量的参数，系统都会自动给出默认值。例如，数值型变量的宽度（Width）默认值为8位，小数位（Decimal）默认值为2。也可通过“Edit”菜单的“Data”对话框重新设置，具体步骤如下。

在SPSS主画面中，选择菜单“Edit”→“Options”命令，在出现的对话框中，单击菜单项的“Data”按钮，打开如图2.23所示的“Data”对话框。

该对话框的选项区及选择项含义如下：

（1）Transformation and Merge Options选项区

在“Transformation and Merge Options”（转换和合并选项）选项区中给出设置数据转换和合并的时间，有2个选项：

- Calculate values immediately　立即计算变量值，为默认选项。选择该项，表示执行命令的同时，进行变量的计算和转换。
- Calculate values before used　在使用该数据之前进行转换。选择该项，表示执行命令之前，先将需要处理的变量进行计算和转换。

SPSS的程序执行一条命令时，需要读取数据文件，如果数据进行了预处理（例如计算和重新编码等）或者数据文件进行了转换（例如添加变量或添加个案），则系统执行命令时，首先执行数据预处理命令，然后执行程序命令。选择第一个选项时，执行程序命令时需要哪一个数据，同时对该数据进行预处理；选择第二个选项时，是在执行程序命令之前，先将所需的数据文件全部进行所需的预处理，然后再执行程序命令。对于经常处理巨量数据的用户，选择第二个更有效率。

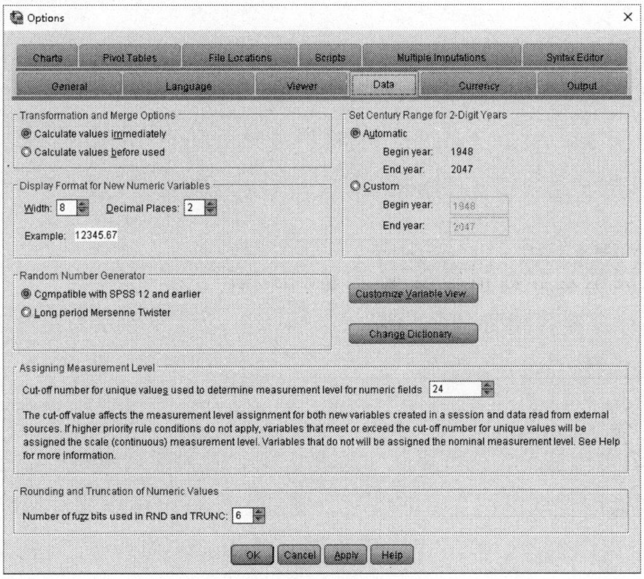

图2.23　数据设置对话框

（2）Display Format for New Numeric Variables窗口

“Display Format for New Numeric Variables”（显示新的数值型变量的格式）窗口给出设置数值型变量值的显示格式。

选择设置变量的宽度（Width）和变量的小数位数（Decimal），默认值分别为8和2。对于要求显示数值的精度较高，或者数字的位数较大，可以将宽度和小数位数设置大一些。若输入的数值的位数超过设置的位数，显示时会将数值四舍五入；若列宽设置过小，也可以表示为科学计数法。例如，20181968.0751显示为20181968.08（宽度为11，小数位位2，列宽为11），或者2E+007（宽度为11，小数位为2，列宽为6）。

注　意

宽度和小数位的设置只影响数值的显示精度和形式，不改变数值的内部值，内部值总是和数据输入时的是一致的。

（3）Set Century Range for 2-Digit Years窗口

“Set Century Range for 2-Digit Years”（对于2位数表示的年代，设置世纪的范围）窗口要求设置日期型变量中年份为两位数时的世纪范围。有下列两个单选项：

- Automatic 选择默认范围，从1937年至2036年。
- Custom 选择自定义，有“Begin year”（起始年份）和“End Year”（结束年份）2个输入框，但两项中只能填选一项，因为系统默认的时间跨度为100年，当一个年份给定后，另一个年份则由系统自动确定。例如，若“Begin year”栏输入1949，则“End year”自动设为2048。

（4）Random Number Generator窗口

“Random Number Generator”（伪随机数发生器）窗口提供了两种不同的产生伪随机数的方法：

- Compatible with SPSS 12 and earlier SPSS 12或更早版本提供的伪随机数发生器方法产生伪随机数。
- Long period Mersenne Twister 利用MT（Mersenne Twister）方法产生伪随机数。MT方法具有更高的可靠性以及足够大的周期（周期可高达$2^{19937}-1$）。

2.4.3 变量标签（Label）

变量标签是对变量名和变量值的进一步解释和说明，可分为变量名标签（Variable Labels）和变量值标签（Value Labels）。

（1）变量名标签（Variable Labels）

变量名标签是对变量名含义的进一步补充说明。因为早期版本中的变量名长度限制为8个字符，有时不能清楚地说明变量的含义。变量名标签可由不超过256个字符（或128个汉字）组成，并且可以包含空格和SPSS保留字。变量名标签是一个可选择属性，也可以不定义；同时，在统计分析结果中，一般不显示变量名标签的信息。

变量名标签的定义方法可通过SPSS主窗口中，单击左下角的“Variable View”按钮，窗口切换至变量视窗，然后在相应变量名所在的行中，直接在Label列添加变量名标签的内容。

图2.24给出了一个定义变量值标签的示例。

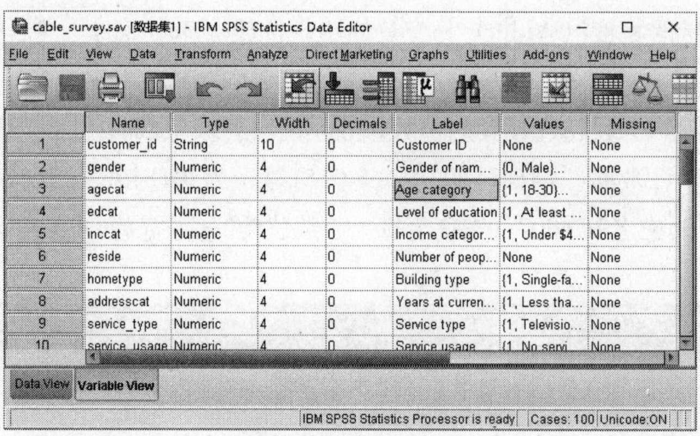

图2.24 变量值标签

（2）变量值标签（Value Labels）

变量值标签是对数值型变量各个取值的含义给予进一步解释和说明的信息。对于数据文件中用数值型变量表示非数值型变量时尤其有用。标签内容最多可以有120个字符。例如，定义一个名为“职称”的数值型变量，取值为1，2，3，4；并且变量值1代表“教授”职称，2代表“副教授”职称，3代表“讲师”职称，4代表“助教”职称。

定义变量值标签，可在“Variable View”视区，双击“Values”列中相应变量位置，显示如图2.25所示的对话框，在“Value”栏中输入变量值，“Label”栏中输入变量值所代表的含义，即变量值标签。然后单击“Add”按钮，下方的文本框中显示输入的变量值及其标签。重复以上过程，直至变量的所有变量值标签输入完毕，单击“OK”按钮，使对变量值标签的设置生效。如果输入有误，可单击文本框显示的错误标签，在上面输入栏修改，然后单击“Change”按钮，确认修改结果；亦可单击“Remove”按钮，删除某些不需要的标签。

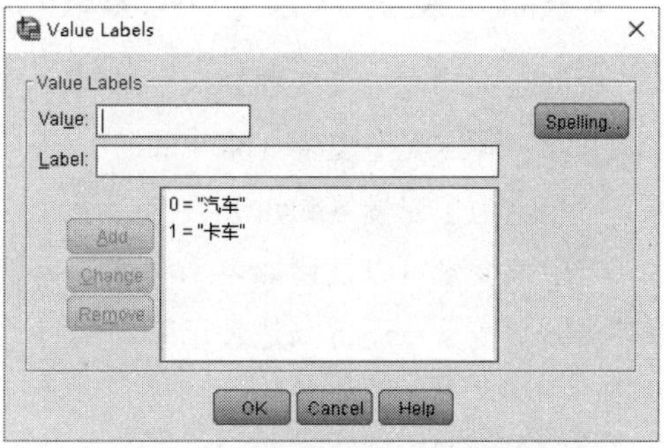

图2.25　变量值标签定义对话框

注　意

变量值标签只对数值型变量、日期型变量和短字符型变量有效，长字符型变量（宽度超过8）没有变量名标签和变量值标签的属性。

2.4.4　变量缺失数据（Missing）

在统计分析的数据收集过程中，因为某些原因，有时会产生记录的数据失真，或者没有记录等异常情况发生。例如，学生体检中某学生的体重记录为223公斤，这显然是一个失真数据，不能使用，但其他数据在分析中还可以使用；或者问卷调查中，被调查者没有填写调查表须填的年收入一栏，成为缺失值。

以上所述的情况称之为数据缺失或数据不完全。缺失或不完全数据在统计分析中是不能使用的。

SPSS通过指定用户缺失值的方法来定义缺失数据。在“Variable View”视区，双击“Missing”列中相应变量的单元格，显示如图2.26所示的对话框，有三种可选方式：

- No missing values　不指定缺失值。
- Discrete missing values　对数值型或字符型变量，用户指定缺失值为1至3个特定的离散值。

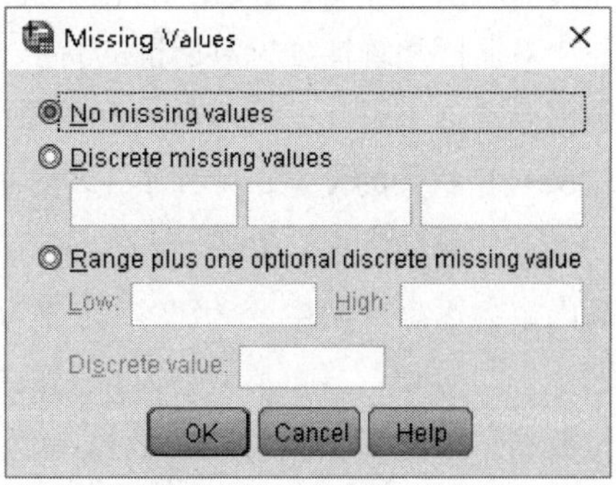

图2.26　变量缺失值定义对话框

- Range plus one optional discrete missing value 选择该项，表示对数值型变量，用户将缺失值定义在一个连续的闭区间和一个区间以外的离散值，该窗口下的“Low”和“High”栏分别输入连续区间的左右端点，在“Discrete value”栏中输入区间以外的一个确定值。

2.4.5 度量尺度（Measure）

根据数据的度量尺度划分，变量可分为三大类，即定距型变量（Scale）、定序型变量（Ordinal）和定类型变量（Nominal）。

（1）定距型变量（Scale）

定距型变量可以是诸如表示温度、重量等含义的连续型数值变量，也可以是年龄、次数等离散型变量，还可以是表示时间的日期变量或者货币的货币型变量，但不能是字符型变量。

（2）定序型变量（Ordinal）

定序型变量的值表示的是一种顺序的前后，这一点和定距型变量不同。例如，定义“军衔”变量可以分为尉官、校官和将官三个档次，分别用1，2，3表示；“职称”变量分为高、中、低三个档次，可以用A，B，C表示。定序型变量可以是数值型变量，也可以是字符型变量。

（3）定类型变量（Nominal）

定类型变量也称为名义变量，该类型变量不存在变量值之间固有的大小或顺序的前后，变量值一般只表示属于的类别。如“职业”变量中的工人、农民、军人等取变量值，可以分别用1，2，3等数值表示；“性别”变量中的男、女取值。定类型变量可以是字符型变量，也可以是数值型变量。

2.5 小结

本章第1节中介绍了SPSS有3种运行方式，即完全窗口菜单的运行方式、程序运行方式和混合运行方式。对于初学者和大多数用户，最常用的运行方式为完全窗口菜单方式；当然，如果需要作复杂的数据处理和统计分析任务，利用混合运行方式产生Syntax命令语句执行操作是一个理想的选择。第2节中介绍了SPSS for Windows常用对话框，需要掌握文件操作对话框和统计分析对话框的特点，这些都是SPSS的核心部分。第3节的对话框的介绍中需要重点了解数据编辑窗口和结果输出窗口。第4节介绍了如何在数据编辑窗口中进行SPSS数据结构的设定，并列举了SPSS主要数据类型对应的不同数据属性。

本章介绍的窗口和对话框会频繁出现在本书的后续内容，随着后续章节的学习，本章内容会逐渐由陌生变为SPSS的最为熟悉的概念。对于数据属性和结构的了解是进行数据分析的基础，不同类型的数据对数据方法的选择有着关键的影响。 熟悉了SPSS的环境与数据结构之后，就可以在数据编辑窗口进行SPSS数据操作，第3章将开始介绍SPSS的数据操作。

第3章

SPSS 数据文件的创建与编辑

本章包括

- SPSS 数据文件的创建
- SPSS 数据的录入
- SPSS 数据的编辑
- 数据文件的操作
- 应用案例：定义 SPSS 数据结构

建立 SPSS 数据文件是利用 SPSS 进行数据管理和统计分析的首要工作，只有高质量的统计数据才是数据分析的可靠保证。本章介绍创建 SPSS 数据文件的基本方法和操作步骤。

SPSS 24

3.1 SPSS数据文件的创建

创建数据文件是进行统计分析的首要步骤。SPSS提供了丰富的数据结构和多种创建SPSS数据文件的方法。本节给出SPSS数据文件的结构和创建方法。同时，对数据文件的编辑和不同格式数据之间的转换也是本节讨论的重点。

3.1.1 SPSS数据文件的结构

SPSS的数据文件由数据结构和数据内容构成。SPSS的数据结构规定了数据文件的基本构成属性。主要包括数据文件的所有变量以及变量的特征。一个完整的SPSS数据结构应包括变量名、变量类型、变量名标签、变量值标签、缺失值的定义、度量尺度以及数据的显示属性，即显示宽度、列宽度和对齐方式等。

例如，一个班的学生研究生考试成绩表包含姓名、考号、各科科目成绩（英语、高数、政治、专业课）等6个变量，对每一个变量定义其属性，如“姓名”变量定义为字符型变量，宽度定义为8（4个汉字），度量尺度为定类变量，由于变量含义很清楚，所以不需要定义变量标签和变量值标签，缺失值默认为零。

3.1.2 SPSS数据文件中的个案

在SPSS的数据编辑窗口的二维表中，每列表示一个变量的所有的取值，而每行则代表了数据文件的一个记录。在统计学理论中称之为随机样本的一个“随机事件”；在SPSS的菜单中称之为“Cases”，即“个案”，很多场合也称为一个“记录”。

一个数据文件是由众多的个案构成。一个个案中，会有很多个变量的取值，个案中每一个变量的相应取值称之为一个观测值，在SPSS中用“Case”表示。Case实际上也就是一个变量值，在SPSS数据窗口中表现为一个单元格。

如某一个学生的数学成绩就是一个“Case”，或一个观测值；某一个学生的姓名、学号和各科成绩构成了数据文件的一个个案，全体个案形成了数据的内容。数据编辑窗口中“Data Viwe”视区中，利用一个二维数表描述多个学生的成绩表，从而形成了SPSS数据文件的内容。

3.1.3 创建SPSS数据文件

1. 基本操作

创建SPSS数据文件需要完成两个主要步骤：

步骤1 在“Variables View”视区定义变量及其变量的属性。本章最后一节将进行数据定义的练习。

步骤2 在“Data View”视区录入数据文件的内容；此内容将在数据文件的录入和编辑一节详述。

浏览数据文件的变量名的三种方法：

- 选择“Variable View”视区中浏览。
- 在SPSS菜单项中选择菜单“Utilities”→“Variables”命令，打开如图3.1所示的对话框。该文本框中出现了该数据文件所有的变量名及其定义的属性。

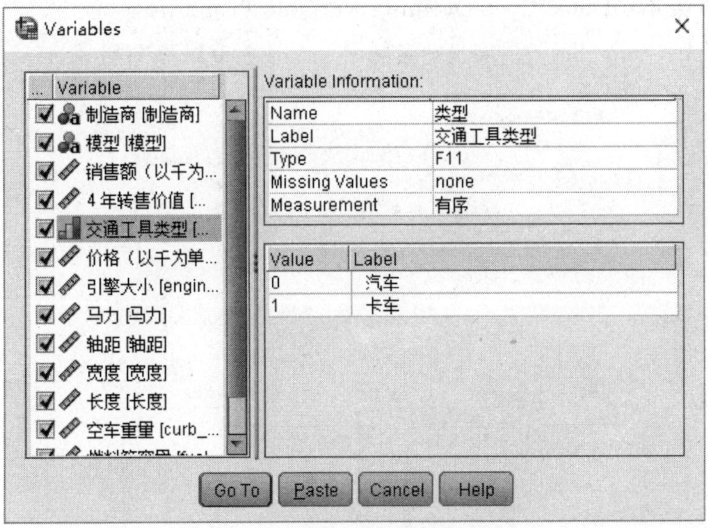

图3.1 “Variables”变量信息对话框

- 在SPSS主画面中选择菜单“File”→“Display Date File Information”（显示数据文件信息）→“Working File”命令，则以输出窗口的形式显示变量名及其变量属性，如图3.2所示。

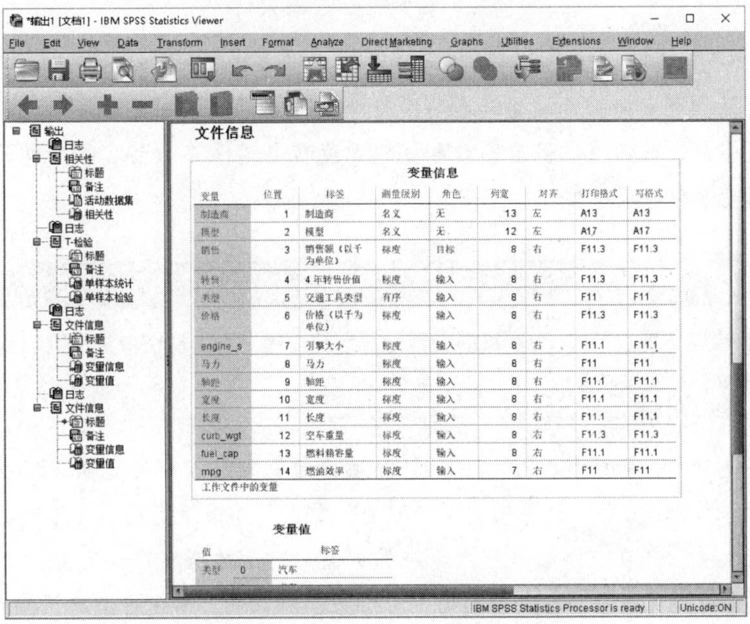

图3.2 “File Information”（文件信息）输出窗口

2. 利用Defining Variable Properties对话框定义变量属性

利用“Variable View”视区提供的值标签对话框定义和修改变量的值标签等信息，不够直观和简练。这里介绍的“Define Variable Properties”（定义变量属性）对话框可以快速而直观地显示和定义并且修改分类变量的值标签和其他变量信息。

基本操作步骤：

步骤 1 选择菜单“Data”→“Defining Variable Properties”命令，打开“Defining Variable Properties”（定义变量属性）对话框，如图3.3所示。

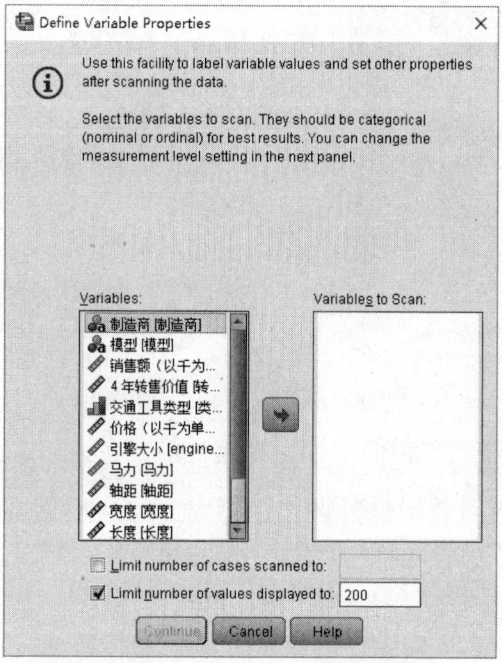

图3.3 “Defining Variable Properties”（定义变量属性）对话框

步骤 2 变量类型应该是数值型或者短字符型变量。对话框中左侧是变量列表框，通过单击箭头按钮将左侧要修改和编辑的变量名选择移动至右侧，也可以一次将全部变量移动至右侧。

注 意

长字符型变量（宽度超过8个字符的变量为长字符变量）不出现在变量的列表框中。长字符型变量不能定义值标签或缺失值类型。

步骤 3 “Defining Variable Properties”对话框的下方给出一多选框“Limit number of cases scanned to”（限制搜索个案的数量），如需指定搜索个案的数量，则选择该选项，并在右侧输入搜索个案的数量。对于数据文件含有大量个案时，限制搜索个案的数量会减少操作时间。如果不选该项，系统自动默认值为99。

步骤 4 该对话框的下方的另一多选框“Limit number of values displayed to”（显示个案数量的限制），被默认选择，默认值为200，也可修改该选项。因为对于定距型变量（如连续区间）中包含有大量个案（如数十万）时，在屏幕中显示所有的数据会占用大量内存，使得操作变慢，这时应选择规定显示变量值的数量。

步骤5　单击“Continue”按钮，确认选择，并出现如图3.4所示的“Defining Variable Properties”主对话框。

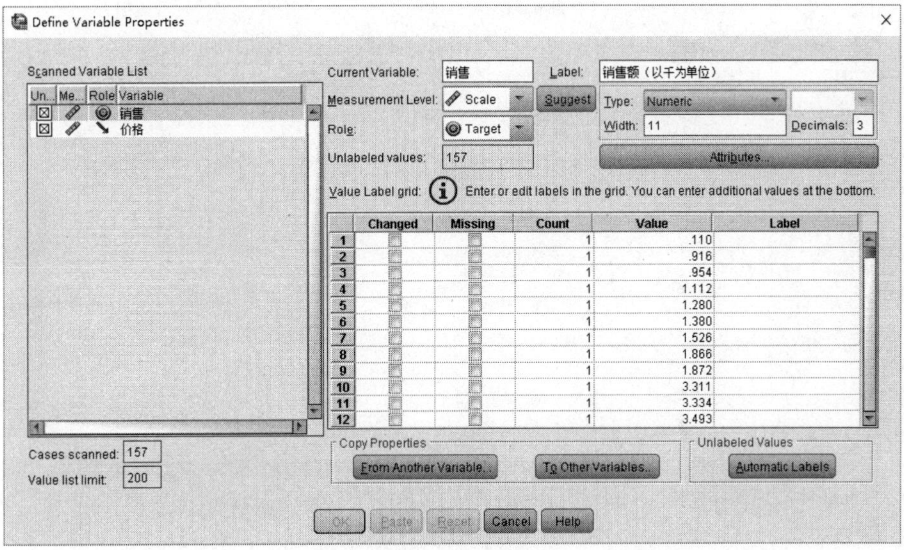

图3.4　“Defining Variable Properties”主对话框

步骤6　在“Defined Variables properties”对话框中，在左侧变量列表框中选择需要创建的值标签、定义和修改其他变量属性的变量名。

步骤7　选择变量后，对话框右侧显示一个二维数表，数表中给出了该变量搜索范围内的所有不同的值及其相应值标签，若该变量值没有定义值标签，Label列的相应位置为空白。可在出现的变量值标签二维表格中的“Labels”栏中输入或者修改该变量值的标签。

步骤8　如果需要创建值标签的变量值没有显示在列表中，则可在Value列中最后一个空白记录处输入变量值，同时在右边的Label列中输入相应的值标签。

步骤9　对于每一个显示变量，重复上述过程。

步骤10　单击“OK”按钮，使上述设置生效。

3.2　SPSS数据的录入

定义了数据结构的数据文件还仅仅是具备了数据文件的基本框架，输入数据后才构成完整的SPSS数据文件。下面介绍SPSS数据的录入方法。

3.2.1　认识数据录入窗口

SPSS数据文件的输入方式与Excel基本类似，主要是以电子表格的方式进行录入。现启动SPSS系统，进入SPSS数据编辑窗口。在“Variable View”视区定义数据文件的变量及其变量属性。单击画面左下角的“Data View”按钮，将数据编辑窗口切换至“Data View”视区，出现如图3.5所示的空白二维表格。

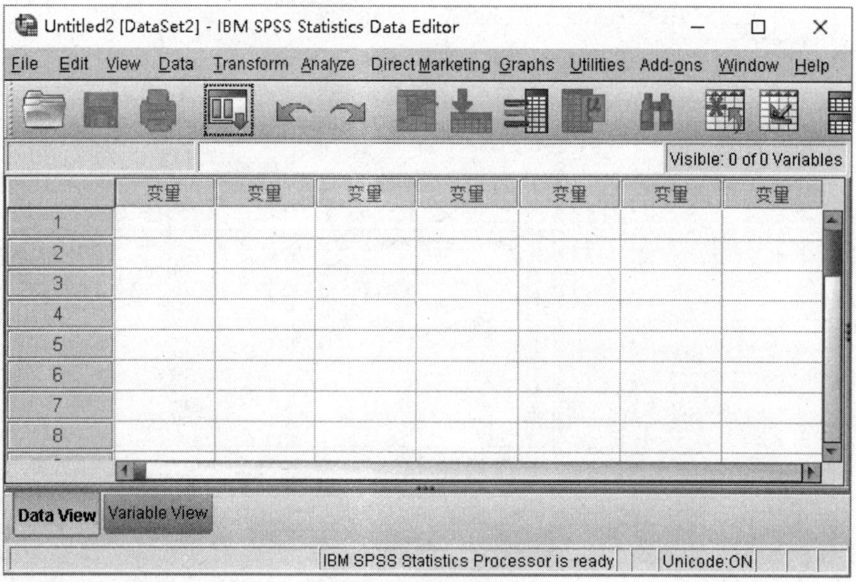

图3.5　数据录入窗口

SPSS数据编辑窗口由下列元素和选择组成：

- 数据窗口最左侧所在列标有序号，每一个序号所在的行代表数据文件的一个个案。
- 数据窗口最上方所在的行显示已经定义的数据变量名，每一变量名所在的列表示该变量的所有变量值。
- 表格中的每个单元格是一个变量与一个个案的交叉点，构成了SPSS数据文件的一个变量值。
- 单元格被激活后，才可在此单元格内录入和编辑数据。激活方法是将鼠标指到该单元上，然后单击鼠标左键，这时，该单元格显示为黑框。
- 当某一单元格被激活时，在窗口工具栏下方左侧显示该单元格的变量名，右侧是一文本输入栏，可以在此栏修改和编辑该单元格的数据。
- 用户还可以根据自己的习惯显示或者隐藏数据编辑窗口的表格线。方法为单击菜单“View”→“Grid Lines”（表格线）命令。“Grid Lines”是一重复开关选择项。如果它前面显示“✓”时，表示该功能已经激活，数据编辑窗口中将显示表格线；反之，则表示数据编辑窗口不显示表格线。SPSS默认选择是显示表格线。

3.2.2　在数据编辑窗口中录入数据

在数据录入窗口录入数据，可以有很多种方法，下面介绍几种主要的录入方法。

(1) 按单元格录入数据

移动鼠标至相应的单元格，单击鼠标左键，激活该单元格，使之成为当前单元格。也可用键盘的光标键移动至该单元格，录入数据。录入完毕后，只需移动单元格至下一指定位置，前一单元格中自动显示录入的数据。

（2）按变量录入数据

选择某一变量所在的单元格为当前单元格，在该位置录入完一个数据后按“Enter”键，当前单元格的下方的单元格自动成为当前单元格，继续录入相应数据。按此方式录入的数据皆为同一变量的值。亦称按列录入方式。

（3）按统计数据的记录（Cases）录入数据

选择某一变量所在的单元格为当前单元格，该位置录入完一个数据后按“Tab”键，当前单元格所在位置的右边单元格自动成为当前单元格，继续录入相应数据。按此方式录入的数据皆为同一观测量的值。亦称按行录入方式。

技　巧

按“Tab”键，只能使当前单元格右移，若想当前单元格左移，可以按Shift+Tab键实现。

（4）输入带有变量值标签的数据

录入定义了变量值标签的数据，可以直接录入变量值，也可通过变量值标签的下拉框列表选择或录入变量值标签来完成。选择此功能，只需打开或关闭变量值标签的显示开关。方法为选择菜单“Edit”→“Value Labels”（变量值标签）命令。“Value Labels”是一个重复开关选择项，如果它前面显示“✓”时，表示该功能已经激活，数据编辑窗口中将显示的变量值标签，这时在数据输入窗口中可以直接输入变量值标签，也可在单元格中出现的值标签下拉框列表中直接选择；反之，则表示数据编辑窗口显示的是变量值。SPSS默认选择是显示变量值。如图3.6所示为变量的下拉列表选择框。

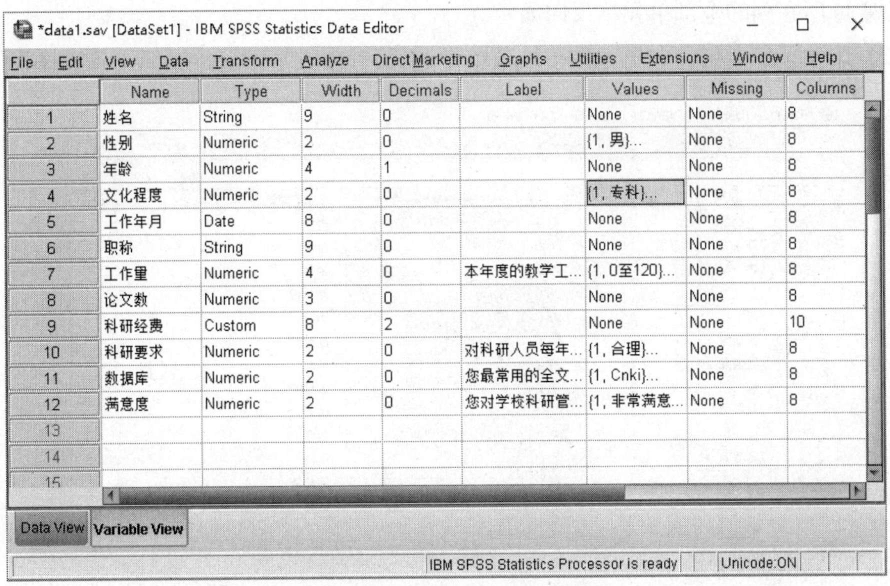

	Name	Type	Width	Decimals	Label	Values	Missing	Columns
1	姓名	String	9	0		None	None	8
2	性别	Numeric	2	0		{1, 男}...	None	8
3	年龄	Numeric	4	1		None	None	8
4	文化程度	Numeric	2	0		{1, 专科}...	None	8
5	工作年月	Date	8	0		None	None	8
6	职称	String	9	0		None	None	8
7	工作量	Numeric	4	0	本年度的教学工...	{1, 0至120}...	None	8
8	论文数	Numeric	3	0		None	None	8
9	科研经费	Custom	8	2		None	None	10
10	科研要求	Numeric	2	0	对科研人员每年...	{1, 合理}...	None	8
11	数据库	Numeric	2	0	您最常用的全文...	{1, Cnki}...	None	8
12	满意度	Numeric	2	0	您对学校科研管...	{1, 非常满意...	None	8
13								
14								
15								

图3.6　带有变量值标签的数据

注 意

在值标签显示开关打开的情况下，虽然在数据编辑窗口显示的是变量的值标签，但数据文件内储存的仍是变量值。

3.3 SPSS数据的编辑

为了保证所录入的数据正确无误，需要对SPSS数据进行修改、删除、插入、复制、定位等操作。SPSS for Windows提供了强大的数据编辑功能。数据的编辑是在数据编辑窗口中的“Data View”视区进行。

3.3.1 插入和删除变量

1. 插入一个变量

插入一个变量，即在数据编辑窗口的某个变量前插入一个新的变量。插入后，在该变量所在列的左侧产生一个名为VAR0000n，这里的n是一正整数，具体数值和数据文件的原变量名和插入变量的个数有关。有3种方法可完成插入变量的功能：

方法1：利用数据编辑窗口菜单命令插入变量

(1) 将光标移动到某变量所在列的任意单元格上。

(2) 选择菜单“Edit”→“Insert Variable”命令。

方法2：利用鼠标右键插入变量

(1) 将鼠标移动到数据编辑窗口的相应变量名上，单击该变量名，选择此变量。此时，该变量所在列的全部单元格反向显示。

(2) 单击鼠标右键，在显示的下拉菜单中选择“Insert Variable”命令，如图3.7所示。

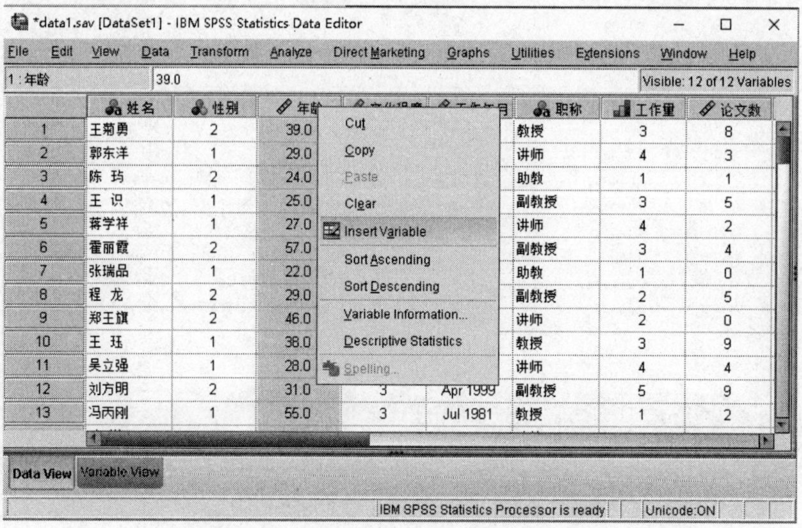

图3.7 “Insert Variable”（插入变量）命令

方法3：利用工具菜单插入变量

（1）将光标移动到某变量所在列的任意单元格上。

（2）单击数据编辑窗口中的工具栏按钮，同样可以在该变量左侧产生名为VAR0000n的变量。

注　意

数据窗口的工具栏按钮具有各种不同的功能，适当地利用工具栏按钮有时会减少操作步骤，提高操作和处理的效率。

上述操作执行完毕后，SPSS自动在当前变量的左侧插入一个空列。该列变量名为VAR0000n，数据类型默认为数值型，变量值为系统缺失值；用户可自行修改该变量的属性和在该变量的数据单元格中添加数据。

2. 删除一个变量

删除一个变量，也就是在数据编辑窗口删除某变量所在列及其该变量的全部数据。方法如下：

（1）将鼠标移动到数据编辑窗口上侧的相应变量名，单击该变量名。此时，该变量所在列的全部单元格反向显示。

（2）选择菜单“Edit”→“Cut”命令。此步骤也可利用单击鼠标右键，在显示的弹出菜单中选择“Cut”命令来完成。

操作完毕后，待删除的变量和所有变量值被删除，其右侧的变量自动依次左移一列。

3.3.2　插入和删除个案

统计分析过程中，统计数据经常会随着调查的深入而产生样本数量的变化。利用SPSS for Windows处理，需要经常对个案的数量进行增减操作。

1. 插入一个个案

插入一个个案，也就是在数据编辑窗口的某个个案前插入一个新的个案。插入后，原来选定的个案下移一行，新增个案的序号代替原来选定的个案的序号。给出两种操作方法：

方法1：利用数据编辑窗口菜单命令插入变量

（1）将鼠标移动到某选定的个案序号上，也可直接选定某个案所在行的任意一个单元格上，单击鼠标。

（2）选择菜单“Edit”→“Insert Cases”（插入个案）命令。

方法2：利用鼠标右键插入变量

（1）将鼠标移动到某选定的个案序号上，单击该选中个案的序号，该个案反向显示。

（2）单击鼠标右键，在显示的下拉菜单中选择“Insert Cases”命令，如图3.8所示。

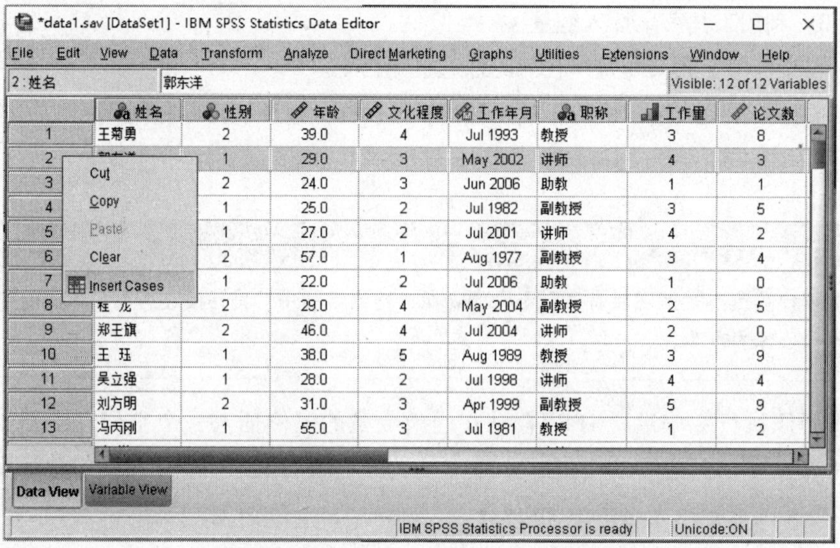

图3.8 “Insert Cases”（插入个案）命令

上述操作执行完毕后，SPSS自动在当前个案之前插入一个空行。用户可自行修改该个案的变量值。

2. 删除一个个案

删除一个个案，也就是在数据编辑窗口删除某选定个案所在行及其该个案的全部数据。方法如下：

(1) 将鼠标移动到数据编辑窗口某个案所在的序号位置，单击该序号。此时，该个案所在行的全部单元格反向显示。

(2) 单击菜单“Edit”→“Cut”命令。此步骤也可利用单击鼠标右键，在显示的弹出菜单中选择“Cut”命令来完成。

操作完毕后，待删除的个案所在的行被删除，其下的个案依次上移一行。

3.3.3 数据的移动、复制和删除

在对大量数据进行编辑时，有时需要将某些区域的数据全部删除，或者需将此区域的全部数据移动到另一处相似区域。如果利用单个数据的处理方式，显然不现实。基本的处理方法是利用“Edit”菜单项的剪切、复制、粘贴和清除等功能，对已定义的数据区域进行相应操作。

1.指定操作数据源

数据源可以是一个数据单元，也可以是由数据编辑窗口中的一个矩形区域，矩形区域中所包含的所有的数据都是该数据源的元素。数据源是对区域数据进行操作的对象。

所以，首先指定当前数据源：

- 如果数据源是一个数据单元，只需鼠标移动至此位置，单击即可。此时，该数据单元格外边框变黑。
- 如果数据源是某变量的所有变量值，只需将鼠标移动至此变量名上，单击即可。

此时，该变量所有数据的单元格全部反向显示。

- 如果数据源是某一个案，只需鼠标移动至此个案的序号处，单击序号。此时，该个案的全部数据单元格反向显示。
- 如果数据源由某矩形区域的所有变量值构成，则只需将鼠标移动到该区域左上角的单元格上，然后拖动鼠标至该区域的右下角单元格上。该区域的单元格全部反向显示。

按照上述操作得到的数据源就已经被指定为当前数据源。

2. 删除、移动和复制数据源

操作过程和Windows界面的软件中关于“Edit”菜单操作过程基本一致。

（1）删除操作

将鼠标移动到当前数据源所在的区域，单击鼠标右键，在弹出的菜单中选择“Clear”选项，则该数据源被清除。

（2）复制操作

在弹出菜单中若选择“Copy”选项，则该数据源被复制到剪贴板上。然后指定目标单元。将鼠标移动到目标单元的左上角位置上。单击鼠标右键，在弹出菜单中选择“Paste”选项。这时，原数据源将整体被复制到目标单元中了。

（3）移动数据源

只需将复制操作中的“Copy”选项改为“Cut”选项即可。这时，原数据源中的数据全部被移动到目标单元中了。

上面过程全部可以在数据编辑窗口中的“Edit”菜单相应选项来完成。

3.3.4 SPSS数据的定位

SPSS数据的定位功能可以将指定的数据单元定位为当前数据单元。使用数据定位功能，可以快速地在大量数据中查找指定的个案，以便对其进行编辑和其他的操作。

SPSS数据定位方式有两种，详述如下：

（1）按个案序号自动定位

通过指定任意个案的序号，将当前数据单位格定位至指定的个案的单元格上，并使指定的单元格为当前单元格。操作方法是：单击菜单“Edit”→“Go to case”（定位个案）命令，出现如图3.9所示的“Go to Case”对话框。在“Case Number”选择框内输入需要定位的个案序号，单击“OK”按钮后，当前单元格自动移动至指定的个案序号相应单元格内。

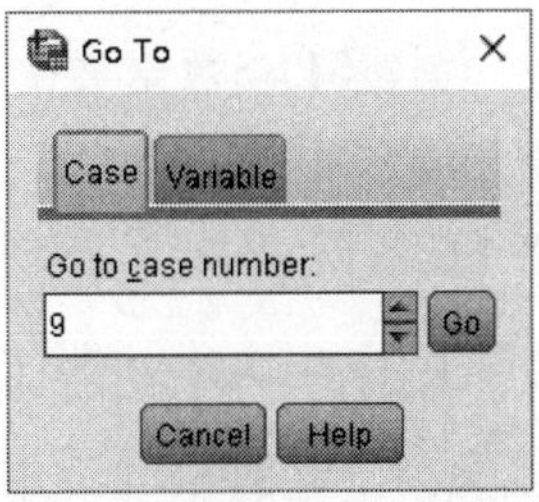

图3.9 “Go to Case”对话框

注 意

如果输入的个案序号超过数据文件个案数量的最大值，系统自动将当前数据单元序号定位为最后一个个案所在行。

（2）按变量值自动定位

在当前数据单元格所在的列中，向下搜索满足指定条件的第一个个案，并将其设为当前数据单元。操作方法是：单击菜单“Edit”→“Find”命令，出现如图3.10所示的“Find Data in Variable”（变量值中寻找数据）对话框。在文本框“Find”内输入需要搜索的变量值，单击“Find Next”（寻找下一个）后，系统将自动将向下搜索满足指定变量值的第一个个案。

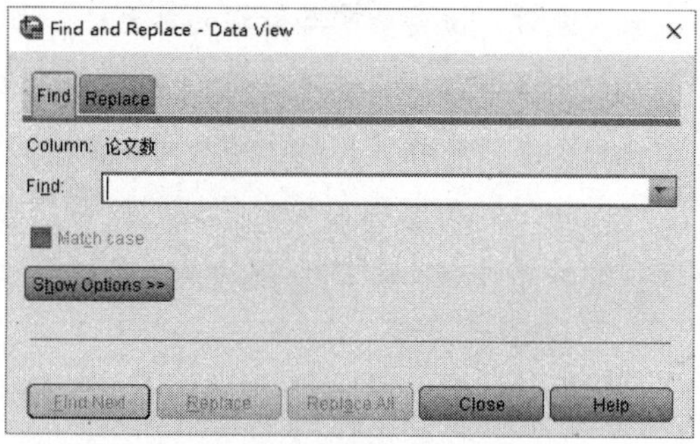

图3.10 “Find Data in Variable”（变量值中寻找数据）对话框

注 意

对于数值型变量的值，在搜索时是按其显示格式查找和定位的。例如，某数值型变量的显示格式定义了两位小数，在“Find”对话框中输入32，系统在当前列变量中查找显示为32的变量值，但由于显示格式为两位小数，所以是无法找到值为32的数据单元的。

3.4 数据文件的操作

在利用各种统计工具进行数据处理和统计工作的过程中，由于所有软件工具的差异，数据的存储格式会有很大的不同。不同的统计工具读入不同的数据文件格式也会有不同。例如，在仓储的管理部门，会利用Excel电子表格的xls格式保存数据，财务部门很有可能将员工的工资信息保存在数据库文件中。这就存在不同数据格式文件的交换问题。SPSS软件提供了多种不同数据格式的读取和保存方式。甚至可以从不同格式的文本文件中方便地读取数据；另一方面，经SPSS软件处理的数据也可以保存为其他格式的数据文件。

3.4.1 创建和读取SPSS数据文件

创建SPSS数据文件，直接的办法是通过SPSS的数据编辑窗口定义变量，并输入数据。这方面内容前几节已有详述。除了直接创建SPSS数据文件以外，还可以通过打开不同格式的数据文件，间接创建SPSS数据文件。

1. 打开一个已存在的数据文件

步骤 1 在SPSS主界面，单击菜单“File”→“Open”→“Data”命令，打开“Open File”（打开文件）对话框，如图3.11所示。

步骤 2 在显示的对话框中，选择打开文件类型。方法是单击对话框上的“文件类型”下拉式列表框中的黑色向下箭头，显示SPSS能够识别的所有数据格式列表，从中选择文件类型。

步骤3　在“查找范围”下拉式菜单中选择所要打开数据文件的位置，单击“打开”按钮。

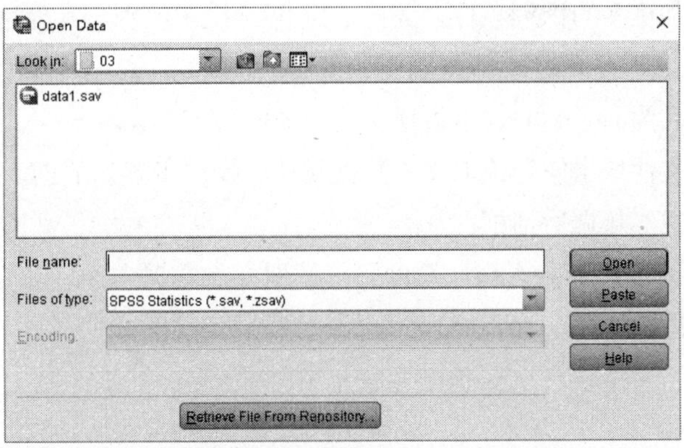

图3.11　“Open File”（打开文件）对话框

SPSS可以读取的数据文件类型主要有Excel格式文件、dBASE格式文件、SAS格式文件。

2. 读取Excel格式的文件

读取Excel格式文件，可以利用上面介绍的打开数据文件的步骤，在图3.21中“文件类型”下拉式列表菜单中选择“Excel（*.xls）”选项，并且单击指定的xls文件，这时，弹出如图3.12所示的“Opening Excel Data Source”（打开Excel数据源）对话框。对话框中各选项及其含义如下：

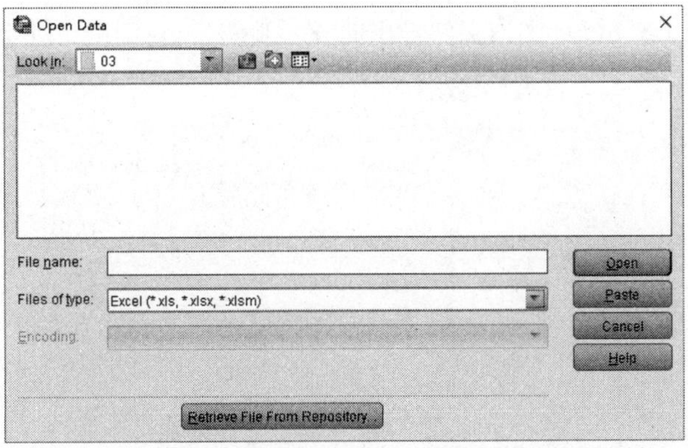

图3.12　“Opening Excel Data Source”（打开Excel数据源）对话框

- Read variable names from first row of data 从数据文件中的第一行读取变量名。选择此项，表示数据文件中第一行的有效字符作为变量名，系统默认选项。
- Worksheet　下拉式列表框。列出了表格中的最大工作区间。例如，显示“sheet1[A1:L100]”表示该电子表格由100行、12列构成。
- Range　指定读取数据文件行列范围。该范围不能超出“Worksheet”下拉式菜单中给定的最大范围。

单击“OK”按钮，确认操作。在SPSS数据编辑窗口打开此文件。

3. 读取文本文件

文本格式的数据文件较常见，但由于没有统一的格式，所以要正确地读取文本格式的数据文件，就要增加更多的识别条件。为此，SPSS给出了区别于其他格式的识别和读取操作规则。下面利用具体示例说明其操作。

首先建立一个名为data.txt的文本数据文件，如图3.13所示。

利用文本数据文件导出向导读取文本数据文件，操作步骤如下：

（1）打开读取文本数据对话框

单击菜单“File”→“Read Text Data”（读取文本数据文件）命令后，打开如图3.14所示的文本文件选择对话框。

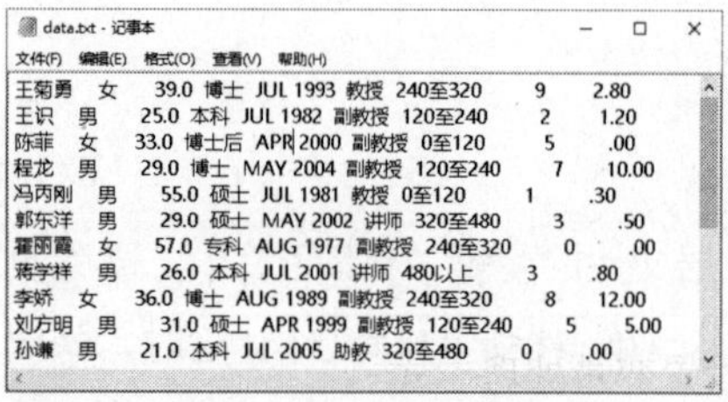

图3.13　文本数据文件

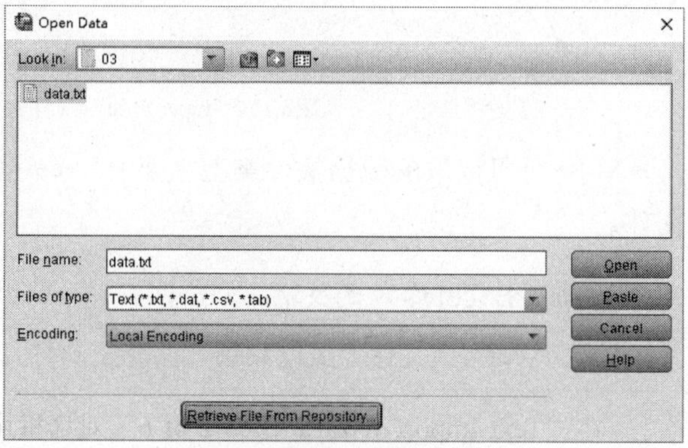

图3.14　文本文件选择对话框

该对话框中选择文本数据文件的路径和文件名，单击“打开”按钮，则显示“Text Import Wizard–Step 1 of 6”（文本文件导出向导：步骤1）对话框，如图3.15所示。

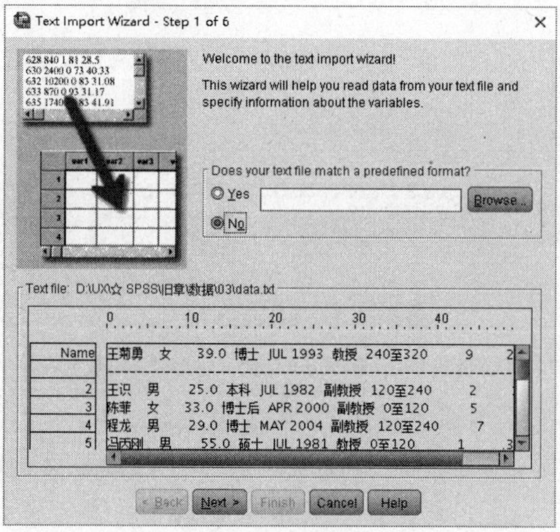

图3.15　“Text Import Wizard–Step 1 of 6”对话框

（2）读取文本文件的第一步

“Text Import Wizard–Step 1 of 6”对话框中用于指定是否套用预先设置的格式。“Does your text file match a predefined format? ”（文本数据文件是否和预先给定的文件格式相匹

配？）窗口给出两个选择项。如果选择“Yes”，则需要在单击“Browse”按钮，指定匹配文件；如果不是，选择选项“No”，该选项为默认选项。设置完毕后，单击“下一步”按钮，进入“Text Import Wizard-Step 2 of 6”（文本文件导出向导：步骤2）对话框，如图3.16所示。

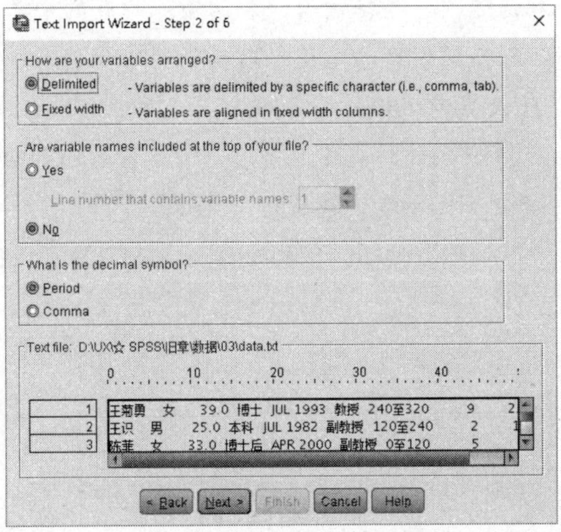

图3.16 “Text Import Wizard-Step 2 of 6”对话框

（3）读取文本文件的第二步

在“Text Import Wizard-Step 2 of 6”对话框中设置变量处理方式，包括字符间隔符的表示和文本文件中第一行是否作变量名。各窗口和选择项含义如下：

“How are your variables arranged？”（变量如何处理）窗口设置变量处理方式，给出2个单选项：

- Delimited 选择该项，表示用空格、逗号等字符分隔变量，每个个案中的变量值按相同的顺序排列，但可能不在同一列中。
- Fixed width 固定列宽。选择该项，表示变量按固定格式列对齐，不需要间隔符。

“Are variables names included at the top of your file？”（变量名是否包括在文件的开始）窗口中确定是否在第一行显示变量名，2个选项：

- Yes 选择该项，表示变量名显示在第一行。
- No 默认选项。选择该项，表示不显示变量名。

确认设置以后，单击“下一步”按钮，出现如图3.17所示的“Text Import Wizard-Step 3 of 6”对话框。

（4）读取文本文件的第三步

在“Text Import Wizard-Step 3 of 6”对话框中，需要设置第一个个案显示的行的位置，以及个案所代表的变量数。该对话框的窗口及其选项含义如下：

“The first case of data begins on which?”栏中输入数值，确定在第几个显示第一个个案。默认值为1。

“How are your cases represented？”窗口用于指定个案所代表的变量数，给出2个选项：

- Each line represents a case 默认选项。选择该项，表示数据编辑器中的每一行代表一个个案。

- A specific number of variables represents a case 选择该项，表示在后面的输入栏中输入一个数值，确定每一个个案所代表的变量数，默认值为18。

“How many cases do you want to import? ”窗口设置输入的个案数，有如下选择项：

- All fo the cases 默认选项。选择该项，表示输入所有的个案。
- The first n cases 选择该项后，需要在后面的输入栏输入一个正整数，确定输入前面的多少变量。默认值为1000。
- A random percentage of ceses 选择该项后，需要在后面的输入栏输入一个数值，确定随机地输入一定百分比个案。默认值为10%。

确认设置后，单击“下一步”按钮。出现如图3.18所示的“Text Import Wizard–Step 4 of 6”对话框。

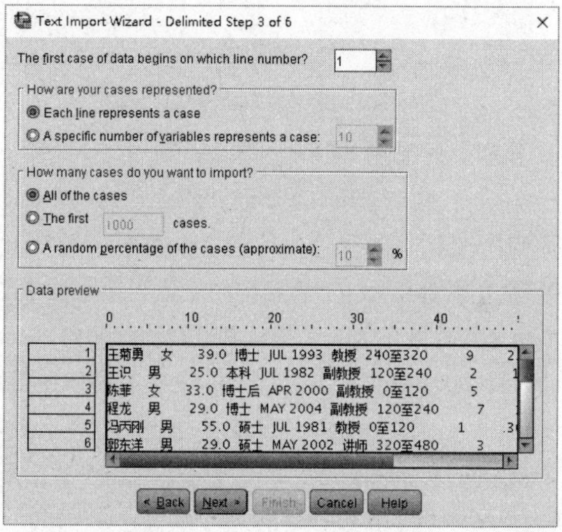

图3.17 “Text Import Wizard–Step 3 of 6”对话框

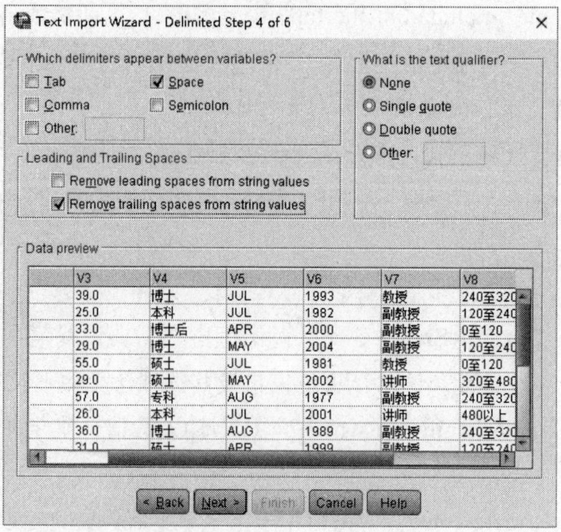

图3.18 “Text Import Wizard–Step 4 of 6”对话框

（5）读取文本文件的第四步

在“Text Import Wizard–Step 4 of 6”对话框中，需要设置变量之间的间隔类型以及显示设置后的数据预览效果。该对话框中各选项含义如下：

“Which delimiters appear between variables？”选项区用于确定数据之间的间隔类型；该窗口给出5种间隔类型，分别为：

- Tab 默认选项。变量数据之间的间隔为表间距。
- Space 变量数据之间的间隔为空格。
- Comma 变量数据之间的间隔为逗号。
- Semicolon 变量数据之间的间隔为半个列宽。
- Other 选择该项，需要在后面的输入栏中输入数值，确定变量数据之间的间隔的空格数。

“What is the text qualifier？”选项区用于确定文本中的分隔符，3个选项：

- None 不选。
- Single quote 单引号。
- Double quote 双引号。

确认设置以后，单击“下一步”按钮，出现如图3.19所示的“Text Import Wizard — Step 5 of 6”对话框。

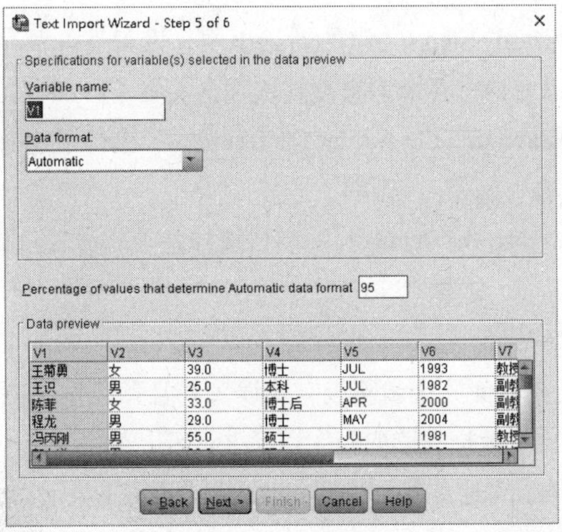

图3.19 “Text Import Wizard–Step 5 of 6”对话框

（6）读取文本文件的第五步

在“Text Import Wizard–Step 5 of 6”对话框中，设置关于变量名和选择变量的操作。各个选项区及其选项含义如下：

“Specification for variable(s) selected in the data preview”用于选择数据预览框中的变量名和数据类型：

- Variable name 变量名。默认变量名形为vn，这里n为从1开始正整数。可以更改默认变量名，方法为在数据预览（Data preview）框中选择变量名，然后在该栏处输入更改后的变量名。
- Data 数据类型。单击该栏处的下拉箭头，在弹出的下拉列表中选择数据类型，默认数据类型为数值型（Numeric）。

确认设置以后，单击“下一步”按钮，出现如图3.20所示的“Text Import Wizard–Step 6 of 6”对话框。

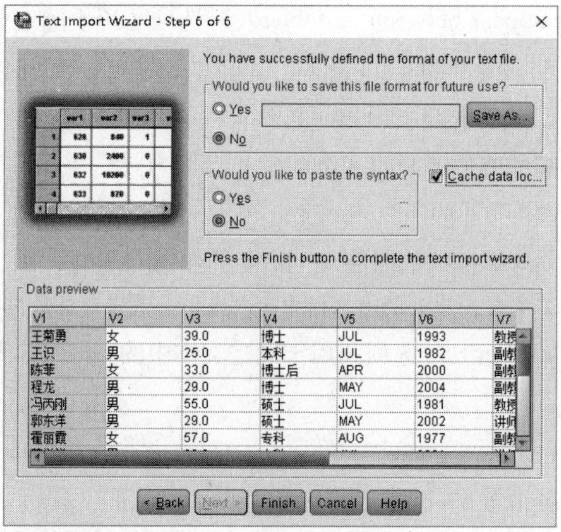

图3.20 “Text Import Wizard–Step 6 of 6”对话框

（7）读取文本文件的第六步

在“Text Import Wizard–Step 6 of 6”对话框中，设置是否保存设置的格式，以及是否粘贴Syntax语句到Syntax窗口。各个窗口及其选项含义如下：

“Would you like to save this file format for future？”窗口中选择是否保存设置的格式为外部文件。如果是，选择“Yes”；否则，选择“No”。

“Would you like to paste the syntax？”窗口选择是否将设置过程粘贴到syntax窗口。如果是，选择“Yes”；否则，选择“No”。

（8）完成读取文件的操作

确认设置以后，检查前面几个步骤没有错误，并且预览框中能正确显示数据项，则单击“完成”按钮，结束文本数据的读取操作；反之，可以单击“上一步”按钮，返回上一步骤，修改设置。图3.21显示的是文本文件data.txt经上述步骤转换后的SPSS数据编辑窗口。

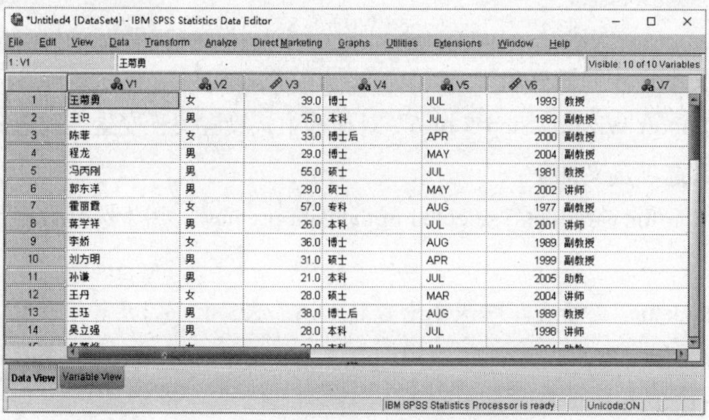

图3.21 文本数据转换的SPSS文件

3.4.2 保存SPSS数据文件

1. 保存SPSS数据文件的基本操作

保存数据就是将SPSS编辑窗口的数据以数据文件形式保存到外部存储介质中。经SPSS数据编辑窗编辑的数据既可以保存为SPSS for Windows数据文件，也可以保存为其他数据处理软件可以识别和打开的文件。

保存SPSS数据的操作和一般Windows界面下的文件保存操作基本相同。仍是选择菜单“File”→“Save”命令，或者选择“File”→“Save as…”命令。但由于不同数据文件格式的数据结构定义方式存在不同，所以，SPSS数据保存的操作与其他文件的保存方式略有不同。

在SPSS数据编辑窗口，保存数据的基本操作为：

步骤1 单击菜单“File”→“Save”命令，或者选择“File”→“Save as”命令，这时，出现如图3.22的文件保存对话框。

步骤2 在“Save Data As”对话框中，指定文件存储路径、文件类型和文件名，方法和打开数据文件的操作完全相同。

步骤3 单击对话框的“Variables”按钮，出现如图3.23的对话框。对话框中的“Variables”按钮允许用户保存文件时，指定保存哪些变量。该对话框中显示了当前数据文件的所有变量名，其中变量名前画“x”的变量将被保存到磁盘中。默认选择是保存全部变量。

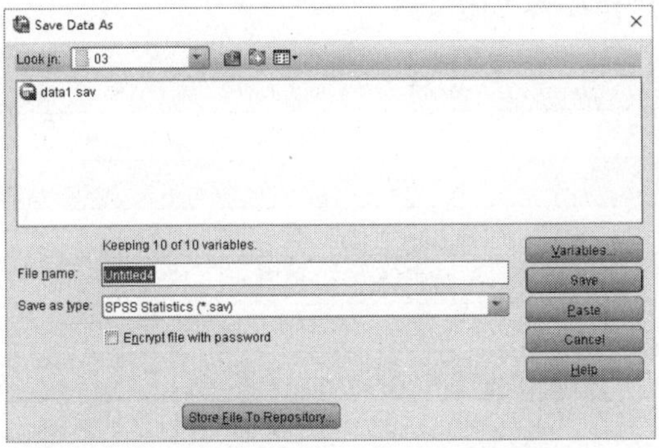

图3.22 “Save Data As”文件保存对话框

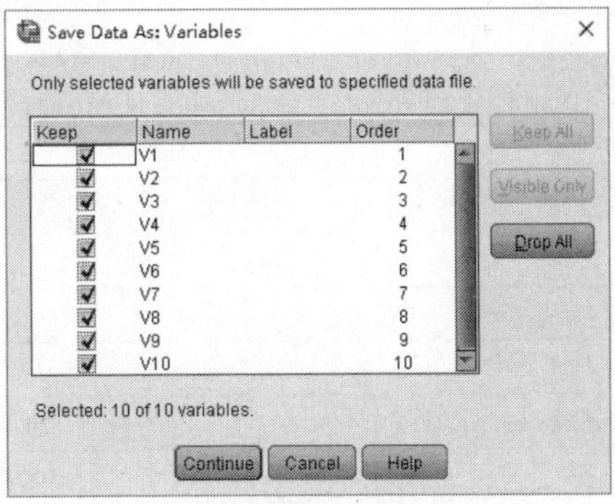

图3.23 “Save Data As：Variables”对话框

步骤4 在变量选择对话框，通过单击相应变量名指定或者清除该变量，也可单击“Keep All”按钮，选择全部变量；或单击“Drop All”按钮，清除所有变量。选定后，单击“Continue”按钮，返回保存数据对话框。

步骤5 单击“保存”按钮，数据文件按指定的类型被保存在指定路径处。

注 意

若利用SPSS软件打开一个其他类型的数据文件，经编辑后，无论选择“Save”或者“Save As”命令保存文件，皆显示如图3.22的“Save Data As”对话框。

2. 保存为其他格式的数据文件

SPSS可选择的文件类型主要有SPSS文件、固定格式的ASCII文件，自由格式的ASCII、Excel文件、dBASE数据库文件、SAS文件和Stata文件。

需要注意的是，数据文件格式的选择对应不同版本有不同的选择项。即使是同一种文件类型，但不同版本之间存在兼容性问题，可能会发生保存的文件在其他软件中无法打开或者丢失信息的情况发生。

注 意

当SPSS数据文件保存为其他类型文件时，变量名标签、变量值标签和缺失值的定义全部丢失（除SPSS Portable文件）。

3.5 应用实例：定义SPSS数据结构

本节给出一个具体的统计数据调查问题，说明如何通过原始问卷调查的数据资料形成SPSS的数据结构，如何定义问题的SPSS变量以及相应变量的属性等问题。

3.5.1 实例：大学教师的问卷调查表

表3.1给出的是某大学的一个问卷调查。主要内容是关于教师的基本情况调查，以及对学校科研管理和服务的意向调查。（数据文件：data1.sav）

表3.1 大学教师基本情况调查表

问题	备选答案
1. 姓名	
2. 性别	
3. 年龄	
4. 学历	（1）专科；（2）本科；（3）硕士；（4）博士；（5）博士后
5. 工作年月	
6. 职称	（1）助教；（2）讲师；（3）副教授；（4）教授
7. 本年度教学工作量（课时）	（1）0至120；（2）120至240；（3）240至320；（4）320至480；（5）480以上
8. 本年度公开发表论文数	
9. 本年度您的科研经费总额（万元）	
10. 您认为学校对科研人员每年科研成果要求是否合理	（1）合理；（2）不合理；（3）无所谓
11. 您最常用的全文期刊数据库的名称	（1）cnki；（2）jstor；（3）sciencedirect；（4）万方；（5）EBSCO；（6）Kluwer；（7）Springer LINK
12. 您对学校科研管理部门的工作是否满意	（1）非常满意；（2）满意；（3）一般；（4）不满意

注：表中有备选项的项目，只需选中备选项；没有备选项的项目，需自行填入相应信息。

针对此表的问卷调查，在该大学的各部系随机选取100名教师发放调查表，收到有效问卷100份。

3.5.2　调查表数据变量名及其属性的设计

利用SPSS软件进行分析和处理，应将问卷调查结果表示成SPSS可识别的数据文件。根据上节所述SPSS数据文件的构成，首先创建数据文件的结构，即数据文件的变量和定义变量属性。

问卷调查表中有12个选项，所以可以定义12个SPSS变量。对于每一变量，可以根据该变量的特征，定义其属性。每一份调查表形成一个个案，共计100个个案。呈现在SPSS数据窗中，为一个二维数表，其中一列表示一个变量，一行表示一个个案。

例如，“姓名”变量定义为字符型变量。由于该变量的含义根据该变量名本身就很清楚，不需要作过多的解释和补充，所以该变量不需要定义变量名标签；变量“姓名”的变量尺度定义为定类型变量；由于被调查者的名字不多于3个汉字，故宽度设置为8个字符（4个汉字）是足够的。列宽度设置为8个字符，对齐方式为中心对齐。

再如，变量“学历”有5个选项，可以将其定义为为字符型变量，但考虑到显示和处理的便利，将其定义为数值型变量，分别用1，2，3，4，5分别代表5种不同的情况；为使数据具有更强的可读性，可以在变量值标签中补充说明这5个数字分别代表的含义；同时，该变量所表示数字的大小已没有意义，所以该变量的度量尺度应定义为定类型变量。

定义数据结构的操作步骤：

（1）启动SPSS软件，在SPSS主画面中选择菜单“File”→“New”→“Data”命令。

（2）在显示的SPSS数据编辑窗口，单击左下角“Variable View”（变量视区）按钮，将窗口切换至“Variable View”视区。

（3）分别在显示的变量行中依次输入变量名，根据二维表中列的标识设置相应的变量属性。

根据上述的定义方式和操作步骤，得到的SPSS数据的结构如表3.2所示。

表3.2　变量名及其变量属性

变量名 Name	变量类型 Type	变量名标签 Lables	变量值标签 Value Lables	变量尺度 Measure	宽度 Width	列宽 Columns	对齐方式 Align
1. 姓名	String			Nominal	8	8	Center
2. 性别	Numeric		1= 男 2= 女	Nominal	2	8	Center
3. 年龄	Numeric			Scale	4	8	Center
4. 学历	Numeric		1= 专科 2= 本科 3= 硕士 4= 博士 5= 博士后	Nominal	2	8	Center

续表 3.2

变量名 Name	变量类型 Type	变量名标签 Lables	变量值标签 Value Lables	变量尺度 Measure	宽度 Width	列宽 Columns	对齐方式 Align
5. 工作年月	Date	输入格式为 mmm yyyy		Ordinal	8	8	Center
6. 职称	Numeric	可选职称: 助教、讲师、副教授、教授	1= 助教 2= 讲师 3= 副教授 4= 教授	Ordinal	6	8	Center
7. 工作量	Numeric	本年度的教学工作量	1=0 至 120 2=120 至 240 3=240 至 320 4=320 至 480 5=480 以上	Ordinal	4	8	Center
8. 论文数	Numeric	本年度公开发表论文数		Scale	3	8	Center
9. 科研经费	Custom Currency	本年度科研经费总额（万元）：		Scale	8	10	Center
10. 科研要求	Numeric	对科研人员每年科研成果要求的合理性	1= 合理 2= 不合理 3= 无所谓	Nominal	2	8	Center
11. 数据库	Numeric	您最常用的全文期刊数据库的名称	1=cnki 2= 万方 3=ScienceDirect 4=Jstor 5=Kluwer 6=SpringerLink 7=EBSCO	Nominal	2	8	Center
12. 满意度	Numeric	您对学校科研管理部门的工作是否满意?	1= 非常满意 2= 满意 3= 一般 4= 不满意	Nominal	2	8	Center

3.6 小结

本章内容为SPSS统计数据的创建与编辑。首先介绍了数据文件的创建与定义，重点掌握数据文件的录入和保存方法。本章还对其他格式的数据文件的读取也作了说明，特别是Excel格式文件和文本文件的读取，了解不同格式文件的两种方法：直接读取方式和利用文件读取向导进行读取方式。读者应通过一些具体的示例对数据的编辑进行实际操作，包括个案或变量的复制、删除、插入等，必须熟练其操作方法。最后结合上一章学习的SPSS数据结构与属性，以及本章中学习的SPSS数据操作，练习在数据编辑窗口中定义SPSS数据结构。

创建数据文件仅仅是数据管理的第一步，有时还必须进行一定的预处理才可以用于分析，第4章的数据管理介绍多种数据处理的基本方法。

第4章

SPSS 数据清洗与整理

本章包括

- 数据的排序
- 数据的转置
- 重复个案的识别
- 数据文件的拆分
- 数据文件的合并
- 数据的分类汇总
- 数据的加权

通过数据编辑窗录入和编辑的数据形成数据文件，可以对数据文件进行简单的统计分析。但是在许多情况下，SPSS 的分析过程往往对数据有特殊的要求，需要预先对数据文件进行初步的加工和处理才能顺利地调用相应的统计分析过程。

本章主要介绍一些数据的清洗、整理、分类和权重变换，这些方法是进行数据分析的基础。数据文件的管理主要用到主菜单中的“Data”菜单和“Transform”菜单。

SPSS 24

4.1 数据的排序

4.1.1 SPSS数据排序的基本操作

SPSS的数据管理中，经常会要求对数据的某些变量进行排序处理，例如对数据文件进行拆分、选择等操作。下面给出排序操作的基本步骤：

(1) 打开个案排序对话框

单击菜单"Data"→"Sort Cases"命令，显示如图4.1所示的"Sort Cases"（个案排序）对话框。

图4.1 "Sort Cases"（个案排序）对话框

(2) 选择排序变量

在对话框的左侧变量列表框中选择主排序变量，单击右向箭头按钮，将该变量移动到"Sort By"窗口中，并在"Sort Order"框中选择变量的排序方式，该窗口给出2种排序方式：

- Ascending 升序排序。选择该项，表示将所选变量的大小按从小到大的顺序对原数据文件中的个案进行排序。
- Decending 降序排序。选择该项，表示将所选变量的大小按从大到小的顺序对原数据文件中的个案进行排序。

如果是多重排序，还要依次指定第二、第三排序变量及相应的排序规则，方法是用鼠标选择"Sort by"窗口的变量，然后选择排序方式；否则，本步可略去。

设置完毕后，单击对话框的"OK"按钮，数据编辑窗口中的数据便自动按用户指定的顺序重新排列并显示。

对于数据排序操作，需要说明以下几点：

- 数据排序是整行数据排序，而不是只对某列变量排列。
- 多重排序中指定排序变量的次序很关键。排序时先指定的变量优于后指定的变量。多重排序可以在按某个变量值升序（或降序排列）排列的同时，再按其他变量值的降序（或升序）排序。
- 数据排序以后，原有数据的排列次序被打乱。因此在时间序列的数据中，如果数据中没有标识（如年份、月份、季度等），则应注意保留数据的原始排列，以免发生混乱。

4.1.2 数据排序的一个例子

表4.1是第3章中关于大学教师基本情况问卷调查表的前20个数据。利用SPSS排序操作

找出年龄最大和最小的个案。（数据文件：data2.sav）

表4.1　大学教师基本情况问卷统计表

姓名	性别	年龄	学历	工作年月	职称	工作量	论文数	科研经费
王菊勇	女	39.0	博　士	JUL 1993	教　授	240至320	9	2.80
王　识	男	25.0	本　科	JUL 1982	副教授	120至240	2	1.20
陈　菲	女	33.0	博士后	APR 2000	副教授	0至120	5	.00
程　龙	男	29.0	博　士	MAY 2004	副教授	120至240	7	10.00
冯丙刚	男	55.0	硕　士	JUL 1981	教　授	0至120	1	.30
郭东洋	男	29.0	硕　士	MAY 2002	讲　师	320至480	3	.50
霍丽霞	女	57.0	专　科	AUG 1977	副教授	240至320	0	.00
蒋学祥	男	26.0	本　科	JUL 2001	讲　师	480以上	3	.80
李　娇	女	36.0	博　士	AUG 1989	副教授	240至320	8	12.00
刘方明	男	31.0	硕　士	APR 1999	副教授	120至240	5	5.00
孙　谦	男	21.0	本　科	JUL 2005	助　教	320至480	0	.00
王　丹	女	28.0	硕　士	MAR 2004	讲　师	320至480	2	2.80
王　珏	男	38.0	博士后	AUG 1989	教　授	0至120	3	20.00
吴立强	男	28.0	本　科	JUL 1998	讲　师	480以上	1	.00
杨萧烨	女	22.0	本　科	JUL 2004	助　教	320至480	0	.00
张瑞品	男	22.0	本　科	JUL 2006	助　教	120至240	1	.00
郑王旗	女	46.0	博　士	JUL 2004	讲　师	120至240	2	.50
陈　玓	女	24.0	硕　士	JUN 2006	助　教	0至120	1	.00
将先锋	男	45.0	本　科	JAN 1980	教　授	320至480	4	.00
周　菲	女	50.0	博　士	SEP 1982	教　授	0至120	11	18.20

排序的操作窗口如图4.1所示（Ascending），还可对“年龄”变量按降序排列。图4.2给出排序结果，其中左侧图表示按年龄的升序排序，右侧图按年龄的降序排列。可以看出，在给定的20名教师名单中，年量最大者为57岁，最小者为21岁。

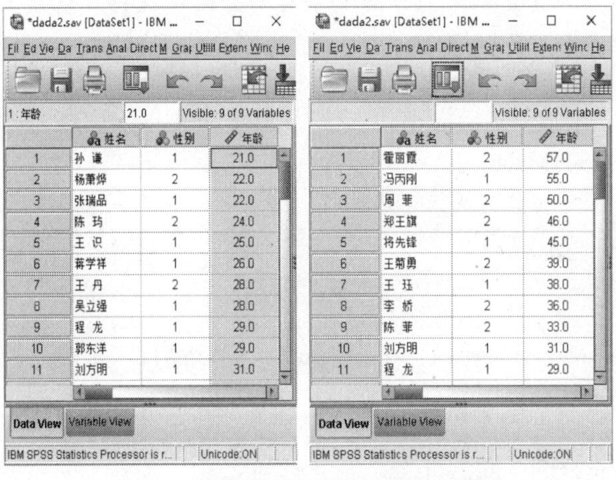

图4.2　教师基本情况按年龄排序结果

还可通过主对话框中单击“Paste”按钮，在syntax语句窗口得到命令语句程序：

```
/* 按升序排列 .
SORT CASES BY
  年龄 (A) .

/* 按降序排列 .
SORT CASES BY
  年龄 (D) .
```

4.2 数据的转置

数据的转置（Transpose）可将数据文件行（个案）、列（变量）互换，类似于矩阵转置。以下给出数据转置操作步骤：

步骤 1 选择菜单“Data”→“Transpose”命令，出现如图4.3所示的“Transpose”（转置）对话框。

步骤 2 “Transpose”对话框中，左边的变量列表框中选择需要转置的变量。选择变量后，单击箭头按钮，把选择的变量移到“Variable(s)”（变量）窗口内。在图4.3所示的对话框中，选择了姓名、年龄、工作年月和论文数等4个变量移到了“Variable(s)”窗口中。

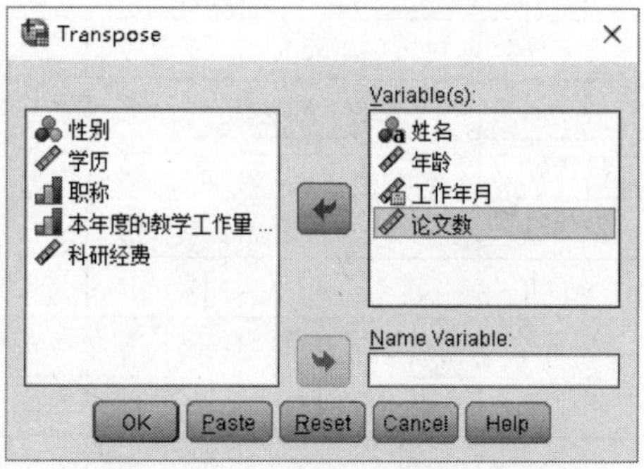

图4.3 “Transpose”（转置）对话框

步骤 3 单击“OK”按钮后，弹出如图4.4所示的提示窗口。“Some variables are not selected for transposition. Untransposed variables will be lost.”（转置操作中存在的没选变量将丢失），询问转置操作中没有选择全部变量，未选择的变量将不会出现在转置数据文件中，是否继续？单击“确定”按钮，继续操作；单击“取消”按钮，重新选择变量。现单击“OK”按钮。

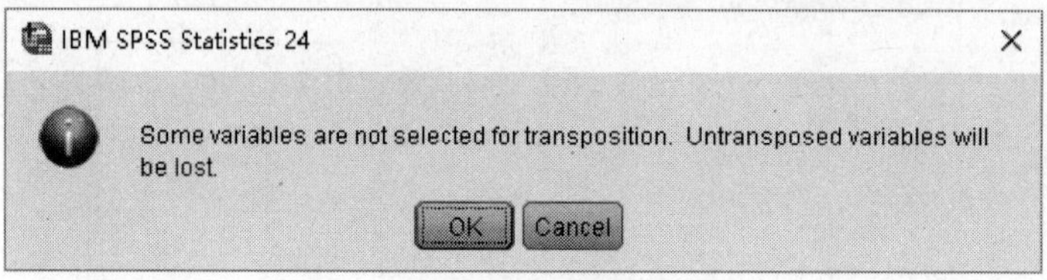

图4.4 “Transpose”提示信息窗口

步骤 4 数据编辑窗口中生成如图4.5所示的转置数据文件。同时，在输出窗口显示数据转置的英文信息。

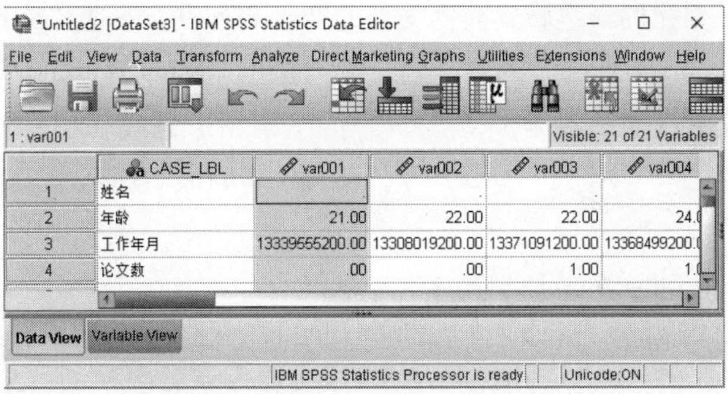

图4.5　数据转置后的数据编辑窗口

转置后的数据编辑窗口具有如下特征：

- 原数据文件转置后的数据文件中的行（列）变成了新数据文件的列（行）。
- 新数据文件中第一列为字符型变量，变量名为CASE_LBL，该列的变量值为原数据文件的所有变量名。
- 原数据文件中的个案经转置后，变成新数据文件中的变量，变量名为SPSS重新指定，形为“var_nnn”，这里，nnn为系统指定按顺序排列的三位整数。
- 如果原数据文件中包含字符型变量或用户指定缺失值，经转置后，变成新的数据文件的系统缺失值。如果重新定义这些缺失值，可以通过数据编辑窗口，选择菜单“Data”→“Define Variable”命令，重新定义。

注　意

标准型变量经转置后可以显示原数据值，其他类型变量值经转置后有可能会发生变化，或者转换为系统缺失值。例如图4.5中第三行数据是由原数据文件中的变量“工作年月”转置后得到的，原变量类型为日期型，但转置以后，所有数值变成科学计数法表示的数值型，原来的值也发生了变化，如APR 2000转换为1.32E+010。这主要是由于日期型变量和标准型变量在系统中储存的方式不同造成的。

另外，在图4.3所示的“Transpose”对话框中，还有一个“Name Variable”（命名变量）变量选择栏。如选择此栏，只需在对话框的左边变量列表中选择一个变量名，单击“Name Variable”左侧的右向箭头按钮，将选定变量移动到“Name Variable”窗口中。图中所选变量为“科研经费”，其他操作和前相同。这时在数据编辑窗口显示如图4.6的数据文件。

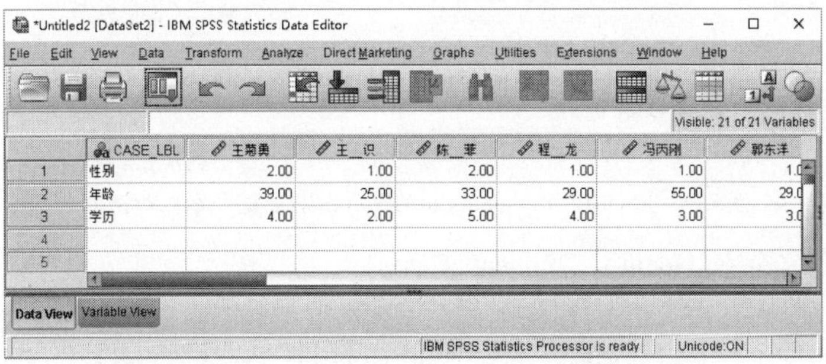

图4.6　具有“Name Variable”选项的数据文件转置

和图4.5比较，变化的只是转置数据文件的变量名列表。不选“Name Variable”时，SPSS自动定义格式为“varnnn”的变量名；而选择了“Name Variable”后，则用所选变量值作为新数据文件变量名，字符型变量中的空格用下划线代替，若变量值有重复，则分别在“***”添加“_A”、“_B”等。例如0.50的值出现两次，相应变量名分别为“_.00”“_.00_A”等。

（4）“Paste”得到的syntax语句程序：

```
/*  数据转置命令语句 .
FLIP
  VARIABLES= 姓名 性别 工作年月 论文数
  /NEWNAME= 科研经费 .
```

4.3 重复个案的识别

在数据输入和数据处理工作中，经常会发生个案重复的情况。个案重复的情况有很多，例如，数据输入时可能会对同一个案输入两次以上；在同一个单位中会有两个同名职工等。

基本操作步骤为：

（1）打开主对话框

在数据编辑窗口，选择菜单“Data”→“Identify Duplicate Cases”命令，打开“Identify Duplicate Cases”（识别重复个案）对话框，如图4.7所示。

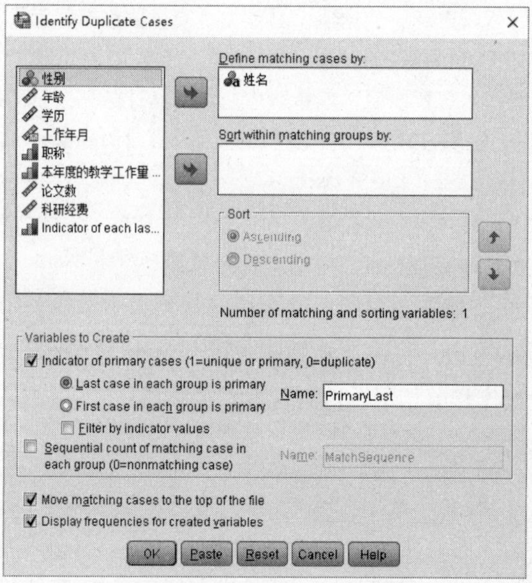

图4.7 “Identify Duplicate Cases”（识别重复个案）对话框

（2）定义重复个案（Identify Duplicate Cases）

“Identify Duplicate Cases”对话框中，左边列表框中显示数据文件的变量列表。在变量列表框中选择变量名，单击右向箭头按钮，将其移动至“Define matching cases by”（定义匹配个案）区域。

如果几个个案的变量值和“Define matching cases by”区域中选择的变量相同，则将这些个案视为重复个案。例如，在图中“Define matching cases by”区域中选择的变量为“姓名”，即数据文件中只要姓名相同的个案视为重复个案。若要搜寻100%匹配的个案，只需选择所有变量移动到“Define matching cases by”区域即可。

（3）匹配个案的排序（Sort within matching groups by）

在“Sort within matching groups by”（匹配个案排序）窗口中，要求从变量列表框中选择变量移动到该窗口。用户可以通过指定变量作为匹配个案的排列顺序的依据。该窗口选择个案时，“Sort”窗口被激活，要求在该窗口选择排序方式：

- Ascending 升序排列。
- Descending 降序排列。

（4）Variables to Create窗口及选择项

在“Variables to Create”（创建新变量）窗口中设置首选个案的选择项，选择框“Indicator of primary cases”（指定首选个案）中要求指定首选个案，选择该项后，下列选择框被激活：

- Last case in each group is primary 每组中最后的个案为首选个案。单选框，选择该项，表示每组中的最后一个个案为首选个案。
- First case in each group is primary 每组中第一个个案为首选个案。单选框，选择该项，表示每组中的第一个个案为首选个案。
- Filter by indicator values 标记和过滤重复个案。此为多选项，选择该项，表示在数据编辑窗口中，会对所有的重复数据在个案的序号处作出标记。

“Variables to Create”窗口中另一选择项为“Sequential count of matching cases in each group”（各组匹配个案连续计数）。选择该项，表示对每一组的匹配个案进行连续计数。

（5）执行识别操作

单击对话框中“OK”按钮，执行个案重复识别过程。

在搜索重复个案后，原数据文件个案顺序重新排列，重复个案排在最前面，并增加一默认变量名为PrimaryLast（PrimaryFirst）的数值型变量，变量值只取1（表示首选个案或者重复个案，其变量值标签为Primary Case），和0（表示匹配个案，其变量值标签为Duplicate Case）。

图4.8给出结果输出窗口中的频数分析：

Indicator of each last matching case as Primary

		Frequency	Percent	Valid Percent	Cumulative Percent
Valid	Duplicate Case	2	9.1	9.1	9.1
	Primary Case	20	90.9	90.9	100.0
	Total	22	100.0	100.0	

图4.8 “Identify Duplicate Cases”（识别重复个案）对话框

（6）“Paste”得到的syntax语句程序：

```
/* 识别重复个案 .
SORT CASES BY 姓名(A) .
MATCH FILES /FILE = * /BY 姓名
 /FIRST = PrimaryFirst /LAST = PrimaryLast.
DO IF (PrimaryFirst).
COMPUTE MatchSequence = 1 - PrimaryLast.
ELSE.
COMPUTE MatchSequence = MatchSequence + 1.
END IF.
LEAVE MatchSequence.
FORMAT MatchSequence (f7).
COMPUTE InDupGrp = MatchSequence > 0.
/* 重新排列：重复个案排在最前 .
SORT CASES InDupGrp(D).
MATCH FILES /FILE = * /DROP = PrimaryFirst InDupGrp MatchSequence.
VARIABLE LABELS PrimaryLast 'Indicator of each last matching case as
Primary' .
VALUE LABELS PrimaryLast 0 'Duplicate Case' 1 'Primary Case'.
VARIABLE LEVEL PrimaryLast (ORDINAL).
FREQUENCIES VARIABLES = PrimaryLast .
EXECUTE.
```

4.4 数据文件的拆分

在进行数据管理和统计分析时，经常需要将文件中的数据按变量进行分组分析。例如，在教师基本情况调查表中，需要统计出具有“教授”职称的教师，其年度发表论文的平均值和科研经费总数。但是，由于具有不同职称的教师的相关数据都在同一个数据文件中。故在进行分析时，应该对数据文件按照“职称”变量进行拆分。

注 意

拆分文件并不是将拆分成两个或多个独立文件，而是将按照某种变量值重新排序，但又和前述的数据排序不同，因为数据的拆分对后续的统计分析有很大的影响，后续分析将按照分组进行。

在数据编辑窗口读入数据（数据文件：data2.sav），可以按照下面给出拆分数据文件的基本步骤进行操作：

（1）打开主对话框

单击菜单“Data”→“Split Files”命令，打开“Split Files”（拆分文件）对话框，如图4.9所示。

(2) 选择文件拆分方式

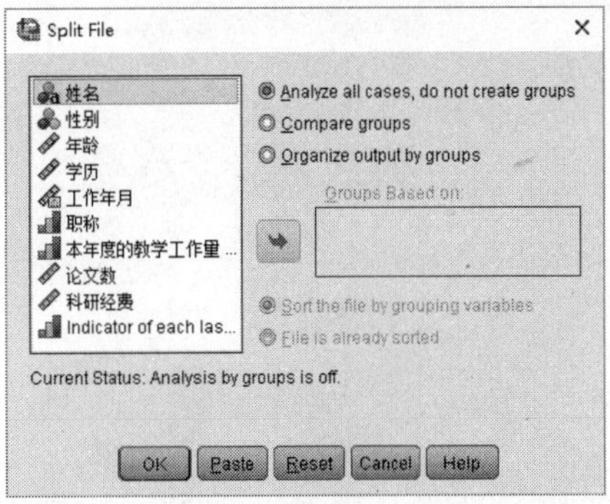

图4.9 “Split Files”（拆分文件）对话框

在“Split File”对话框中，首先选择文件拆分方式：

- Analyze all cases，do not create groups 分析所有个案，但不创建分组。该项为默认选项。选择该项，表示分析所有个案，不进行拆分。若选则该项，下面的分组信息呈灰色显示，不可用。
- Compare groups 比较分组。选择该项，表示将分组统计结果输出在同一张表格中，以便进行不同组之间的比较。一般选择此项。
- Organize output by groups 输出结果按组分开组织。选择此项，表示将分组统计结果分别输出到不同的表格中。

若选择“Compare groups”或“Organize output by groups”单选项时，其下面的变量分组选择窗口“Groups Based on”（分组基于）变为可用。在左边变量列表中选择一个以上的分组变量，通过单击右向箭头按钮，将其移动到“Groups Based on”窗口。本例选择的分组变量为“职称”。

如果数据编辑窗口中的数据已经事先按所指定的拆分变量进行了排序，则可以选择“File is already sorted”（文件已经拆分）选项；否则，选择“Sort the file by grouping variables”（按分组变量对文件进行排序）选项。

(3) 执行文件拆分操作

单击“OK”按钮，执行拆分数据文件的操作。

图4.10、图4.11和图4.12分别是按照“Analyze all cases，do not create groups”选项、“Compare groups”选项和“Organize output by groups”选项拆分文件后，进行描述性统计分析后得到的输出结果。从图可以看出，第3个输出结果实际上是第2个输出结果中的表格按职称分成了单独的4个表格。

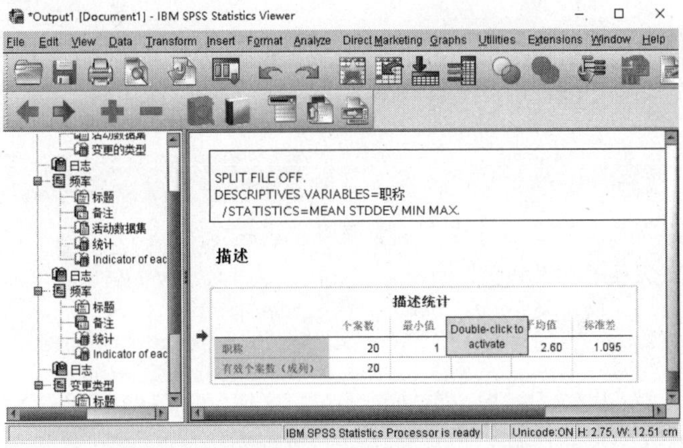

图4.10 没有拆分文件的描述性分析结果

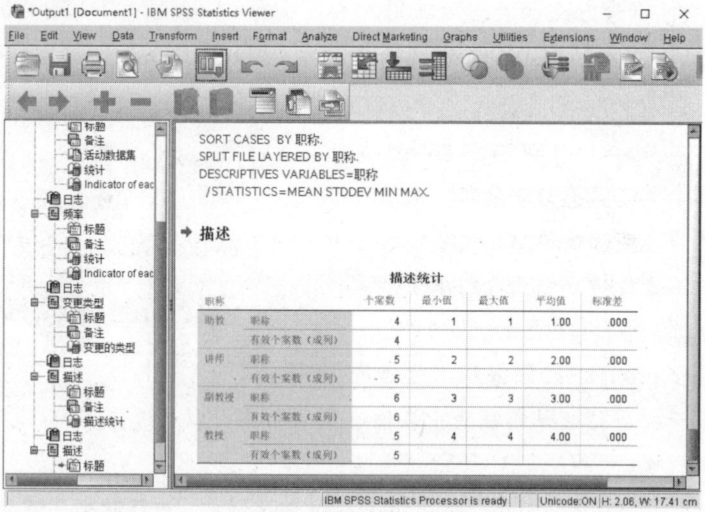

图4.11　拆分文件后在同一表格的描述性分析结果

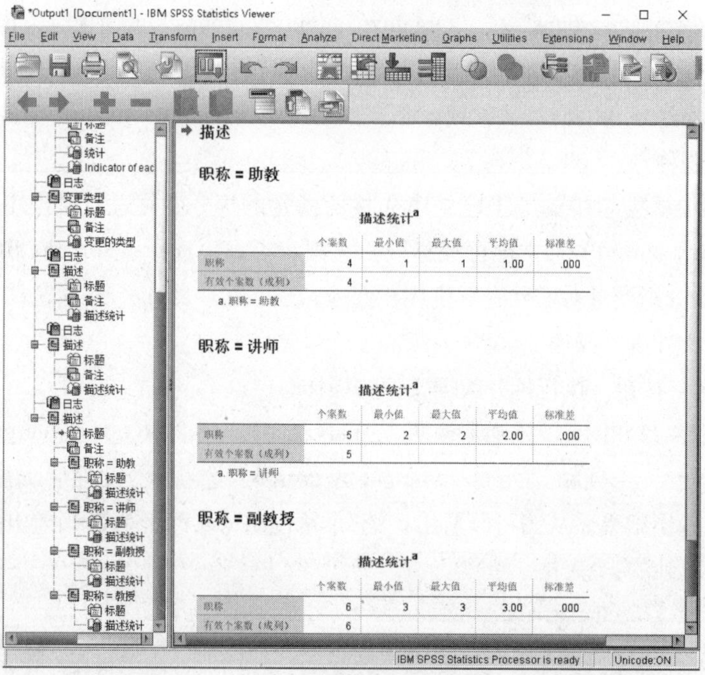

图4.12　拆分文件后在不同表格的描述性分析结果

说　明

拆分后的文件如果保存修改文件，下次调用该数据文件时，分组信息仍起作用。当不需要分组信息时，可以按上述拆分文件的步骤，选择默认选项“Analyze all cases，do not create groups”，即可消除分组信息。

（4）“Paste”得到的syntax语句程序：

```
/* 拆分文件后在同一表格显示结果的命令语句 .
```

```
SORT CASES BY 职称 .
SPLIT FILE
  LAYERED BY 职称 .

/* 拆分文件后在不同表格显示结果的命令语句 .
SORT CASES BY 职称 .
SPLIT FILE
  SEPARATE BY 职称 .
```

4.5　数据文件的合并

在进行数据处理和统计分析时，经常需要将多个数据文件合并成一个数据文件。SPSS提供了两种合并数据文件的方式：个案合并和变量合并。

个案合并，也称纵向合并。是在两个具有相同变量的数据文件中，将其中一个数据文件的个案追加至当前数据文件的个案中，形成新的数据文件。

变量合并，也称横向合并。是在两个具有相同个案的数据文件中，将其中一个数据文件的个案变量值追加至当前数据文件的相应个案中，形成新的数据文件。

4.5.1　个案合并

下面以两个具体的数据文件说明个案合并的基本操作步骤。先建立如图4.13所示的数据文件：merge_1.sav和merge_2.sav。

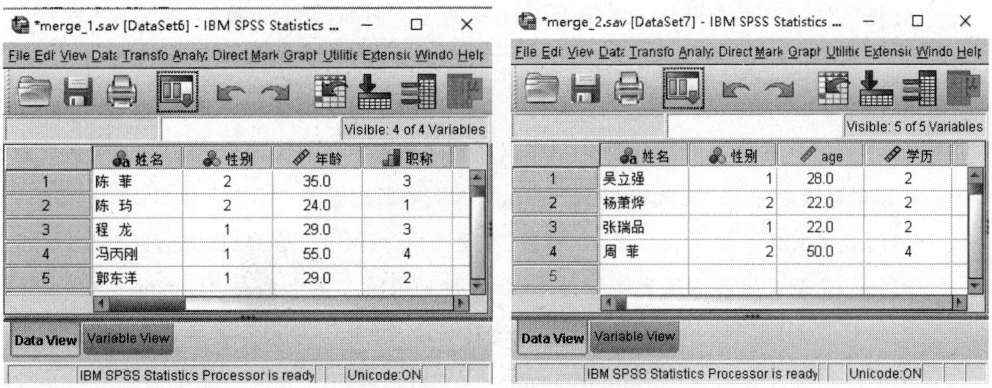

图4.13　两个待合并的数据文件

（1）将数据文件merge_1.sav读入到SPSS的数据编辑窗口。

（2）打开主对话框。

在数据编辑窗口中，单击菜单“Data”→“Merge Files”→“Add Cases”（添加个案）命令，显示如图4.14所示的指定合并文件对话框。

若要合并的另一数据文件已经打开，则可选择“An open dataset”单选框，并在其下的数据集列表框中选择要合并的数据文件名。否则，可选“An external SPSS data file”

单选框，并在下拉菜单中指定合并文件路径和文件名。单击“Continue”按钮，显示如图4.15所示的“Add Cases”（添加个案）对话框。

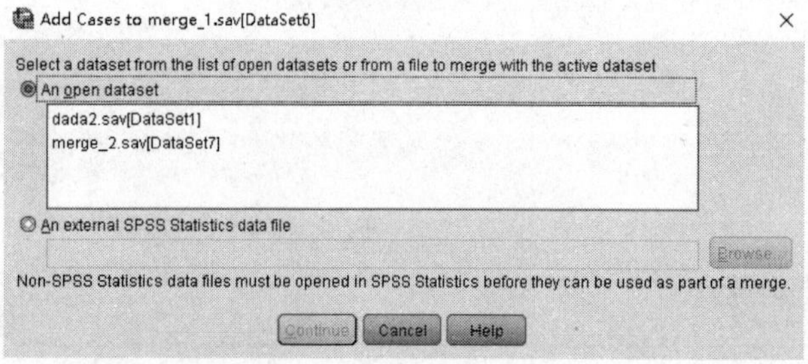

图4.14　选择个案合并文件对话框

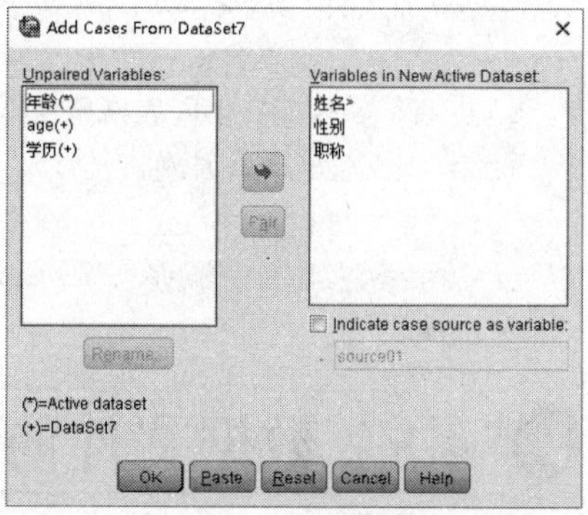

图4.15　“Add Cases”（添加个案）对话框

（3）选择合并方法

在“Add Cases”对话框中，右侧“Variable in New Active Data”（新工作数据文件的变量）窗口中显示合并文件的变量名，左侧的“Unpaired Variables”（未匹配变量）窗口中显示未匹配的变量列表。变量名旁标有“*”符号的变量表示当前工作数据文件中的变量，带有“+”符号的表示为外部数据文件的变量。

下面给出两种不同情况的说明：

- “Unpaired Variables”窗口中的不匹配变量可以合并到新数据文件中。在“Unpaired Variables”窗口中选择该变量，单击右向箭头按钮，将其移动至“Variable in New Working Data”窗口。由于该变量是不匹配变量，在合并文件中，只显示该变量所属数据文件中个案变量值，其余为系统缺失值。例如，mergefile_2.sav文件中有变量“学历”，但在mergefile_1.sav文件中没有该变量。
- 若在“Unpaired Variables”区域中，含有来自于两个数据文件中变量名不同，但数据的含义和属性都相同的变量，可以通过“Pair”命令匹配这两变量。例如，在图4.15的对话框中，“Unpaired Variables”区域非匹配变量“年龄”和“age”来自于两不同数据文件，但含义都表示年龄，变量属性也相同，合并时，这两变量可以视为同一个变量。操作方法为：按住“Ctrl”键的同时，依次单击“Unpaired Variables”窗口的“年龄”和“age”变量名，这时激活“Pair”按钮，再单击“Pair”按钮，便将这两变量移动至“Variable in New Working Data”窗口。显示变量名“年龄 & age”，实现变量的匹配。

（4）选择数据文件中添加变量的选项

选择“Indicate case source as variable”选项。若选择此项，则在合并的数据文件中增加一个变量名为“source01”的变量。变量值为0时，表示该个案来自于工作数据文件；变量值为1时，表示该个案来源于外部数据文件。

（5）执行操作

单击“OK”按钮，在当前数据编辑窗口显示如图4.16的合并后的数据文件。

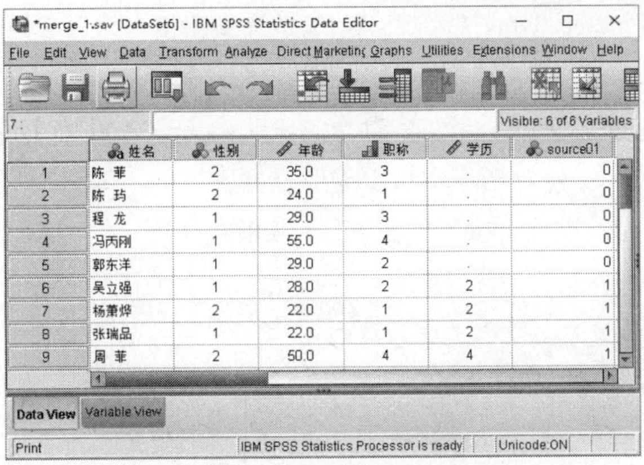

图4.16　个案合并后的数据编辑窗口

（6）“Paste”得到的syntax语句程序：

```
/* 个案合并的命令语句 .
ADD FILES
 /FILE=*
 /RENAME (年龄 = d0)
 /FILE='DataSet3'
 /RENAME (学历 age = d1 d2)
 /DROP= d0 d1 d2.
EXECUTE.
```

4.5.2　变量合并

下面仍以两个具体的数据文件说明变量合并的基本操作步骤和选择设置。先建立如图4.17所示的数据文件：merge_1.sav和merge_3.sav。

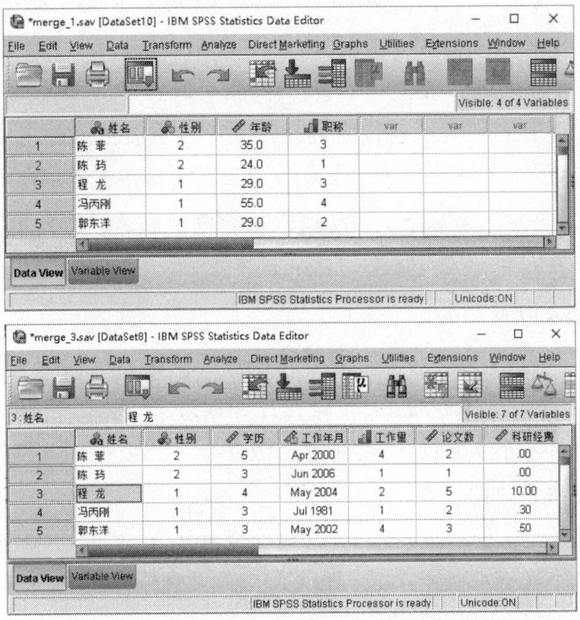

图4.17　merge_1.sav和merge_3.sav数据文件

（1）将数据文件merge_1.sav读入到SPSS的数据编辑窗口。

（2）打开对话框。

数据编辑窗口选择菜单“Data”→“Merge Files”→“Add Variables”（添加变量）命令，在弹出的选择数据文件对话框中指定需要合并到Mergefile_1.sav的数据文件路径及文件名merge_3.sav，单击“Continue”按钮，显示如图4.18所示的“Add Variables”（添加变量）对话框。

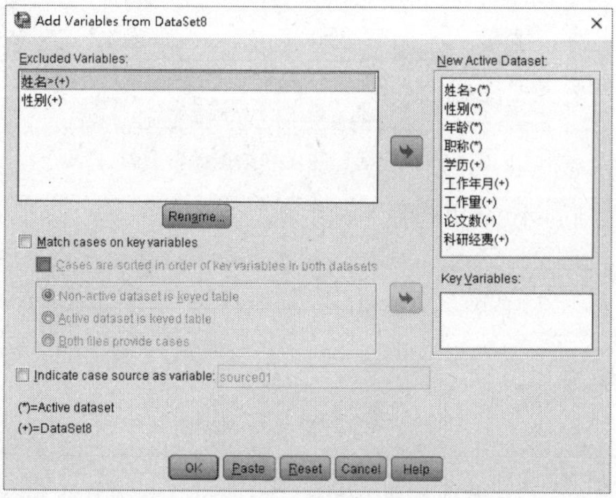

图4.18 “Add Variables”（添加变量）对话框

（3）选择添加变量的方法

“Add Variables”对话框中，左侧“Excluded Variables”（排除的变量）区域中显示新合并的数据文件中不包含的变量，包括外部数据文件中和工作数据文件重名的变量列表。变量名旁标有“*”符号的变量表示当前工作数据文件中的变量，带有“+”符号的表示为外部数据文件的变量。右侧“New Active Dataset”（新工作数据文件的变量）区域中显示合并文件的所有变量名。

只有“Excluded Variables”区域中重名的变量可以作为关键变量，两个数据文件中关键变量相等的变量值是识别并且正确地合并变量文件的重要依据。

如果要引入“Excluded Variables”列表中的同名变量进入合并的数据文件，可以选择变量，然后单击“Rename”（重命名）按钮，对变量重命名，然后再选择此变量，单击右向的箭头按钮，将其移动至“New Active Dataset”窗口。

（4）选择关键变量以及相关设置

如果两个数据文件具有相同的个案数，并且排列顺序一致，则不需要指定关键变量，只需要单击“OK”按钮，得到所需要的变量合并数据文件。如果两个数据文件的个案不匹配，或者排列顺序不一致，则必须先选定关键变量，然后按照关键变量相同的排序方式重新对两个数据文件进行排序。对话框中需要选择如下项目：

选择“Match cases on key variables”（排序文件中关键变量的匹配个案）选项，则表示按照已排序文件的关键变量匹配个案。选择该项，同时激活以下3个单选项。

- Both files provide cases 对两个文件的全部个案进行合并。

- Non-active dataset is keyed table 非活动数据集是关键表。选择该项，将外部数据文件的变量值与活动数据集中对应变量的值相等的个案合并到活动数据集中。
- Active dataset is keyed table 活动数据集是关键表。和前项相反。

（5）Indicate case source as variable选项及其含义

若选择此项，则在合并的数据文件中增加一个变量名为“source01”的变量。变量值为0时，表示该个案来自于工作数据文件；变量值为1时，表示该个案来源于外部数据文件。

（6）执行数据合并的操作

单击“OK”按钮，在当前数据编辑窗口显示如图4.19所示合并后的数据文件。

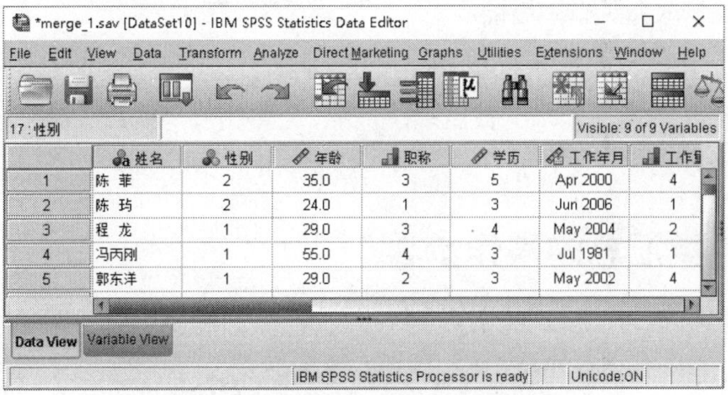

图4.19　变量合并后的数据文件

注　意

特别强调，如果两个数据文件的排列顺序不一致，则必须先选定关键变量，然后按照关键变量相同的排序方式重新对两个数据文件进行排序。如果不进行排序操作，SPSS仍给出合并结果，但不出现错误信息。

（7）“Paste”得到的syntax语句程序：

```
/* 变量合并的命令语句 .
MATCH FILES /FILE=*
 /FILE='DataSet4'
 /RENAME (性别 姓名 = d0 d1)
 /DROP= d0 d1.
EXECUTE.
```

4.6　数据的分类汇总

4.6.1　分类汇总的概念

分类汇总是数据分析中非常有用的一种数据处理方式。数据的分类汇总是按指定的变量值对个案进行分组，对每组各案的变量求描述统计量，并生成分组数据文件。在分组数据文件中对应分类变量的每个值产生一个个案。

例如，某大学希望掌握不同职称的教师在工作量、申请科研经费、发表论文数等方面是否存在较大的差异。分类汇总是一个值得考虑的方法，利用“职称”作为分类变量，分别计算具有不同职称教师的平均工作量和相应工作量标准差等。

进行分类汇总应该明确的两个概念：

（1）分类变量（Break Variable）

选择一个或多个变量作为分组变量。数据文件中的个案根据分类变量值进行分组。分类变量中同一个变量值的所有个案构成一个类组。例如，上面例子中，“职称”是分类变量，“职称”的4个值（助教、讲师、副教授、教授）构成分类汇总的4个类组，即所有统一职称的个案在同一类组。分类变量可以为数值型或者字符型变量。

（2）汇总变量（Aggregate Variable）

在分类汇总文件中，利用源数据文件中的变量和相应汇总函数产生的新变量的名称及其表达式。汇总变量的类型要求为数值型。例如，上例中，要求比较的变量“工作量”、“科研经费”为源变量，“工作量”、“科研经费”的平均值为汇总变量。

4.6.2　分类汇总的操作步骤

下面通过具体实例，说明数据分类的基本方法和操作步骤。

表4.1中给出了一个具有20个个案、9个变量的数据文件，是在第3章中介绍的关于大学教师基本情况问卷调查的部分数据，现利用SPSS的数据汇总功能解决上面提出的问题。（数据文件：data2.sav）

基本操作步骤如下：

（1）将表4.1显示的数据文件data2 .sav读入SPSS的数据编辑窗口。

（2）打开主对话框。在数据编辑窗口，选择菜单“Data”→“Aggregate”命令，显示如图4.20所示的“Aggregate Data”（数据汇总）对话框。

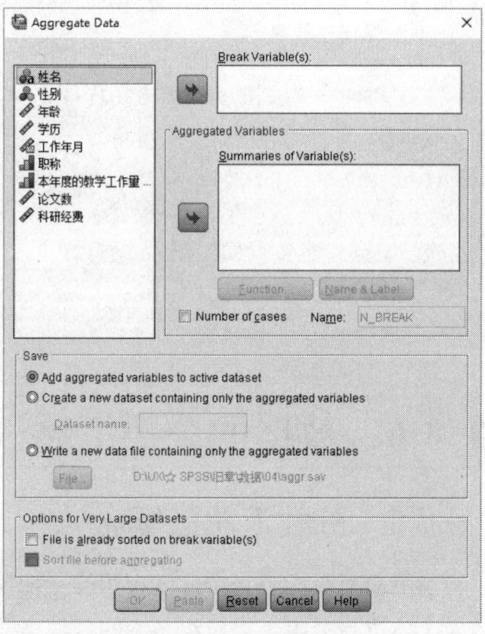

图4.20 “Aggregate Data”（数据汇总）对话框

（3）选择分类变量。在对话框左侧的变量列表框中选择一个或多个变量作为分类变量，单击上方的右向箭头按钮，将变量移动到“Break Variable(s)”（分类变量）区域。本例中，选择变量“职称”为分类变量。

（4）选择汇总变量。在对话框的左侧变量列表框中选择一个或多个变量作为汇总变量，单击下侧的右向箭头按钮，将该变量移动到“Aggregate Variable(s)”（汇总变量）窗口，移动到“Break Variable(s)”窗口内的汇总变量自动改名。本例中，汇总变量为“年龄”、“工作量”、“论文数”和“科研经费”，在“Aggregate Variable(s)”窗口中别显示为“年龄_mean=MEAN[年龄]”、“工作量_mean=MEAN[工作量]”等。

（5）添加变量标签。在“Aggregate Variable(s)”窗口中选择相应汇总变量后，单击“Name Label”按钮，出现如图4.21所示的“Aggregate Data：Variable Name and Label”（数据汇总：变量名和变量名和变量标签）对话框，重新命名汇总数据文件中的相应变量名或添加变量标签，给出2个输入栏：

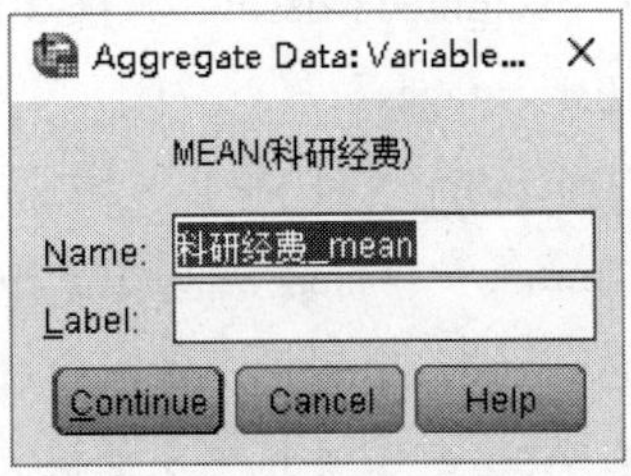

图4.21　“Aggregate Data：Variable Name and Label”对话框

- Name 定义汇总变量的变量名。
- Label 定义汇总变量的变量标签。

重命名后，单击“Continue”按钮，返回到“Aggregate Data”对话框。

（6）汇总函数的选择和计算。在“Aggregate Variable(s)”窗口中选择相应的变量后，单击“Function”按钮，打开如图4.22所示的“Aggregate Data：Aggregate Function”（数据汇总：汇总函数）子对话框。指定对汇总变量选择计算的统计量，默认选择是“Mean”（均值），即计算变量的平均值。选择完毕后，单击“Continue”按钮，返回到“Aggregate Data”对话框。

汇总函数对话框中给出的所有选项均为单选项，按类别可分为以下4类：

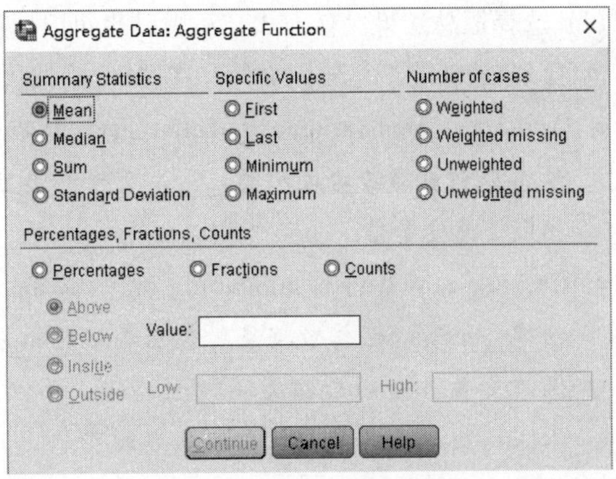

图4.22　“Aggregate Data：Aggregate Function”对话框

“Summary Statistics”（综述统计）区域给出数据综合特征的描述，包括如下统计量：

- Mean 均值。
- Median 中位数。
- Sum 求和。
- Standard deviation 标准差。

“Specific Values”（特定值）区域指定汇总变量的特定值描述，包括如下选择：

- First 第一个值。
- Last 最后一个值。
- Minimum 最小值。
- Maximum 最大值。

“Number of cases”（个案数量）区域指定汇总变量中个案的数量，是数据个案数量特征描述。包括如下选择：

- Unweighted 未加权个案数。
- Weighted 加权个案数。
- Unweighted Missing 未加权缺失数据的个案数。
- Weighted Missing 加权缺失数据的个案数。

"Percentages"（百分比）区域给出个案百分比的特征描述统计量。

"Fractions"（比率）区域给出个案比率的特征描述。

"Counts"（计数）区域给出个案出现频次的特征描述。

这3类统计值包括下列选择：

- Above 分类组中变量值大于界限值的个案数占该分类组中总个案数的百分比/频率/频次。
- Below 分类组中变量值小于界限值的个案数占该分类组中总个案数的百分比/频率/频次。
- Inside 分类组中变量值在给定界限值区间的个案数占该分组总个案数的百分比/频率/频次。
- Outside 分类组中变量值在给定界限值区间外的个案数占该分组总个案数的百分比/频率/频次。
- Value 设定界限值。
- Low/High 设定界限值区间。

（7）选择汇总结果保存方式，汇总结果可以通过添加变量而直接保存在活动数据文件中，也可以创建新的汇总数据文件。在"Save"框中有3个单选项选其一：

- Add aggregated variables to active dataset 默认选项。利用汇总函数计算得到的新变量添加到当前活动数据集。分类变量中具有相同变量值的每一个个案显示相同的相应汇总变量值。
- Create a new dataset containing only the aggregated variables 在数据编辑窗口重新创建一个新的汇总数据集。数据集中包括分类变量和所有的通过汇总函数定义的汇总变量。活动数据集不发生变化。用户可以选择定义新的数据集名，只需在"Dataset name"栏输入数据集名即可。
- Write a new data file containing only the aggregated variables 将汇总数据文件保存到一个默认文件名为aggr.sav的外部数据文件。数据集中包括分类变量和所有的通过汇总函数定义的汇总变量。活动数据集不发生变化。

（8）大数据量数据文件的排序选择。对于含有大数据量的数据文件，汇总之前应先进行排序操作，这样会使后续操作更有效率。为此，SPSS也设置了排序选择项，"Sorting Options for Large Data Files"区域中给出两个可选框：

- File is already sorted on break variable(s) 分类变量已经排序。如果数据已经根据分类变量进行排序，该选择可以使得汇总过程的速度更快，并且占用更少的内存。

提　示

①选择该项时，分类变量的排序方式（升序或降序）必须和汇总数据过程中指定顺序一致；②如果需要在活动数据中集中添加变量，选择该项时分类变量必须选择升序方式排序。

- Sort file before aggregating　汇总之前进行排序操作。对于大数据量文件可以选择该项。除非遇到内存空间或机器性能问题，一般不建议选择该项。

（9）执行数据汇总操作。以上设置完毕无误后，单击“OK”按钮，执行数据汇总操作。这时，会在数据编辑窗口添加汇总变量，图4.23显示例子的部分汇总结果。

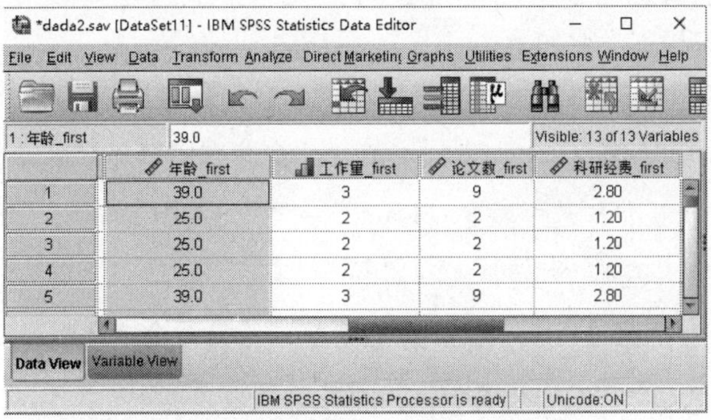

图4.23　数据汇总操作后的数据编辑窗口

（10）“Paste”得到的syntax语句程序：

```
/* 数据汇总的命令语句 .
AGGREGATE
  /OUTFILE=* MODE=ADDVARIABLES
  /BREAK= 职称
  / 年龄 _first=FIRST( 年龄 )
  / 工作量 _first=FIRST( 工作量 )
  / 论文数 _first=FIRST( 论文数 )
  / 科研经费 _first=FIRST( 科研经费 ).
```

4.7　数据的加权

数据加权是指在统计分析过程中不同个案定义不同的权数。加权变量的数值表示数据文件中个案观察值的频数。当加权值为0、负值或缺失值时的个案不参与分析。正的小数可以为加权值。

注　意

当执行加权后，该加权变量一直作用到改变权变量或停止加权之前。保存加权的数据文件，其加权信息也一并被保存，可以在任何时候改变加权变量或关闭加权功能。

下面给出一个例子说明加权操作的基本方法。

（Rutherford放射性粒子数实验）Rutherford进行了著名的实验，观测在固定的时间间隔内，放射性物质放射出的粒子个数。共进行了N=2608次观测，观测时间间隔为7.5s，则表4.3给出记录。其中k为粒子数，N_k为相应的出现的次数。指定加权变量，并画出粒子数出现频数的直方图。（数据文件：weight.sav）

表4.3　Rutherford放射性粒子实验数据

k	0	1	2	3	4	5	6	7	8	9	≥10
N_K	57	203	383	525	532	408	273	139	45	27	16

数据加权操作的基本步骤如下：

步骤1　根据表4.3，在SPSS数据编辑窗口创建数据文件名为weight.sav的数据文件。变量名分别为K和NK，表示时间间隔的粒子数和粒子数的频数。

步骤2　在数据编辑窗口，选择菜单“Data”→“Weight Cases”（个案加权）命令，打开“Weight Cases”对话框，如图4.24所示。

步骤3　选择是否对个案进行加权操作。对话框中给出两个单选框：

- Do not weight cases 不对个案加权。为默认选项。
- Weight cases by 对个案加权。这时，“Frequency Variable”（频数变量）区域变为可用。在左侧的变量列表框中指定频数变量，单击右向箭头按钮，将其移动到“Frequency Variable”选择框。本例选择变量NK为频数变量。

步骤4　单击“OK”按钮，执行个案加权。

步骤5　选择菜单“Analyze”→“Descriptive Statistics”→“Frequencies”命令，打开如图4.25所示的“Frequencies”（频数）对话框。在变量列表框中选择变量“NK”，单击右向箭头按钮，将变量移动到“Variable(s)”（变量）对话框。

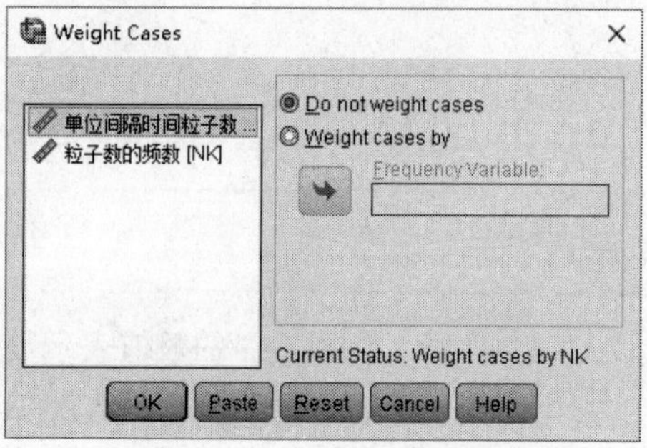

图4.24 “Weight Cases”对话框

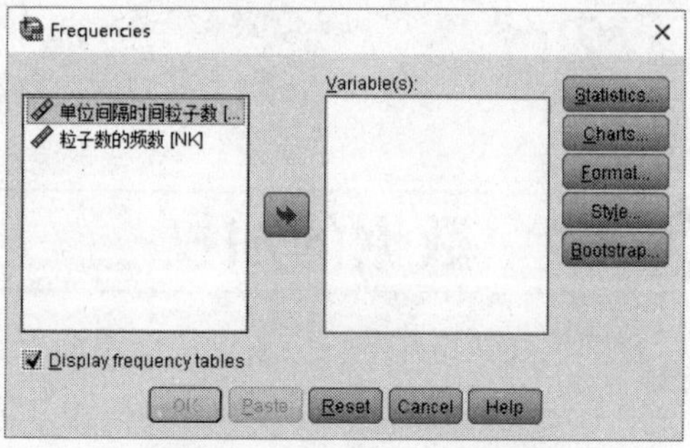

图4.25 “Frequencies”对话框

步骤6　单击“Charts”按钮，打开“Frequencies：Charts”（频数分析：图形）子对话框，选择“Histograms”（直方图）选项，然后单击“Continue”按钮，返回至“Frequencies”对话框。

步骤7　单击“OK”按钮，执行频数分析操作。在输出窗口中，得到粒子数的直方图，如图4.26所示。

交叉参考：关于描述性统计分析的频数模块，将在基本统计分析一章中详细解释。

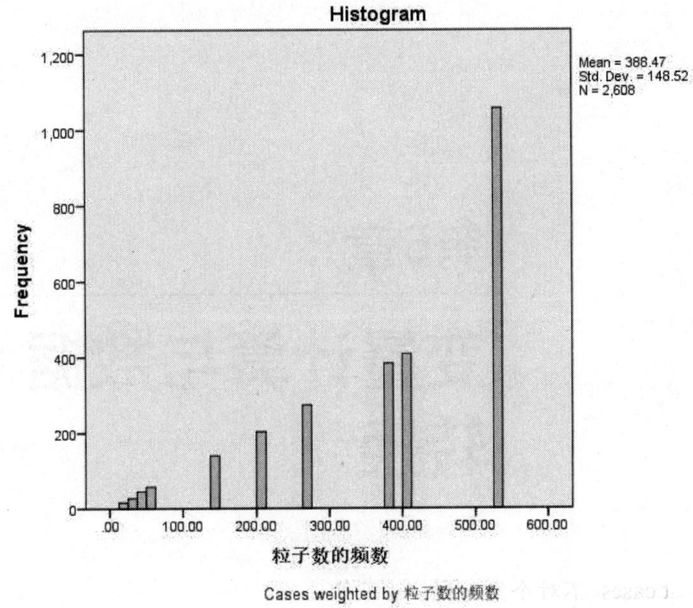

图4.26　放射性物质粒子数直方图

步骤 8　“Paste”得到的syntax语句程序：

```
/*  加权操作 .
WEIGHT
  BY NK .

/* 频数分析 .
FREQUENCIES
  VARIABLES=NK
  /HISTOGRAM
  /ORDER=  ANALYSIS .
```

4.8　小结

本章给出了SPSS数据管理的基本操作，包括数据的排序、数据的转置、重复个案的识别以及拆分、合并、汇总、加权等操作。以上所有操作都是作为统计分析人员必须熟练掌握的基本技能，也是在进行统计分析之前必须要做的工作。但创建的数据仅仅进行简单的处理还是不够的，有时需要对数据进行转换操作，第5章将介绍数据转换与SPSS函数。

第5章

变量计算与数据转换

本章包括

- SPSS 表达式
- SPSS 函数
- 变量的计算
- 数据的选取
- 个案计数
- 数据的重新编码
- SPSS 变量集

利用 SPSS 进行数据处理和统计分析的过程中，变量计算和数据转换是极为关键的一个环节。例如，给出不同年份的国民生产总值，由于不同年份的价格指数存在差异，进行比较时，需要将所有不同年份的数据转换为统一口径下的数据。再如，进行非线性回归分析过程中，有时需要计算数据的特定函数值。

解决上述问题，需要明确 SPSS 定义的关系表达式、SPSS 的内部函数以及 SPSS 关于数据转换的基本方法和操作。

SPSS 24

5.1　SPSS的表达式

SPSS定义表达式与其他高级语言或软件基本类似，可分为算术表达式、条件表达式和逻辑表达式。

5.1.1　SPSS算术表达式

SPSS的算术表达式是由常量、变量、算术运算符、函数等组成的表达式。这里的变量指的是SPSS数据文件中定义的变量。

算术运算符由+（加）、－（减）、*（乘）、/（除）、**（乘方）构成。参与运算的数据类型和最后运算结果都为数值型。

运算次序为先乘方运算，再乘除运算，最后进行加减运算；同级运算中，按先左后右的顺序计算。可以通过添加圆括号改变原有的计算顺序。

例：年度津贴分数=工作量+论文数*2+职称*年龄/20，表达式中的变量都是数值型，可以参与计算。

5.1.2　SPSS条件表达式

SPSS条件表达式是通过关系运算符建立两个量之间关系的表达式。如变量计算时，须选择满足一定条件的个案参与运算，这时可利用条件表达式的值指定个案。

表5.1列出了关系运算符的6种形式及其含义。

表5.1　关系运算符列表

关系运算符	等价形式	含义	实例
＜	LT	小于	X=2，Y=3，“X＜Y”为真
＞	GT	大于	X=2，Y=3，“X*X＞Y”为真
＜＝	LE	小于等于	X=4，Y=3，“X＜＝Y”为真
＞＝	GE	大于等于	X=2，Y=3，“X＞＝Y”为假
＝	EQ	等于	X=2，Y=3，“X＝Y”为真
~＝	NT	不等于	X=2，Y=3，“X~＝Y”为真

关系运算表达式表示的实际上是对条件进行判断的式子，其结果只有两种取值：如果判断条件成立，结果为“真”；如果判断条件不成立，结果为“假”。称条件表达式的结果为逻辑型常量。相互比较的两个变量类型必须一致。

表示一个条件表达式有两种等价的方式，如“A大于B”既可以表示成“A＞B”，也可以表示成“A GT B”。

例：条件表达式“科研经费＞＝5000”为真时的个案，表示所有科研经费大于等于5000元的个案。

5.1.3 SPSS逻辑表达式

逻辑表达式是由逻辑运算符号和条件表达式等组成的表达式。和条件表达式的值一样，逻辑表达式的值也为逻辑常量。

表5.2列出了3种逻辑运算符的表示及其含义。

表5.2 逻辑运算符列表

逻辑运算符	运算符号	等价形式	含义
与运算	&	AND	A&B：当A和B的值都为真时，表达式的结果才为真；反之为假。
或运算	|	OR	A|B：当A和B至少有一个为真时，表达式的结果为真；反之为假。
非运算	~	NOT	~A：当A为为真时，表达式的结果为假，返回值为真。

逻辑运算符的运算顺序：NOT运算优先级最高，其次是AND，最低是OR；和关系表达式一样，也可以通过圆括号改变运算顺序。

逻辑表达式又称复合条件表达式。应用中，经常利用逻辑运算符将多个条件表达式连接在一起形成复杂的关系表达式。

例：逻辑表达式“职称＜＝3 AND 科研经费＞＝0.5”为真时的个案，表示要所有同时具有中低级职称且科研经费大于等于5000元的个案。

5.2 SPSS的函数

数据处理和统计分析过程中，仅仅利用加、减、乘、除运算符完成众多复杂的统计分析的计算工作，显然是远远不够的。为此，SPSS提供了一百多个常用函数，能够充分满足实际统计分析的需要。

SPSS函数是用于完成某种特定计算的SPSS程序段。使用SPSS函数，只需要直接调用函数名，并输入参数既可，返回函数值。一般，参数可以常量，也可以是数据文件中的变量。函数值一般为数值型，也可能是字符型，或者逻辑性等。例如，函数Length（“ABCD”）计算字符串“ABCD”的字符个数，参数类型是字符型常量或变量，返回值为字符串长度，为数值型。

调用函数格式：函数名（参数1，参数2，…）

说 明

SPSS规定了每一个函数的参数个数和参数类型，如果给出不合要求的参数信息，系统会给出出错信息。调用之前，应该清楚调用函数的参数属性以及返回值的类型。

SPSS函数分为八个大类：算术函数（Arithmetic functions）、统计函数（Statistical functions）、字符串函数（String functions）、日期和时间函数（Date and time functions）、分布函数（Distribution functions）、随机变量函数（Random variable functions）、缺失值函数（Missing value functions）和其他函数。

SPSS函数共计一百多种，需要了解函数的功能及其调用方法，可以通过帮助菜单的函数索引操作进行查找。操作方法：在SPSS主画面，选择菜单“Help”→“Topics”命令，在帮助系统中“索引”框输入相关函数信息查找。本章仅对常用函数做简单介绍，如需进一步了解请参考附录。

5.2.1　算术函数（Arithmetic Functions）

- Abs(x) x的绝对值。如Abs(−2.8)=2.8。
- Arsin(x) 反正弦函数。
- Artan(x) 反正切函数。
- Cos(x) 余弦函数。
- Exp(x) e的x次幂。
- Ln(x) 以e为底x的自然对数。
- Lg10(x) 以10为底x的对数。
- Mod(m,n) m/n的余数。例如，Mod(10,3)=1，Mod(6,2)=0。
- Rnd(x) 四舍五入的整数。例如，Rnd(−2.589）=−3。
- Sin(x) 正弦函数。
- Sqrt(x) x的平方根。
- Trunc(x) 截尾函数。例如，Trunc(−2.589)=−2。

5.2.2　统计函数（Statistical Functions）

- Cfvar(x1,x2,⋯,xn) 变异系数。变异系数的定义Cfvar为

$$\text{Cfvar}=\frac{s}{\overline{x}},\quad (s=\sqrt{\frac{1}{n-1}\sum_{i=1}^{n}(x_i-\overline{x})^2},\overline{x}=\frac{1}{n}\sum_{i=1}^{n}x_i)$$

例如，Cfvar(24631)=0.60011。

- Max($x_1, x_2, \cdots, x_n$) $x_1, x_2, \cdots, x_n$的最大值。此函数需要2个或2个以上的参数。例如，Max(4, −5,6)=6。
- Mean($x_1, x_2, \cdots, x_n$) 平均值函数。计算$x_1, x_2, \cdots, x_n$参数的有效值的算术平均值。此函数需要2或2个以上的参数。
- Min($x_1, x_2, \cdots, x_n$) $x_1, x_2, \cdots, x_n$的最小值。此函数需要2个或2个以上的参数。例如，MIN(4,−5,6)=−5。
- Sd($x_1, x_2, \cdots, x_n$) $x_1, x_2, \cdots, x_n$的样本标准差。此函数需要2个或2个以上的参数。样本标准差的定义为：

$$s=\sqrt{\frac{1}{n-1}\sum_{i=1}^{n}(x_i-\overline{x})^2},(\overline{x}=\frac{1}{n}\sum_{i=1}^{n}x_i)$$

例如，Sd(2, 4, 6, 3, 1)=1.923538。

- Sum($x_1, x_2, \cdots, x_n$) 求和函数。此函数需要2个或2个以上的参数。
- Variance($x_1, x_2, \cdots, x_n$) 方差函数。此函数需要2个或2个以上的参数。

5.2.3 字符串函数（String Functions）

- Concat(s1, s2, …) 合并字符串函数。例如，Concat(“pro”,“bability”)=probability。
- Index(s1, s2) 求s2在s1中第一次出现的字符位置。如果没有出现结果为0。例如，Index(“abcdef”,“cde”)=3。
- Lower(s) 小写转换函数。将s中的所有字符转换成小写。例如，Lower(“CDEF”)=cdef。
- Lpad(s, n) 左填充函数。将s中的左侧填充空格，使字符串的长度为n，n为1～255之间的正整数。例如，Lpad（“ABCD”, 6）=“ ABCD”。
- Ltrim(s) 左修整函数。去除s左侧的前导空格。例如，Ltrim(“ABCD”) =ABCD。
- Length(s) 长度函数。计算字符串的长度，返回数值型。例如，Length(“ABCDE”)=5。
- Rpad(s) 右填充函数。将s中的右侧填充空格，使字符串的长度为n，n为1～255之间的正整数。例如，Rpad(“ABCD”, 6)=“ABCD ”。
- Ltrim(s) 右修整函数。去除s右侧的空格。例如，Ltrim(“ABCD”)=ABCD。
- Substr(s, n) 子串函数。从s的第n个位置开始到结尾的字符子串。例如，Substr(“ABCDEF”, 3) = CDEF。
- Upcas(s) 大写转换函数。将字符串s中的小写字母转换成大写字母。例如，Upcas(“abcDE”) = ABCDE。

5.2.4 日期和时间函数（Date and Time Functions）

- Ctime.Days(t) 计算日期型变量值为t的天数。例如，Ctime.days(Jul 1993)=150010。
- Ctime.Hours(t) 计算日期型变量值为t的小时数。例如，Ctime.house(Jul 1993)=3600240。
- Date.Dmy(d,m,y) 将日期型变量赋值为y年，m月，d日。
- Date.Yrday(y,d) 将数值型数据转换成显示天数d、年份y的日期型。例如，Date.yrday(2005,567) = 07/21/2017。
- Date.Wkyr(w,y) 将数值型数据转化为显示星期数w、年份y的日期型值。
- Xdate.Jday(d) 计算日期型参数d所在年份的天数（1～366）。例如，Xdate.Jday(07/21/2017) = 202。
- Xdate.Mday(d) 计算日期型参数d所在月份天数（1～31）。例如，Xdate.Mday(10/31/2017) = 31。
- Xdate.Minute(d) 计算日期型参数d所在小时的分钟数（0～59）。

- Xdate.Week(d)　计算日期型参数d所在年份的周数（1～52）。例如，Xdate.Jday(07/21/2017) = 29。

5.2.5　缺失值函数（Missing Value Functions）

缺失值函数有3种：

- Nmiss(v1, v2, …)　计算变量v1，v2等变量的缺失值个数。要求变量类型必须是数值型。
- Mmissing(v)　判断变量v是否存在缺失值。函数返回值为逻辑型。这里的变量v是工作数据文件的数值型变量名或者表达式。文件如果变量含有缺失值，函数值为1，否则函数值为0。
- Sysmis(v)：变量为系统缺失值时，结果为1；否则，结果为0。变量v必须是工作数据文件的数值型变量名。

5.3　变量的计算

5.3.1　变量计算的基本操作

对于复杂的统计分析问题，仅仅根据原始数据的变量值是不够的。有时需要利用已知的变量产生新变量。SPSS的“Compute Variable”过程可以完成对变量的计算并产生新的变量的任务。

利用“Compute Variable”过程进行变量计算的基本方法和操作步骤如下：

(1) 打开主对话框

在数据编辑创窗口，选择菜单“Transform”→“Compute Variable”命令，打开“Compute Variable”（计算变量）对话框，如图5.1所示。

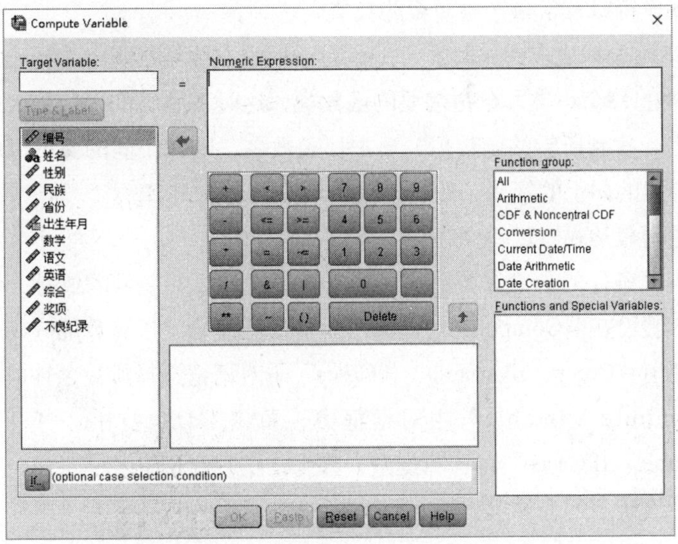

图5.1　“Compute Variable”（计算变量）对话框

(2) 确定目标变量名

在对话框的左上角“Target Variable”（目标变量）窗口中输入目标变量的名称。如果输入的目标变量不是原数据文件的变量，则执行操作以后，在数据编辑窗口新产生一个变量；如果输入变量是已存在变量，执行操作后，该变量覆盖原变量。

(3) 设置新变量的变量标签

单击“Type & Label”按钮，出现如图5.2的“Compute Variable：Type and Label”子对话框”。该对话框用于设置目标变量标签和变量类型。

“Label”窗口有两个关于值标签的单选项：

- Label 默认选项。直接输入变量标签。
- User expression as label 利用计算新变量的表达式作为变量标签。

“Type”（类型）窗口中选择生成的变量类型，包括：

- ◆ Numeric 数值型
- ◆ String 字符型

设置完毕后，单击“Continue”按钮，返回“Compute Variable”主对话框。

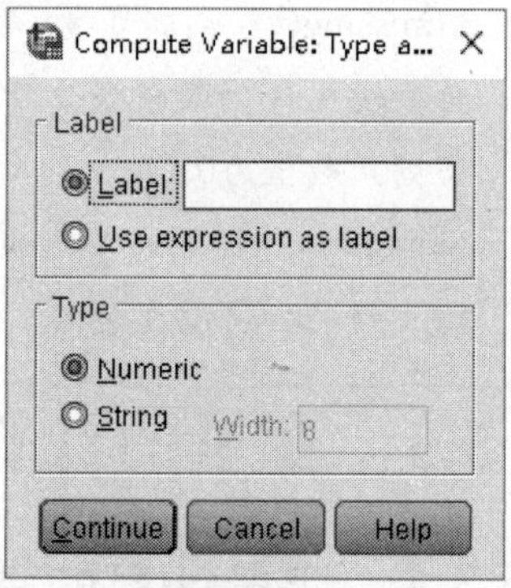

图5.2 “Compute Variable：Type and Label”子对话框

(4) 设置变量的计算表达式

在“Numeric Expression”（数值表达式）窗口内输入产生目标变量的数值计算表达式。输入计算表达式，可以通过左侧选择变量列表和下方的计算面板来完成。

在左侧的变量列表框中选择原始变量名后，单击右向箭头按钮，将选择的原始变量移动到“Numeric Expression”窗口中；再利用计算面板输入各种所需的操作符和计算常数。计算面板是类似于计算器键盘，包含有常数、算术运算符、关系操作符、逻辑运算符。利用变量和各种操作符以及常量产生需要的数值表达式。

当需要SPSS函数构成表达式时，可以在对话框的右侧函数类中选择函数类，列表框中列出了SPSS函数的18个小类，单击需要的函数类，这时在下方的函数列表框中出现此类函数的函数名列表，找到所需的函数后，单击该函数名，则在中间的文本框中显示该函数的用法，再单击旁边的向上的箭头，使之出现在数值表达式窗口。

(5) 选择逻辑表达式（If Cases）

如果满足不同条件的个案需要使用不同的表达式计算新变量的值时，新变量的值需要分部进行计算。假设在“Compute Variable”对话框已经确定了计算部分新变量值的表达式时，下面需要利用“Compute Variable：If Cases”子对话框选择满足条件的个案。

仍在“Compute Variable”主对话框中，单击“If”按钮，打开如图5.3所示的“Compute Variable：If Cases”（计算变量：如果个案）对话框。

该对话框中给定下列选择项：

- Include all cases 默认选项。选择此项，表示对所有的个案使用“Compute Variable”主对话框中设置的表达式计算新变量值。

- Include if case satisfies condition 选择此项，表示只对满足条件表达式的个案计算新变量的值。选择此项后激活了条件选择框。在条件选择框中输入所需要选择个案的条件，即逻辑表达式。

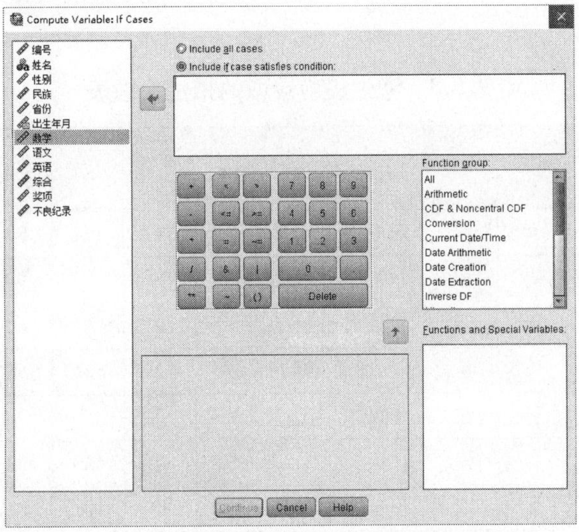

图5.3 “Compute Variable：If Cases”对话框

逻辑表达式的输入方法：在左侧的变量列表框种选择原始变量名，单击右向箭头按钮，使选中的原始变量名出现在表达式框中。再利用计算面板输入各种所需操作符和常数。计算面板类似于一计算器键盘，包含常数、算术运算符、关系操作符、逻辑运算符。利用变量和各种操作符以及常量产生需要的逻辑表达式。

当需要SPSS函数构成表达式的一部分时，可以在对话框的右侧“Function group”（函数类）函数分类列表框中选择函数类，列表框中列出了SPSS函数的18个小类，单击需要的函数类，这时在下方的函数列表框“Functions and Special Variables”（函数和特殊变量）中出现此类函数的函数名列表，找到所需的函数后，单击该函数名，则在中间的文本框中显示该函数的用法，再单击旁边的向上的箭头，使之粘贴在逻辑表达式窗口。

注　意

条件选择对话框“If Cases”在SPSS的其他功能中还会多次用到，应该熟悉其构成和用法。

单击“Continue”按钮，确认逻辑表达式的输入，并返回“Compute Variable”主对话框。

（6）执行操作

单击“OK”按钮，执行满足条件个案的计算操作。

提　示

如果对于满足其他条件的个案，需要给出不同的计算表达式产生变量，可以重复上述过程。

5.3.2 实例：变量计算的应用

某高校今年对部分考生采取单独出题、提前录取的招生模式。现有20名来自国内不同省市的考生报考该校，7个录取名额。表5.3列出了考生的考试成绩和其他基本情况。（数据文件：compute.sav）

表5.3 考生提前录取的招生成绩表

编号	姓名	性别	民族	省份	出生年月	数学	语文	英语	综合	奖项	不良记录
20170020237	孙悦婷	女	汉	西　部	11/23/1998	141	121	89	134	0	0
20170778250	易仲勃	男	汉	非西部	10/17/1998	90	103	90	131	2	0
20170080258	张忠银	男	汉	非西部	06/26/1997	101	76	80	103	0	0
20170644209	艾甫尔	男	维	西　部	08/06/1996	120	136	58	139	3	0
20170332201	高　超	男	汉	非西部	01/07/1997	123	87	96	132	0	0
20170556250	杨　乐	男	汉	非西部	11/12/1998	98	129	90	134	0	0
20170261207	李　文	女	汉	非西部	03/20/1999	88	101	88	120	0	0
20170929211	周　尧	男	汉	非西部	09/14/1997	112	83	75	130	0	0
20170401024	齐　越	女	汉	非西部	07/19/1997	60	102	67	98	3	0
20170724284	马一宏	男	回	非西部	12/19/1998	90	92	67	93	4	0
20170335270	郭东洋	男	回	西　部	02/17/1998	120	90	94	118	1	0
20170924203	许佳龙	男	汉	非西部	07/21/1999	142	68	59	132	3	0
20170161299	刘泰鑫	男	汉	非西部	12/22/1999	70	67	78	109	4	0
20170528240	梁书慧	女	汉	西　部	05/07/1998	89	99	80	120	2	0
20170656260	耿可欣	男	汉	非西部	08/30/1998	110	109	84	129	0	1
20170510200	姜国平	男	汉	西　部	01/08/1997	79	83	60	125	0	0
20170832205	田　颖	男	维	西　部	05/07/1998	67	78	69	99	0	0
20170133281	赵　瑜	女	蒙	西　部	06/26/1998	130	78	65	104	4	0
20170639269	陈　曦	女	回	非西部	03/10/1999	104	109	78	121	0	1
20170980226	张国欣	男	其他	西　部	12/28/1997	70	120	131	110	1	0

该校制定了如下录取原则：

（1）文化课成绩由数学、语文、英语和综合4门成绩组成。文化课成绩制定最低录取分数线：400分。

（2）个人档案中若有“不良记录”，不予录取。

（3）对西部考生和少数民族考生，给予加分优惠。少数民族考生加20分，西部考生加10分。

（4）对参加过省以上竞赛并取得三等奖以上名次的考生，每项加10分。

（5）文化课成绩和加分总合构成综合分，综合排名前7者录取。

下面利用SPSS软件，按照上一小节的方法，给出成绩排名的操作步骤：

（1）建立数据文件

原始数据文件名为compute-2017.sav，包括12个变量，20个个案。为便于计算，除“姓名”为字符型变量外，其他变量都为数值型，其中“出生年月”为日期型，其余为标准型。下面是变量值标签：

性别：1=“男”，2=“女”；

民族：1=“汉”，2=“回”，3=“蒙”，4=“维”，5=“其他少数民族”；

省份：0=“非西部考生”，1=“西部考生”。

（2）对所有考生计算文化课总成绩

单击菜单“Transform”→“Compute Variable”（计算变量）命令，打开“Compute Variable”主对话框，如图5.1所示。“Target Variable”（目标变量）窗口中输入新变量名“总成绩”，变量名标签中输入“总成绩包括数学、语文、英语和综合成绩”。

“Numeric Expression”（数值表达式）窗口中输入数值表达式：SUM（数学，语文，英语，综合），这里，SUM是SPSS函数，表示求括号内4个变量的和，SUM函数可以通过“Funnction Group”（函数组）窗口中选择“Statistical”统计函数类，然后，再选“Statistical”类中的“Sum”函数。当然，此表达式也可直接表为“数学+语文+英语+综合”。

单击“OK”按钮后，执行计算总成绩的操作。于是，在当前的数据编辑窗口中，增添一变量名为“总成绩”的变量，其变量值为考生文化课总成绩。

（3）定义“录取成绩”变量和计算表达式

在当前数据编辑窗口，再次选择菜单“Transform”→“Compute Variable”命令，打开“Compute Variable”主对话框，如图5.4所示。

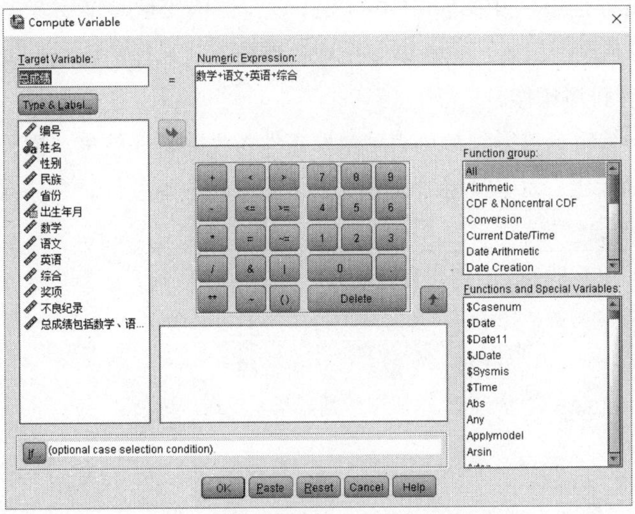

图5.4　计算“录取成绩”变量的对话框

首先，单击“Reset”按钮，清除先前使用该对话框定义的内容；然后，在对话框“Target Variable”框中，输入新变量名“录取成绩”。变量名标签中“Label”栏中输入

“录取成绩由文化课总成绩和加分构成”。

“Numeric Expression”（数值表达式）窗口中输入数值表达式：总成绩+（民族>=1）*20+省份*10+奖项*10。

提 示

数值表达式中可以含有关系表达式，例如此例中的“民族>=1”就是关系表达式，返回值为一逻辑值。当表达式为真时，返回值为1；当表达式为假时，返回值为0。这里的逻辑值0或1参与后续的数值计算。民族>=1时，根据“民族”变量的变量值标签含义，此时必为少数民族。

（4）利用“If Cases”对话框选择满足录取基本条件的考生

在“Compute Variable”主对话框中，单击“If”按钮，打开如图5.3所示的“Compute Variable：If Cases”对话框。

选择“Include if case satisfies condition”选项，在激活的窗口内输入满足录取基本条件的表达式：不良纪录 < 1 & 总成绩 >= 400。单击“Continue”按钮，确认逻辑表达式的输入，并返回“Compute Variable”主对话。

单击“OK”按钮，执行满足条件个案的计算操作。于是，在当前数据编辑窗口，增加变量“录取成绩”，不满足条件的变量值为缺失值。

（5）对录取成绩排序

在成绩表中，按录取成绩由高至低排名，在录取成绩排名相同的情况下，按总成绩决定先后，操作如下。

选择菜单“Data”→“Sort Cases”命令，显示如图5.5所示的“Sort Cases”（个案排序）对话框。在左侧变量列表框中先选择变量“录取成绩”，单击右向箭头按钮，将其移动到“Sort by”框中，并在Sort Order框中选择按该变量的排序方式：Decending（降序）；再选取“总成绩”进入“Sort by”框中，排序方式选择：Decending（降序）。单击“OK“按钮，执行排序操作。

于是，在数据编辑窗口得到最后满足录取条件考生的排序结果。图5.6显示的是排序结果。从结果中可以看出，20位考生中共有9位满足录取基本条件，在“录取成绩”列中，取前7名作为最后录取结果。

（6）“Paste”得到的syntax语句程序：

```
/* 计算总成绩 .
COMPUTE 总成绩 = SUM(数学,语文,英语,综合) .
VARIABLE LABELS 总成绩 '总成绩包括数学、英语、语文、综合' .
EXECUTE .

/* 计算录取成绩 .
IF (不良纪录 < 1 & 总成绩 >= 400) 录取成绩 = 总成绩+(民族>=1)*20+省份
*10 +奖项*10 .
VARIABLE LABELS 录取成绩 '录取成绩由文化课总成绩和加分构成' .
```

```
EXECUTE .

/* 录取成绩排序 .
SORT CASES BY
  录取成绩 (D) 总成绩 (D) .
```

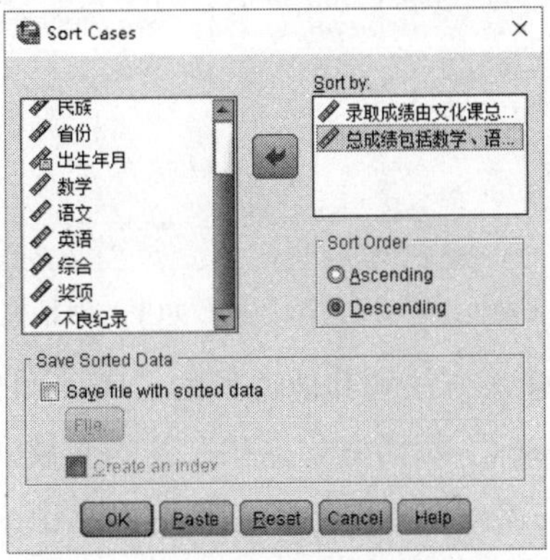

图5.5 “录取成绩”变量的排序

	奖项	不良纪录	总成绩	录取成绩	var	var
1	0	0	485.00	515.00		
2	3	0	453.00	513.00		
3	0	0	451.00	471.00		
4	1	0	431.00	471.00		
5	1	0	422.00	462.00		
6	0	0	438.00	458.00		
7	2	0	414.00	454.00		
8	0	1	432.00	452.00		
9	3	0	401.00	451.00		
10	4	0	377.00	447.00		
11	2	0	388.00	438.00		
12	0	1	412.00	432.00		
13	0	0	400.00	420.00		
14	0	0	397.00	.		
15	4	0	342.00	.		

图5.6 提前招生录取排序表

5.4 数据的选取

通过调研和实验得到的数据量一般都很大。数据处理或统计分析之前需要对数据进行筛选，剔除有问题或者无关紧要的数据。有时也会根据抽样方法的需要，选取满足一定条件的部分数据进行分析。这就需要对数据进行选择。SPSS允许用户根据指定的条件对数据的个案进行选取，后续的分析操作只针对选出的数据进行。

5.4.1 数据选取的基本操作

SPSS提供的数据选取方法有5种，下面给出基本方法和操作步骤：

在数据编辑窗口，选择菜单“Data”→“Select Cases”（个案选取）命令，显示如图5.7所示的“Select Cases”（选择个案）对话框。

“Select Cases”对话框左侧为变量列表选择框，右侧“Select”窗口显示5个单选框，用于确定数据的选择方式。

(1) 全部个案的选取方式

选择“All cases”选项，表示选择全部个案，数据编辑窗口个案没有发生变化。

(2) 满足条件个案的选取方式

选择“If condition is satisfied”选项，表示根据逻辑关系表达式选择数据，即只选取满足逻辑表达式的个案。若选择该项，其下侧的“If”按钮被激活。单击该按钮后，弹出“Select Cases：If”（选择个案：如果）子对话框，如图5.8所示。

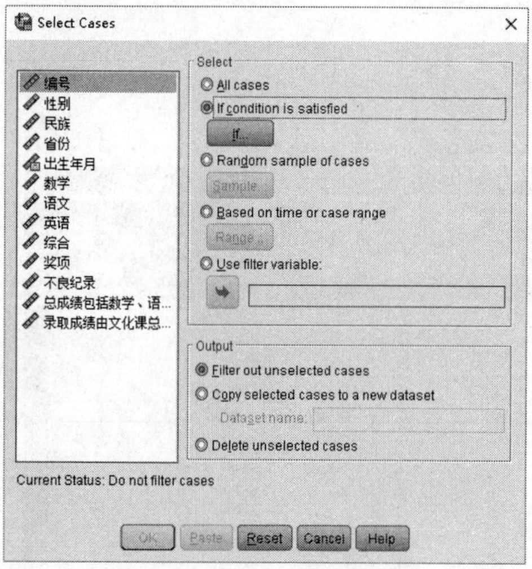

图5.7 “Select Cases”（选择个案）对话框

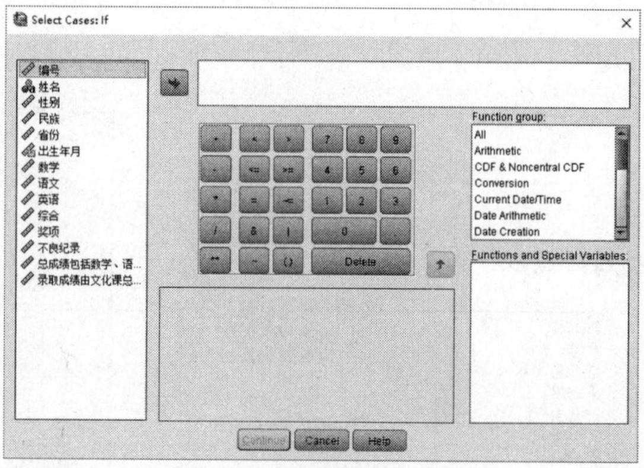

图5.8 “Select Cases：If”（选择个案：如果）对话框

“Select Cases：If”对话框的构成和逻辑表达式的输入方法和其他过程的“If”对话框类似（如上节变量计算中“Compute Variable：If Cases”对话框）。在左侧的变量列表框种选择原始变量名，单击右向箭头按钮，使选中的原始变量名出现在表达式框中。再利用计算面板输入所需操作符和常数。计算面板类似于计算器键盘，包含常数、算术运算符、关系操作符、逻辑运算符。利用变量和各种操作符以及常量产生需要的逻辑表达式。

如果需要SPSS函数构成表达式的一部分时，可以在对话框的右侧“Function”函数列表框中选择相应函数，单击该函数名，再单击旁边的向上箭头按钮（或直接双击该函数名），则该函数便粘贴在逻辑表达式的输入窗口，选择或输入相应函数的参数。

输入完毕后，单击“Continue”按钮，返回至“Select Cases”对话框。

例如，在5.3.2节介绍的案例中，如果要选取所有录取成绩不低于400的少数民族考生资料，可以在逻辑表达式窗口输入：民族>1&录取成绩>=400。

（3）随机个案的选取方式

选择“Random sample of cases”选项，表示随机选取数据，即按一定比例或数量随机选取指定范围的个案。若选择该项，在其下面的“Sample”（样本）按钮被激活，单击该按钮，打开“Select Cases：Random Sample”（选择个案：随机抽样）对话框，如图5.9所示。

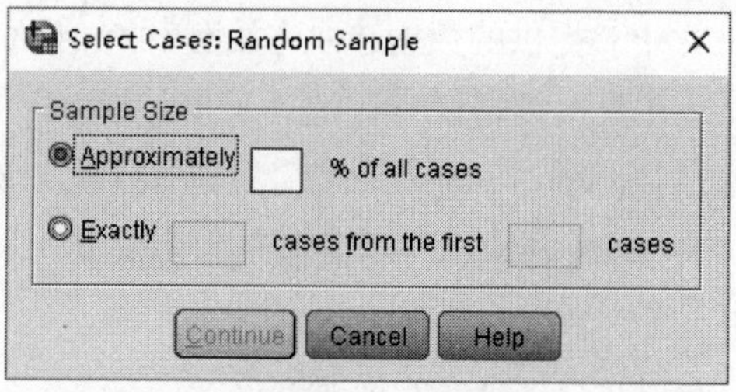

图5.9 “Select Cases：Random Sample”对话框

该对话框的“Samle Size”（抽样大小）窗口中显示的两个单选框确定了两种随机样本的选取方式，即：

- Approximately　近似抽样。这种选取方式是在数据文件中随机选取给定比例的个案数，只需在“Approximately”选项后面的窗口输入选取比例数值即可。
- Exactly　精确抽样。这种选取方式要求指定选取个案的数量，以及在前多少个个案中选取。在“Exactly”选项后的第一个输入栏输入选取的个案数，在第二个输入栏输入选取范围的最后一个个案序号。例如，需要在数据编辑窗口中前15个个案中随机选取4个个案，可以分别输入4和15，系统将自动在前15个个案中随机抽取4个个案。

输入完毕后，单击“Continue”按钮，返回至“Select Cases”对话框。

（4）根据时间或范围的选取方式

选择“Based on time or case range”选项，表示指定选取个案的时间或范围区间。若选择该项，“Range”按钮被激活，单击该按钮，显示“Select Cases：Range”（选择个案：范围）对话框，如图5.10所示。

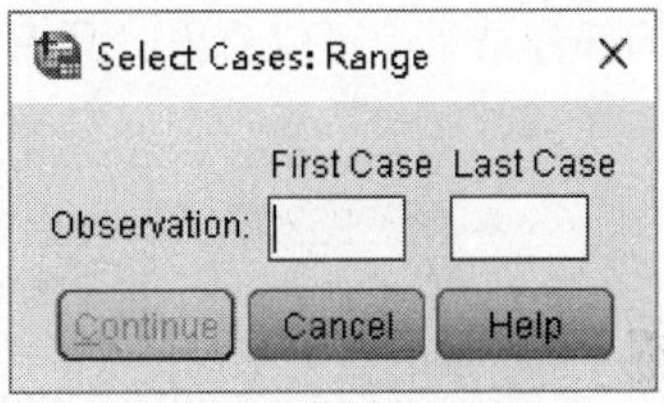

图5.10　“Select Cases：Range”对话框

在该对话框的“Observation”区域中的“First Case”文本框中输入选取个案的起始个案序号，“Last Case”文本框内输入最后一个个案序号，单击“Continue”按钮，返回至“Select Cases”主对话框。

（5）利用过滤变量选取方式

选择“Use filter variable”选项，即确定过滤变量。如果过滤变量中含有0值或缺失值，则该变量的个案将被排除在选取数据中。如选择该项，在其下的变量选择框被激活，可以直接在左侧的变量列表中选择过滤变量，单击右向箭头按钮，将该过滤变量移动至“Use filter variable”框内即可。

例如，在5.3.2节介绍的案例中，如果要选取所有满足基本条件的个案进行进一步的分析，可以选择“录取成绩”为过滤变量，因为该变量中，不满足基本录取条件的个案为缺失值，将在个案选取操作中排除在外。

（6）确定选取的数据文件的输出方式

在“Select Cases”对话框中，选择除“All cases”以外的其他4种数据选取方式时，“Output”（结果输出）区域被激活，并出现3个单选框：

- Filter out unselected cases　为默认选项。在原数据文件中被排除个案的序号上划一斜杠，表示这些个案在后续的分析中不被考虑。同时，如果利用逻辑关系式或者随机选取的方法选择个案，在数据编辑窗口还会新增一变量“filter_$”，该变量只取两个值：0和1，若个案被选取，变量值为1，反之为0。
- Copy selected cases to a new dataset　将被选取的个案复制到一个新的数据集中。选择该项后，系统新创建一个数据集，原数据文件不改变。SPSS系统同时打开原数据文件和新创建的数据集。
- Delect unselected cases　选择该项后，没被选取的个案在原始数据文件中直接被删除，只显示选取后的个案，且无法恢复。所以应慎选该项。

输入和设置完毕后，单击“OK”按钮，执行个案选取操作。

5.4.2 实例：数据选取的应用

仍以5.3.2节的提前照招生录取的数据为例，下面简述操作步骤。（数据文件：compute-2017.sav）考虑下面两种数据选取的情况。

（1）选取所有来自于西部，且录取成绩不低于460的男性考生资料。

在数据选取方法中选择按逻辑表达式选择方法。在逻辑表达式窗口中输入：性别=1&省份=1&录取成绩>=460。输出方式选择“Filter out unselected cases”。从如图5.11所示的显示的部分结果中可以看出，只有两个在序号前没有划斜线的个案满足选取条件。

	编号	姓名	性别	民族	省份	出生年月
1	20170020237	孙悦婷	2	1	1	11/23/1998
2	20170644209	艾甫尔	1	4	1	08/06/1996
3	20170556250	杨乐	1	1	0	11/12/1998
4	20170980226	张国欣	1	5	1	12/28/1997
5	20170335270	郭东洋	1	2	1	02/17/1998
6	20170332201	高超	1	1	0	01/07/1997
7	20170778250	易仲勃	1	1	0	10/17/1998
8	20170656260	耿可欣	1	1	0	08/30/1998
9	20170924203	许佳龙	1	1	0	07/21/1999
10	20170133281	赵瑜	2	3	1	06/26/1998
11	20170528240	梁书慧	2	1	1	05/07/1998
12	20170639269	陈曦	2	2	0	03/10/1999
13	20170929211	周尧	1	1	0	09/14/1997
14	20170261207	李文	2	1	0	03/20/1999
15	20170724284	马一宏	1	2	0	12/19/1998

图5.11 数据选取的案例分析结果（1）

（2）选取被录取的考生的资料，并将原始文件转换成只包含被录取的考生资料。

选择“Based on time or case range”方法。在“Range”对话框中，“First Case”中输入1，“Last Case”中输入7，“Output”窗口中选择“Copy selected cases to a new dataset”，输入变量集名：录取名单。然后，保存该数据文件。图5.12是新产生的数据集显示结果。

	姓名	性别	民族	省份	出生年月	数学	语文	英语	综合	奖项	不良纪录	总成绩	录取成绩
1	孙悦婷	2	1	1	11/23/1998	141.00	121.00	89.00	134.00	0	0	485.00	515.00
2	艾甫尔	1	4	1	08/06/1996	120.00	136.00	58.00	139.00	3	0	453.00	513.00
3	杨乐	1	1	0	11/12/1998	98.00	129.00	90.00	134.00	0	0	451.00	471.00
4	张国欣	1	5	1	12/28/1997	70.00	120.00	131.00	110.00	1	0	431.00	471.00
5	郭东洋	1	2	1	02/17/1998	120.00	90.00	94.00	118.00	1	0	422.00	462.00
6	高超	1	1	0	01/07/1997	123.00	87.00	96.00	132.00	0	0	438.00	458.00
7	易仲勃	1	1	0	10/17/1998	90.00	103.00	90.00	131.00	2	0	414.00	454.00
8	耿可欣	1	1	0	08/30/1998	110.00	109.00	84.00	129.00	0	1	432.00	452.00
9	许佳龙	1	1	0	07/21/1999	142.00	68.00	59.00	132.00	3	0	401.00	451.00

图5.12 数据选取的案例分析结果（2）

5.5　个案计数

个案计数功能是在SPSS对话框中创建一个新变量，给出指定变量列表中的某些特定值出现的次数。例如，现给统计表中给出从1800～2000年间，各个地区每年的地震次数，需要了解每一个地区在200年间没有发生过地震的年份，可以利用个案计数功能解决该问题。

5.5.1　个案计数的基本操作

个案计数的基本操作步骤如下：

(1) 打开对话框

单击菜单“Transform”→“Count Values within Cases”命令，出现如图5.13所示的“Count Occurrences of Values within Cases”（个案中值出现的次数）对话框。

(2) 定义新变量

在“Target Variable”（目标变量）窗口中输入新变量名，在右边的“Target Label”（目标变量的标签）窗口中输入新变量标签。

(3) 选择参与计数的变量

在左边的变量列表框中选择计数变量，单击右向箭头按钮，将其移动至右边的“Variables”窗口。

(4) 打开变量值计数对话框

在变量列表框选择了变量后，单击对话框中的“Define Variable”（定义变量）按钮，弹出的对话框如图5.14所示。

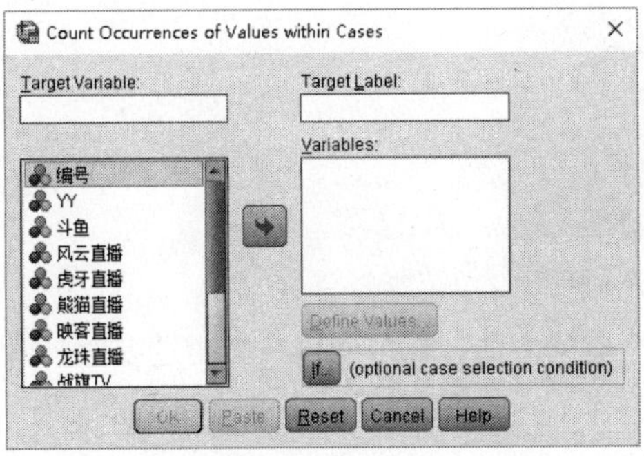

图5.13　Count Occurrences of Values within Cases”（个案中值出现的次数）对话框

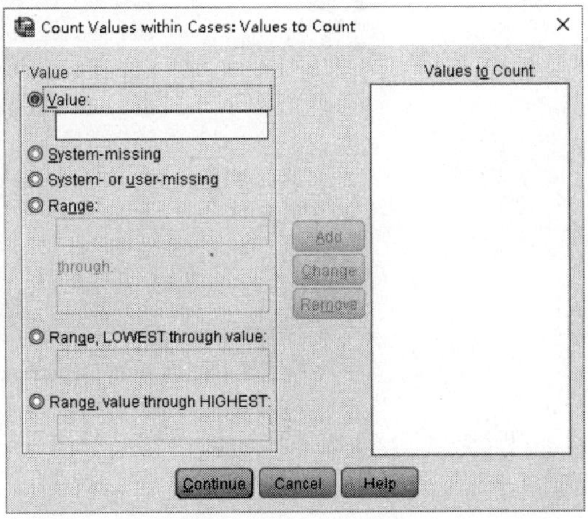

图5.14　“Count Values within Cases：Values to Count”（变量值的计数）对话框

(5) 定义计数取值

在“Count Values within Cases：Values to Count”对话框中给出了6个单选框，分别定义了计数值或值域的6种方法，含义如下：

- Value 为默认选项。后面直接输入变量的计数值即可。
- System-missing 选择该项，表示系统默认值作为指定计数值。
- System or user-missing 选择该项，表示将系统默认值或者用户默认值作为计数值。
- Range 选择该项，表示指定计数值的取值区间。第一个输入框选择区间下限，第二个输入框选择区间上限。
- Range，LOWEST through value 选择该项，表示计数值在变量的最小值和当前输入值之间取值。
- Range，value through HIGHEST 选择该项，表示计数值在当前输入值和变量最大值之间取值。

选择计数方式及相应输入值后，单击右侧的“Add”（添加）按钮，使之进入“Values to Count”窗口，单击“Continue”按钮，使设置生效，同时返回至“Count Occurrences of Values within Cases”主对话框。

（6）选择满足条件的个案

单击“If”按钮，打开如图5.15所示的“If Cases”子对话框，选择满足指定条件的个案进行计数操作。设置完毕后，单击“Continue”按钮，返回至“Count Occurrences of Values within Cases”主对话框。

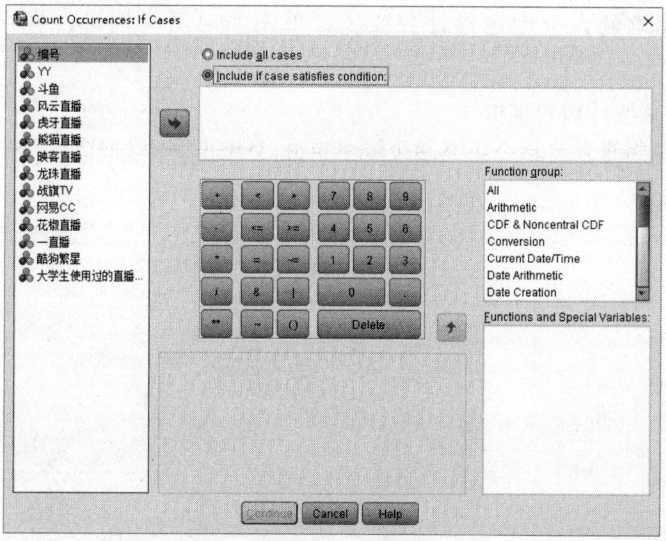

图5.15 “Count Occurrences：If Cases”子对话框

知识延伸：关于利用“If Cases”对话框选择个案的方法，在前面已经介绍过多次。请参考5.4.1节“Select Cases：If”子对话框的用法。

（7）执行操作

单击“OK”按钮，执行个案计数操作。

5.5.2 实例：个案计数的应用

某公司想调查大学生对于12个直播平台的使用情况。采取电话调查方法。针对某个直播平台，被访观众只需回答是“用过”，还是“没用过”。

12个参与调查的直播平台分别是YY、斗鱼、风云直播、虎牙直播、熊猫直播、映客直播、龙珠直播、战旗TV、网易CC、花椒直播、一直播、酷狗繁星。

表5.4给出其中的8个记录，若大学生对某直播平台的回答为“用过”，记为1；否则，记为0。现要求在表中列出每一个大学生使用过的（上述）直播平台数量。（数据文件：count-2017.sav）

表5.4　中央电视台节目调查表

编号	YY直播	斗鱼直播	风云直播	虎牙直播	熊猫直播	映客直播	龙珠直播	战旗TV	网易CC	花椒直播	一直播	酷狗繁星
1	1	0	0	1	0	0	0	1	1	0	1	0
2	0	0	0	1	0	0	1	0	0	1	0	1
3	0	0	1	0	1	1	0	1	1	1	0	1
4	1	1	0	1	1	0	0	1	0	1	1	0
5	0	1	0	0	0	1	1	1	1	1	0	1
6	0	0	0	1	1	0	0	0	1	1	1	0
7	1	1	1	0	1	1	1	1	1	0	0	0
8	0	0	0	1	0	1	0	0	0	0	0	0

步骤如下：

步骤1　在数据编辑窗口读入上表显示的数据后（count-2017.sav），按照个案计数的步骤，单击菜单“Transform”→“Count Values within Cases”命令。打开计数对话框，选择除“编号”以外的所有变量，移动到“Numeric”窗口。

步骤2　在“Target Value”窗口输入新变量名“Total”，在变量标签“Target Label”窗口中输入“大学生使用过的直播平台数量”。

步骤3　单击“Define Value”按钮，在“Values to Count”对话框中选择“Value”，输入数值“1”，然后单击“Continue”按钮，返回到主对话框。

步骤4　单击“OK”按钮，执行操作。

步骤5　“Paste”得到的syntax语句程序：

```
/* 个案计数的命令语句 .
COUNT Total=YY 斗鱼 风云直播 虎牙直播 熊猫直播 映客直播 龙珠直播 战旗TV 网易CC 花椒直播 一直播 酷狗繁星 (1).
VARIABLE LABELS  Total '大学生使用过的直播平台数量'.
EXECUTE.
```

图5.16中数据编辑窗口中的最后一列显示计数结果。在此基础上，还可分析不同计数值的百分比等。

	编号	YY	斗鱼	风云直播	虎牙直播	熊猫直播	映客直播	龙珠直播	战旗TV	网易CC	花椒直播	一直播	酷狗繁星	Total
1	1	1	0	0	1	0	0	0	1	1	0	1	0	5.00
2	2	0	0	0	1	0	0	1	0	0	1	0	1	4.00
3	3	0	0	1	0	1	1	0	1	1	1	0	1	7.00
4	4	1	1	0	1	1	0	0	1	0	1	1	0	7.00
5	5	0	1	0	0	0	1	1	1	1	1	0	1	7.00
6	6	0	0	0	1	1	0	0	0	1	1	1	0	5.00
7	7	1	1	1	0	1	1	1	1	1	0	0	0	8.00
8	8	0	0	0	1	0	1	0	0	0	0	0	0	2.00

图5.16　个案计数结果

5.6　数据的重新编码

当需要对统计资料的某些变量进行分组处理，或需要改变变量的值或数据类型时，可以利用SPSS的重新编码（Recode）功能直接改变变量的值，指定分组；或利用数据的自动重新编码（Automatic Recode）功能转换数据的类型。例如对不同的年龄段、不同的成绩区间进行分组等。

5.6.1　数据的重新编码

变量的数据改变后，可以直接覆盖原变量，也可以重新重新创建一个变量，保存改变以后的变量值。针对这两种不同情况，数据的重新编码功能可分为在相同变量中重新编码和在不同变量中重新编码。

1. 在相同变量中重新编码

变量的值改变以后直接覆盖原变量；或者变量重新分组以后，直接将分组信息覆盖原变量。操作步骤如下：

（1）打开重新编码对话框

单击菜单“Transform”→“Recode into Same Variables”命令，打开“Recode into Same Variables”（相同变量中重新分组）对话框，如图5.17所示。

（2）选择分组变量

在左边的变量列表框中选择变量名，单击右向箭头按钮，将改变量移动至右侧的“Variables”窗口中。

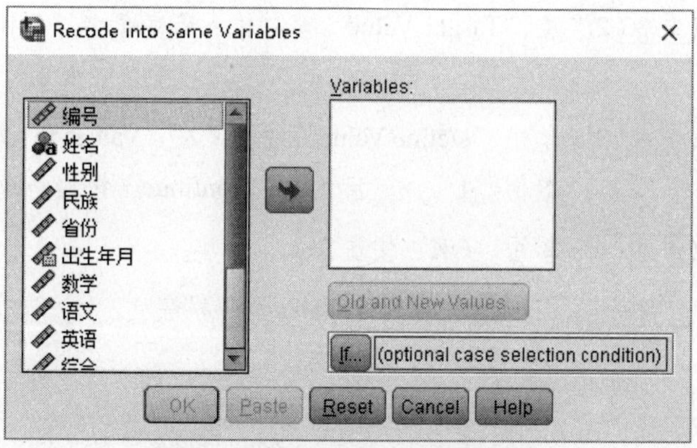

图5.17　“Recode into Same Variables”（相同变量中重新分组）对话框

（3）设置“Old and New Values”子对话框

单击“Old and New Values”按钮，打开如图5.18所示的“Recode into Same Variables：Old and New Values”子对话框。

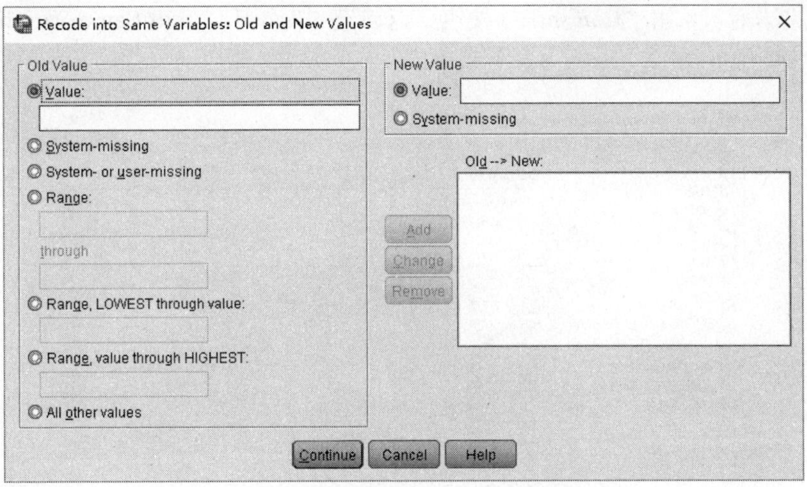

图5.18　“Recode into Same Variables：Old and New Values”
（相同变量中重新分组：原值和新值）对话框

在该对话框的“Old Value”区域中定义了改变所选变量值的7种方法，对应7个单选框，含义如下：

- Value 选择该项，输入框中输入需要改变的原变量值。
- System−missing 选择该项，表示系统缺失值作为需要改变的变量值。
- System or user−missing 选择该项，表示系统或者用户缺失值作为需要改变的变量值。
- Range 选择该项，表示指定原变量的改变区间。第一个输入框选择区间下限，第二个输入框区间上限。
- Range，LOWEST through value 选择该项，指定需要改变在最小值和当前输入值之间的变量值。
- Range，value through HIGHEST 选择该项，指定需要改变在当前输入值和变量的最大值之间的变量值。
- All other Values 若上面方法中没有指定的变量值，可以选择此项，指定为某一确定值。

选择需要改变的值的范围及相应输入值后，需要确定新的取值。在右侧“New Value”区域内有两个单选项：

- Value 在后面的输入栏中直接输入对应的新值。
- System−missing 系统缺失值作为改变以后的值。

选择完毕后，单击右侧的“Add”按钮，使之原值和改变后的值进入“Old→New”区域。如果需要改变的值多于一组，重复以上步骤。

单击“Continue”按钮，确认改变值的设置，同时返回至“Recode：into Same Variables”主对话框。

（4）设置“If”子对话框

在“Recode：into Same Variables”主对话框，单击“If”按钮，进入“Recode into Same Variables：If Cases”子对话框”，如图5.19所示。选择满足指定条件的个案进行操

作。设置完毕后，单击“Continue”按钮，返回至“Reocde：Into Same Variables”主对话框。

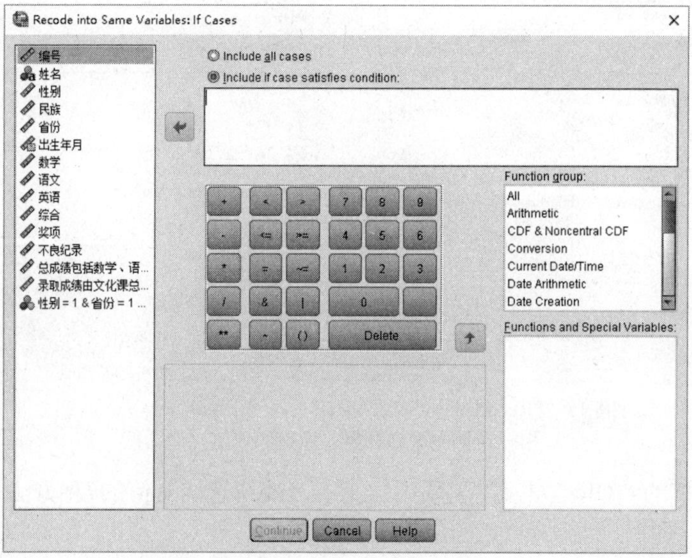

图5.19 “Recode into Same Variables：If Cases”
（相同变量中重新分组：如果个案）对话框

后续延伸：关于利用“If Cases”对话框选择个案的方法，在前文中已经介绍过多次。请参考5.4.1节“Select Cases：If”子对话框的用法。

（5）单击“OK”按钮，执行重新编码操作。

2. 在不同变量中重新编码

变量的值或类型更改以后，或将变量重新分组以后，重新创建一个新变量保存改变值或分组值。

（1）打开主对话框

单击菜单“Transform”→“Recode into Different Variables”命令，打开“Recode into Different Variables”（不同变量中重新分组）对话框，如图5.20所示。

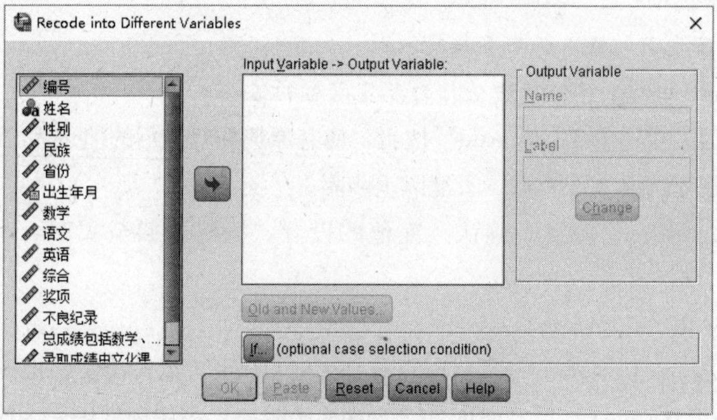

图5.20 “Recode into Different Variables”
（不同变量中重新分组）对话框

(2) 选择分组变量

在左边的变量列表框中选择变量，单击右向箭头按钮，将改变量移动至右侧的“Input Variable→Output Variable”区域中。

(3) 定义变量标签

在右侧的“Output Variables”区域定义新变量名和变量标签，提供2个选择项：

- Name 输入新变量名。
- Label 输入新变量标签。

设置完毕后，单击“Change”按钮，确认操作。

(4) 设置“Old and New Values”子对话框

单击“Old and New Values”按钮，弹出如图5.21所示的“Recode into Different Variables：Old and New Values”（不同变量中重新分组：原值和新值）对话框。此对话框的构成和上面的“Recode into Different Variables：Old and New Values”对话框略有不同。

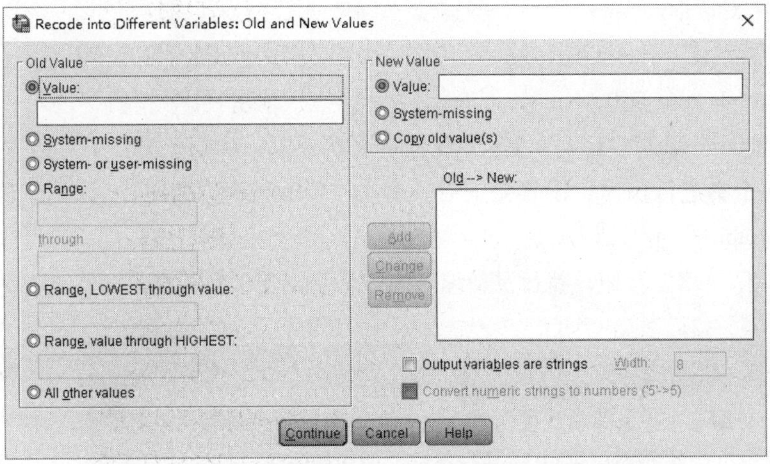

图5.21　“Recode into Different Variables：Old and New Values”（不同变量中重新分组：原值和新值）对话框

在该对话框的“Old Value”窗口中给出了定义改变所选变量的值的7种方法，对应7个单选框，含义如下：

- Value 选择该项，输入框中输入需要改变的原变量值。
- System–missing 选择该项，表示系统缺失值作为需要改变的变量值。
- System or user–missing 选择该项，表示系统或者用户缺失值作为需要改变的变量值。
- Range 选择该项，表示指定原变量的改变区间。第一个输入框选择区间下限，第二个输入框选择区间上限。
- Range，LOWEST through value 选择该项，指定需要改变在最小值和当前输入值之间的变量值。
- Range，value through HIGHEST 选择该项，指定需要改变在当前输入值和变量的最大值之间的变量值。
- All other Values 上面方法中没有指定的变量值，可以选择此项，指定为某一确定值。

选择需要改变的值的范围及相应输入值后，需要确定新的取值。在右侧“New Value”的窗口内有3个单选框：

- Value 在此窗口内直接输入对应的新值作为改变值。
- System−missing 用系统缺失值作为改变以后的值。
- Copy old value(s) 直接复制原值作为新变量的值。

选择完毕后，单击右侧的“Add”按钮，使之原值和改变后的值进入“Old→New”窗口。如果需要改变的值多于一组，重复以上步骤。

关于字符型变量的转换。在对话框的右下侧给出了关于字符型变量的两个选项：

- Output variables are strings 选择该项，表示新变量为字符型变量，默认变量长度为8。
- Convert numeric strings to numbers 选择该项，表示把字符型变量转换为数值型变量，原变量含有数字和正负号以外字符的变量值转换为系统缺失值。

单击“Continue”按钮，确认改变值的设置，同时返回至“Recode into Different Variables”主对话框。

（5）设置“If”子对话框

在“Recode into Different Variables”主对话框，单击“If”按钮，进入“Recode into Different Variables：If Cases”（不同变量中重新分组：如果个案）子对话框。选择满足指定条件的个案进行操作。设置完毕后，单击“Continue”按钮，返回至“Recode into Different Variables”主对话框。

（6）单击“OK”按钮，执行重新编码操作。

注 意

在同一变量下执行重新编码操作时，新旧变量的类型必须相同（数值型或者字符型）；而在不同变量中执行重新编码操作时，可以将数值型变量转换为字符型变量，也可将字符型变量转换为数值型变量。但对字符型变量转换为数值型变量的情况，“Old Value”只能选择“System or user-missing”，“New Value”只能选择“System-missing”。

5.6.2 数据的自动重新编码

数据自动重新编码是将字符型变量或数值型变量转换成连续的整数。在很多统计分析过程中，如果分组变量不连续，系统会自动产生空白格，从而增加系统的内存需求，降低系统运行的速度。另外，SPSS的一些过程要求因素水平必须为连续的整数，或者为数值型变量。

SPSS的自动重新编码功能是根据分组变量重新产生一新的变量。新变量将保留原变量标签和变量值标签，同时新变量的值按原变量的顺序重新赋予从1开始的连续整数值；对于无变量值标签的分组变量，新变量将原变量值作为新变量的变量值标签；字符型变量按照字符串或者中文拼音字符串的顺序进行重新编码；大写字母优先于小写字母。

自动重新编码（Automatic Recode）的具体操作步骤如下：

（1）打开主对话框

选择菜单“Transform”→“Automatic Recode”命令，打开“Automatic Recode”对话框，如图5.22所示。

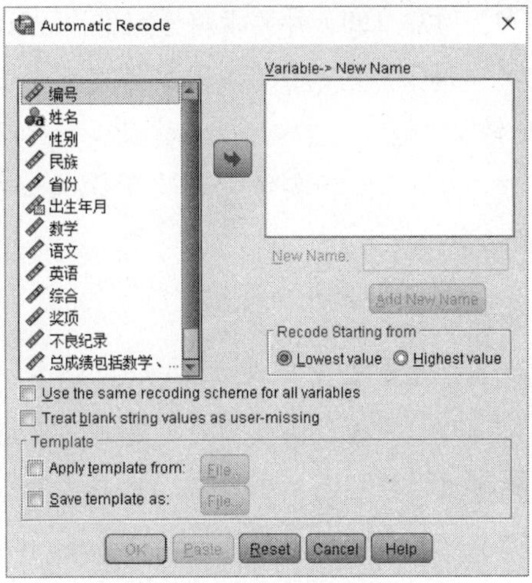

图5.22　“Automatic Recode”对话框

（2）选择分组变量

在左边的变量列表框中选择变量名，单击右向箭头按钮，将改变量移动至右侧的“Variable→New Name”窗口中。

在右侧的“New Name”窗口定义新变量名。“New Name”窗口中输入新变量名，然后单击输入框下面的“Add New Name”按钮，确认设置。

（3）指定重新编码的顺序

“Recode Starting from”（重新编码的起始个案）窗口中给出两个单选项：

- Lowest value 默认选项。按递增顺序进行重新编码。
- Highest value 按递减顺序进行重新编码。

（4）选择重新编码的适用范围和缺失值

在对话框的下方，给出了两个分别关于编码方案和字符串变量的选项：

- Use the same recoding scheme for all variables 将当前自动重新编码的方案应用到所有的选择变量中。
- Treat blank string values as user−missing 选择此项，进行重新编码时，字符型变量的空字符被视为用户缺失值，编码时空字符的顺序优于其他所有字符值。如果不选此项，空字符被正常编码。

（5）自动重新编码的模版设置

“Template”窗口中给出了两个关于自动编码模版的单选框：

- Apply template from 利用模版对当前选择的变量进行自动重新编码。
- Save template as 将当前对选择变量的自动重新编码方案保存到外部的模版文件中。选择此项，“File”按钮被激活，单击“File”按钮，指定保存自动编码模版文件的位置。

5.6.3　实例：重新编码的应用

以5.3.2节中的例子说明重新编码和自动重新编码的基本操作和计算结果。（数据文件：compute.sav）

表5.3中列出某高校提前录取考生的招生成绩表。现提出如下问题：

问题1　欲将综合成绩作为分组变量。分组规则为：0～59、60～89、90～119、120～

139、140～150，并要求将分组信息显示在原变量位置上。

问题2 按汉族和少数民族考生分成两组，在数据表中将分组变量表示为一个新的变量。

问题3 将20名考生的奖项作为分组变量，需要重新分组，并按照整数的连续顺序显示。

下面分别利用上述给出的3种重新编码方法解决这3个问题。

1. 相同变量中重新编码的实例

问题1需要利用在相同变量中重新编码功能。具体操作如下：

步骤1 在当前数据窗口，选择菜单“Transform”→“Recode into Same Variables”命令，打开如图5.17显示的“Recode into Same Variables”对话框。变量列表框中选择“综合”变量移动至“Variables”窗口。

步骤2 单击“Old and New Values”按钮，打开如图5.18所示的“Recode into Same Variables: Old and New Values”对话框。“Old Value”窗口中选择“Range”选项，在此后给出的两个输入窗口中分别输入0和59；在“New Value”窗口中输入1表示综合成绩在0～59的这个档次，单击“Add”按钮，确认操作；重复上述过程，分别利用新值2、3、4、5表示60～89、90～119、120～139、140～150这几个成绩区间。

当输入结果全部显示在“Old→New”窗口后，单击“Continue”按钮，回到主对话框。

步骤3 单击“OK”按钮，执行相同变量中重新编码操作。

步骤4 “Paste”得到的syntax语句程序：

```
/* 在相同变量中重新编码的命令语句 .
RECODE
  综合  (0 thru 59=1)  (60 thru 89=2)  (90 thru 119=3)  (120 thru 139=4)
  (140 thru 150=5)    .
EXECUTE .
```

图5.23是重新编码前后的结果，比较得知，在变量“综合”列中，用5个整数代表的分组表示了原来的具体成绩。

	英语	综合	奖项	不良纪录
1	89.00	134.00	0	0
2	90.00	131.00	2	0
3	80.00	103.00	0	0
4	58.00	139.00	3	0
5	96.00	132.00	0	0
6	90.00	134.00	0	0
7	88.00	120.00	0	0

(a)

	英语	综合	奖项	不良纪录
1	89.00	4.00	0	0
2	58.00	4.00	3	0
3	90.00	4.00	0	0
4	131.00	3.00	1	0
5	94.00	3.00	1	0
6	96.00	4.00	0	0
7	90.00	4.00	2	0

(b)

图5.23 利用在相同变量中重新编码功能前后数据文件的比较

2. 不同变量中重新编码的实例

问题2需要利用在不同变量中重新编码功能。具体操作如下：

步骤1 在当前数据编辑窗口，选择菜单“Transform”→“Recode into Different Variables”命令，打开如图5.20所示的“Recode into Different Variables”对话框。变量列表框中选择“民族”变量移动至“Variables”窗口；“Output Variable”窗口中输入新变量名“民族分组”，单击“Change”按钮确认。

步骤2 单击“Old and New Values”按钮，打开如图5.22所示的“Recode into Different Variables: Old and New Values”对话框。“Old Value”窗口中选择“Value”选项，并输入1，在“New Value”窗口中输入1，表示汉族仍利用数值1表示，单击“Add”按钮确认；再在“Old Value”窗口中选择“value through HIGHEST”选项，输入2，在“New Value”窗口中输入2，表示用2及以上的值表示的民族全部用2表示，即在新变量中2表示少数民族。

当输入结果全部显示在“Old→New”窗口后，单击“Continue”按钮，回到主对话框。

步骤3 单击“OK”按钮，执行操作。这时，在数据编辑窗口中，新增变量“民族分组”，将其他少数民族全部用2表示。

步骤4 “Paste”得到的syntax语句程序：

```
/* 在不同变量中重新编码的命令语句 .
RECODE
  民族
  (1=1)  (2 thru Highest=2)  INTO  民族分组 .
EXECUTE .
```

3. 自动重新编码的实例

问题3需要利用自动重新编码功能。具体操作如下：

步骤1 在当前数据编辑窗口，选择菜单“Transform”→“Automatic Recode”命令，打开如图5.22所示的“Automatic Recode”对话框。

步骤2 在变量列表框中选择“奖项”变量，并移动至“Variables”窗口，“New Name”窗口输入新分组变量名“奖项分组”，单击“Add New Name”按钮确认；其他设置选择默认即可。

步骤3 单击“OK”按钮，执行操作。

这时，在数据编辑窗口中新增变量“奖项分组”，将原来不同的“奖项”值利用升序的方式重新表示成从1开始的整数值；同时，在输出窗口输出下列自动重新编码信息：

奖项 into 奖项分组

Old Value	New Value	Value Label
0	1	0
1	2	1
2	3	2
3	4	3
4	5	4

从结果中可以看出，新变量的值标签为原来变量的变量值，这是因为原来变量没有设置变量值标签的缘故。

步骤 4　"Paste"得到的syntax语句程序：

```
/* 自动重新编码的命令语句 .
AUTORECODE
  VARIABLES= 奖项  /INTO 奖项分组
  /PRINT.
```

5.7　SPSS变量集

在进行数据管理和统计分析任务时，有时数据量非常大，在SPSS数据编辑窗口的变量会有几十个甚至上百个之多，所以变量的简化和选择就变得非常重要。SPSS变量集是一种利用集合的方式减少显示和分析变量的方法。

5.7.1　SPSS变量集的分类

SPSS变量集是SPSS保存数据文件中变量名的集合，包括系统变量集和用户变量集。

(1) 系统变量集

系统变量集是SPSS系统预先定义的变量集，由两个集合构成，分别为ALLVARIABLES和NEWVARIABLES。其中，ALLVARIABLES变量集中保存数据编辑窗口中的所有变量名，NEWVARIABLES变量集中保存数据编辑窗口中未存盘的新定义的变量名。

(2) 用户变量集

用户变量集是由用户根据实际需要自己定义的变量集，可以定义多个用户变量集。如果用户指定使用某个变量集时，其他不在该变量集的变量不会显示在数据编辑窗口，起到了简化分析的目的，加快了变量选择的操作速度。

用户使用自定义的变量集，需要完成两个方面的任务：定义变量集和指定使用变量集。

5.7.2　定义用户变量集

用户自定义变量集，是将选择的变量定义在同一个用户变量集合中，具体操作如下：

步骤 1　单击菜单"Utilities"→"Define Variable Setes"命令，出现如图5.24所示的"Define Variable Setes"（定义变量集）对话框。

步骤2 "Set Name"（设置变量集名）窗口中输入用户变量集的名称。

步骤3 在对话框左侧的变量列表中选择进入变量集的变量，单击右向箭头，将其移动到"Variable in Set"（集合中的变量）窗口。

步骤4 单击"Add Set"（添加变量集）按钮，将已定义的变量集加到SPSS变量集中。用户可以单击"Change Set"按钮修改已定义的变量集，也可单击"Remove"按钮，将已经定义的变量集从SPSS变量集中删除。

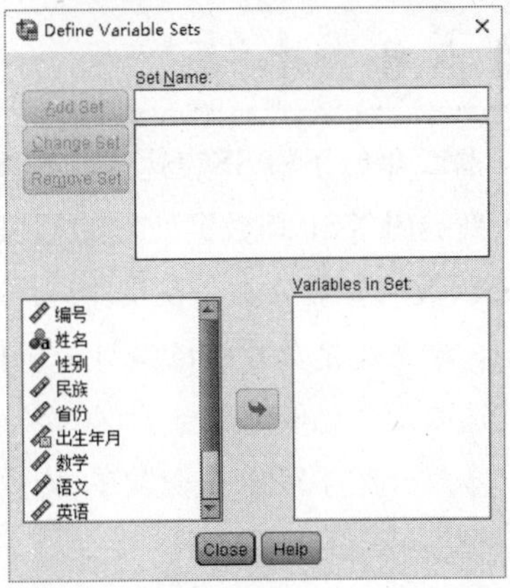

图5.24 "Define Variable Sets"对话框

步骤5 设置完毕后，单击"Close"按钮，结束定义变量集操作。

5.7.3 使用用户变量集

SPSS数据编辑窗口一般显示数据文件的所有变量，可以通过指定某一变量集，SPSS数据编辑窗口仅显示用户指定的变量，其余数据文件的变量不在数据编辑窗口显示。

使用SPSS变量集的基本操作如下（数据文件：variableset.sav）：

步骤1 单击菜单"Utilities"→"Use Variable Sets"（使用变量集）命令，显示如图5.25所示的"Use Variable Sets"对话框。

步骤2 在"Use Variable Sets"对话框中可以看出，对话框的"Select variable sets to apply"（选择应用的变量集）窗口中显示SPSS的两个系统变量集ALLVARIABLES、NEWVARIABLES和用户自定义的一个用户变量集"记忆指标"。其中系统变量集已被选中，用户可以通过重新指定和选中变量集作为使用变量集。例如本例中仅选中"记忆指标"变量集。

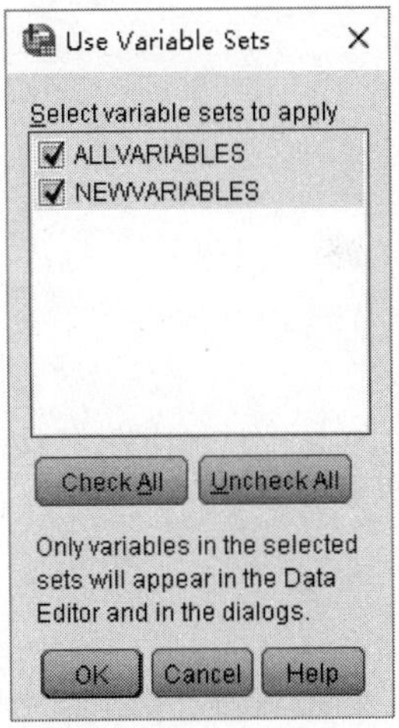

图5.25 "Use Variable Sets"对话框

步骤3 单击"OK"按钮，设置生效。这时从数据编辑窗口可以看出，数据文件只显示3个变量。

注 意

SPSS运行过程中，应至少有一个变量集在使用。

5.8 小结

本章介绍了SPSS表达式、SPSS函数、变量的计算、数据的选取、个案计数、数据的重新编码等SPSS数据处理的预操作，其中应具体掌握SPSS函数的基本调用方法，了解SPSS函数的一般分类。在具体应用时，可通过查询函数手册获得使用方法。和前一章内容类似，本章也是为后续的统计分析作数据的准备和整理工作，尤其是数据的重新编码和数据的选取操作已成为数据管理的必不可少的手段和工具，应熟练掌握。

本章介绍了SPSS变量集的概念。处理含有大量的变量数据文件时，变量集的使用会成为一个不可缺的重要工具。

掌握了数据的创建和转换操作之后，就可以对数据进行分析了。第6章介绍最基本的SPSS统计分析模块：Descriptive Statistics。如果说到这一章为止，我们进行的是SPSS数据管理之旅，下一章则开始了SPSS统计分析之旅。

第6章

SPSS 的自定义表格

本章包括

- 认识自定义表格对话框
- 表格的结构和 SPSS 实现
- 自定义表格的选项及其独立性检验
- OLAP 在线分析过程

在数据处理和统计分析中，表格起到了举足轻重的作用。统计调查和样本抽取得到的数据是以表格的形式呈现的，而大多数统计过程的结果大多也是以表格的形式表现出来的。一个结构清晰、层次合理的表格无论对专业统计分析人士，还是对仅需要统计结果的非专业人士都同等重要。

虽然 SPSS 统计分析结果的输出格式也是表格形式的，但这些表格的结构和格式无法满足用户的多方面的需求。为此，SPSS for Windows 提供了表格制作模块：SPSS Tables。利用 SPSS Tables 模块可以自定义多种形式的表格，同时还可对多重反应变量集进行自定义表格和检验。

SPSS 24

6.1 认识自定义表格对话框

6.1.1 实例：个人家庭情况调查数据

以SPSS自带的数据文件survey_sample.sav为例。数据文件是由一家调查公司的问卷调查表中数据整理得到的。问卷调查的内容是关于被访对象的个人和家庭基本情况，以及对某些现象和问题的看法和观点。数据文件中给出了2832个被访者的数据资料。（数据文件：survey_sample.sav）

现要求针对年龄范围、性别编制描述性报表，包括频数及列百分比。

表6.1列出了数据文件的变量及其属性，共计28个变量。

表6.1 Variable Information

变量	变量标签	尺度	变量	变量标签	尺度
id	问卷编号	Scale	howpaid	薪水给付方式	Ordinal
wrkstat	就业状态	Nominal	confinan	对银行和金融机构的信任度	Ordinal
marital	婚姻状态	Nominal	conbus	对任职的公司的信任度	Ordinal
childs	子女数量	Scale	coneduc	对教育的信任度	Ordinal
age	被访者年龄	Scale	conpress	对出版业的信任度	Ordinal
educ	接受教育的时间	Scale	conmedic	对医疗机构的信任度	Ordinal
degree	最高学历	Ordinal	contv	对电视的信任度	Ordinal
sex	性别	Nominal	agecat	年龄范围	Ordinal
born	出生地（国家）	Nominal	childcat	拥有子女数量的范围	Ordinal
income	家庭总收入	Ordinal	news1	从报纸中获取消息	Nominal
rincome	个人收入	Ordinal	news2	从杂志中获取消息	Nominal
happy	一般幸福感的认可	Ordinal	news3	从电视中获取消息	Nominal
hapmar	婚姻幸福感的认可	Ordinal	news4	从广播中获取消息	Nominal
tvhours	每日看电视的时长	Scale	news5	从互联网中获取消息	Nominal

6.1.2 自定义表格的SPSS操作

（1）打开数据文件survey_sample.sav。

（2）打开自定义表格对话框。

单击菜单“Analyze”→“Tables”→“Custom Tables”命令，打开“Custom Tables：Tables”（自定义表格：表格）自定义表格对话框，如图6.1所示。

对话框右上角处的显示画板视图以及分层信息的3个按钮：

- Normal 正常视图，为默认选择项。单击该按钮，当前画板视图切换至正常视图，显示表格中所有的行与列的预览视图，包括行、列汇总统计量及分类变量的分类。图6.1显示的是正常视图时的情形。
- Comapct 简洁视图。单击该按钮，切换到简洁视图，仅显示表格中的变量，不对表格进行预览。

- Layers 分层列表。如果将变量拖拽至分层列表中，生成的统计表可按该变量进行分层。

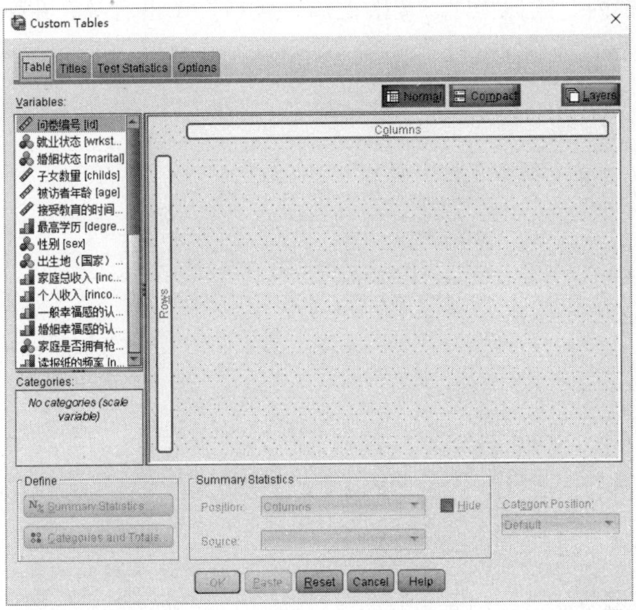

图6.1 “Custom Tables：Tables”（自定义表格：表格）对话框

(3) 选择行变量和列向量

二维列表需要指定表格的行变量和列变量。在“Variables”变量窗口中选择变量“age “（年龄范围），利用鼠标拖拽至制表框“Rows”（行）内；选择变量“sex”（性别），利用鼠标将其拖拽至制表框“Columns “（列）内，如图6.2所示。

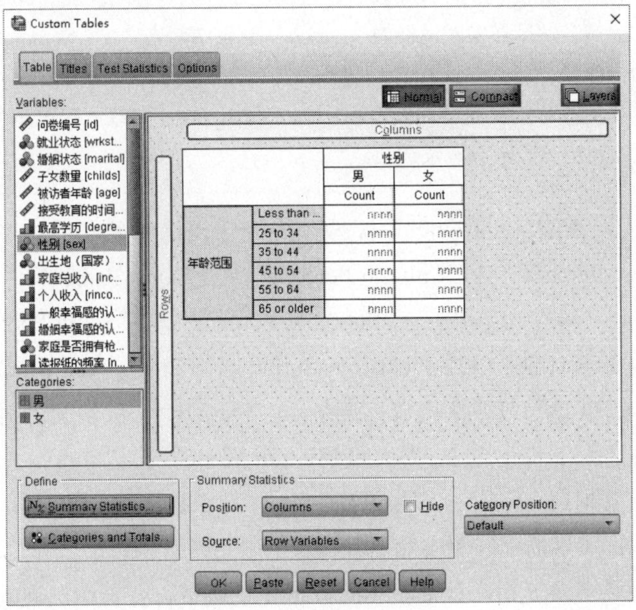

图6.2 选择行变量和列变量的“Custom Tables：Tables”对话框

（4）设定显示分类变量统计量

画板中有两种方式显示由变量“性别“和“年龄范围”确定的交叉列联表形式。在默认状态下，单元格内显示在不同分组变量中行变量值出现的次数。

在表格预览框内，鼠标指向“年龄范围”区域，单击右键，在弹出的菜单中选择“Summary Statistics”（综述统计量）命令，出现“Summary Statistics对话框，如图6.3所示。

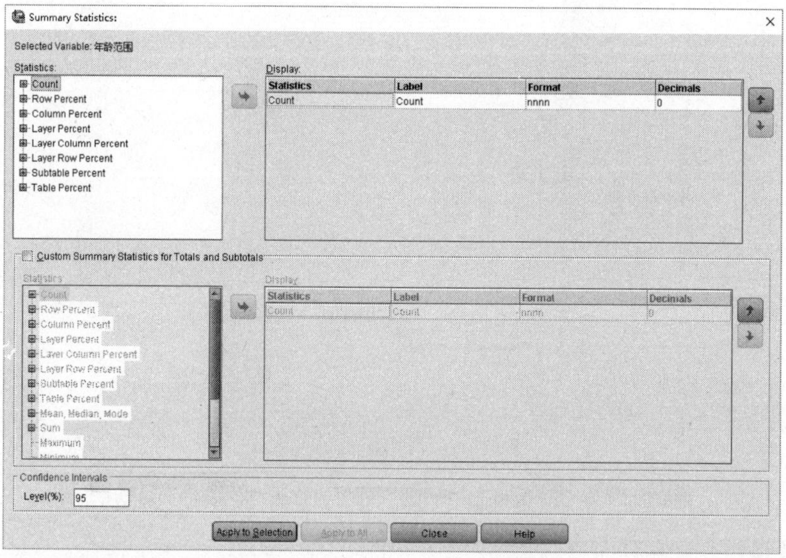

图6.3　Summary Statistics对话框

提　示

该步骤也可利用主对话框内的“Define”（定义）窗口的选择项产生，即在表格预览框内，单击“年龄范围”区域，然后在主对话框的“Define”窗口中单击“N% Summary Statistics”（汇总统计量）按钮后，弹出“Summary Statistics对话框。

只有针对先拖拽到画板的变量才能设定Summary Statistics。如果此处先将性别拖至画板，则右键性别才会呈现Sumary Statistics有效选项。

该对话框中，左侧的“Statistics”区域列出确定表格中各变量的统计量选择，包括“Count”、“Row Percent”、“Column Percent”、“Layer Percent”、“Layer Column Percent”、“Layer Row Percent”、“Subtable Percent”、“Table Percent”等不同类别的计数值或百分比的统计量。选中“Custom Summary Statistics for Totals and Subtotals”呈现旧版本的“Statistics”窗口的内容。传统的“Statistics”区域会针对不同类型的变量给出不同属性的汇总统计量，包括“Mean,Median,Mode”、“Sum”、“Maximum”、“Minimum”、“Missing”、“Range”、“Std.Deviation”、“Variance”、“Percentile”等不同类别的描述集中和离散趋势的各种统计量。

本例中，如果希望单元格内显示在不同分组变量值下行变量值出现的次数占该变量值下总次数的百分比，在“Statistics”窗口中单击“Row Percent”左侧的加号，选中“Row

N %”选项，单击右向箭头按钮，将其添加至“Display”区域。这时，“Display”区域中出现两个选项，其中有一个为“Count”，为默认选项。

设置完毕后，单击“Apply to Selection”按钮，确定并保存设置，然后点击“Close”按钮返回至自定义表格主对话框。制表主对话框中表格预览图中的每一个分组变量值，显示了分类变量“性别”的两个类别列变量，如图6.4所示。

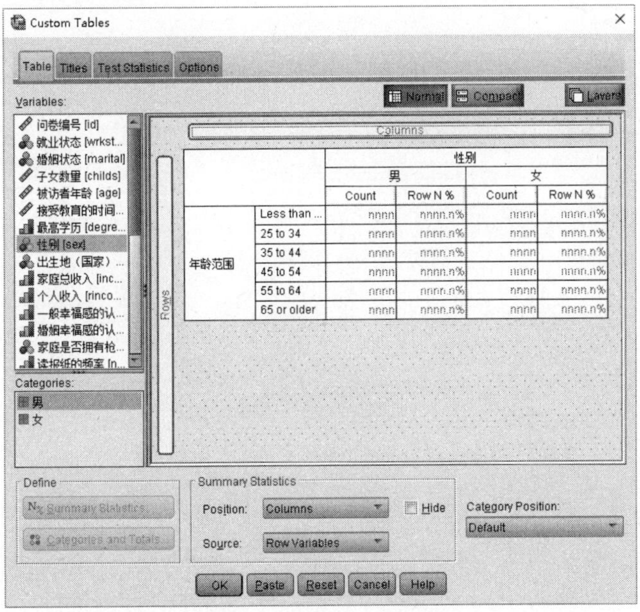

图6.4　定义了统计量的“Custom Tables：Tables”对话框

(5) 插入合计（Total）和小计（Subtotal）行变量

自定义表格功能中，合计项和小计不作为默认选项而出现。添加合计和小计项的方法为：在表格预览框中，鼠标移动至“年龄范围”区域，然后单击右键，在弹出的菜单中，选择“Categories and Totals”（类别和表格）命令。出现如图6.5所示的“Categories and Totals”（分类与合计）对话框。

提　示

该步骤也可利用主对话框内的“Define”（定义）窗口的选择项产生，即在表格预览框内，单击“年龄范围”区域，然后在主对话框的“Defien”（定义）窗口中单击“Categories and Totals”（汇总统计量）按钮后，弹出“Categories and Totals”对话框。

在“Categories and Totals”对话框中，用户可对分类变量进行重新编码或删除分类，插入小计或合计，包含或剔除定义为缺失值的分类，包含或剔除值标签未定义的分类等。

例如，本例中需要分别对所有年龄小于45岁的个案和年龄大于等于45岁的个案进行小计汇总，同时产生小计汇总行。利用下列步骤产生合计和小计项：

在该对话框“Display”（显示）区域给出的变量值列表框中单击“Value(s)”为3.00的变量后，单击“Add Subtotal”，并在弹出的“Define Subtotal”窗口内的“Label”栏中输入“Subtotal < 45”，单击“Continue”按钮确认操作；这时，在“Value(s)”列表框中，变量值为3.00的后面添加一小计行变量，合计行变量包括年龄小于45岁的3个年龄范围的合计。

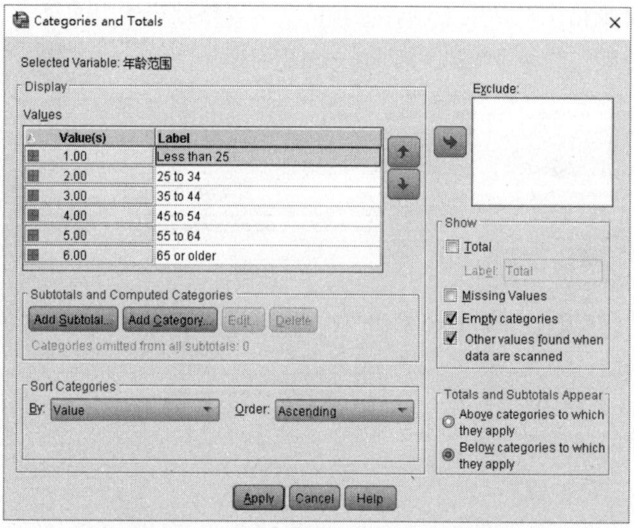

图6.5 “Categories and Totals”（分类和合计）对话框

单击“Value(s)”为6.00的变量（最后一个）后，单击“Add Subtotal”，并在弹出的“Define Subtotal”窗口内的“Label”栏中输入 “Subtotal45 +”，单击“Continue”按钮确认操作，这时，在“Value(s)”列表框中，最后一行添加合计变量行。合计行变量包括年龄大于等于45岁的3个年龄范围的合计。

在右侧的“Show”区域中选择“Total”选项。单击“Apply”按钮，执行添加合计行操作。显示如图6.6的制表主对话框。预览图表中可以看出添加的两行小计项和一行合计项。

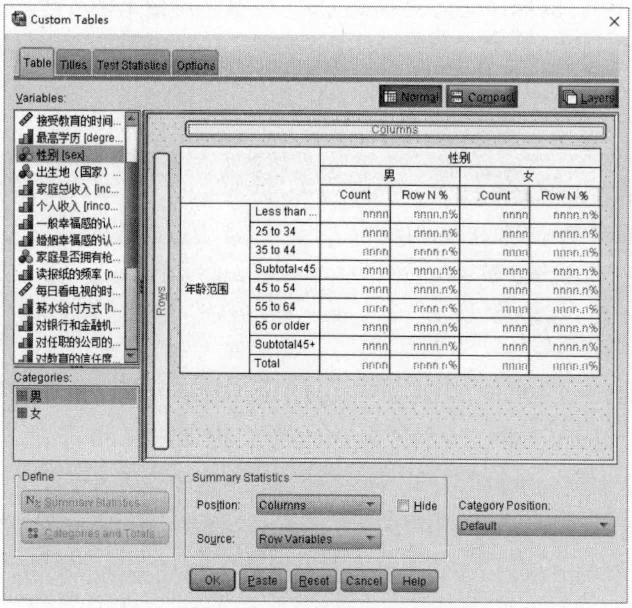

图6.6 添加合计项的自定义表格对话框

（6）在制表主对话框，单击“OK”按钮，执行制表操作。制表结果在表6.2中给出。

表6.2　自定义表格的交叉列联表

		性别			
		男		女	
		Count	Row N %	Count	Row N %
年龄范围	Less than 25	108	44.6%	134	55.4%
	25 to 34	276	44.0%	351	56.0%
	35 to 44	309	45.5%	370	54.5%
	Subtotal<45	693	44.8%	855	55.2%
	45 to 54	221	45.9%	260	54.1%
	55 to 64	136	42.5%	184	57.5%
	65 or older	178	37.2%	301	62.8%
	Subtotal45+	535	41.8%	745	58.2%
	Total	1228	43.4%	1600	56.6%

（7）“Paste”得到的syntax命令语句程序：

```
    /* 自定义表格命令语句 .
    CTABLES
      /VLABELS VARIABLES=sex agecat DISPLAY=DEFAULT
      /TABLE agecat [COUNT F40.0, ROWPCT.COUNT PCT40.1] BY sex
      /CATEGORIES VARIABLES=sex ORDER=A KEY=VALUE EMPTY=INCLUDE
      /CATEGORIES VARIABLES=agecat [1, 2, 3, SUBTOTAL='Subtotal<45', 4,
5, 6,
       SUBTOTAL='Subtotal45+', OTHERNM] EMPTY=INCLUDE TOTAL=YES
POSITION=AFTER.
```

6.2　表格的结构和SPSS实现

6.2.1　堆栈和嵌套的基本定义

在SPSS中，可以利用堆栈、嵌套等方法构成含有多个变量的复杂表格。利用SPSS的Costom Tables过程，可以完成对分类变量（一般为定序型变量或定类型变量）或者一般的定距型变量的嵌套和堆栈操作。

首先了解堆栈和嵌套的概念。

（1）堆栈（Stacking）

堆栈是将不同的表格或变量合并在一起，在同一个表格中显示出来。例如，在同一表格中，如果要分别考虑“最高学历”和“性别”分类变量中“个人收入”的变化情况，可以将“个人收入”作为表格的列变量，而“最高学历”和“性别”都是行变量，利用堆栈方法上下排列在一起。

(2) 嵌套（Nesting）

变量之间的嵌套关系类似于文件夹的根目录和子目录之间的关系，是在同一维空间中将一个变量嵌入到另一变量内。例如，考虑每一个年龄段中不同性别的被访者出现的次数时，将“性别”变量嵌入到“年龄范围”变量内，形成了一个“年龄范围”对“性别”嵌套结构。在表格中，这两个变量都作行变量。嵌套结构中的变量一般为定序或定类的分类变量。

一个表格可以有多个嵌套结构和堆栈结构，从内层到外层，行变量和列变量也可以交叉出现嵌套和堆栈，形成复杂多变的表格结构。

6.2.2 堆栈和嵌套的SPSS实现

在SPSS软件中，需要在“Custom Tables”自定义表格对话框完成堆栈和嵌套的操作。

要创建一个表格，应先在表格预览框内指定一个行变量或列变量，然后再按照表格的结构添加嵌套关系或者堆栈关系的其他变量。

具体的操作步骤：

(1) 选择表格的行、列变量

在“Custom Tables”自定义表格对话框中的“Variables”区域的变量列表框中选择某一变量，例如“婚姻状态”拖拽至表格预览框的“Rows”内；这时，便指定了一个行变量“性别”，这是一个具有2个取值的指定类型变量作表格的分类变量。在预览框中显示2行变量值及其默认的出现次数Count列。

(2) 选择分类变量

“Variables”窗口中选择另一分类变量，例如“婚姻状态”，将其拖拽至预览框内的指定区域。变量“婚姻状态”拖放的目标位置决定这两个变量之间的结构，考虑4种情况。

- 外嵌套 若将变量拖放至预览表格的最左侧时，出现一长条深色矩形框，如图6.7(a)所示。松开鼠标后，预览框内形成了“婚姻状态”嵌在“性别”外的情形，称之为外嵌套。图6.8(a)显示的是嵌套以后的表格示意图。这种结构可以分析不同婚姻状态下的性别变化。
- 内嵌套 若将变量拖放至预览表格的中右侧时，出现一长条深色矩形框，如图6.7(b)所示。松开鼠标后，预览框内形成了“婚姻状态”嵌在“性别”内的情形，称之为内嵌套。图6.8(b)显示的是嵌套以后的表格示意图。如果需要分析不同性别的被访者，其婚姻状态的分布时，可以考虑这种结构。
- 上堆栈 若将变量拖放至预览表格的上侧时，在同样位置出现一长条深色矩形框（如图6.7(c)所示），松开鼠标后，预览框内形成了“婚姻状态”的变量值显示在“性别”变量值上方的情形，称之为上堆栈。图6.8(c)显示的是嵌套以后的表格示意图。这种情形实际上分别考虑不同性别和不同婚姻状态时被访者。
- 下堆栈 含义和上堆栈类似。参考图6.7(d)和图6.8(d)的示意图。

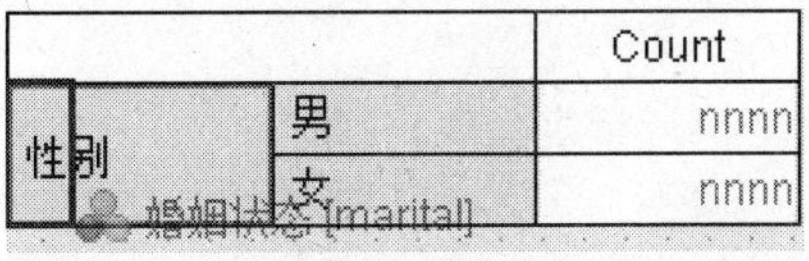

（a）外嵌套

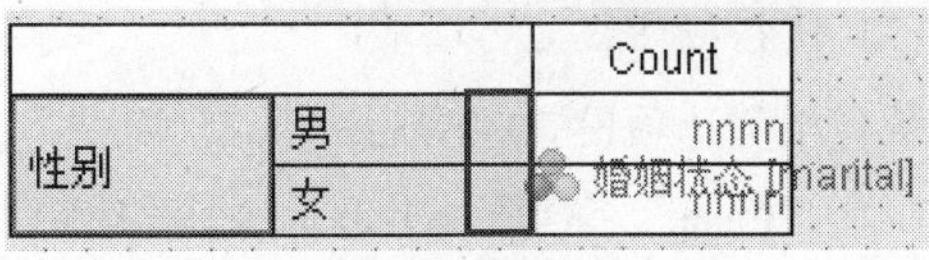

（b）内嵌套

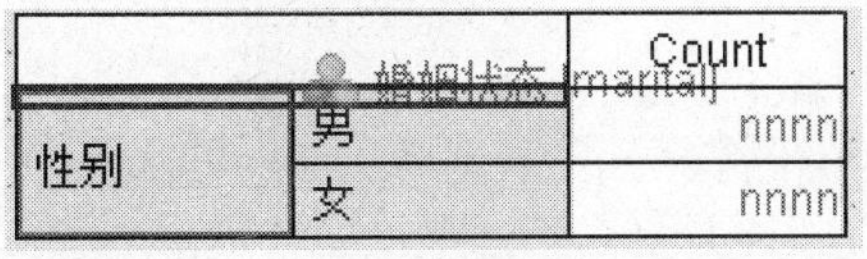

（c）上堆栈

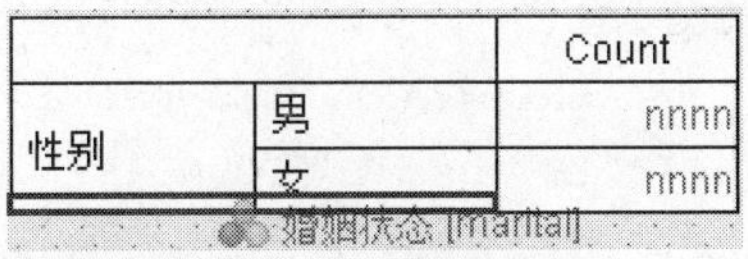

（d）下堆栈

图6.7　嵌套与堆栈示意图

对应上面给出的4种表格结构，图6.8给出4种表格形状示意图。

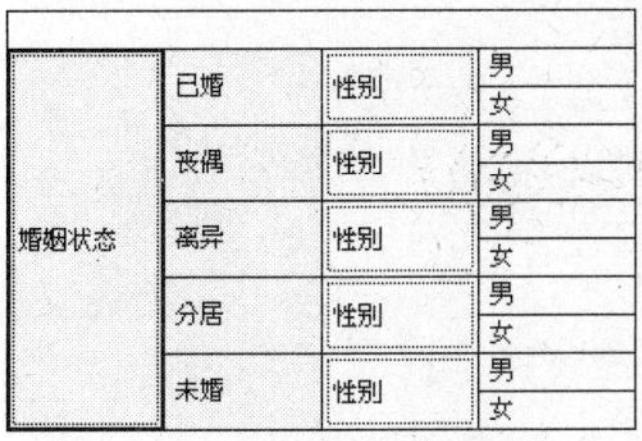

（a）外嵌套表格

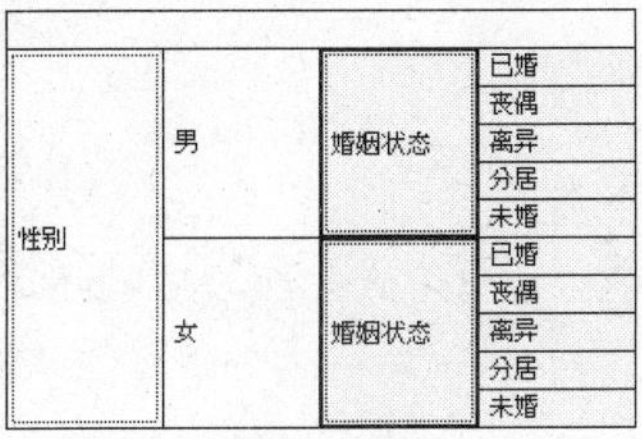

（b）内嵌套表格

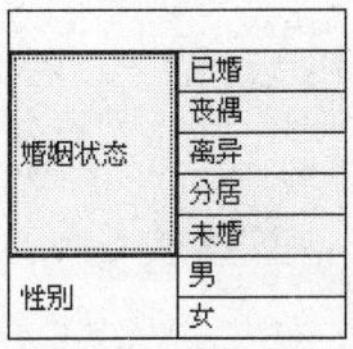

（c）上堆栈表格

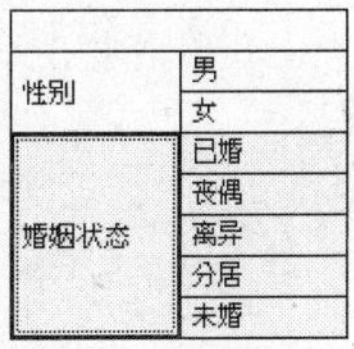

（d）下堆栈表格

图6.8　嵌套与堆栈表格示意图

6.3　自定义表格的选项及其独立性检验

6.3.1　实例：对婚姻幸福感认同的分析和列表

利用SPSS Table模块不仅仅可以制作层次分明、结构清晰的表格，还可以添加表格标题和注释、设置表格外观和进行变量的独立性检验。仍以表6.1定义的表格为例，说明其方法和操作步骤。

在表6.2的基础上，列变量“性别”外嵌标签为“婚姻幸福感的认同”的分类变量，并添加表格标题和制表时间。

6.3.2　SPSS基本操作

利用表格制作的嵌套方法和第一节的结果，可得到如下操作步骤：

（1）打开制表对话框

在数据编辑窗口，选择“Analyze”→“Tables”→“Custom Tables”，在“Custom Tables”对话框中显示图6.6已制作完成的表格预览图。

（2）表格中添加变量

在“Variables”变量列表框中选择“婚姻幸福感的认同”标签，将其拖放至表格预览框中“Columns”窗口内，形成了“婚姻幸福感的认同”对“性别”的嵌套。

（3）执行操作

所有相关选项设置完毕后，单击“确定”按钮，执行自定义表格操作。

（4）“Paste”得到的syntax命令语句程序：

```
    /* 自定义表格操作命令语句 .
    CTABLES
      /VLABELS VARIABLES=hapmar sex agecat DISPLAY=DEFAULT
      /TABLE agecat [COUNT F40.0, ROWPCT.COUNT PCT40.1] BY hapmar > sex
      /CATEGORIES VARIABLES=hapmar sex ORDER=A KEY=VALUE EMPTY=INCLUDE
      MISSING=EXCLUDE
      /CATEGORIES VARIABLES=agecat [1, 2, 3, SUBTOTAL='Subtotal<45', 4,
5, 6,
       SUBTOTAL='Subtotal45+', OTHERNM] EMPTY=INCLUDE TOTAL=YES
POSITION=AFTER
    /* 添加标题 .
      /TITLES
       TITLE= '不同年龄段的被访者对婚姻幸福感认同程度统计表'
       CAPTION= ')TABLE)DATE'
       /SIGTEST TYPE=CHISQUARE ALPHA=0.05 INCLUDEMRSETS=YES
CATEGORIES=ALLVISIBLE.
```

6.3.3　Titles选项

在“Custom Tables”对话框，单击“Titles”按钮，将对话框切换至“Custom Tables：Titles”（自定义表格：标题）对话框，如图6.9所示。

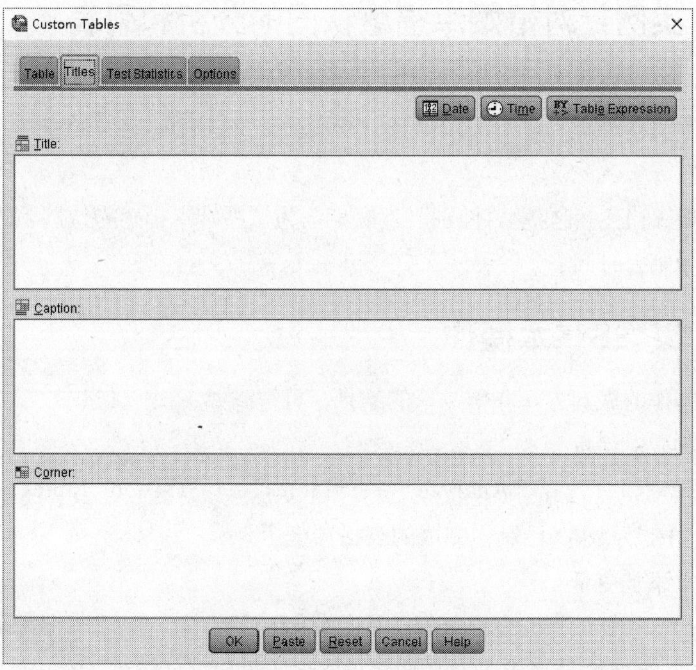

图6.9　“Custom Tables：Titles”（自定义表格：标题）对话框

在“Titles”对话框中，显示如下3个主要窗口：

- Title 在表格上方添加表格标题，此例中的标题为“不同年龄段的被访者对婚姻幸福感认同程度统计表”。
- Caption 显示在表格下方，可以添加注脚，本例中添加表格表达式和制表日期。
- Corner 显示在表格的右上角，只能用于包含行变量或嵌套的表格。

对话框上方的3个按钮为插入域，含义如下：

- Data 插入当前日期（年、月、日），其格式与Windows区域选项中的日期设置相同。
- Time 插入当前时间（时、分、秒）。
- Table Expression 表格表达式。显示变量标签和变量在表格中的作用。在表达式中各种符号的意义如下：“+”表示堆栈变量，“<”表示嵌套，“BY”表示交叉表或分层。

本例在“Title”窗口添加标题“不同年龄段的被访者对婚姻幸福感认同程度统计表”，并在选择“Caption”窗口后，单击“Time”按钮和“Table Expression”按钮，在“Caption”注释窗口添加插入表格表达式和当前时间。本例的表格表达式为“年龄范围BY 婚姻幸福感的认同 > 性别”。

6.3.4　Tests Statistics选项

单击“Tests Statistics”（检验统计量）按钮，将“Custom Tables：Titles”对话框切换至“Custom Tables：Tests Statistics”（自定义表格：检验统计量）对话框，如图6.10所示。

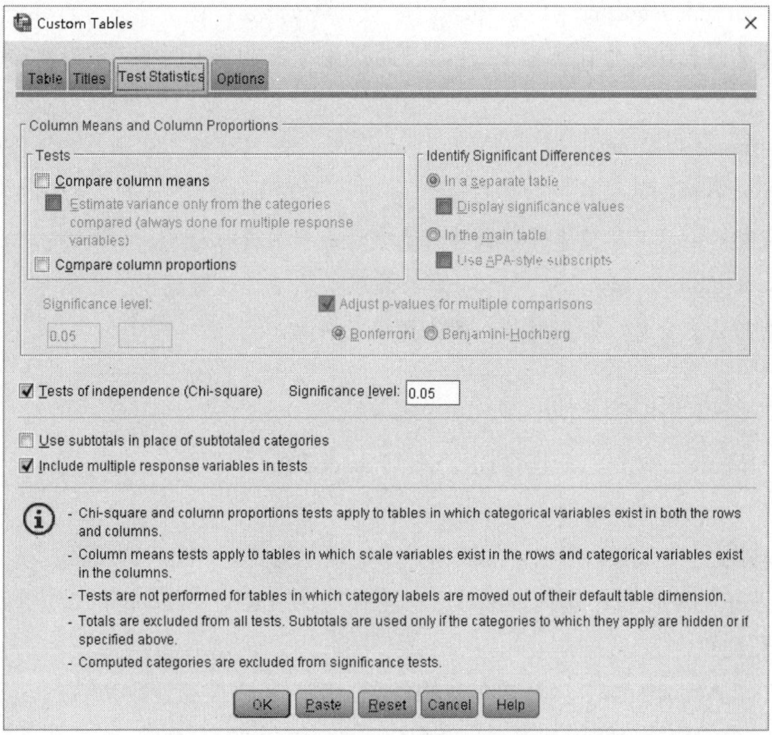

图6.10　“Test Statistics”（检验统计量）对话框

该窗口提供了变量的独立性检验功能。主要有3个统计功能。

- Column Means and Column Proportions 区域中包含Means和Proportions的差异检验：
- Compare column means（t–tests）比较列均值的t检验。检验列均值的方差齐性。对于列中至少有一个分类变量，行中至少有一个定距型变量的表格，对列均值进行两两齐性检验，默认选中方式为右下方的“Adjust p–values for multiple comparisons（Bonferroni method）”，调整多重比较的p值（Bonferroni检验方法），可以另行选择“Benjaminni–Hochberg”检验方法。也可以选中“Compare column means”选项框下方的“Estimate variance only from the categories compared”为当进行分类比较时估计方差值。
- Compare column proportions（z–tests） 比较列比例。列比例齐性检验，对于在行与列中至少有一个分类变量的表格，进行列比例的两两齐性检验。对此，默认的检验方法同上：“Adjust p–values for multiple comparisons（Bonferroni method）”为调整多重比较的p值（Bonferroni检验方法），可以另行选择“Benjaminni–Hochber”检验方法。

Identify Significant Differences 给出了2个识别显著性差异的方式：

In a separate table 标记子表格中有显著差异的值，可选中“Display significance values”使结果呈现对应的显著值。

In the main table 标记主表格中有显著差异的值，可选中“Use APA–style subscripts”使结果以美国APA格式呈现。

- Tests of independence（Chi–square） 独立性的χ2检验。对行与列中至少有一个分类变量的表格进行独立性χ2检验。默认显著性水平为0.05。本例选择该项，保持默认值。
- Use subtotals in place of subtotaled categories 选择该项，表示显著性检验时，分类变量的小计汇总项取代分类变量。否则，只有当进行小计汇总的那些分类变量值隐藏时，小计汇总项才可以代替分类变量进行显著性检验。
- Include multiple response variables 此为默认选项。选择该项，检验时会利用多选项变量的分类变量，否则的话，多选项变量将被忽略。

6.3.5 Optons选项

单击“Options”按钮，对话框切换至“Custom Tables：Options”（自定义表格：选项）对话框，如图6.11所示。

对话框中的主要功能是指定异常值单元格的显示方式，例如空单元格、无法计算统计量和含有缺失值的单元格；同时，该对话框还对列宽的最大、最小值的设定和多选项变量的处理方式给出设定窗口。

“Data Cell Appearance”（数据单元格外观）窗口用于控制计数为0的单元格的显示方式以及不能计算的统计量的显示方式。该窗口下给出两个项目：

- Empty Cells　空单元格。该项目中给出计数为零的单元格的显示方式，可以选择“Zero”（显示0）、“Blank”（显示空格）或“Text”（显示文本，可以输入最多255个字符）。
- Statistics that Cannot be Computed　对于无法计算的统计量的显示方式。默认显示“.”，也可在其后的输入框内输入最多不超过255个字符的文本。

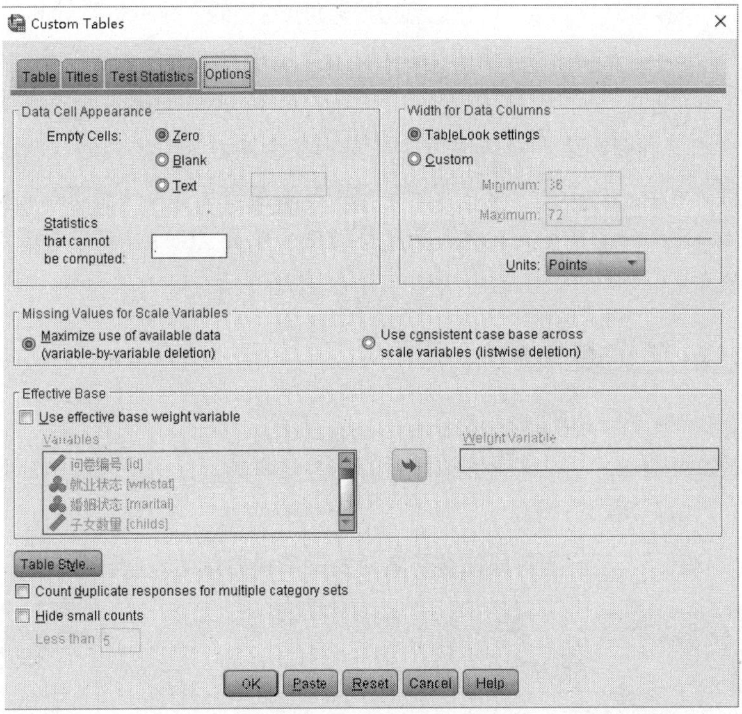

图6.11　“Custom Tables：Options”（自定义表格：选项）对话框

“Width for Data Columns”（数据列宽）窗口用于控制数据列宽的最大和最小值，这里的设置不影响行变量值标签的列宽显示。有两个单选项：

- TableLook settings　使用当前默认表格外观设定的列宽。用户在建立新的表格时，可以创建自定义的表格外观作为默认设置，在表格设定中控制表格外观的行标签和数据列宽。
- Custom　重设默认表格外观的列宽。在输入栏“Minimum”和“Maximum”输入表格的最小和最大数据列宽，在“Unit”下拉列表中选择数据列宽的单位：Points（点素）、Inches（英寸）或Centimeters（厘米）。

“Missing Values for Scale Variables”（定距型变量的缺失值）窗口设定距型变量统计量缺失值的处理方法。有两个单选项：

- Maximize use of available data（variable–by–variable deletion）　最大限度利用可用数据，为默认选项。选择该项，表示每个定距型变量的所有有效个案均参与计算其汇总统计量。
- Use consistent case base across scale variables（listwise deletion）　根据定距型变量使

用相同的个案，即整列删除。选择该项，表示定距型变量表格中若某定距型变量含有缺失值的个案，则在计算所有的汇总统计量时，均不考虑该个案。

“Effective Base”（有效基数）窗口用于设置加权数据的计量方式，将数据的加权考虑在内，避免基于不准确的基数做出检验判断。选中“Use effective base weight variable”表示数据已基于特定的变量进行加权，在检验时应当选用有效的基础，排除数据加权的影响。选中后可在下拉框选择对应的加权变量并移动至右侧的“Weight Variable”框内。

- Table Style单击该按钮将打开“Table Style”对话框，管理表格形式。
- Count duplicate responses for multiple category sets（计算多重分类集的重复反应数），选择该项，表示计算多重分类集的重复反应数；因为默认情况下，重复选项不进行计数，但在有一些应用问题中，多选项的计数是一个很有用的功能。
- Hide small counts 设置隐藏样本量过小的值，可在“Less than”后填入定义小样本量的数值。

6.3.6 自定义表格的结果

（1）自定义表格的交叉列联表

表6.3所示为对婚姻有不同感受的被访者的交叉列联表，包括不同性别针对不同年龄段的频数和行百分比计算数据列表。

表6.3 不同年龄段的被访者对婚姻幸福感认同程度统计表

		婚姻幸福感的认同											
		非常幸福				比较幸福				不幸福			
		性别				性别				性别			
		男		女		男		女		男		女	
		Count	Row N %	Count	Row N %	Count	Row N %	Count	Row N %	Count	Row N %	Count	Row N %
年龄范围	Less than 25	8	30.8%	18	69.2%	3	33.3%	6	66.7%	2	100.0%	0	0.0%
	25 to 34	65	36.7%	112	63.3%	37	41.6%	52	58.4%	1	50.0%	1	50.0%
	35 to 44	99	42.7%	133	57.3%	61	46.2%	71	53.8%	6	46.2%	7	53.8%
	Subtotal<45	172	39.5%	263	60.5%	101	43.9%	129	56.1%	9	52.9%	8	47.1%
	45 to 54	81	50.3%	80	49.7%	50	48.1%	54	51.9%	3	37.5%	5	62.5%
	55 to 64	66	52.4%	60	47.6%	22	43.1%	29	56.9%	1	14.3%	6	85.7%
	65 or older	77	57.9%	56	42.1%	31	52.5%	28	47.5%	2	40.0%	3	60.0%
	Subtotal45+	224	53.3%	196	46.7%	103	48.1%	111	51.9%	6	30.0%	14	70.0%
	Total	396	46.3%	459	53.7%	204	45.9%	240	54.1%	15	40.5%	22	59.5%

2017/5/21年龄范围 BY 婚姻幸福感的认同 > 性别

（2）独立性检验结果

表6.4是显著性水平为0.05时的独立性检验结果。

表6.4　独立性检验结果

Pearson Chi-Square Tests

		婚姻幸福感的认同		
		非常幸福	比较幸福	不幸福
		性别	性别	性别
年龄范围	Chi-square	20.385	2.651	5.211
	df	5	5	5
	Sig.	.001*	.754	.391[b,c]

Results are based on nonempty rows and columns in each innermost subtable.

*. The Chi-square statistic is significant at the .05 level.

b. More than 20% of cells in this subtable have expected cell counts less than 5. Chi-square results may be invalid.

c. The minimum expected cell count in this subtable is less than one. Chi-square results may be invalid.

从检验结果中可以看出："非常幸福"的被访者中，独立性检验的p值为0.001，小于显著性水平0.05，说明在这一群体中，性别和年龄分布存在显著性差异，即不同性别被访者的年龄分布存在显著性差异。

"比较幸福"的被访者中，独立性检验的p值为0.754，大于显著性水平0.05，说明在这一群体中，性别和年龄分布不存在显著性差异，性别和年龄相互独立。认为这一群体中，年龄分布和性别无关。

"不幸福"的被访者中，虽然概率p值为0.391，大于显著性水平0.05，通过独立性检验。但在结果中给出了注释：

(a) 在该分类变量中，有超过20%的单元格的频数期望值小于5，这时，χ^2检验可能是无效的；

(b) 在该分类变量中，频数的最小期望值小于1，这时，χ^2检验也可能是无效的。

所以，对于"不幸福"的被访者中，由于分布在不同年龄段的频数过小，而导致不能给出性别和年龄范围之间是否独立的确定的检验结果。对于此种情况，利用χ^2检验不是很合适，而应采用Fisher的精确检验。

6.4　OLAP在线分析过程

OLAP（Online Analytical Processing，在线分析过程），主要用于对统计数据进行描述性分析。它与Custom Table同样具备快捷、灵活多样的交互方式，能够根据用户的要求自由选择表格的报告方式和报告内容，而且分析结果简单明了、便于理解。尤其对于多维数据资料，可以从不同角度给出分析报告。

6.4.1　实例：教学方案对成绩的影响

现有2个地区不同教学方案的部分学生的英语和数据平均成绩，数据格式如图6.12所示，所用数据文件为"method&scores.sav"，尝试分析不同地区、不同教学方案下的成绩分布。

	Name	Type	Width	Decimals	Label	Values	Missing	Columns	Align	Measure
1	method	Numeric	4	0	教学方案	None	None	10	Right	Nominal
2	area	Numeric	4	0	地区类型	None	None	10	Right	Nominal
3	score1	Numeric	4	0	英语成绩	None	None	10	Right	Scale
4	score2	Numeric	4	0	数学成绩	None	None	10	Right	Scale

图6.12　不同教学方案、不同地区的成绩数据

6.4.2　SPSS基本操作

利用OLAP过程进行数据分析的操作步骤：

（1）打开OLAP分析对话框

在数据编辑窗口，选择“Analyze”→“Reports”→“OLAP Cubes”，打开如图6.13所示的OLAP分析的主设置对话框。

（2）表格中添加变量

在变量列表中选中“英语成绩”、“数学成绩”两个变量，然后单击汇总变量列表左侧的方向按钮，将其移动至右侧的“Summary Variables”汇总变量框内；然后选中“教学方案”、“地区类型”两个变量并移动至右侧的“Grouping Variables”分组变量框内。

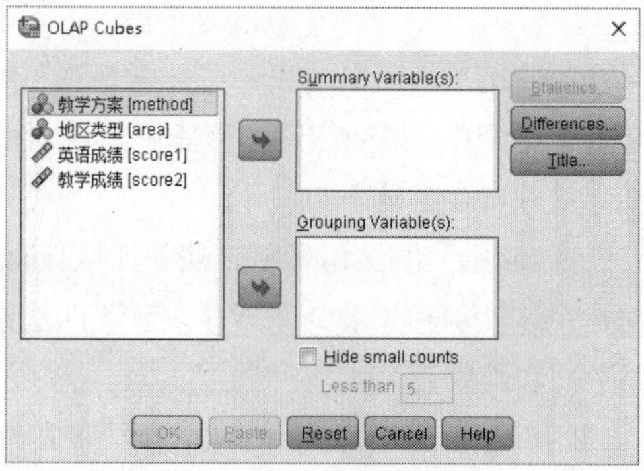

图6.13　OLAP分析对话框

- Summary Variables 汇总变量 目标汇总变量，进行汇总的值，通常要求为连续型变量。
- Grouping Variables 分组变量 用于对汇总变量进行分组统计的变量。

6.4.3　Statistcs选项

单击“Statistics”按钮，弹出如图6.14所示统计量设置窗口。在弹出窗口左侧的“Statistics”栏为所有备选的统计量选项，右侧“Cell Statistics”栏中为选中的统计量选项，默认选中“Sum”、“Number of Cases”、“Mean”、“Standard Deviation”、“Percent of Total Sum”和“Percent of Total N”6个选项。可根据需求移除或添加新的统计量。本例保持默认选项。

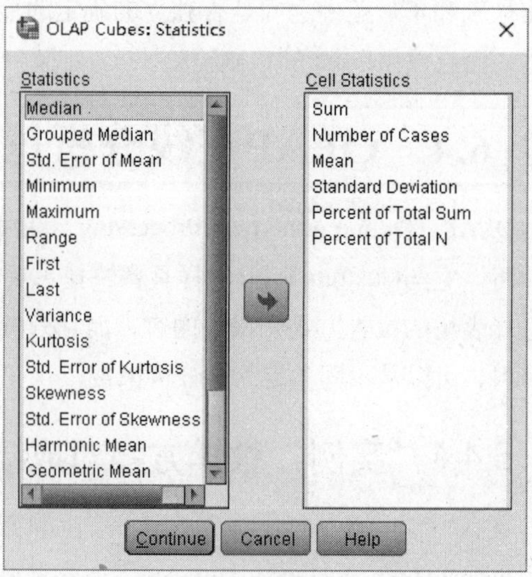

图6.14　OLAP：Statistics对话框

6.4.4 Differences选项

在主对话框中单击“Differences”按钮，弹出如图6.15所示差异统计方式设置窗口。

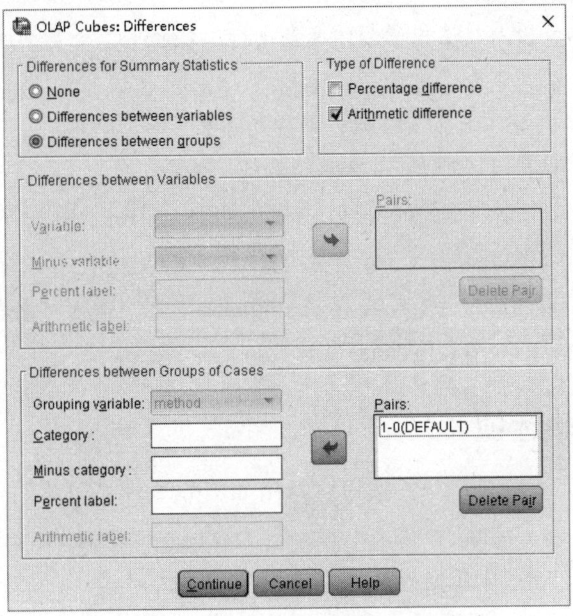

图6.15　OLAP：Differences对话框

在Differences for Summary Statistics区域，可选择计算差异的对象，共3个选项：

- None 不计算差异，默认选项。
- Differences between variables 计算变量间的差异，选中后激活Differences between Variables栏的设置内容。
- Differences between groups 计算分组之间的差异，选中后激活Differences between Groups of Cases栏的设置内容。

Type of Differences栏，可选择计算差异的统计量，共2个选项：

- Percentage difference 百分比差异，选中时用第二个变量的统计量作为分母计算对应比例。选中后激活Differences between Variables栏和Differences between Groups of Cases栏的Percent label栏。
- Arithmetic difference 算术差异，选中时用第一个变量的统计量减去第二个变量的统计量。选中后激活Differences between Variables栏和Differences between Groups of Cases栏的Arithmetic label栏。

Differences between Variables栏，用以设置变量之间差异的选项，需要两个及以上的变量：

- Variable 从下拉列表中选择要进行比较的第一个变量。
- Minus Variable 从下拉列表中选择要进行比较的第二个变量。
- Percent label 输入百分比统计量的标签。
- Arithmetic label 输入算术百分比统计量的标签。

Differences between Groups of Cases栏，设置关于分组之间差异的选项，需要至少一个分组变量：

- Grouping variable 从下拉列表中选择要进行比较的分组变量。
- Category 输入对选中的分组变量进行比较的第一个类别的取值。
- Minus category 输入对选中的分组变量进行比较的第二个类别的取值。
- Percent label 输入百分比统计量的标签。
- Arithmetic label 输入算术百分比统计量的标签。

可通过“Delete Pair”按钮删除不必要的配对。

本例选中“Differences between groups”和“Arithmetic differences”，然后在Differences between Groups of Cases栏中的Grouping下拉表中选择“教学方案”，在Category栏中输入1，在Minus后输入0，在Arithmetic label中输入“教学方案差异”，然后单击方向按钮，将配对添加至右侧Pairs列表。

6.4.5　Titles选项

在主对话框中，单击“Title”按钮，弹出如图6.16的“OLAP：Title对话框”，在Title栏中输入表格标题“成绩 \n OLAP cubes”，在Caption栏中输入表格注脚“成绩描述表”。在Title设置中“\n”表示换行符。

单击Continue 返回主设置页面，单击“确定”按钮，执行操作。

“Paste”得到的syntax命令语句程序：

```
/* OLAP 操作命令语句 .
OLAP CUBES score1 score2 BY method BY area
  /CELLS=SUM COUNT MEAN STDDEV SPCT NPCT
  /TITLE=' 成绩 \n OLAP cubes'
  /FOOTNOTE ‘成绩描述表'
  /CREATE DEFAULT=GAC (method (0 1)).
```

6.4.6　OLAP分析结果

表6.5显示的是个案处理汇总信息，给出了分析中用到的样本量及对应百分比，以及排除在分析外的样本量及对应百分比，从表中可知，本例中所有的2133个样本均参与到了分析中。

表6.5　个案处理汇总表

Case Processing Summary

	Cases					
	Included		Excluded		Total	
	N	Percent	N	Percent	N	Percent
英语成绩 * 教学方案 * 地区类型	2133	100.0%	0	0.0%	2133	100.0%
教学成绩 * 教学方案 * 地区类型	2133	100.0%	0	0.0%	2133	100.0%

表6.6是最终输出的OLAP统计表格，每列的值对应着前文中选择的统计量，每行的值

对应着选中的汇总变量。表中可知，英语成绩和数学成绩各自对应的6个统计值。

表6.6　不同年龄段的被访者对婚姻幸福感认同程度统计表

成绩 OLAP cubes

教学方案: Total

地区类型: Total

	Sum	N	Mean	Std. Deviation	% of Total Sum	% of Total N
英语成绩	117221	2133	54.96	13.563	100.0%	100.0%
数学成绩	143129	2133	67.10	13.987	100.0%	100.0%

成绩描述表

SPSS中输出的表6.6是一个交互式表格，可以通过单击表格，在“教学方案”和“地区类型”对应的下拉框中选择不同的值来查看不同条件下的“英语成绩”和“数学成绩”对应6个统计量的值。如表6.7呈现的是当教学方案为前文设置的比较选项“1–0”、“地区类型”为“2”时，对应的成绩分布。

表6.6　不同年龄段的被访者对婚姻幸福感认同程度统计表

成绩 OLAP cubes

教学方案: 1 - 0

地区类型: 2

	Sum	N	Mean	Std. Deviation	% of Total Sum	% of Total N
英语成绩	–19059	–331	2.77	.570	–16.3%	–15.5%
数学成绩	–19794	–331	8.58	.328	–13.8%	–15.5%

成绩描述表

6.5　小结

本章讲述了SPSS自定义统计表格的基本方法。主要包括自定义表格过程以及对表格的统计性检验；这一章中还介绍了SPSS表格的主要结构：堆栈和嵌套，这也是创建复杂结构的SPSS表格的主要方法之一。除此以外，还介绍了通过OLAP在线分析过程设计交互式表格。

SPSS Tables在表格创建过程中是可以进行实时预览的，其创建的表格通常是三维的，包括行、列和层，可以自主设计交叉、嵌套、层叠关系。还能在同一张表格中呈现不同变量的各个类别，或是呈现同一变量的不同统计值。可以自主添加小计、自主设定排序，隐藏不必要选项，还可以结合TableLooks美化表格输出，表格可以多种形式输出。

对于统计分析人员，应熟练掌握创建SPSS表格的几种主要方法，其中本章的自定义创建方法是一种简便可行的重要方法。第7章将介绍的多重反应分析也需要结合SPSS的自定义表格展开。

第7章

统计图形的创建和编辑

本章包括

- 创建 SPSS 图形的三种方式
- 条形图
- 线性图
- 面积图
- 饼状图
- 散点图
- 直方图

图形是对数据的直观的显示与概括，在表达上具有直观、生动、形象等特点。包括统计软件在内的很多数据处理软件越来越重视软件的图形输出功能。和其他统计软件相比，SPSS 的图形功能尤其强大。SPSS 可以生成二十多种图形，并可以对输出图形进行多种形式的编辑和修改。另一方面，SPSS 具有友好的交互式功能和图形处理界面，用户可以在很短的时间绘制出高质量的统计图形。

SPSS 24

7.1　创建SPSS图形的三种方式

SPSS输出图形的方式有多种，既可以由各种统计分析过程产生，也可以直接从Graphs图形菜单包含的一系列图形选项直接产生。

SPSS 图形的制作可分为三个过程：

（1）建立或打开已有的数据文件。

（2）利用SPSS的Graphs模块或其他过程生成图形。

（3）编辑和修改生成的图形，形成高质量的图形。

本章介绍Graphs菜单中的各种直接根据数据绘制图形的过程。Graphs图形菜单包括图表构建器（Chart Builder）、图形模版选择器（Graphboard Template Chooser）和传统图形创建对话框（Legacy Chart）。下面介绍各菜单的基本功能和主要选项。

7.1.1　图表构建器（Chart Builder）

SPSS的图表构建器（Chart Builder）是由早期版本中Graphs菜单中Gallery过程发展形成的绘制图表界面。Chart Builder是一种简易的绘制图形工具，在Chart Builder对话框中可以直接将图形元素用拖拉的方式放入图表对话框中的画布区域，例如可预先设置横轴的变量以及条形图的样式等。如图7.1所示，窗口左上方是变量栏，右边是类似画板的预览区域，上面提示可以通过拖拽一个基础图形作为图形构建的第一步，或是通过选取基础元素，将元素逐个地组间起一个图形，窗口下方默认呈现的是图形库。

通过单击窗口中间的“Basic Elements”可以打开如图7.2所示的元素库，里边可以选择坐标轴、散点、折线、扇形和柱形等图形的基础组成元素。

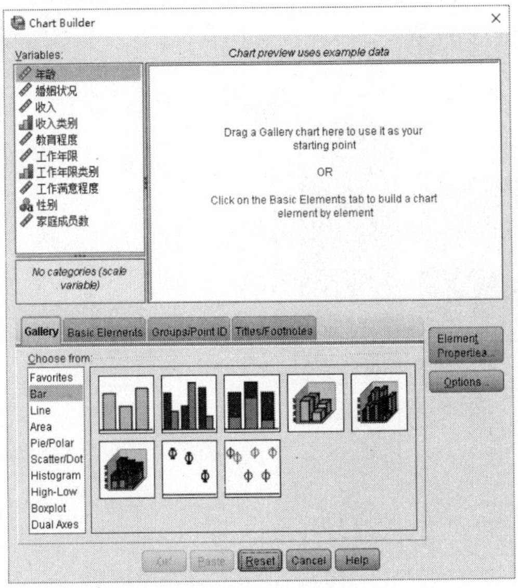

图7.1　图表构建器（Chart Builder）–Gallery

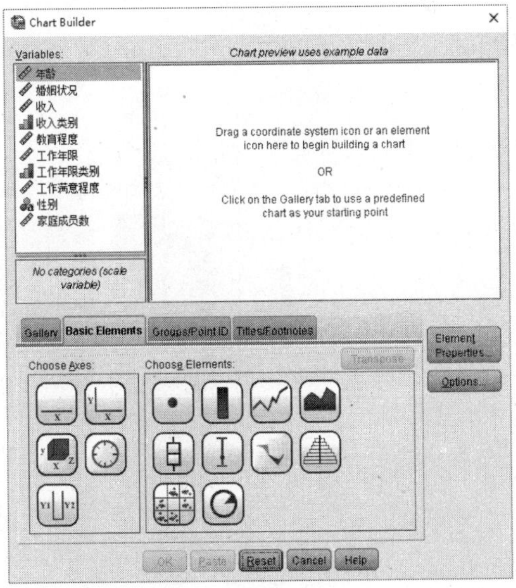

图7.2　图表构建器（Chart Builder）– Basic Elements

现在尝试制作一个柱形图。首先要拖拽一个柱形图到空白预览区，然后移动目标变量

“收入类别”、“年龄”分别到横轴和纵轴，即可得到如图7.3所示的基础条形图。

如果希望生成分类条形图，不需要重新选择基础图形，可以通过单击“Groups/Point ID”打开如图7.4所示的选项栏，选中“Clustering variable on X”，然后拖拽分类变量“性别”到右上角目标区域内。

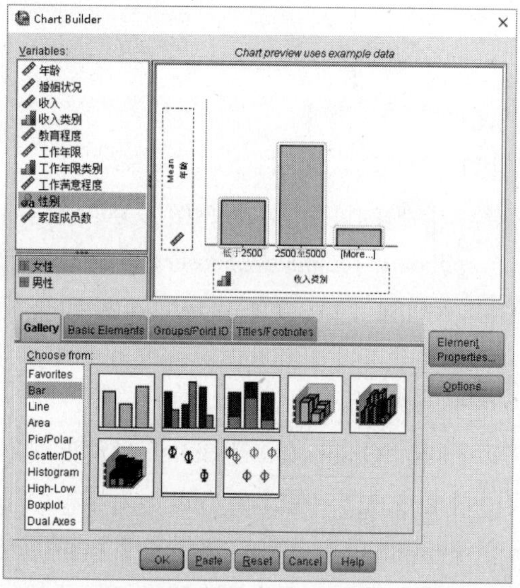

图7.3　图表构建器（Chart Builder）－条形图制作

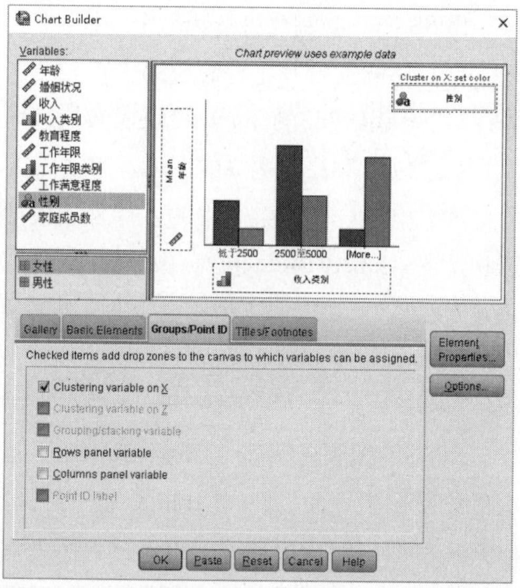

图7.4　图表构建器（Chart Builder）－添加分类变量

然后根据图形制作的需求在“Titles Footnotes”栏中添加主标题“两性的收入与年龄差异”，同时添加脚注“2017年5月数据”。此外还可以通过单击“Element Properties”查看和更改各个元素的具体属性，通过单击“Options”设置缺失值处理方案，加载图形模版等。在完成各类设置之后，单击“Ok”即可获得如图7.5所示的条形图。

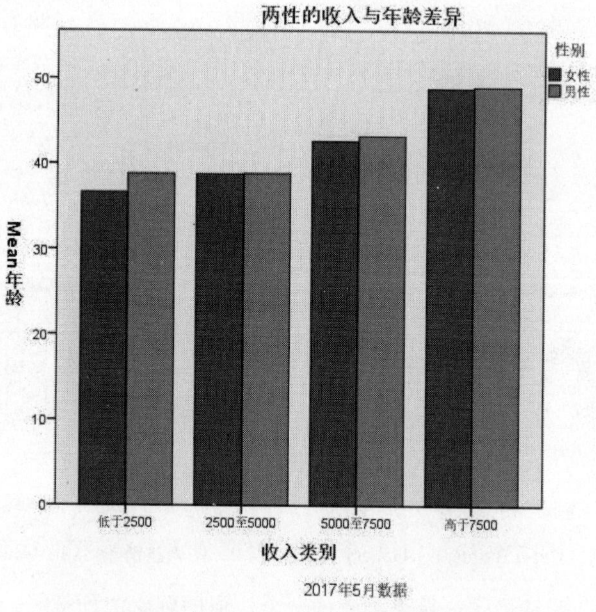

图7.5　图表构建器（Chart Builder）创建的条形图

图表建构器（Chart Buider）的特点是可以产生所见即所得的样式，以及可以通过设定快捷方式来基于已创建的图形创建新的图形。利用Chart Buider方式创建图形是初级用户的一个较好的选择，可以提高创建图形的效率，减少一些不可预见的错误。

7.1.2　图形模版选择器（Graphboard Template Chooser）

图形模版选择器（Graphboard Template Chooser）可以直接让SPSS软件推荐能够正确解释目标变量的图形，以减少错误的概率，提高效能。SPSS内置了大量的统计图形模板，也可以通过SPSS的可视化图形制作软件Visualization Design自主设计新的模板。如图7.6所示，通过选择一个或多个变量，窗口右侧会推荐所有适合的图形类别，选择图形类别然后单击确认就能直接生成对应图表。

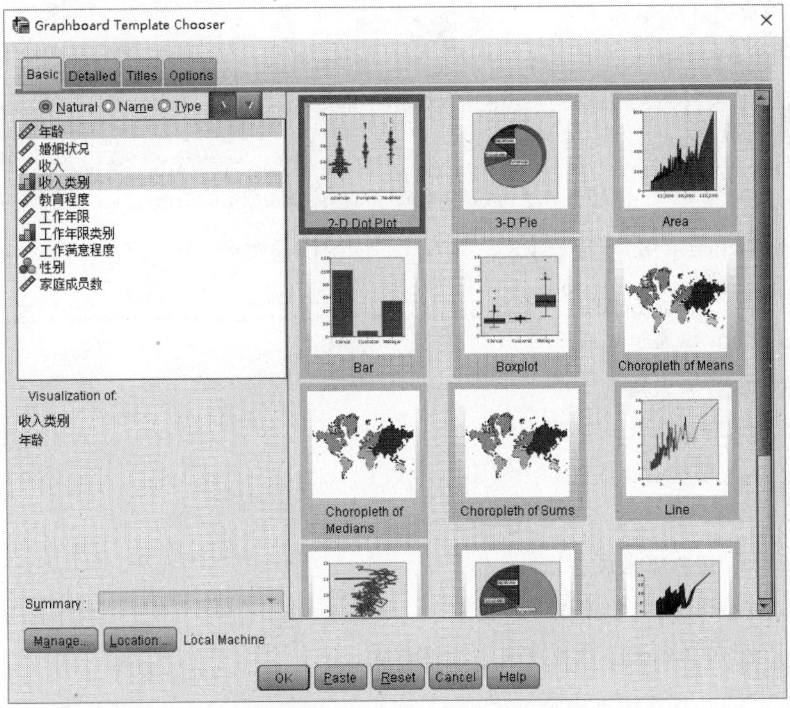

图7.6　图形模版选择器（Graphboard Template Chooser）

7.1.3　传统图形创建对话框（Legacy Chart）

利用传统模式创建图形（Legacy Chart）是直接生成SPSS图形的主要方式。传统图形的生成模式是以对话框设置的方式创建的，这一点和前面的统计分析功能的对话框操作类似。操作时需要在各级对话框中选择图形的变量，设置变量产生的图形类型和参数，以及其他的选项，例如对缺失值的处理等。

传统图形模式可以生成更多类型的图形，同时还可以利用SPSS的语句命令进行创建。图7.7显示的是传统图形的菜单选择。在图形输出窗口，通过选择菜单"Graphs"→"Legacy Chart"命令，进一步在菜单中选择创建图形的类型。

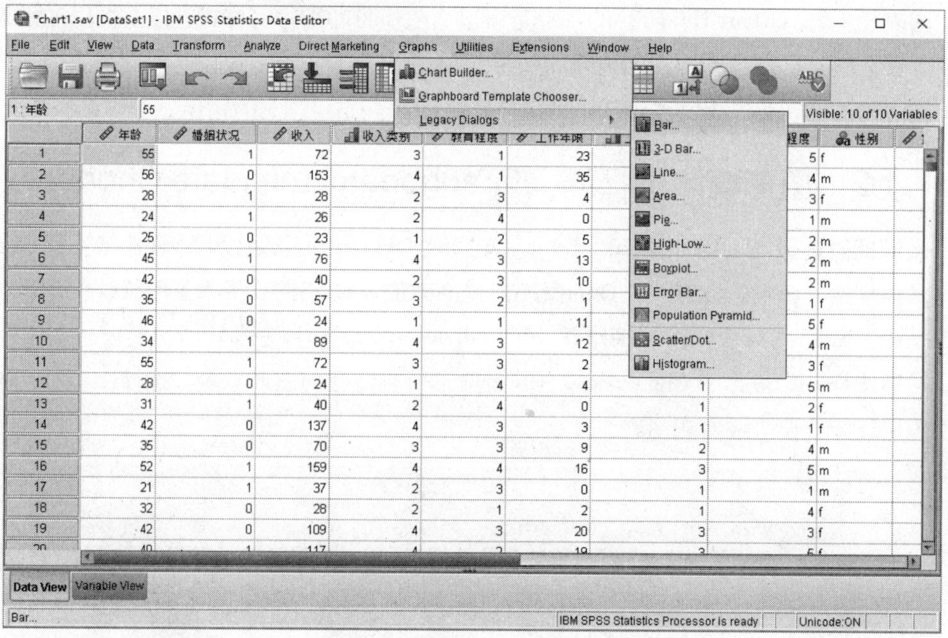

图7.7 传统模式（Legacy Chart）创建图形的菜单

Legacy Chart菜单中，可以创建如下类型的传统模式图形：

- Bar 该选项生成条形图。
- 3–D Bart 该选项生成三维条形图。
- Line 该选项生成线性图。
- Area 该选项生成面积图。
- Pie 该选项生成饼状图。
- High–Low 该选项生成高–低图。
- Boxplot 该选项生成箱图。
- Error Bar 该选项生成误差条图。
- Population Pyramid 该选项生成金字塔图。
- Scatterplot 该选项生成散点图。
- Histogram 该选项生成直方图。

7.2 条形图（Bar）

7.2.1 基本操作

条形图（Bar Chart）是用条带的长短或高低来表现数据大小的图形。用于性质相似的数据进行比较。可分为3种类型，包括简单条形图、复合条形图和堆栈条形图。

基本操作如下：

(1) 打开主对话框

选择菜单”Graphs”→“Legacy Dialogs”→“Bar”命令，打开“Bar Charts”（条形

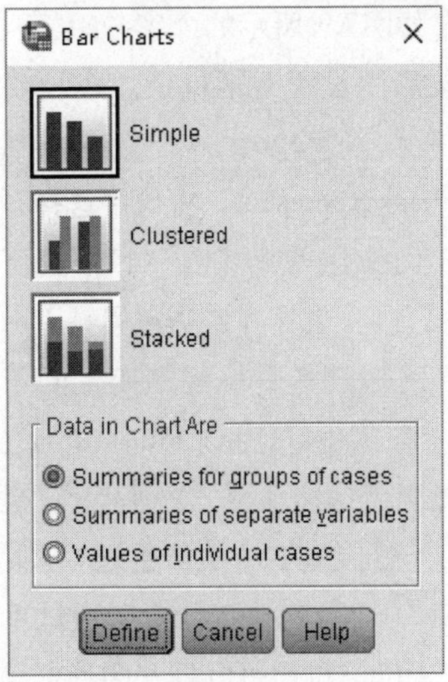

图7.8 “Bar Charts”（条形图）对话框

图）对话框，如图7.8所示。

该对话框提供了条形图的选项。其中包括条形图类型的选择和统计量描述方式的选择。

(2) 选择条形图图式

“Bar Charts”对话框中提供了3种条形图图式：简单条形图、复合条形图和堆栈条形图。在“Bar Charts”对话框的左侧给出例图图式。单击该例图区域，可以选择这对应的图式：

- Simple　简单条形图。该项为默认选项。选择该例图，即选择简单条形图。这种图形用等宽的且有间隔的宽带条表示各类统计数据的大小。
- Clustered　复合条形图。选择该例图，即选择复合条形图图式。它适用于对两个变量交叉分类的描述。图中的条形是以组的形式分类的，每个组的位置是其中一个变量的取值，在该位置上紧密排列的若干个条是以不同颜色标志的另一个变量的取值，条的长度是要描述的统计量的值。组与组之间隔开相等的距离。
- Stacked　堆栈条形图。选择该例图，即选择堆栈条形图。它适用于对两个变量交叉分类的描述。每个条的位置是其中一个变量的一个取值。条的长度是要描述的统计量的值，但是按另一个变量各类别所占的比例，用不同的颜色堆叠而成，条与条之间隔开相等的距离。

(3) 选择统计量描述方式

在“Bar Charts”对话框的“Data in Chart Are”区域中选择条形图的统计量描述方式，系统提供3种模式：

- Summaries for groups of cases　个案分组模式，为默认选项。选择该选项，表示将根据分组变量对所有的个案进行分组，然后根据分组后的个案数据创建条形图。
- Summaries of separate variables　变量分组模式。选择该项，表示以变量为单位创建条形图。
- Values of individual cases　个案模式。选择该项，表示为分组变量中的每个个案生成一个条形图。

设置完毕后，单击“Define”按钮，进入具体条形图的对话框中继续选择和设置。

7.2.2　个案分组模式

首先介绍在个案分组模式（Summaries for groups of cases）下的3类条形图对话框操作及对应图形结果（操作数据：chart1）。个案分组模式是指按照特定的变量的不同取值将所有个案分成不同的组，然后对不同组的个案统计特定变量的特定统计值，方便更为直观地进行对比。

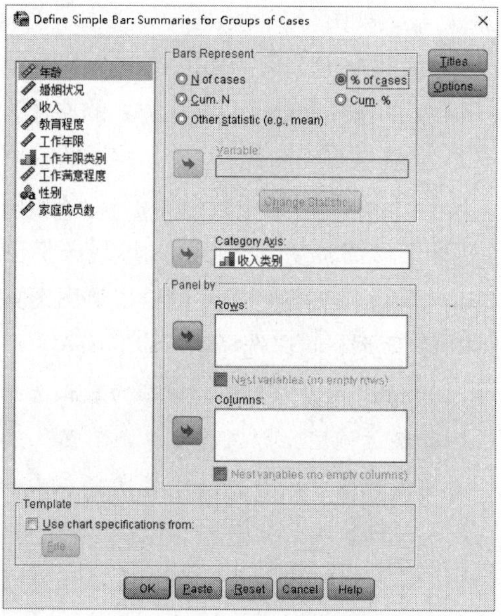

图7.9　个案分组模式下的简单条形图设置对话框

在如图7.9 所示的个案分组模式下的简单条形图设置对话框中，需要将分组变量移至“Category Axis”中，然后可以在“Bar Represent”窗口中选择是希望统计不同分组的样本量（N）或百分比（%），以及累计样本量或累计百分比，此外还可以选择目标观测变量的不同统计值， 在选中“Other Statistic”之后将目标观测变量移动至“Variable”框中，默认是统计均值，可以通过“Change Statistic”选取其他统计值。通过单击右侧的“Title”按钮可以打开图形标题编辑窗，从而自行编辑图形标题。还可以在“Options”中设定缺失值的处理方案。“Panel By”是选择分层变量的区域，如果不是太复杂的图形通常不用关注。

如图7.10是个案分组模式下的简单条形图，图中呈现了不同收入水平群体的平均年龄，可以看到随着收入水平升高，群体的平均年龄也逐步升高了。

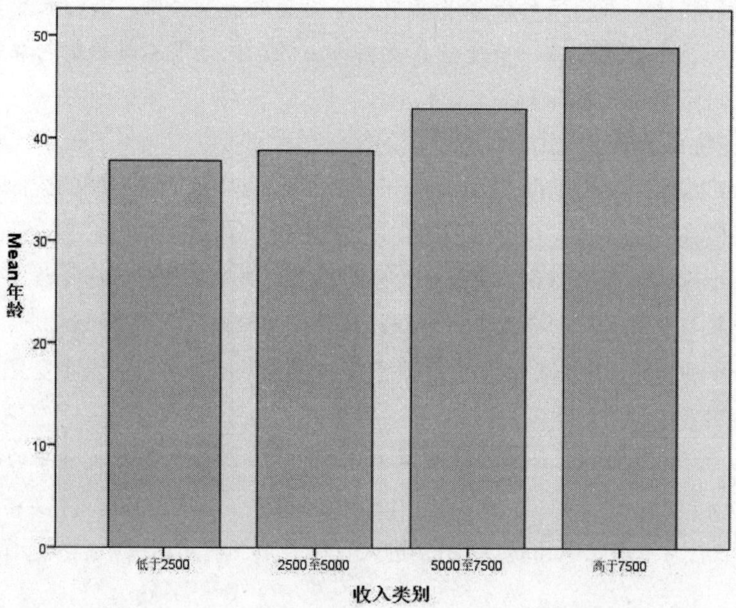

图7.10　个案分组模式下的简单条形图

在图7.11个案分组模式下的复合条形图设置对话框中，和图7.9相比多了一栏“Define Clusters by”选项框，意味着需要添加一个分类变量来划分不同类别的条形图。

图7.12是个案分组模式下的复合条形图，呈现了不同性别和不同收入水平下的群体平

均年龄，从图中可以看出在“低于2500”的收入阶段，男性和女性的平均年龄有一定的差异，而在更高收入的阶段，两性群体的平均年龄差异并不明显。

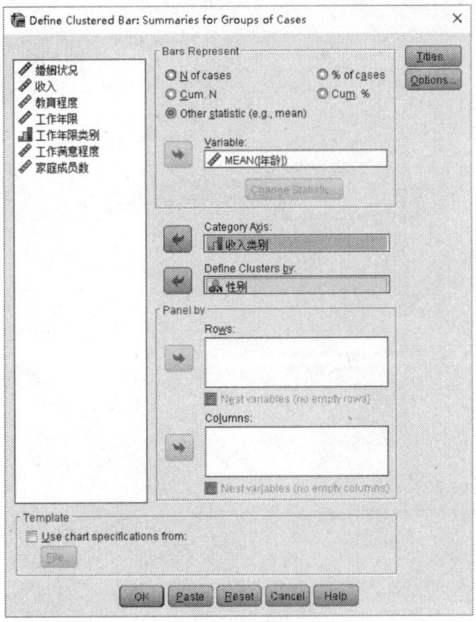

图7.11　个案分组模式下的复合条形图设置对话框

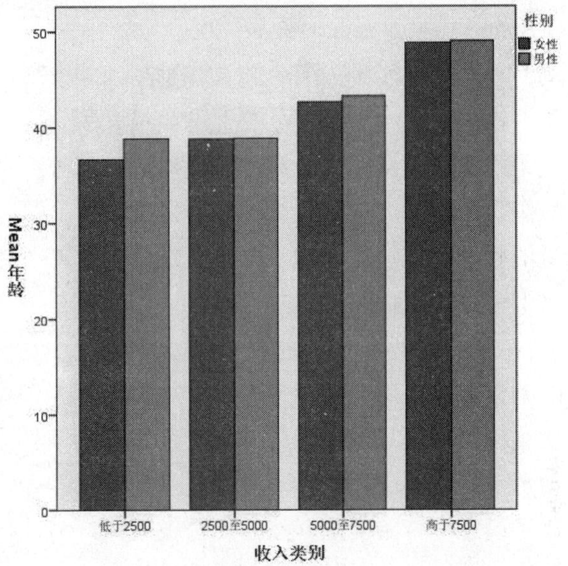

图7.12　个案分组模式下的复合条形图

图7.13是个案分组模式下的堆栈条形图设置对话框，可以看出与图7.11的个案分组模式下的复合条形图设置对话框基本一致。

图7.14是个案分组模式下的堆栈条形图，和图7.12的区别在于年龄均值是叠加呈现的，适合进行累计比较，也适用于整体相等时的内部比较。

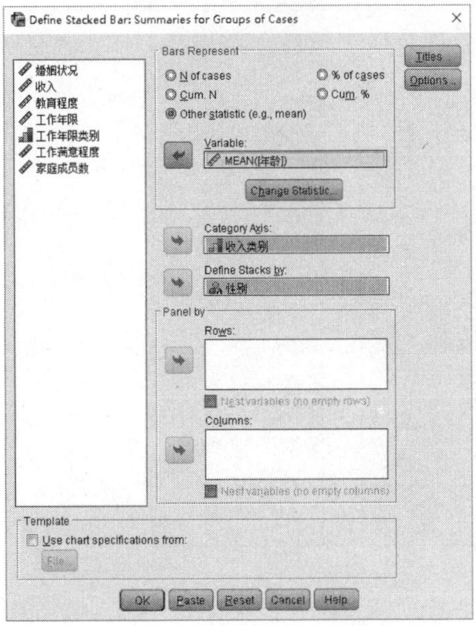

图7.13　个案分组模式下的堆栈条形图设置对话框

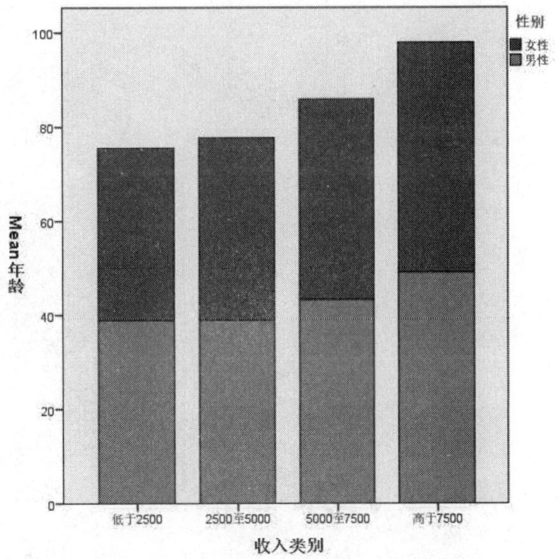

图7.14　个案分组模式下的堆栈条形图

7.2.3 变量分组模式

接着介绍在变量分组模式（Summaries of Separate Variables）下的3类条形图对话框操作及对应图形结果（操作数据：chart2）。变量分组模式是指目标观测的变量有多个，对同一组或分组后的个案统计多个特定变量的特定统计值，基础目的是比较同一组个案不同观测值的变化。

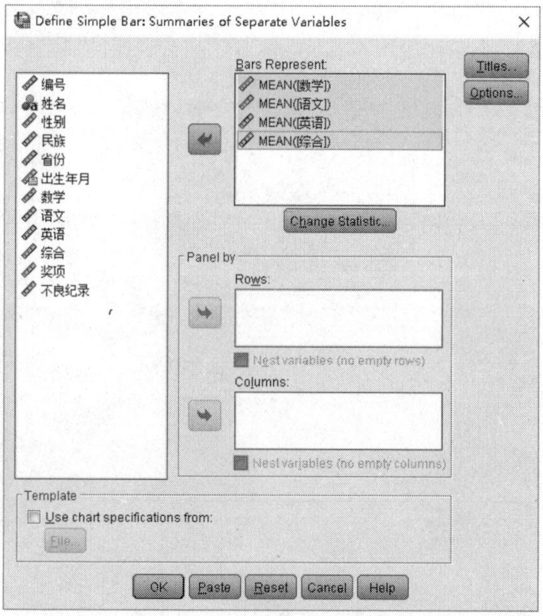

图7.15　变量分组模式下的简单条形图设置对话框

如图7.15所示，在变量分组模式下的条形图中，每个条形代表的是一个变量的一个统计量。在将目标变量移动至右侧“Bars Represent”栏之后，还可以选中特定变量，然后点击被激活的“Change Statistic”按钮，更改目标变量的统计量。其他操作选项与个案分组模式下的一致，不做赘述。

如图7.16是变量分组模式下的简单条形图，图中呈现了四个科目的平均得分。 可以看出该样本数学的均分是100，高于语文和英语，而均分最高的是综合科目。

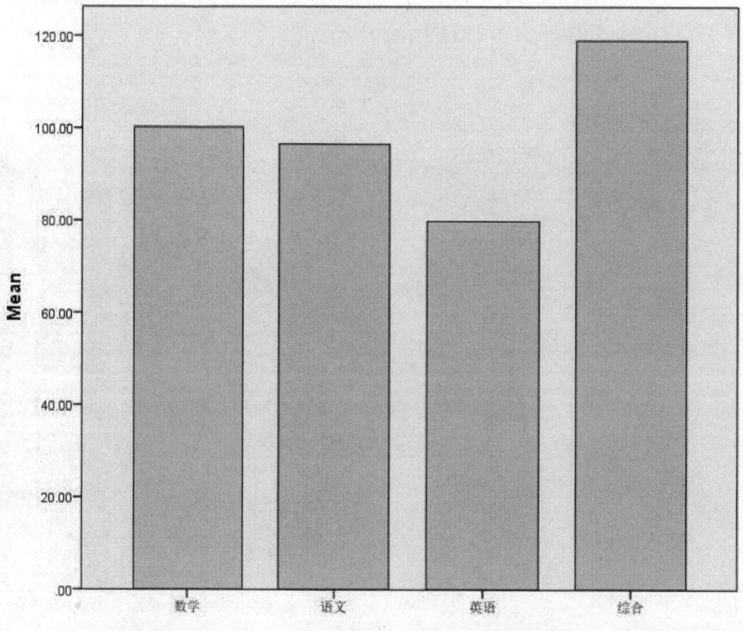

图7.16　变量分组模式下的简单条形图

在图7.17变量分组模式下的复合条形图设置对话框中，和图7.15相比多了一栏

“Category Axis”，意味着需要添加一个分类变量，来划分不同组别的条形图。

图7.18是变量分组模式下的复合条形图，呈现了男生和女生各自的4个科目的平均成绩，从图中可以看出男生在综合科目上的平均成绩稍高于女生，同时男生的语文数学成绩的差异高于女生。

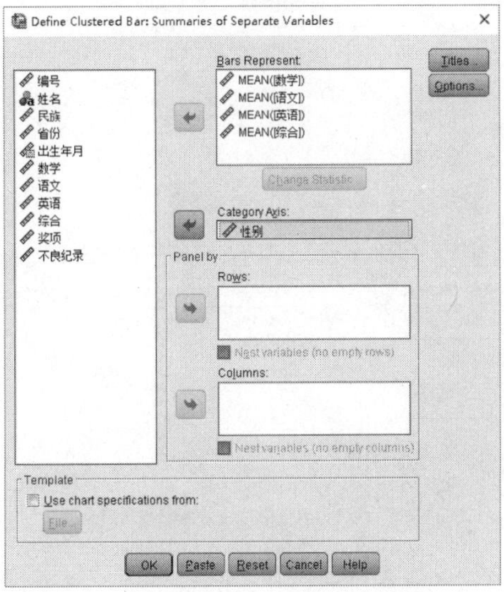

图7.17　变量分组模式下的复合条形图设置对话框

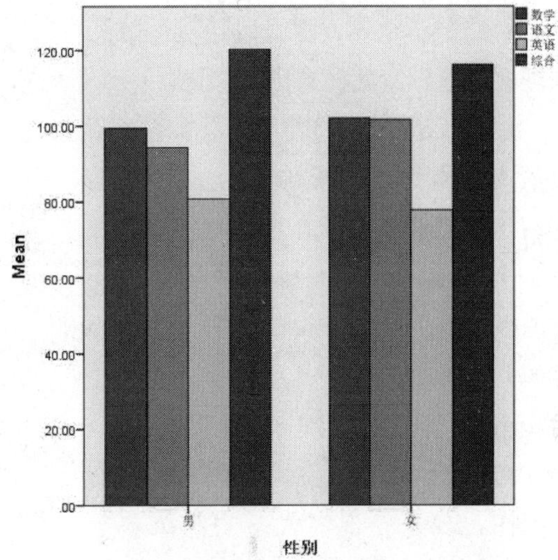

图7.18　变量分组模式下的复合条形图

图7.19是变量分组模式下的堆栈条形图设置对话框，整体上和图7.17变量分组模式下的复合条形图设置对话框一致。

图7.20是变量分组模式下的堆栈条形图，与7.18的复合条形图呈现的信息一致，只是呈现方式上采取了堆叠的方式。

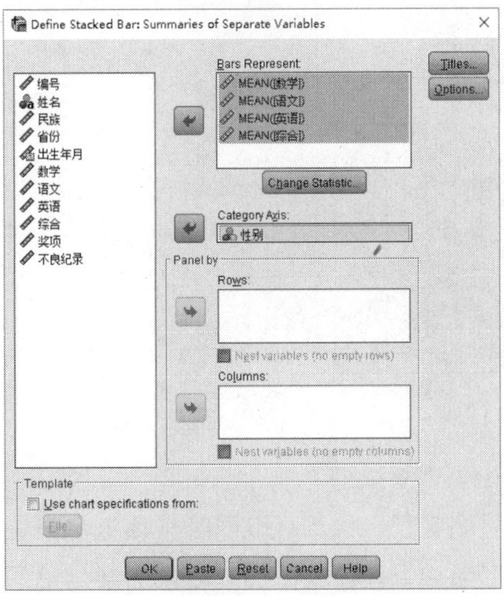

图7.19　变量分组模式下的堆栈条形图设置对话框

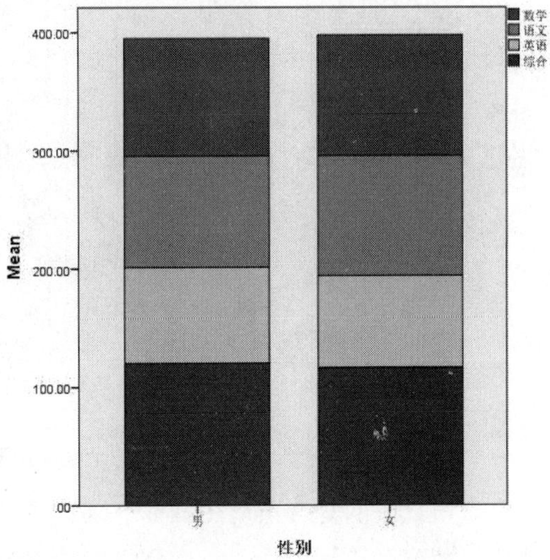

图7.20　变量分组模式下的堆栈条形图

7.2.4　个案模式

在个案模式（Values of individual cases）下绘制的3类条形图中，每个个案会生成一个条形，显然在个案数量较多的时候并不适用，但可以通过一定的处理之后选择个案模式进行描述。

图7.21是个案模式下的简单条形图设置对话框，与个案分组模式不同的是，这里默认呈现所有个案对应观测变量的具体值，所以只需要选择观测变量。默认是用“Case number”即个案的编码来作为横轴的值，可以手动选择并将变量移动至“Variable”栏中作为个案在横轴上的区分标签。

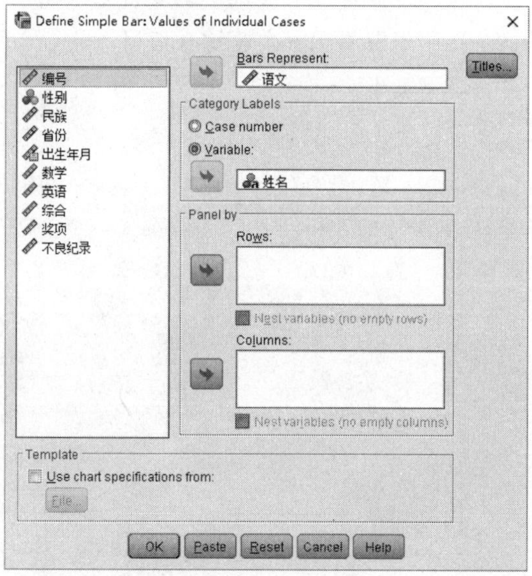

图7.21　个案模式下的简单条形图设置对话框

图7.22是个案模式下的简单条形图，从图中可以看出每个学生对应的语文成绩，可以更为直观地感受样本的真实分布情况。

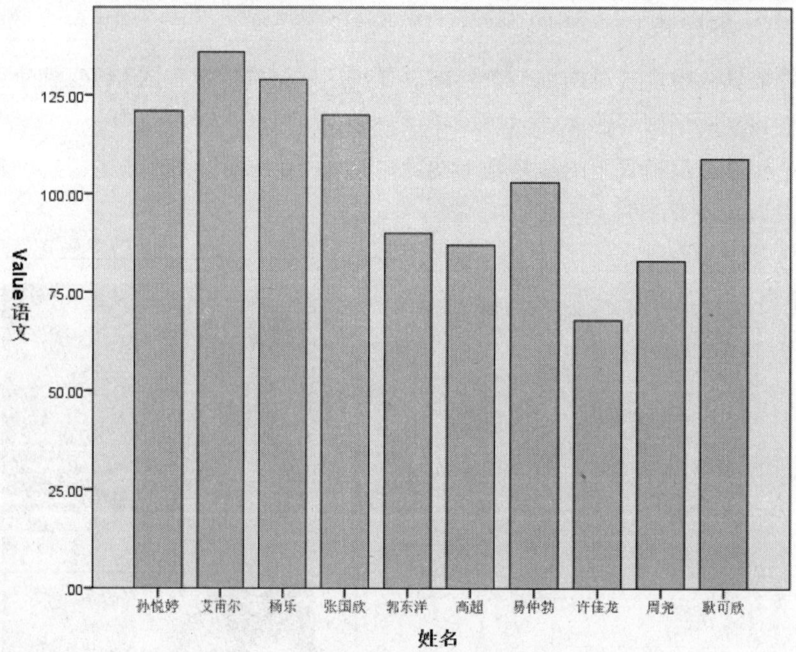

图7.22　个案模式下的简单条形图

个案模式下的复合条形图就是可以选择多个观测变量，例如可以同时呈现每个学生的语文、数学和英语成绩。个案模式下的堆栈条形图和个案模式下的复合条形图呈现的内容一致，只是呈现形式换成了堆叠的方式，可以观测累计值。操作参考上文，不作详细介绍。

7.3　线性图（Line）

7.3.1　基本操作

线图（Line Chart）是利用点的高低来表明数据升降情况的一种统计图。通过将不同阶段的数据点连接，可以更清晰地表明数据的变化趋势。线图主要用于时间序列分析、数据分配情况比较和两变量依存关系的分析等。可分为3种类型，包括单线图、多线图和垂线图。

基本操作如下：

(1) 打开主对话框

单击菜单”Graphs”→“Legacy Dialogs”→“Line”命令，打开“Line Charts”（线性图）对话框，如图7.23所示。

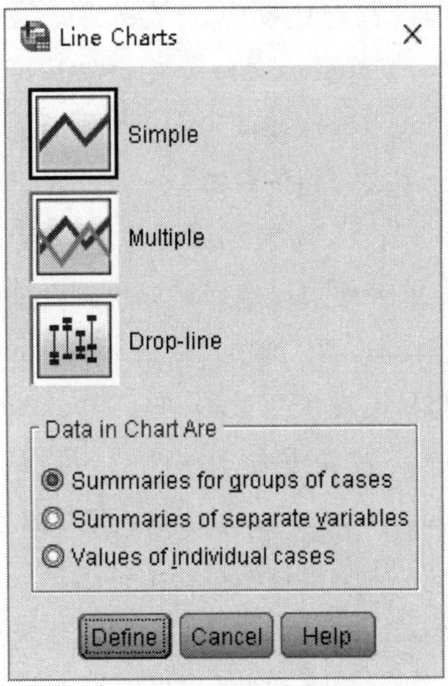

图7.23　“Line Charts”（线性图）对话框

该对话框提供了线性图的选项。其中包括线性图类型的选择和统计量描述方式的选择。

(2) 选择线性图图式

“Line Charts”对话框中提供了3种线性图图式：单线图、多线图和垂线图。在“Line Charts”对话框的左侧给出例图图式。单击该例图区域，可以选择这对应的图式：

- Simple　单线图。该项为默认选项。选择该例图，即选择单线图图式。单线图表示一个图形中只有一条水平走向的折线。
- Multiple　多线图。选择该例图，即选择多线图图式。多线图表示一个图形中有多条水平走向的折线。
- Drop-line　垂线图。选择该例图，即选择垂线图图式。垂线图表示一个图形中有多组水平走向的数据，但在水平方向上不予以连接，而只是在垂直方向上将同一时间点的数据予以连接。

(3) 选择统计量描述方式

在“Line Charts”对话框的“Data in Chart Are”窗口中选择线性图的统计量描述方式，系统提供3种模式：

- Summaries for groups of cases　个案分组模式，为默认选项。选择该选项，表示将根据分组变量对所有的个案进行分组，然后根据分组后的个案数据创建线形图。图中一条线代表一个分组对应的观测值总体。
- Summaries of separate variables　变量分组模式。选择该项，表示以变量为单位创建线性图。图中每一条线代表一个变量的统计值总体。
- Values of individual cases　个案模式。选择该项，表示为分组变量中的每个个案生成一个线性图。图中的一条线代表一个个案对应的观测变量的值的总体。

设置完毕后，单击“Define”按钮，进入具体线性图的对话框中继续选择和设置。

7.3.2 个案分组模式

个案分组模式是指按照特定的变量的不同取值将所有个案分成不同的组，然后对不同组的个案统计特定变量的特定统计值，方便更为直观地对比。

如图7.24 的个案分组模式下的单线图设置对话框中，需要将分组变量移至“Category Axis”中，然后可以在“Line Represent”窗口中选择是希望统计不同分组的样本量（N）或百分比（%），以及累计样本量或累计百分比，此外还可以选择目标观测变量的不同统计值，在选中“Other Statistic”之后将目标观测变量移动至“Variable”框中，默认是统计均值，可以通过“Change Statistic”选取其他统计值。通过单击右侧的“Title”按钮可以打开图形标题编辑窗，从而自行编辑图形标题。还可以在“Options”中设定缺失值的处理方案。“Panel By”是选择分层变量的区域，如果不是太复杂的图形通常不用关注。

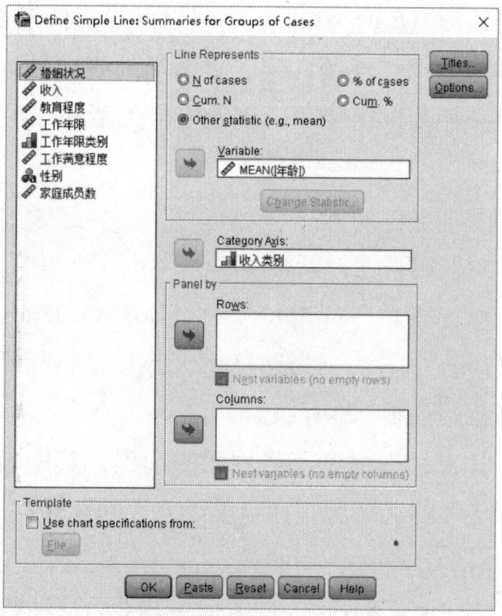

图7.24 个案分组模式下的单线图设置对话框

如图7.25是个案分组模式下的单线图，图中呈现了不同收入水平群体的平均年龄，可以看到随着收入水平升高，群体的平均年龄也逐步升高了。

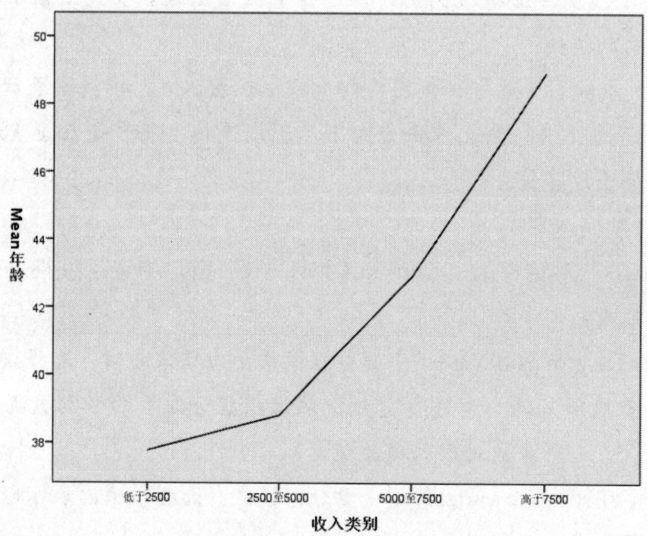

图7.25 个案分组模式下的单线图

在图7.26个案分组模式下的多线图设置对话框中，和图7.24相比多了一栏“Define Clusters by”选项框，意味着需要添加一个分类变量来划分不同类别的线性图。

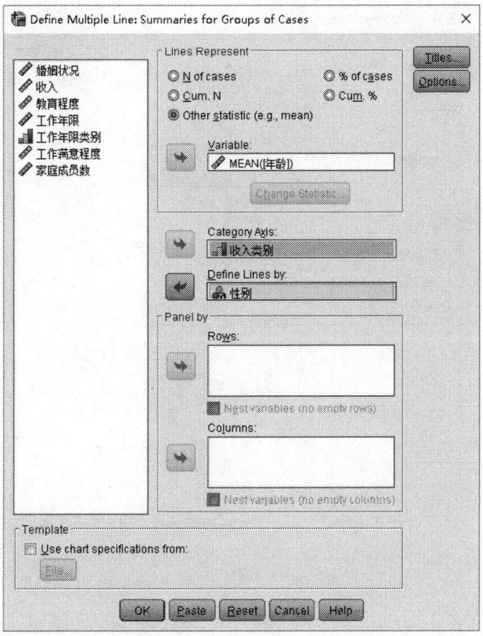

图7.26　个案分组模式下的多线图设置对话框

图7.27是个案分组模式下的多线图，呈现了不同性别和不同收入水平下的群体平均年龄，从图中可以看出在“低于2500”的收入阶段，男性和女性的平均年龄有一定的差异，而在更高收入的阶段，两性群体的平均年龄差异并不明显。

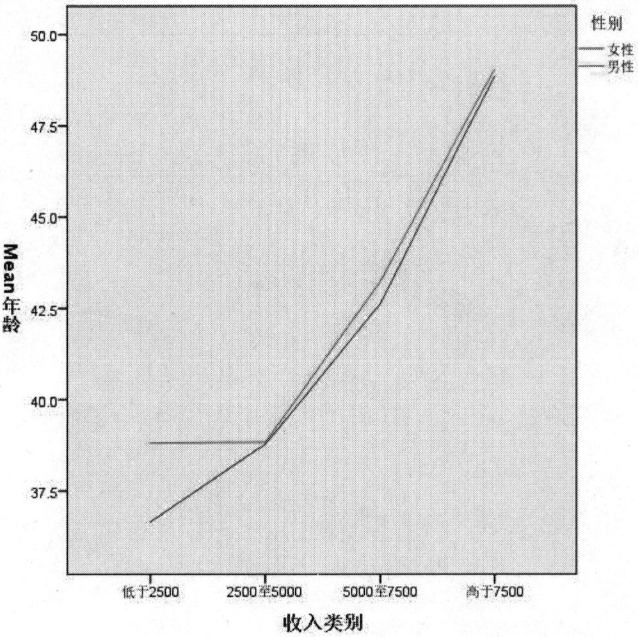

图7.27　个案分组模式下的多线图

图7.28是个案分组模式下的垂线图设置对话框，可以看出与图7.26的个案分组模式下的多线图设置对话框基本一致。

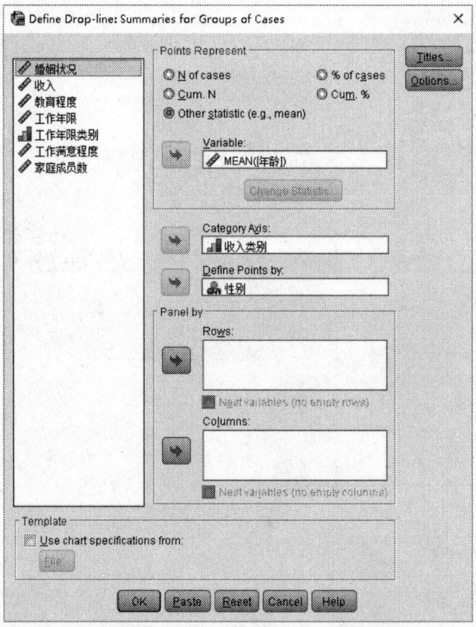

图7.28　个案分组模式下的垂线图设置对话框

图7.29是个案分组模式下的垂线图，和图7.27的区别在于年龄均值是叠加呈现的，适合进行累计比较，也适用于整体相等时的内部比较。垂线图中横轴代表不同的收入类别，每条垂线的两端自上而下分布代表“男性”和“女性”的平均年龄。不同垂线段的长度分布代表不同收入水平的男性和女性平均年龄之间的差距。

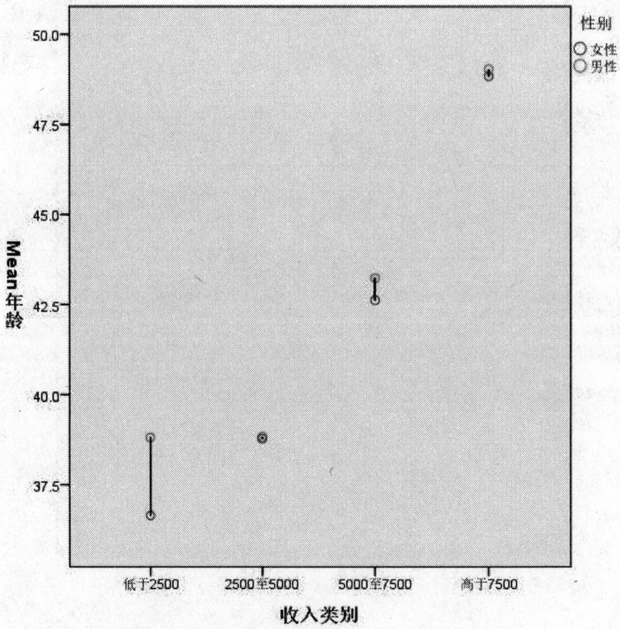

图7.29　个案分组模式下的垂线图

7.3.3　变量分组模式

变量分组模式是指目标观测的变量有多个，对同一组或分组后的个案统计多个特定变量的特定统计值，基础目的是比较同一组个案不同观测值的变化。

如图7.30所示，在变量分组模式下的单线图中，每个条形代表的是一个变量的一个统计量。在将目标变量移动至右侧“Line Represent”栏之后，还可以选中特定变量，然后单击被激活的“Change Statistic”按钮，更改目标变量的统计量。其他操作选项与个案分组模式下的一致，不做赘述。

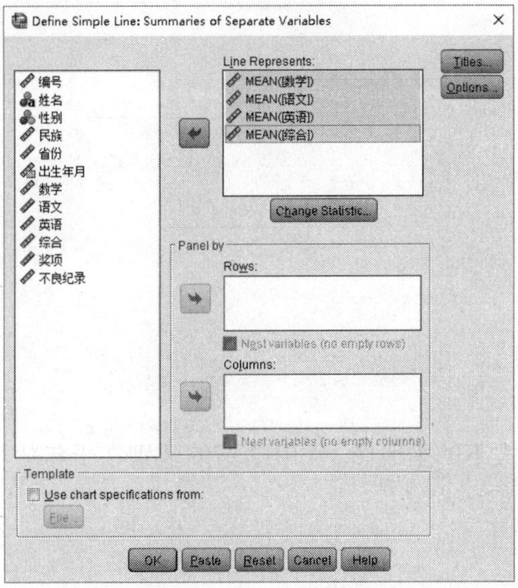

图7.30　变量分组模式下的单线图设置对话框

如图7.31是变量分组模式下的单线图，图中呈现了四个科目的平均得分。 可以看出该样本数学的均分是100，高于语文和英语，而均分最高的是综合科目。

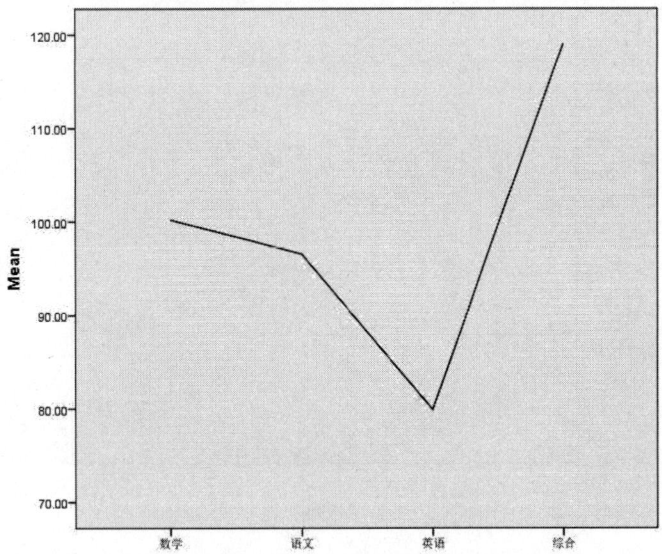

图7.31　变量分组模式下的单线图

在图7.32变量分组模式下的多线图设置对话框中，和图7.30相比多了一栏“Category Axis”，意味着需要添加一个分类变量，来划分不同组别的条形图。

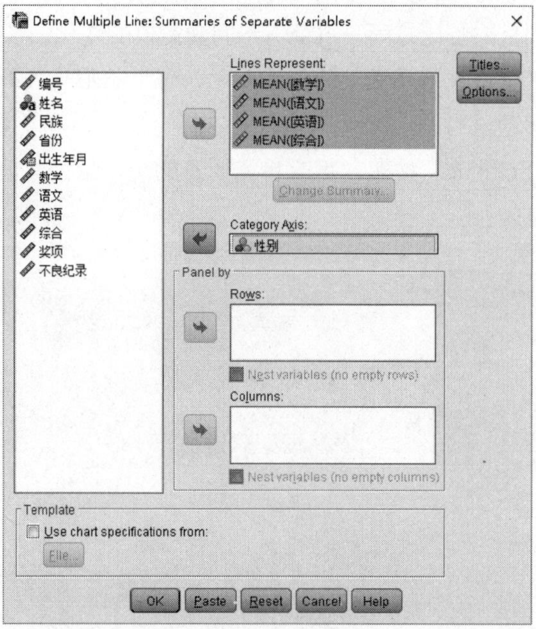

图7.32 变量分组模式下的多线图设置对话框

图7.33是变量分组模式下的多线图，呈现了男生和女生各自的4个科目的平均成绩，从图中可以看出男生在综合科目上的平均成绩稍高于女生，同时男生的语文数学成绩的差异高于女生。

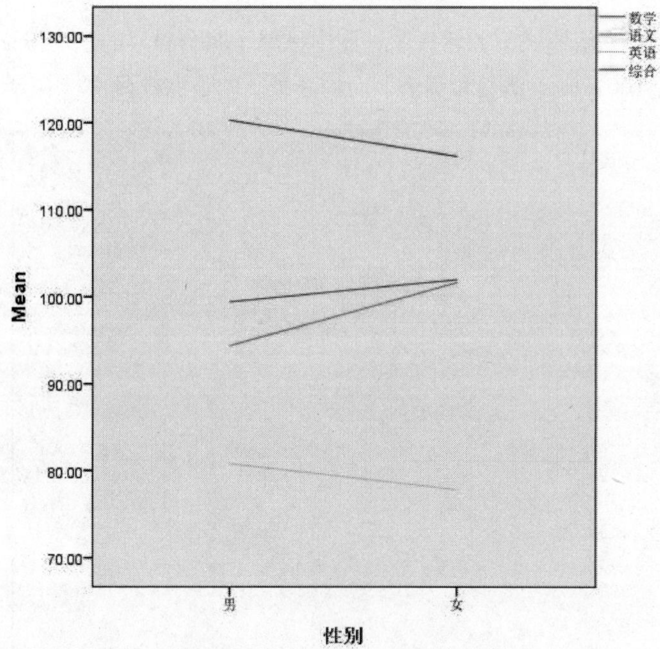

图7.33 变量分组模式下的多线图

图7.34是变量分组模式下的垂线图设置对话框，整体上和图7.32变量分组模式下的多线图设置对话框一致。

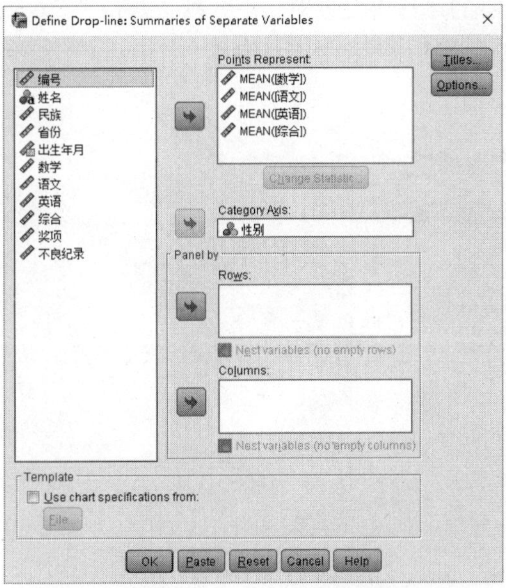

图7.34　变量分组模式下的垂线图设置对话框

图7.35是变量分组模式下的垂线图，与7.33的多线图呈现的信息一致，只是呈现方式上采取了堆叠的方式。

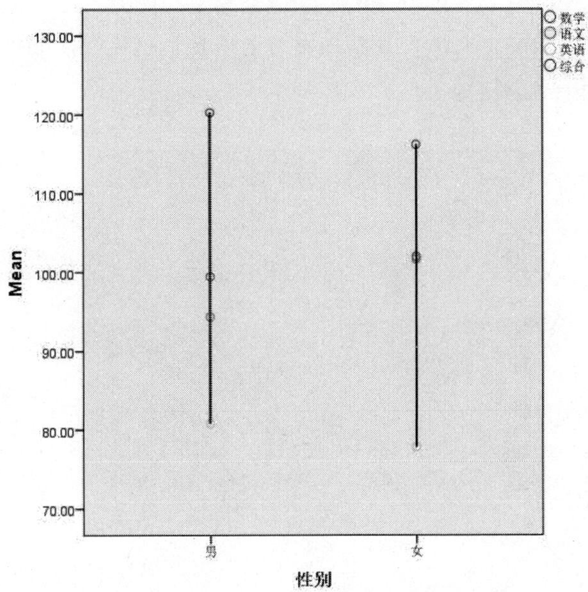

图7.35　变量分组模式下的垂线图

7.3.4　个案模式

在个案模式（Values of individual cases）下绘制的3类线性图中，每个个案会生成一条线，显然在个案数量较多的时候并不适用，但可以通过一定的处理之后选择个案模式进行描述。

图7.36是个案模式下的单线图设置对话框，默认是用“Case number”即个案的编码来作为横轴的值，可以手动选择并将变量移动至“Variable”栏中作为个案在横轴上的区分标签。

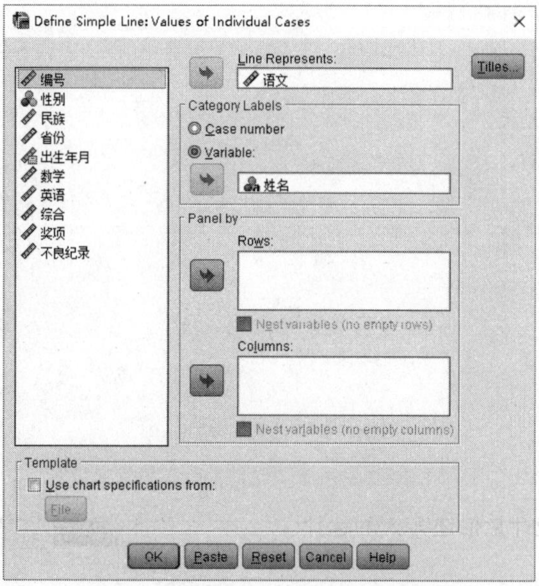

图7.36　个案模式下的单线图设置对话框

图7.37是个案模式下的单线图，从图中可以看出每个学生对应的语文成绩，可以更为直观地感受样本的真实分布情况。

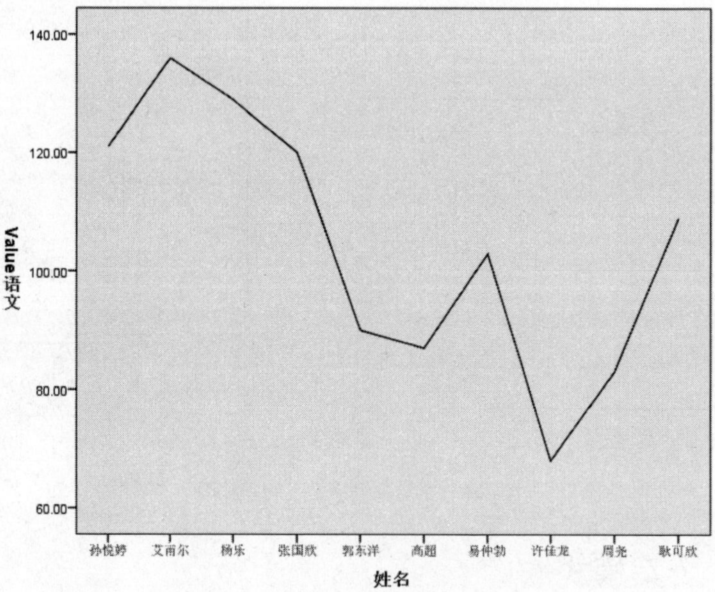

图7.37　个案模式下的单线图设置对话框

个案模式下的多线图就是可以呈现多个观测变量，例如可以同时呈现每个学生的语文、数学和英语成绩。个案模式下的垂线图和个案模式下的多线图呈现的内容一致，只是呈现形式换成了垂线的方式，方便观测垂直差异的大小。操作参考上文，不作详细介绍。

7.4 其他图形

7.4.1 面积图（Area）

面积图（Area Charts），又称区域图，是用面积来表现连续性的频数分布的统计图。面积越大，频数越多，反之亦然。制作面积图的原始数据大多为频数分布表。基本操作如下：

（1）打开主对话框

选择菜单"Graphs"→"Legacy Dialogs"→"Area"命令，打开"Area Charts"（面积图）对话框，如图7.38所示。

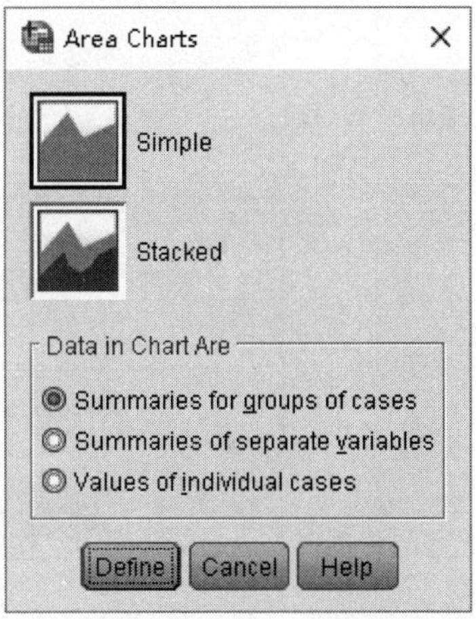

图7.38 "Area Charts"（面积图）对话框

该对话框提供了面积图的选项。其中包括面积图类型的选择和统计量描述方式的选择。

（2）选择面积图式

"Area Charts"对话框中提供了2种面积图图式：简单面积图和堆积面积图。在"Area Charts"对话框的左侧给出例图图式。单击该例图区域，可以选择这对应的图式：

- Simple 简单面积图。该项为默认选项。简单面积图表示图形中只有一个区域表示频数大小。
- Stacked 堆积面积图。堆积面积图表示，图形由多个不同颜色的区域从下到上堆积而成，不同的区域表示不同类型的频率大小。

（3）选择统计量描述方式

参考上文条形图和线形图的对话框介绍，不作赘述。

设置完毕后，单击"Define"按钮，进入具体线性图的对话框继续选择和设置。

仅以个案分组模式的简单面积图为例，在如图7.39的个案分组模式的简单面积图设置对话框中，将"收入类别"移至"Category Axis"栏，并选择"Other statistics"并将"年龄"移动到"Variable"栏。

输出如图7.40的个案分组模式下的简单面积图。图中呈现了不同收入水平群体的平均年龄，可以看到随着收入水平升高，群体的平均年龄也逐步升高了。

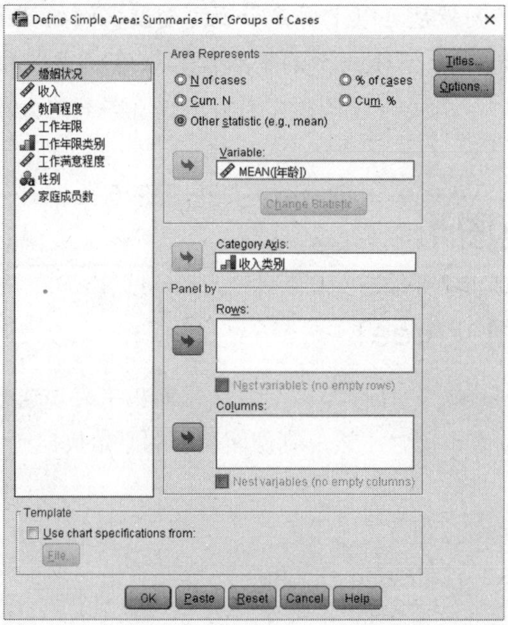

图7.39 个案分组模式下的简单面积图设置对话框

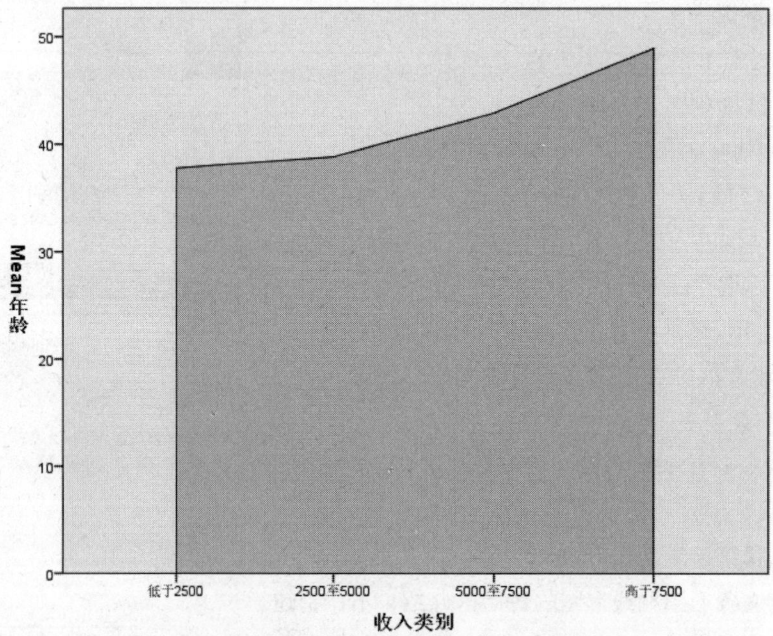

图7.40 个案分组模式下的简单面积图

7.4.2 饼状图（Pie）

饼状图（Pie Charts）是用扇形的大小来表示数值大小的统计图。饼状图简单易懂，并且便于比较，因此，饼状图的制图过程使用最为广泛。

基本操作如下：

（1）打开主对话框

选择菜单”Graphs”→“Legacy Dialogs”→“Pie”命令，打开“Pie Charts”（饼状图）对话框，如图7.41所示。

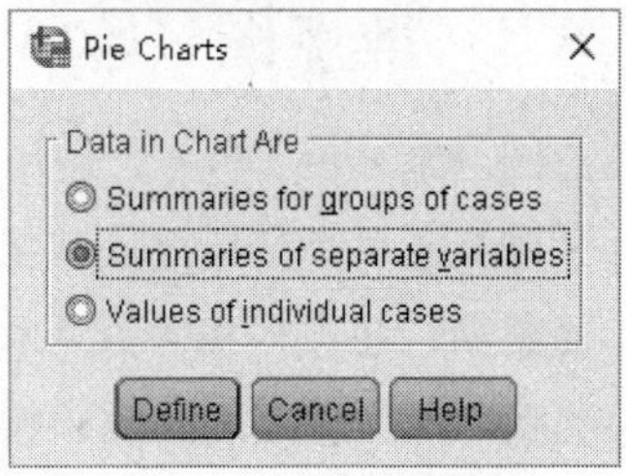

图7.41　“Pie Charts”（饼状图）对话框

该对话框仅提供统计量描述方式的选择，具体选项参考前文，选择完毕后，单击“Define”按钮，进入具体饼状图的对话框中继续选择和设置。饼状图3个模式下的对话框与条形图3个模式下的对话框基本一致，参照选择即可。

图7.42是个案分组模式下的饼图，图中呈现了不同收入类别对应的样本量大小，可以看出在目标样本中，收入在2500至5000阶段的人群占比是最高的。

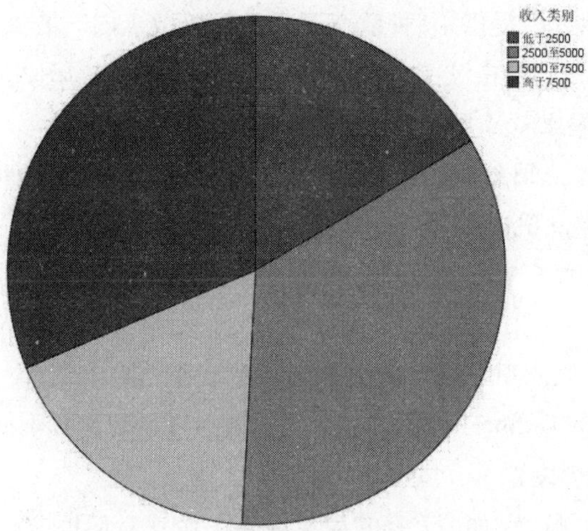

图7.42　个案分组模式下的饼状图

图7.43是变量分组模式下的饼图，图中呈现了所有同学的数学总分、语文总分、英语总分占语数英三科总分的比重，可以看出数学总分略高于英语总分。

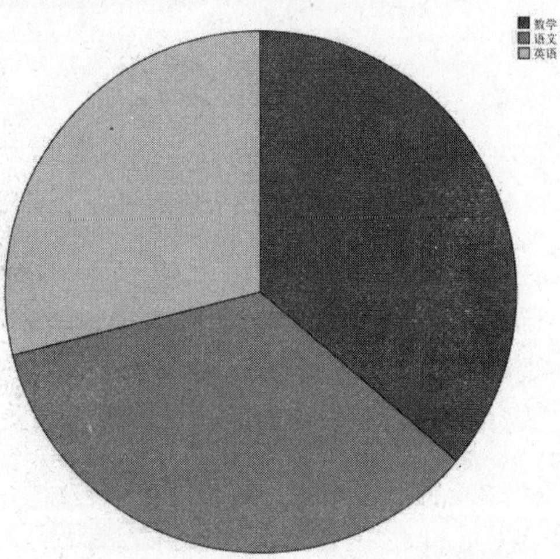

图7.43　变量分组模式下的饼状图

7.4.3 散点图（Scatter/Dot）

散点图（Scatter/Dot），是用分布的点来表示数据的分布情况的统计图，也是常用的表现两个变量或多个变量之间相关关系的统计图。它用点的密集程度和趋势来表示变量之间的相关关系。在进行相关分析和回归分析之前，必须要绘制散点图，考察两个变量之间的相关关系。制作散点图的原始数据通常为定量数据。

基本操作如下：

（1）打开主对话框

选择菜单”Graphs”→“Legacy Dialogs”→“Scatter/Dot”命令，打开“Scatter/Dot”（散点图）对话框，如图7.44所示。该对话框提供了散点图类型的选择。

（2）选择散点图式

“Scatter/Dot”对话框中提供了5种散点图式：简单散点图、散点图矩阵、简单点图、重叠散点图和三维散点图。单击该例图区域，可以选择这对应的图式：

- Simple Scatter 简单散点图。表示两个变量之间的相关关系。
- Matrix Scatter 散点图矩阵。表示两个以上变量的两两之间的相关。
- Simple Dot 简单点图。表示一个变量在每个取值上的点数。
- Overlay Scatter 重叠散点图。在一个图中呈现多对变量的相关关系，但其中有一个共同变量。
- 3-D Scatter 三维散点图。同时考虑三个变量之间的关系。

选择完毕后，单击“Define”按钮，进入具体散点图的对话框中继续选择和设置。

（3）选择变量及属性设置

仅以简单散点图为例，在如图7.45的简单散点图设置对话框中，将“体重”移至“Y Axis”栏，将“身高”移动到“X Axis”栏。

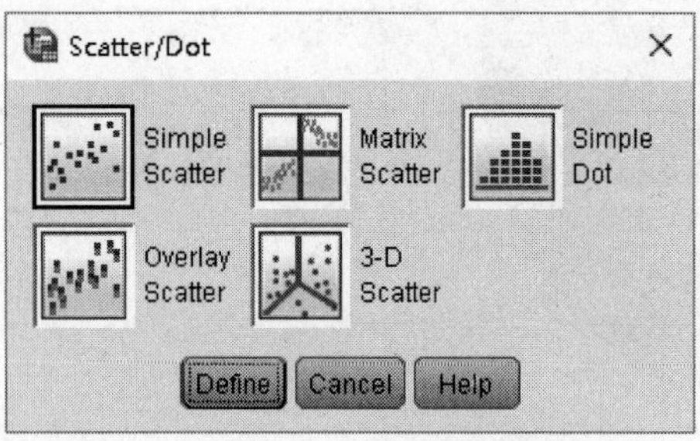

图7.44 “Scatter/Dot”（散点图）对话框

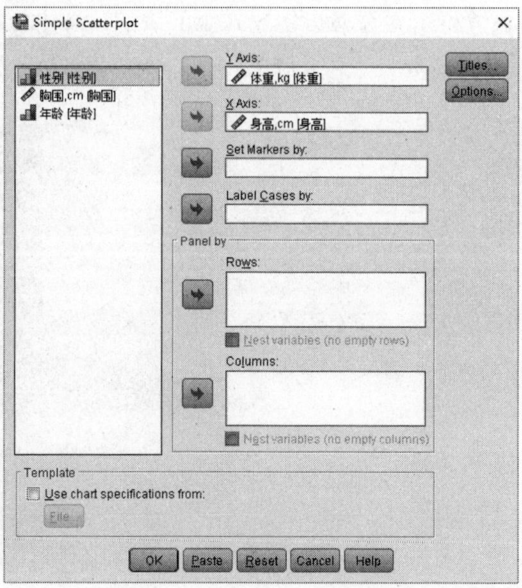

图7.45 简单散点图设置对话框

输出如图7.46的简单散点图。图中呈现了不同个案的身高和体重，可以看到大致情况下，身高越高的同学对应的体重也越高。

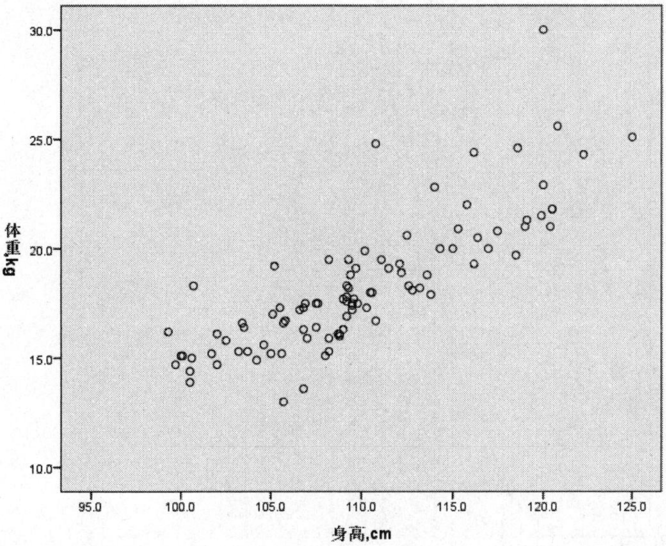

图7.46　简单散点图

7.4.4　直方图（Historgram）

直方图（Historgram）是用条形的长短来表示连续性频数大小的统计图。直方图外观上与条形图类似，但条形图用于分析非连续频数，而直方图用于分析连续性频数，所以条形图各个条形之间会有间隙，但直方图各个条形之间是紧密相连的。

基本操作如下：

(1) 打开主对话框

选择菜单”Graphs”→“Legacy Dialogs”→“Historgram”命令，打开如图7.47所示的“Historgram”（直方图）设置对话框，移动目标观测变量“身高”至“Variable”栏，如果样本总体符合正态分布，一般选中“display normal curve”来观察样本的正态性。

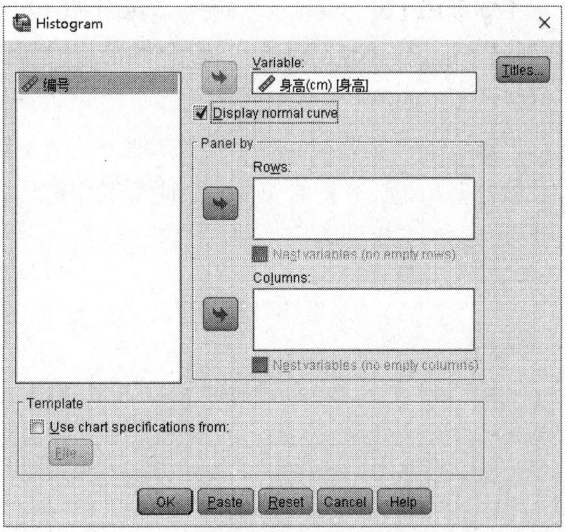

图7.47　“Histogram”直方图设置对话框

随后点击“OK”，打开如图7.48所示的带有正态曲线的直方图，从图上可以看出该样本的身高数据整体接近正态分布，单峰，均值约为160cm左右。

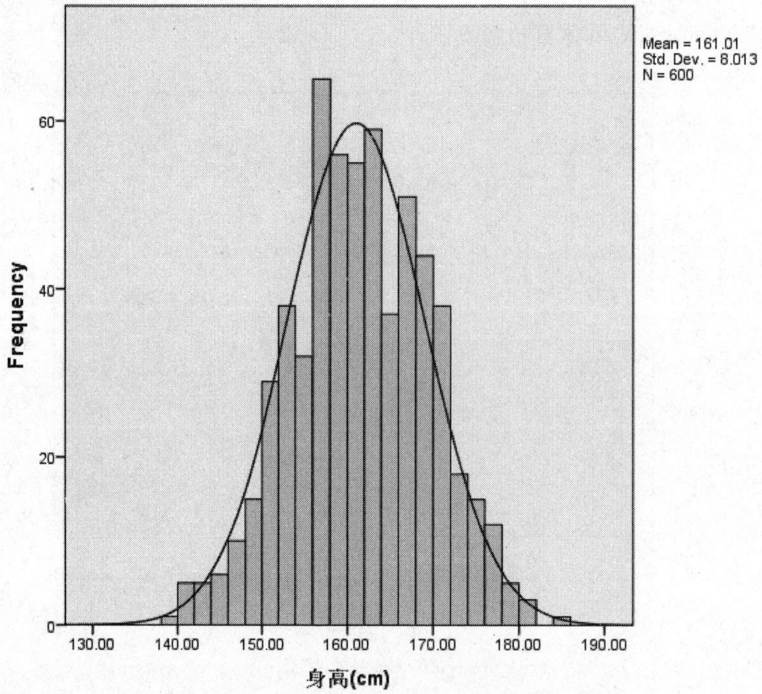

图7.48 带有正态曲线的直方图

在传统图形创建对话框（Legacy Chart）中还有3-D条形图（3-D Line）、高低图（High-Low）、箱线图（Boxplot）、误差条形图（Error Bar）和人形金字塔（Population Pyramid），创建方式并不复杂，由于使用频率较低在此不作进一步介绍。

7.5 小结

本章讲述了SPSS的图形功能，首先介绍了SPSS创建图形的3种模式，其中重点介绍了在传统模式（Legacy Chart）下的SPSS图形的创建和编辑。通过本章学习，读者应该清楚不同统计图形的不同类别和常用统计图形的SPSS操作方法。熟练掌握常用统计图形的绘制方法，对于统计分析人员来说具有其他方法所不能替代的作用；一个善于使用统计图形进行数据处理和统计分析的人员，会使得工作更具有直观性和趣味性，同时也更易于同其他人共享自己的工作成果。

第8章

SPSS 基本统计分析

本章包括

- 基本统计量的定义和计算
- 频数分析过程
- 描述性分析过程
- 探索性分析过程

数据处理和统计分析过程通常是从基本统计量的计算和描述开始的。通过计算诸如样本均值、样本标准差等重要的基本统计量，并辅助于 SPSS 提供的图形功能，能够把握数据的基本特征和整体的分布形态，对进一步的统计推断和数据建模工作起到重要作用。另外，构建更复杂的统计算法同样离不开基本统计量的计算。

SPSS 24

基本统计分析通常包括以下的内容：

（1）单变量频数分布表的编制

（2）基本统计量的计算

（3）数据的探索性分析

（4）多选项分析

（5）比率分析

SPSS for Windows中有许多模块具有基本统计量的计算和描述功能。Analyze菜单中的Descriptive Statistics模块集中了最常用的基本统计分析的5个过程：Frequencies（频数分析过程）、Descriptives（描述性分析过程）、Explore（数据探索过程）、Crosstabs（交叉列联表过程）、Ratio（比率过程）；另外，在最新的SPSS中，图形工具P-P Plots（P-P图）和Q-Q Plots（Q-Q图）也集成到该模块。

利用基本统计分析模块，可以通过选择菜单“Descriptive Statistics”（描述性统计分析）下的各个过程得到，如图8.1所示。

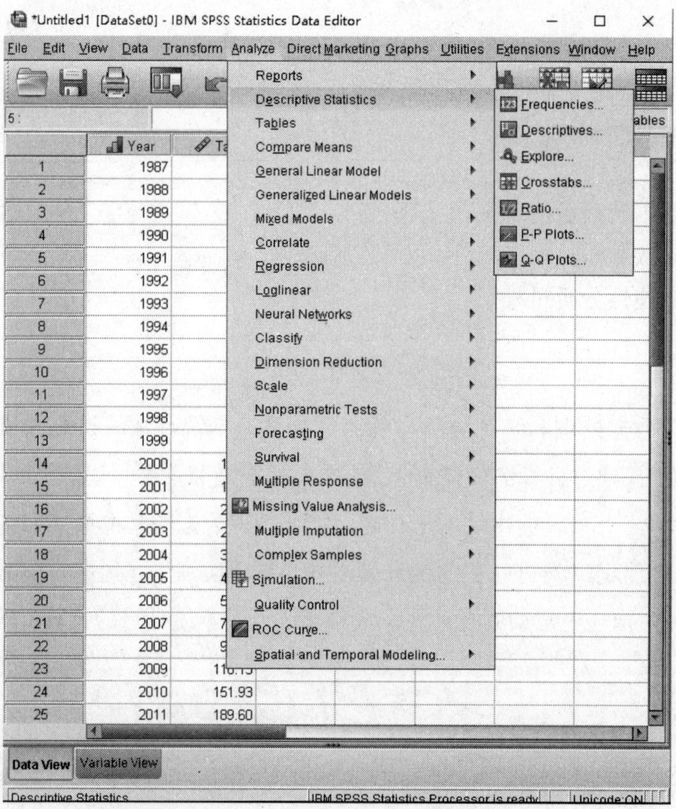

图8.1　“Descriptive Statistics”描述性统计分析模块

8.1　基本统计量的定义和计算

SPSS提供的基本统计量可以分为三类：（1）描述集中趋势的统计量；（2）描述离散程度的统计量；（3）描述总体分布形态的统计量。下面叙述定义和计算公式。

8.1.1 描述集中趋势的统计量

统计学中的集中趋势统计量是由样本值确定的量，样本值有向这个数据集中的趋势。描述集中趋势的统计量有很多，根据集中趋势的定义不同，可以分为样本均值、中位数等。

（1）均值（Mean）

又称“算术平均值”，其数学定义为

$$\bar{x}=\frac{1}{n}\sum_{i=1}^{n}x_i$$

这里，n为样本容量，x_i为样本点的数值。样本均值反映了变量取值的集中趋势，或者平均水平，是最常用的基本统计量。例如，需要计算某一单位所有职工的平均工资；某一学校进行评比，需要计算各个班级学生某门课程的平均成绩等。

（2）中位数（Median）

一组样本数据按升序或将序排列后，如果样本容量为奇数，取中间位置的数值；如果为偶数，则取中间两个数据的平均值。中位数受数据变化影响比均值大，但不受极值的影响，在经济部门的统计工作中应用较为广泛，例如某公司职工年龄的中位数。

（3）众数（Mode）

样本中出现次数（频数）最多的数值。

（4）百分位数（Percentile Value）

类似于随机变量分位点的概念。将样本数据按升序排列后，排在前面p%的数据时的右端点值称为样本的p分位数。常用的主要有四分位数（Quartiles），指的将数据分成4等分，分别位于25%、50%和75%处的分位数。

8.1.2 描述离散趋势的统计量

统计学中描述离散趋势的统计量是样本值远离集中趋势统计量程度的定量化描述。重要的描述离散趋势统计量有样本方差、样本标准差等。

（1）样本方差（Variance）

数学定义为

$$\text{Var}=\frac{1}{n-1}\sum_{i=1}^{n}(x_i-\bar{x})^2$$

这里，n为样本容量，x_i为样本点的数值。从公式中可以看出，样本方差是刻画样本数据关于均值的平均偏差平方的一个量，是描述样本离散趋势的最常用的统计量。样本方差越大，表示样本值偏离样本平均值的可能性就越大。

（2）样本标准差（Std. deviation）

由于样本方差的计算单位是样本值的平方，将样本方差开方后可以得到和样本值相同量纲的统计量，我们将样本方差开方后的统计量称之为样本标准差。样本标准差和样本方差一样，也是度量样本离散程度的重要统计量。

（3）均值标准误差（Standard Error of Mean）

即样本均值的标准差，其数学定义为：

$$\text{S.E.Mean} = \frac{\sigma}{\sqrt{n}}$$

这里，n为样本容量，σ为总体分布的标准差。均值标准误差是描述样本均值和总体均值平均偏差程度的统计量。

（4）极差（Range）

样本数据中最大值和最小值之差。显然，样本容量相同的情况下，极差大的样本要比极差小的样本分散性更大；但极差易受样本最大值和最小值的影响，没有体现中间数值的信息，所以稳定性较差。

8.1.3 描述分布形态的统计量

要全面从整体上把握样本数据的分布，仅仅有集中趋势和离散趋势统计量还是不够的，还需要掌握数据分布的形态，例如数据直方图的对称性、偏斜程度以及陡缓程度等。关于描述数据的分布形态的统计量主要有偏度和峰度。

（1）偏度（Skewness）

偏度是描述取值分布形态对称性的统计量。偏度的数学定义为

$$\text{Skewness} = \mu_3 / \text{Var}^{\frac{3}{2}}$$

这里，$\mu_3 = \frac{1}{n-1}\sum_{i=1}^{n}(x_i - \overline{x})^3$ 是样本3阶中心矩，Var为样本方差。偏度的绝对值越大，表示数据分布的偏斜程度越厉害。来自于正态总体的样本偏度近似为零。

（2）峰度（Kurtosis）

峰度是描述变量取值分布形态陡缓的统计量。峰度的数学定义为：

$$\text{Kurtosis} = \mu_4 / \text{Var}^2 - 3$$

这里，$\mu_4 = \frac{1}{n-1}\sum_{i=1}^{n}(x_i - \overline{x})^4$ 是样本4阶中心矩，Var为样本方差。峰值偏度的绝对值越大，表示数据分布的偏斜程度越厉害。来自于正态总体的样本其峰度近似为0。

所以，在非参数假设检验中，利用偏度和峰度的值是否接近0，作为检验是否是正态分布的重要依据。

8.2 频数分析过程

8.2.1 频数分析过程的SPSS操作

SPSS的频数分析过程可对单变量的多数类型的数据进行，并且可以产生多个统计量和统计图形。下面介绍其操作方法和主要的对话框选择项的意义。

（1）打开频数分析对话框

在数据编辑窗口，选择菜单“Analyze”→“Descriptive Statistics”→“Frequencies”命令，打开“Frequencies”（频数分析）对话框，如图8.2所示。

（2）选择进行频数分析的变量

在对话框左侧的变量列表框中选择要分析的变量名后，单击右向箭头按钮，使其进入“Variable(s)”（变量）窗口；并在该对话框中选择是否在输出窗口中显示频数分布表，对话框下方给出选择项“Display Frequency Tables”（显示频数分布表），默认选择该项。

（3）选择所需计算的基本统计量

单击“Statistics”按钮，打开“Frequencies：Statistics”（频数分析：统计量）对话框，如图8.3所示。

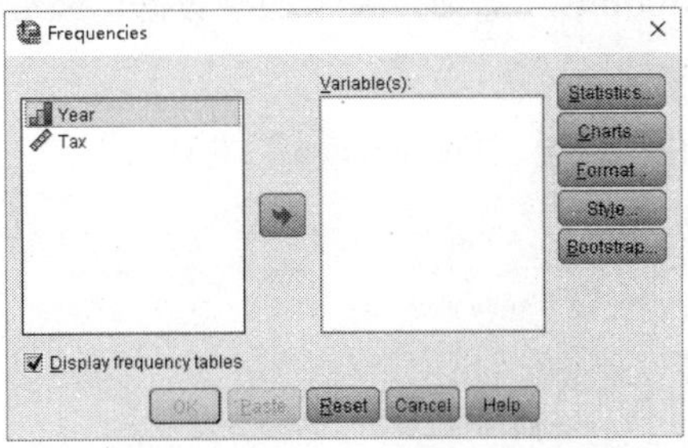

图8.2 “Frequencies”（频数分析）对话框

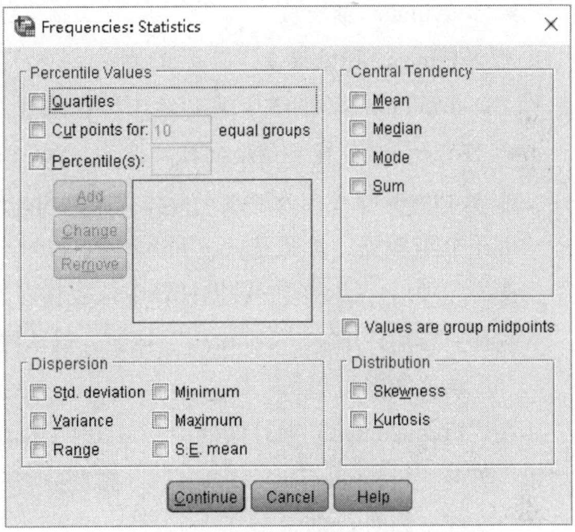

图8.3 “Frequencies：Statistics”（频数分析：统计量）对话框

“Frequencies：Statistics”对话框中选择需要输出的统计量。关于对话框中所列的统计量的含义，可参考8.1节中的介绍。

根据统计量的性质，对话框中的基本统计量共分四类：

“Percentile Values”（百分位数）窗口用于计算并显示分位数，有如下选择：

- Quartiles 计算四分位数，显示25%、50%、75%的百分位数。
- Cut Point for_equal groups 选择该项，后面的输入窗口变为可用。在此窗口中输入数据分组数（2～100间的整数），比如n，表示将所选变量的数据分成n组，计算n分位数，显示1/n100%、2/n10%、…、(n−1)/n100%分位数。
- Percentile(s) 选择该项，可以选择显示任意的分位数。在后面的窗口中输入0至100之间的分位数，单击“Add”按钮，将输入的百分位数添加到方框内的窗口，可以多次输入不同数值；选择列表框中输入的数值后，单击“Change”按钮，修改输入的数值，单击“Remove”按钮，删除所选数值。

“Central Tendency”（中心趋势）窗口用于描述和计算集中趋势的统计量。该窗口中可以选择以下4个统计量：

- Mean 均值。
- Median 中位数。
- Mode 众数。
- Sum 求和。

"Dispersion"（偏离度）窗口用于计算描述离散趋势的统计量。该窗口给出6个统计量：

- Std.deviation 标准差。
- Variance 方差。
- Range 极差。
- Minimum 最小值。
- Maximum 最大值。
- S.E.mean 标准误差。

"Distribution"（分布）窗口给出计算描述分布的统计量。有两个可选项：

- Skewness 偏度和偏度的标准误差（Std. Error of Skewness）。
- Kurtosis 峰度以及峰度的标准误差（Std. Error of Kurtosis）。

关于分组数据，如果选择"Value are group midpoints"选项，表示如果数据已经分组，选择此项后，按分组的数据计算中位数和百分位数。

选择完毕后，单击"Continue"按钮，确认操作并返回至"Frequencies"主对话框。

（5）选择图形类型。

在"Frequencies"主对话框中，单击"Charts"按钮，打开"Frequencies：Charts"（频数分析：图形）对话框，如图8.4所示。

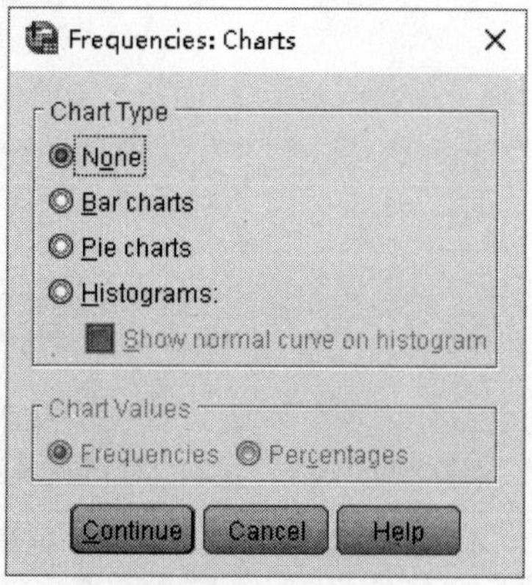

图8.4 "Frequencies：Charts"（频数分析：图形）对话框

在"Frequencies：Charts"对话框中，显示两个对话窗口，分别是图形类型和图形取值，分述如下：

"Chart Type"（图形类型）窗口给出关于图形输出的方式，用户可以有4种选择频数的SPSS图形输出方式，即：

- None 默认选项，选择该项，不生成图形。
- Bar chart(s) 生成和显示条形图。
- Pic chart(s) 生成和显示饼图。
- Histogram(s) 生成并显示直方图。如选择该项，下面的"With normal curve"（画出正态分布曲线）选项被激活，选择该项时，表示在显示的直方图中添加正态曲线图，用于推断数据是否近似服从正态分布。

后续延伸：关于条形图、饼图、直方图等统计基本图形的基本形态和定义方式，请参考第8章SPSS统计图形创作内容。

"Chart Values"（图形取值）窗口中给出SPSS图形取值的计算方式，有两个单选项，当图形类型选择条形图或饼图时，单选框被激活。

- Frequencies 默认选项。选择该项，表示图形中的度量用相应变量的个案频数表示。
- Percentages 选择该项，表示图形中的度量用相应变量的个案占个案总数的百分比表示。

选择完毕后，单击“Continue”按钮，确认操作并返回至“Frequencies”主对话框。

(6) 选择输出格式

在“Frequencies”主对话框中，单击“Format”按钮，打开“Frequencies：Format”（频数分析：格式）对话框，如图8.5所示。

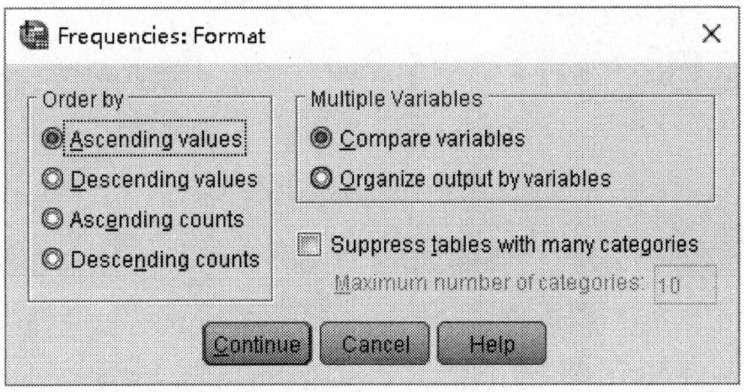

图8.5 “Frequencies：Format”（频数分析：格式）对话框

“Frequencies：Format”对话框用于设置输出频数分析表的格式。对话框中的窗口以及含义如下：

“Order by”窗口中的选项用于设置频数分析表中数据的排列顺序，有4个单选项：

- Ascending values 默认选项。选择此项，按照变量值的升序从小到大的频数排列。
- Descending values 按照变量值的降序从大到小的频数排列。
- Ascending counts 按照变量值出现的频数升序排列。
- Descending counts 按照变量值出现的频数降序排列。

如果选择了两个以上的变量作频数分析，选择“Multiple Variables”窗口的单选项，可以设置表格的显示方式，以下是两个单选项：

- Compare variables 默认选项。选择该项，表示不同变量的统计量显示在同一张列表中。
- Organize output by variables 不同变量的统计量分别显示在不同的表格中。
- Suppress Tables more than n categories 选定该项时，下面的“Maxmum number of categories”（分类变量的最大值）区域被激活，输入最大的显示分类变量，即输出的组数不能大于窗口中输入的数值。默认数值为10。

选择完毕后，单击“Continue”按钮，确认操作并返回至“Frequencies”主对话框。

(7) 执行操作

单击“OK”按钮，执行频数分析操作，在输出窗口得到分析结果。

8.2.2 实例：成年男子血压数据的频数分析

1. 实例数据

在一次体检中，测得100名成年男子的舒张压（mmhg），数据如下：

65 78 68 80 77 84 75 83 79 70 81 82 75 76 73 86 73 79 72 73 86

73 87 75 71 75 92 79 82 84 82 79 77 84 71 76 80 89 83 78 70 81

69 78 75 77 71 84 82 70 78 78 71 75 87 82 73 78 77 89 75 63 64

80 77 83 72 64 78 81 72 81 72 74 69 88 93 73 73 73 71 87 71 73

75 90 69 68 91 67 66 67 79 77 72 93 86 79 76 67

计算给定数据的所有统计量的结果，且绘制频数的直方图。（数据文件：frequencies.sav）

2. 操作步骤

步骤1 建立或打开数据文件frequencies.sav。

步骤2 选择菜单“Analyze”→“Descriptive Statistics”→“Frequencies”命令，打开“Frequencies”对话框，将变量“舒张压”移动至“Variable(s)”窗口内，取消“Display Frequency Tables”项的选择。

步骤3 单击“Statistics”（统计量）按钮，打开“Frequencies：Statistics”对话框，选择选项“Quartiles”、“Mean”、“Median”、“Mode”、“Sum”、“Std. deviation”、“Variance”、“Range”、“Minimum”、“Maximum”、“S.E.mean”、“Skewness”、“Kurtosis”。单击“Continue”按钮，返回至“Frequencies”主对话框。

步骤4 单击“Charts”按钮，进入“Frequencies：Charts”对话框，选择Histogram(s)、With normal curve。单击“Continue”按钮，返回至“Frequencies”主对话框。

步骤5 单击“OK”按钮，执行频数分析操作。

步骤6 “Paste”得到的syntax语句程序：

```
  /* 频数分析过程的命令语句 .
  FREQUENCIES
     VARIABLES= 舒张压   /FORMAT=NOTABLE
     /NTILES=  4
      /STATISTICS=STDDEV VARIANCE RANGE MINIMUM MAXIMUM SEMEAN MEAN
MEDIAN MODE
     SUM SKEWNESS SESKEW KURTOSIS SEKURT
     /HISTOGRAM  NORMAL
     /ORDER=  ANALYSIS .
```

8.2.3 频数分析的结果

（1）频数分析的统计量

表8.1是频数分析的统计量列表。表中可以看出，100例成年男子舒张压单变量频数分析分布的统计量，包括均值为77.03、标准均值误差为0.695、中位数为76.81、众数为63、标准差为6.955、方差为48.368、偏度为0.296、偏度的标准误差为0.241、峰度为−0.439、峰度的标准误差为0.478、极差为30、最小值为63、最大值为93、总和为7703。

四分位数分别为：25%分位数为72.10、50%分位数为76.81、75%分位数为81.59。

频数的分布形态。偏度为0.296>0，表示正偏，即曲线向左偏；峰度为−0.439<0，数值较小，曲线较平缓。

表8.1　频数分析的输出结果

Statistics　舒张压

N	Valid	100
	Missing	0
Mean		77.03
Std. Error of Mean		.695
Median		76.81
Mode		63[a]
Std. Deviation		6.955
Variance		48.368
Skewness		.296
Std. Error of Skewness		.241
Kurtosis		−.439
Std. Error of Kurtosis		.478
Range		30
Minimum		63
Maximum		93
Sum		7703
Percentiles	25	72.10
	50	76.81
	75	81.59

a Multiple modes exist. The smallest value is shown

（2）频数分析的直方图

图8.6的直方图中可以看出，分布形态基本对称，且较接近正态分布。

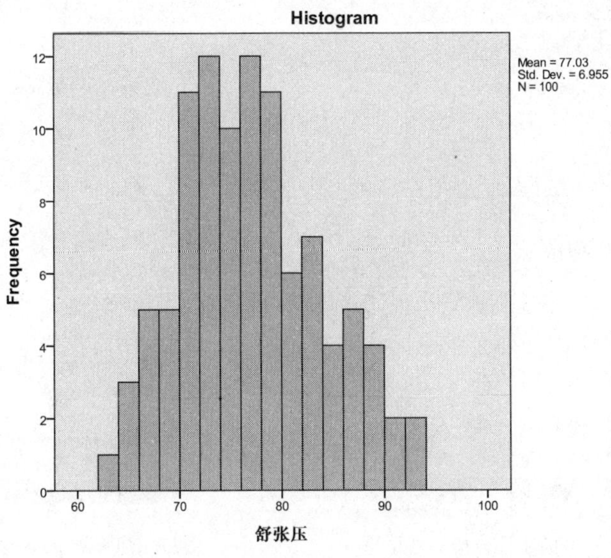

图8.6　频数分析中带有正态曲线的直方图

8.3 描述性分析过程

SPSS的描述性分析过程的功能和上一节介绍的频数分析过程类似，主要以计算数值型单变量的统计量为主，但没有图形功能。另外，描述性分析过程可将原始数据转换成标准正态评分值，并以变量的形式存入数据文件中，便于后续分析时应用。

8.3.1 描述性分析的SPSS操作

描述性分析利用“Descriptive Statistics”菜单下的“Descriptives”过程进行分析，其基本操作步骤为：

（1）打开描述性分析对话框

在数据编辑窗口，选择菜单“Analyze”→“Descriptive Statistics”→“Descriptives”命令，打开“Descriptives”（描述性分析）主对话框，如图8.7所示。

在对话框变量列表窗口选择要分析的变量名，单击右向箭头按钮，将其移动到“Variable(s)”窗口。

对话框下方给出选择项“Save standardized values as variables”，若选择该项，表示为每个选择变量的取值计算Z标准得分，并在当前数据文件中添加新变量，用于保存相应的Z标准得分，其变量名为相应变量名前加字母z。

说　明

Z标准得分的数学计算公式为：$Z_i = \dfrac{x_i - \bar{x}}{S}$，这里，$x_i$是该变量的样本值，$\bar{x}$是样本均值，$S$是样本标准差。Z标准得分表示一个变量值与该变量的平均值之差是标准差的倍数。

（2）选择“Descriptives：Options”对话框中的选项

单击“Option”（选择）按钮，打开“Descriptives：Options”（描述性分析：选项）对话框，如图8.8所示。

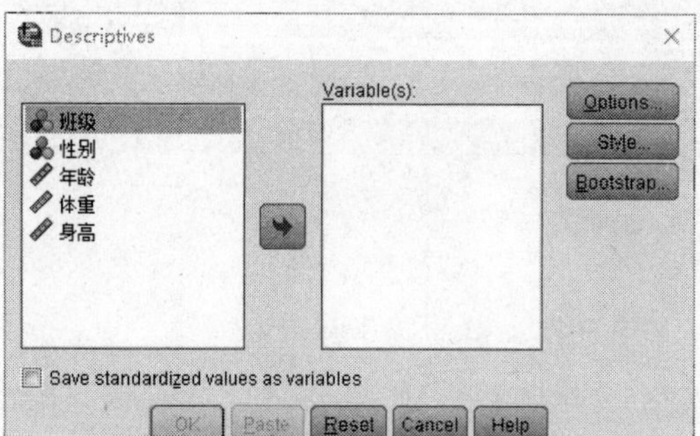

图8.7 “Descriptives”（描述性分析）对话框

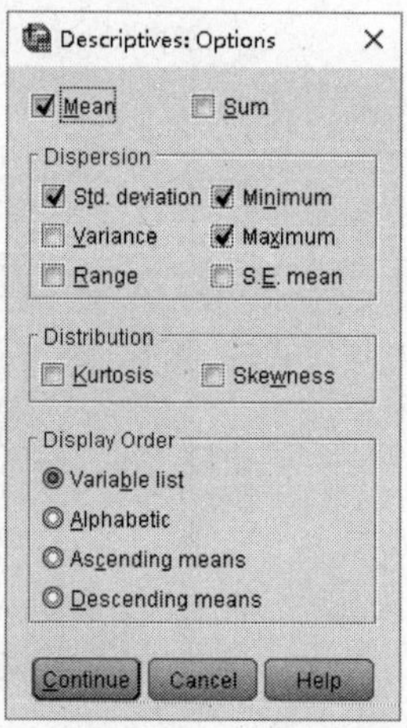

图8.8 “Descriptives：Options”（描述性分析：选项）对话框

“Descriptives：Options”（描述性分析：选择）对话框中选择需要输出的统计量及其参数。对话框中可选统计量包括：

- Mean 均值，默认选项。
- Sum 求和。

“Dispersion”（偏离）窗口给出描述离散程度的统计量，包括：

- Std.deviation 标准差，默认选项。
- Variance 方差。
- Range 极数。
- Minimum 最大值，默认选项。
- Maximum 最小值，默认选项。
- S.E.mean 均值标准误差。

“Distribution”（分布）窗口选择描述数据分布的统计量，有2个可选项：

- Skewness 偏度。
- Kurtosis 峰度。

“Descriptives：Options”对话框还提供了多个变量时的输出顺序：“Display Order”（显示顺序）窗口给出4个单选框：

- Variable list 按数据文件中变量显示的顺序显示变量的统计量为默认选项。
- Alphabetical list 按变量的字母顺序显示变量的统计量。
- Acsending means 按变量均值的升序显示变量的统计量。
- Descending means 按变量均值的降序显示变量的统计量。

选择完毕后，单击“Continue”按钮，返回到对话框。

（3）执行操作

单击“OK”按钮，执行统计量描述过程。

8.3.2　实例：学生体检数据的描述性分析

1. 实例数据

下表中给出的是从某校中选取了3个班级各5名学生的体检列表，列出性别、年龄、体重（kg）、身高的数据，以班级为单位列表计算年龄、体重和身高的统计量，包括极差、最小值、最大值、均值、标准差和方差。（数据文件：descriptives.sav）

表8.2　3个班级学生体检数据

班级	性别	年龄	体重	身高
1	2	15	46.00	156.00
1	1	15	50.00	160.00
1	1	14	38.00	150.00
2	1	16	60.00	170.00

续表8.2

班级	性别	年龄	体重	身高
2	2	16	60.00	165.00
1	2	14	41.00	149.00
1	1	13	48.00	155.00
2	1	16	55.00	165.00
2	2	17	50.00	160.00
2	1	17	65.00	175.00
3	2	18	65.00	165.00
3	1	18	70.00	180.00
3	1	17	68.00	176.00
3	2	17	58.00	160.00
3	2	18	61.00	162.00
3	1	16	55.00	171.00

2. 操作步骤

因为要求以班级为单位进行统计，所以“班级”变量应设为分组变量。但由于SPSS的Descriptives过程不具有分组统计功能，故先利用数据拆分功能按“班级”变量值进行拆分，再利用Descriptives进行统计量计算和描述。

操作步骤：

步骤1 打开或创建数据文件descriptives.sav。

步骤2 选择菜单“Data”→“Split File”命令，在弹出的“Split File”对话框中，选择“Compare groups”单选项，再将数据列表中的“班级”变量移动至“Groups based on”列表框，单击“OK”按钮，完成数据按班级拆分的操作。

回顾：第4章详细介绍了数据拆分的方法和基本操作。

步骤3 在数据编辑窗口，选择菜单“Analyze”→“Descriptive Statistics”→“Descriptives”命令，打开“Descriptives”主对话框，在变量列表框中选择变量“年龄”、“体重”、“身高”，单击右向箭头按钮，将选择变量的移动到“Variable(s)”窗口。选择“Save standardized values as variables”，即要求以变量形式保存标准值。

步骤4 单击“Options”按钮，打开“Descriptives：Options”子对话框，选择统计量Range、Minimum、Maximum、Mean、Std. Deviation、Variance。单击“Continue”按钮，返回到主对话框。

步骤5 单击“OK”按钮，执行描述性分析操作。

步骤6 “Paste”得到的syntax命令语句程序

```
/* 按班级拆分文件语句命令 .
```

```
SORT CASES BY 班级 .
SPLIT FILE
  LAYERED BY 班级 .

/* 描述性统计分析命令语句 .
DESCRIPTIVES
  VARIABLES=年龄 体重 身高 /SAVE
  /STATISTICS=MEAN STDDEV VARIANCE RANGE MIN MAX .
```

8.3.3 描述性分析的结果

表8.3是描述性统计分析的结果。表中分别给出了3个班级的相应统计量，随着平均年龄的增加，体重和身高的平均值都在明显增加；同时，相应的标准差也有增大的趋势。

表8.3 描述性统计分析结果

Descriptive Statistics

班级		N	Range	Minimum	Maximum	Mean	Std. Deviation	Variance
1	年龄	5	2	13	15	14.20	.837	.700
	体重	5	12.00	38.00	50.00	44.6000	4.97996	24.800
	身高	5	11.00	149.00	160.00	154.0000	4.52769	20.500
	Valid N	5						
2	年龄	5	1	16	17	16.40	.548	.300
	体重	5	15.00	50.00	65.00	58.0000	5.70088	32.500
	身高	5	15.00	160.00	175.00	167.0000	5.70088	32.500
	Valid N	5						
3	年龄	6	2	16	18	17.33	.816	.667
	体重	6	15.00	55.00	70.00	62.8333	5.84523	34.167
	身高	6	20.00	160.00	180.00	169.0000	8.00000	64.000
	Valid N	6						

8.4 探索性分析过程

8.4.1 探索性分析问题的提出

探索性分析是指对数据的探索和考察。通过对数据的分析，寻求和确定适合所研究问题的统计方法。SPSS的数据探索过程（Explore）是针对解决此类问题的有效方法。探索过程提供了很多关于数据的概括分析和图表直观描述的方法可供选择，不仅对个案数据，而且还可以针对分组个案。探索过程的因变量必须是定距型变量，分组变量可以是定序型或者定类型变量。

探索性分析的问题和采用的分析方法可归结为以下几个方面。

1. 对数据进行初步考察

考察数据中是否有明显不合理的数值，通常是过大或过小的极端值（extreme values）以及不符合现实的离群点（outliers）。通过分析原因，决定是否从数据文件中剔除或者进行相关的处理。

例如，1代表男性，2代表女性，但在性别一栏出现3，显然是不合理的，出现错误的原因可能是输入时的失误，也可能是被调查者的故意隐瞒，可以根据分析问题的性质决定提出此个案或随机指定一性别处理；还有接受教育的时间为120年，也属于此类情况。

2. 对数据分布的假设检验

统计分析理论中，要求对数据的分布有一定要求。例如，线性回归分析中要求残差服从均值为0的正态分布，其他很多统计方法对样本要求来自于正态总体。两组数据之间的分析需要两组数据的来自于方差相等的总体，这是需要考察数据的方差齐性。从理论上说，是否满足某种假设决定着分析问题时选用的不同的统计方法。这些问题都提出了对数据分布的检验问题。

SPSS的探索分析过程和其他的过程（例如，Compare Means模块和Correlate模块的很多过程）均提供了常用的检验方法供用户选择。

3. 对数据的直观初步分析

对于分组数据和不分组的数据，还可以利用SPSS提供的各种描述统计量和图表进项直观分析。例如，散点图、直方图、茎叶图、箱图和样本均值、样本标准差等，辅之前述的各种检验法，便对数据的分布有一个全面和准确的认识。

8.4.2 探索分析的SPSS操作

（1）打开主对话框

单击菜单“Analyze”→“Descriptive Statistics”→“Explore”命令，打开“Explore”（探索分析）主对话框，如图8.9所示。

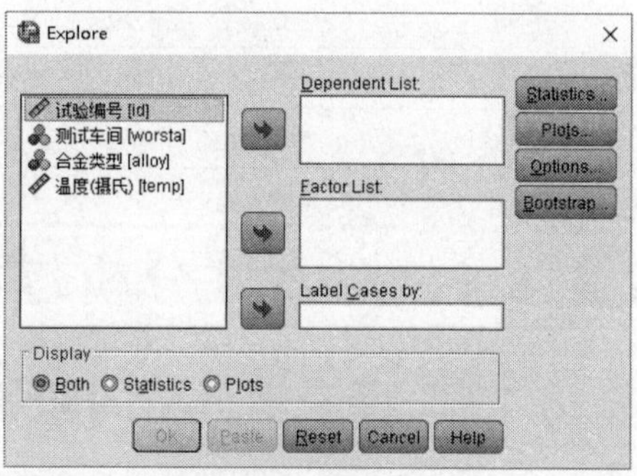

图8.9 “Explore”（探索分析）对话框

（2）选择分析变量

在对话框左侧的变量列表框中选择变量一个或多个数值型变量，单击对话框上侧的右向箭头按钮，将其移动至右侧的因变量列表“Dependent List”窗口，如不选择分组变量，可忽略步骤（3）。

注 意

这里的因变量是待探索分析的变量，也称解释变量。必须为数值型变量。例如，年龄、各国的GDP等等。

（3）选择因素变量

这里的因素变量实际上就是分组变量。在变量列表中选择分组变量，单击右向箭头，将其移动到因素列表“Factor List”窗口，可以选择多个因素变量。

因素变量一般是定序型或者定类型变量，但也可以是定距型变量。探索分析是根据不同的分组对因变量进行分析的。

（4）选择标签变量

从变量列表窗口中选择一个变量作为个案的标签变量移动至“Label Cases by”（个案标签）窗口。这里的标签变量用于出现奇异值时，利用其作标识。如果该项缺选，系统自动寻找“id”变量作为标签变量。

（5）选择输出结果项

在“Display”（显示）窗口给出输出结果的3种可选方式：

- Both 同时选择输出统计量和图形。默认选项。选择该项后，后两选项按钮被激活。
- Statistic 选择该单选项，只输出描述统计量结果。
- Plots 选择该单选项，只输出图形结果。

（6）执行探索分析操作

单击“OK”按钮，执行数据探索操作。

8.4.3 Statistic选项

如选择输出结果为“Both”或者“Statistic”时，“Statistic”按钮被激活。单击“Statistic”按钮，弹出如图8.10所示的“Explore：Statistic”（探索分析：统计量）对话框。

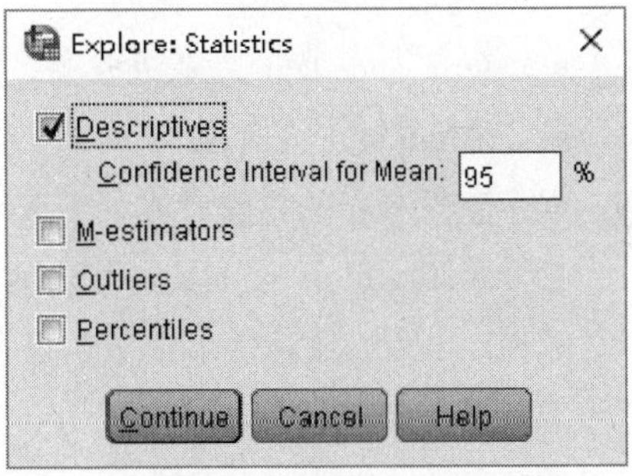

图8.10 “Explore：Statistic”（探索分析：统计量）对话框

该对话框中给出5个常用关于统计量的选项：

- Descriptives 默认选项。选择该项，要求输出描述性统计量，包括均值、中位数、5%的调整均值、标准误差、方差、标准差、最大值、最小值、极差、四分位数、风度、偏度。选择该项时，需要在“Confidence Interval for”（均值的置信区间）窗口输入均值置信区间的置信度，默认值为95%。也可以选择1～99的百分数值。
- M-estimators M-估计，可以输出4种稳健极大似然估计量。对于长尾对称分布或数据有极端异常值时，利用稳健估计量估计总体均值要比样本均值或中位数有更好的稳定性。根据样本值的权重不同，可以得到不同的估计量，主要有4种，其中包括稳健估计量（Huber）、非降稳健估计量（Hampel）、波估计量（Andrew）、复权重估计量（Tukey）。
- Outlie 离群点。输出包括5个最大值和最小值。
- Percentiles 输出结果显示5%、10%、25%、50%、75%、90%、95%的百分位数。

8.4.4 Plots选项

如选择输出结果为“Both”或者“Plots”时，“Plots”按钮被激活。单击该按钮，弹出如图8.11所示的“Explore：Plots”（探索分析：绘图）对话框。

该对话框中给出了图形输出的的选项，包括3个主要窗口：

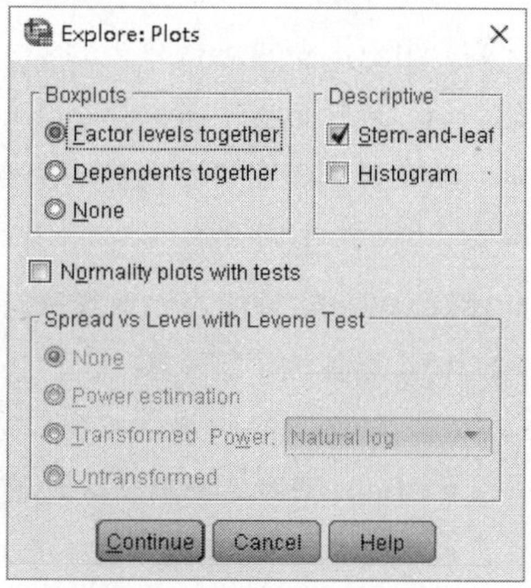

图8.11 “Explore：Plots”（探索分析：绘图）对话框

“Boxplots”（箱图）窗口用于设置显示箱图的选择项。在有两个以上的因变量时可以考虑作箱图。关于箱图的3个单选项：

- Factor levels together 选择该项，表示不同分组的同一因变量显示在一个箱图中。用于比较同一因变量在分组变量值的不同水平上的值的分布情况。
- Dependents together 选择该项，表示在同一组的不同的因变量显示在一个箱图中。用于比较同一分组水平下不同变量的值的分布。
- None 选择该项，表示不显示箱图。
- “Descriptive”窗口用于设置图形描述选项。可以指定因变量值的图形，有两个单选项：
- Stem-and-leaf 默认选该项，表示显示茎叶图。
- Histograms 直方图。

对于正态分布的检验，有如下选项及含义：

“Normality plots with tests”选项表示显示正态分布和无趋势正态分布概率图，并计算和显示在Lilliefors显著性水平下，正态总体检验的Kolmogorov–Smirnov统计量。如果加权样本容量在3～500之间还计算Shapiro–Wilk统计量，这种情况也适合于不加权或者整数加权时的情况。

“Spread vs. Level with Levene Test”窗口用于数据转换的散布对水平图的设置。对于所有的散布水平图，显示数据转换后的回归曲线的斜率和方差齐性的Levene稳健检验。

- None 默认选该项。不产生散布–层次图和方差齐性的Levene检验。
- Power estimation 功效估计。选择该项，显示四分位数间距的自然对数和所有单元格中位数的自然对数的散布图，同时，还显示单元格满足方差齐性的功效转换估计值。
- Transformed 转化功能。选择该项后，“Power”窗口中的下拉式菜单中选择转换类型，下拉式菜单中的转换类型包括Natural log（自然对数）、1/Square root（平方根的倒数）、Reciprocal（倒数）、Square root（平方根）、Square（平方）、Cubic（立方）。选择转换函数后，可以产生转换后的数据散布图。
- Untransformed 选择该项，数据不进行转换，产生原始数据的散布图。

知识参考：参见假设检验章节的齐性检验内容。

8.4.5 Options选项

在“Explore”主对话框中，单击右下角的“Options”按钮，出现“Explore：Options”（探索分析：选项）对话框，如图8.12所示。

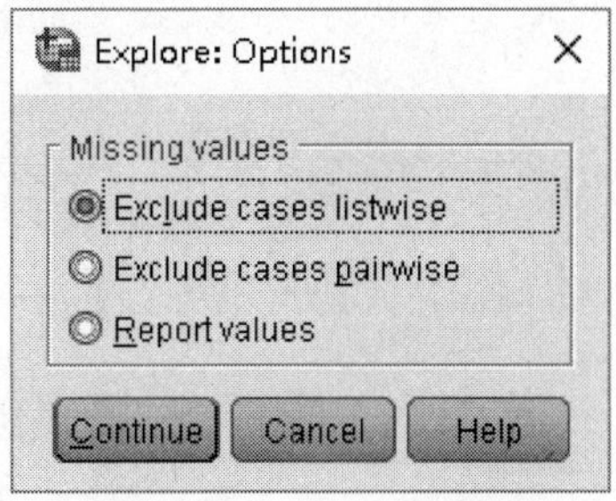

图8.12 “Explore：Options”（探索分析：选项）对话框

该对话框只有一个窗口“Missing Values”（缺失值），“Missing Values”窗口中的3个单选项给出了关于缺失值设置的选择。

- Exclude cases listwise 为默认选项。在所有的分析中，剔除分组变量和因变量中的缺失值的个案。
- Exclude cases pairwise 剔除当前分析中的缺失值个案。
- Report values 选择该项，表示将分组变量的缺失值单独分为一组，并用频数表输出。

8.4.6 实例：新型合金耐热性的探索分析

1. 实例数据

工厂利用氮化银生产陶瓷轴承产品，必须保持1500℃或更高的温度。标准合金的耐热温度服从正态分布，现对一种新型合金的耐热性进行测试，分别在8个生产车间进行了240次对比试验。对新型合金进行探索分析。（数据文件：explore.sav）

2. 操作步骤

步骤1 打开数据文件explore.sav。

步骤2 单击菜单“Analyze”→“Descriptive Statistics”→“Explore”命令，打开“Explore”主对话框。在变量列表框中选择变量“温度”移动到“Dependent”区域；变量“合金类型”移动到“Factor List”窗口；变量“测试车间”移动到“Label Cases”窗口。

步骤3 单击“Statistic”按钮，在弹出的“Explore：Statistic”对话框中选择“M-estimators”和“Outliers”选项，单击“Continue”按钮，返回到主对话框。

步骤4 单击“Plots”按钮，在“Explore：Plots”对话框中选择“Normality plots with tests”选项，单击“Continue”按钮，返回到主对话框。

步骤5 其他选择默认。在主对话框，单击“OK”按钮，执行数据探索操作。

步骤6 “Paste”得到的syntax命令语句程序：

```
/* 探索分析过程的命令语句 .
EXAMINE
  VARIABLES=temp BY alloy /ID= worsta
  /PLOT BOXPLOT STEMLEAF NPPLOT
  /COMPARE GROUP
```

```
      /MESTIMATORS   HUBER(1.339)  ANDREW(1.34)  HAMPEL(1.7,3.4,8.5)
TUKEY(4.685)
      /STATISTICS DESCRIPTIVES EXTREME
      /CINTERVAL 95
      /MISSING LISTWISE
      /NOTOTAL.
```

8.4.7 探索分析的结果

探索分析的结果较多，分述如下：

（1）过程概述

表8.4是探索分析的过程概述，很多SPSS统计分析构成会自动给出这样的一个过程概述表。表中一般会给出参与分析的个案数、缺失值信息以及其他的分组信息等。

表8.4 探索分析的过程概述

Case Processing Summary

	合金类型	Cases					
		Valid		Missing		Total	
		N	Percent	N	Percent	N	Percent
温度(摄氏)	新型合金	240	100.0%	0	0.0%	240	100.0%
	标准合金	240	100.0%	0	0.0%	240	100.0%

（2）探索分析的描述性统计量

表8.5显示两种不同合金的描述性统计量列表。利用该表的统计量比较两种合金的相关关系。

表8.5 探索分析的描述性统计量

Descriptives

	合金类型			Statistic	Std. Error
温度(摄氏)	新型合金	Mean		1542.0787	.61165
		95% Confidence Interval for Mean	Lower Bound	1540.8738	
			Upper Bound	1543.2836	
		5% Trimmed Mean		1541.2805	
		Median		1539.7181	
		Variance		89.789	
		Std. Deviation		9.47569	
		Minimum		1530.44	
		Maximum		1591.04	
		Range		60.61	
		Interquartile Range		11.51	
		Skewness		1.439	.157
		Kurtosis		3.036	.313

续表8.5

	合金类型			Statistic	Std. Error
温度(摄氏)	标准合金	Mean		1514.6564	.62004
		95% Confidence Interval for Mean	Lower Bound	1513.4350	
			Upper Bound	1515.8779	
		5% Trimmed Mean		1514.7302	
		Median		1514.5317	
		Variance		92.269	
		Std. Deviation		9.60566	
		Minimum		1488.30	
		Maximum		1537.99	
		Range		49.69	
		Interquartile Range		13.51	
		Skewness		–.078	.157
		Kurtosis		–.343	.313

（3）探索分析的M估计值

表8.6显示探索分析的M估计值。表中可以看出，两种合金的4种估计值有一定差距，但不是很大。表中注释部分显示各个统计量对于权数的取值。

表8.6　M估计值

M–Estimators

	合金类型	Huber's M–Estimator(a)	Tukey's Biweight(b)	Hampel's M–Estimator(c)	Andrews' Wave(d)
温度(摄氏)	新型合金	1540.0953	1539.5658	1540.2052	1539.5506
	标准合金	1514.6413	1514.6925	1514.6828	1514.6955

a The weighting constant is 1.339.
b The weighting constant is 4.685.
c The weighting constants are 1.700, 3.400, and 8.500
d The weighting constant is 1.340*pi.

（4）探索分析的极值

表8.7显示探索分析的极值列表，分别计算出两种合金的5种最大最小值。

（5）正态性检验

表8.8是探索分析的正态性检验。表中可以看出，正态性检验包括了Kolmogorov–Smirnov检验和Shapiro–Wilk检验。标准合金的概率p值都大于了0.05，通过了正态性检验，可以认为标准合金的温度分布服从正态分布；但新型合金的概率p值小于0.05，没能通过正态性检验，不能认为新型合金温度的分布服从正态分布。

表8.7　探索分析的极值

Extreme Values

	合金类型			Case Number	测试车间	Value
温度（摄氏）	新型合金	Highest	1	106	4	1591.04
			2	209	7	1574.62
			3	9	1	1571.77
			4	219	8	1568.10
			5	179	6	1567.07
		Lowest	1	70	3	1530.44
			2	238	8	1530.73
			3	100	4	1530.75
			4	187	7	1530.76
			5	104	4	1530.79
	标准合金	Highest	1	444	7	1537.99
			2	339	4	1534.29
			3	250	1	1534.06
			4	324	3	1533.43
			5	332	4	1533.35
		Lowest	1	438	7	1488.30
			2	290	2	1488.36
			3	280	2	1494.09
			4	317	3	1494.64
			5	360	4	1495.15

表8.8　正态性检验

Tests of Normality

合金类型		Kolmogorov-Smirnov[a]			Shapiro-Wilk		
		Statistic	df	Sig.	Statistic	df	Sig.
温度(摄氏)	新型合金	.123	240	.000	.888	240	.000
	标准合金	.027	240	.200*	.995	240	.602

* This is a lower bound of the true significance.

a Lilliefors Significance Correction

（6）探索分析的茎叶图

图8.13(a)和图8.13(b)分别显示的新型合金和标准温度分布的茎叶图。该茎叶图利用原始数据以图形的形式表现了分布的形状，或者说是描述性列表中偏度统计量值的图形表示。

图中可以看出，新型合金温度至均匀分布在1530至1543摄氏之间，然后在更高的温度时逐渐变得分散。而标准合金的温度变化则主要分布在1510摄氏左右，然后在两边逐渐分数，呈现较明显的正态性。进一步验证了正态性检验的结果。

```
温度(摄氏) Stem-and-Leaf Plot for
alloy= 新型合金

Frequency        Stem &       Leaf

24.00            153 .        000000011111111111111111
22.00            153 .        2222222222223333333333
26.00            153 .        44444444444555555555555555
26.00            153 .        66666666666667777777777777
24.00            153 .        888888888888889999999999
19.00            154 .        0000000000111111111
25.00            154 .        2222222222222222333333333
10.00            154 .        4444455555
12.00            154 .        666666667777
10.00            154 .        8888999999
 8.00            155 .        00111111
 4.00            155 .        2223
 6.00            155 .        445555
 6.00            155 .        666667
 6.00            155 .        888899
 3.00            156 .        011
 3.00            156 .        223
 6.00 Extremes   (>=1566)

Stem width:    10.00
Each leaf:      1 case(s)
```

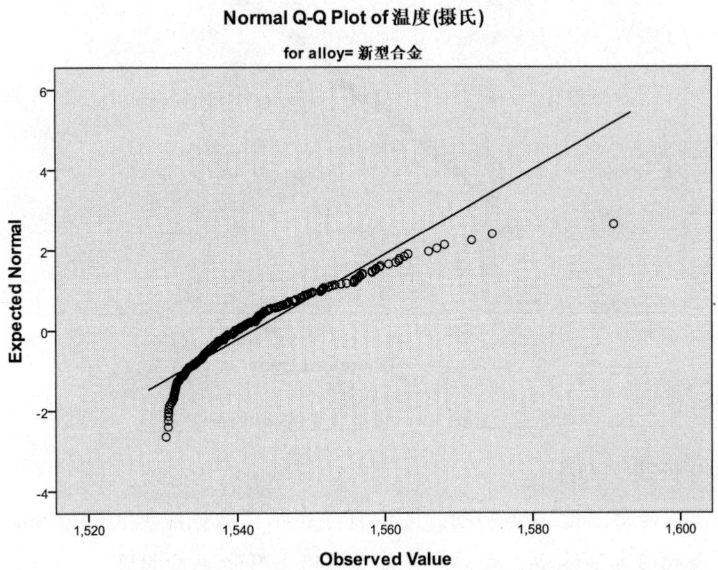

图8.13(a)　新型合金的茎叶图

温度(摄氏) Stem-and-Leaf Plot for
alloy= 标准合金

Frequency	Stem &	Leaf
2.00	148 .	8
2.00	149 .	4
12.00	149 .	6789&
22.00	150 .	011233334
35.00	150 .	5555667777778889
54.00	151 .	000011111122233333333444444
43.00	151 .	55566667777777889999
32.00	152 .	000011122333344
22.00	152 .	5556677889
15.00	153 .	0002234&
1.00	153 .	&

Stem width: 10.00
Each leaf: 2 case(s)

& denotes fractional leaves.

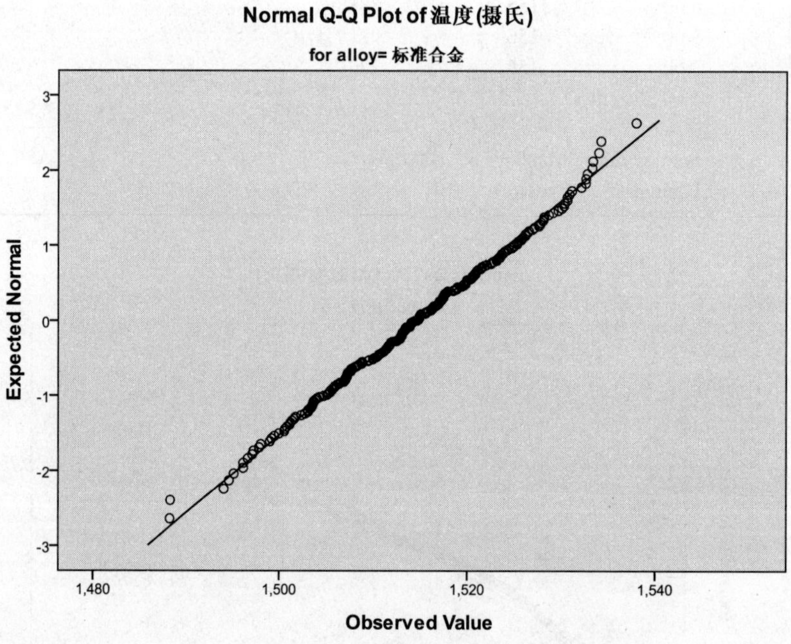

图8.13(b) 标准合金的茎叶图

（7）探索分析的Q-Q图

图8.14是新型合金温度的Q-Q图。图中直线表示当数据服从正态分布时的期望值，图中可以看出，观测值逐渐偏离直线，尤其是当温度上升时更加明显。

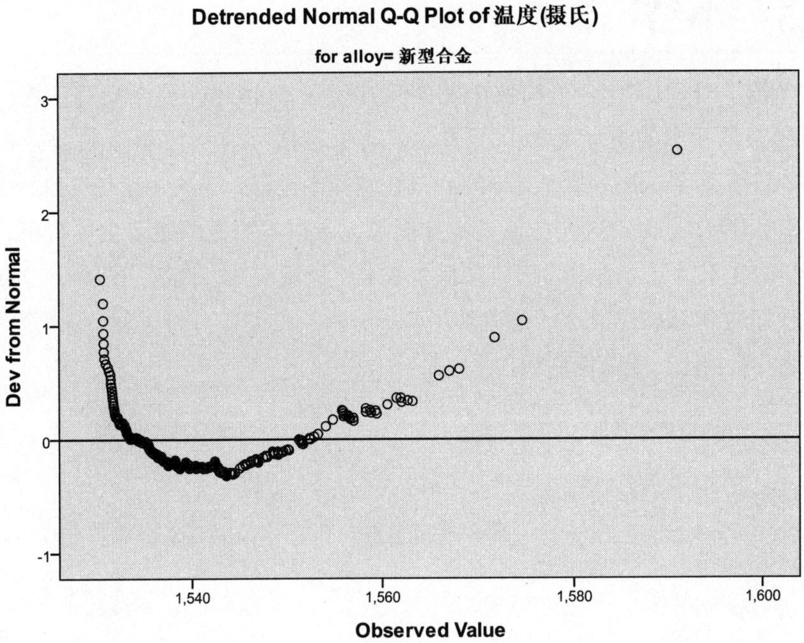

图8.14　新型合金的Q-Q图

（8）探索分析的箱图

图8.15显示的是合金类型的箱图。图中可以看出两种类型的合金温度值的分布。标准合金的温度分布上下较均匀，而新型合金的温度分布上下存在不对称性。

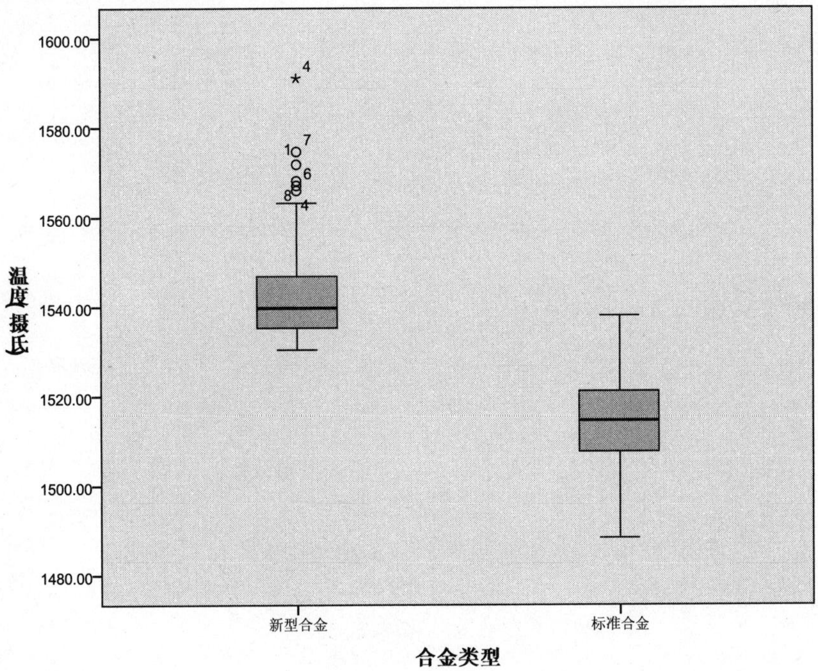

图8.15　合金类型的箱图

8.5 小结

本章介绍了SPSS统计分析模块中的Descriptive Statistics模块及其过程。该模块包括统计分析中最基本的统计量和分析方法，其中包括Frequencies（频数分析过程）、Descriptives（描述性分析过程）、Explore（数据探索过程）等。无论是在统计分析基础方面，还是SPSS操作方面，这些统计量本身能够揭示样本数据的诸多重要特征，正因为如此，统计学中几乎所有方法中的统计量都与基本统计量有关。读者应理解基本统计量的含义和这些过程的SPSS操作。这一章讲解了统计分析中的基础分析过程，第9章为多重反应分析，和这一章相比，专业性更强。

第9章

多重反应分析

本章包括

- 多重反应分析的基本方法
- 定义多重反应分析数据集
- 多重反应频数分析
- 多重反应列联表分析
- 多重反应变量集的自定义表格

SPSS 的多重反应分析（Multiple Response）又称多重应答或多选项分析，主要是针对问卷调查的多重反应问题。多重分析问题在问卷调查中普遍存在，要求被调查者从问卷中给出若干个可选答案中选择一个以上的答案。通常多重反应问题的分析一般利用两种方式处理：多重问题的分解方法，或者利用频数分析以及列联表分组下的频数分析等方法进行分析。

SPSS 24

9.1 多重反应分析的基本方法

由于SPSS变量中的每一个变量值只能保存一个值，无法处理多重反应问题中的多个答案问题，所以，SPSS处理多重反应问题是将一个多重反应问题分解成若干个问题，对应设置若干个SPSS可识别的变量，分别存放描述这些问题的几个可能被选择的答案。可以利用两种方法进行分解。

9.1.1 二分法（Multiple Dichotomies Method）

多重反应问题的二分法是将多重反应问题中的每个答案视为一个SPSS变量，每个变量只取0或1两个值，分别表示选择该答案或者没有选择该答案。

例如，某商业公司进行消费者偏好调查中，为分析消费者消费的倾向性，设计出如下问题：

请按次序依次选择您您经常购买物品的场所：

（1）超市（2）大型商店（3）专卖店（4）网上购物（5）不固定

可以利用二分法将问题分解成5个小问题；同时，设置相应的5个SPSS变量，取值为0和1，1表示经常去某场所购物，0表示不经常去某场所购物。表9.1给出分解变量的变量属性。

表9.1 多重反应问题的分解

变量名	变量标签	变量值
S1	经常去超市购物吗？	0/1
S2	经常去大型商场购物吗？	0/1
S3	经常去专卖店购物吗？	0/1
S4	经常在网上购物吗？	0/1
S5	购物场所不固定吗？	0/1

如果某一消费者选择了经常去超市、大型商场和网上购物，则变量S1，S2，S4取值为1，其余变量取值为0。利用二分法解决了多重反应问题中的多个选项的问题。

9.1.2 分类法（Multiple Category Method）

多重反应问题的分类法的基本思想是估计多重反应问题最多可能出现的答案个数；然后，为每个答案定义一个SPSS变量，变量取值为多重反应问题中的可选答案。

例如，对于购物商场的选择问题，如果问卷中要求被调查者最多选3个答案，这时可定义3个SPSS变量，变量取值是1到5之间，分别对应5个选择答案。

以上简略叙述了多重反应问题中的变量分解方法，具体应用中，应根据实际情况选择分解方法，既要考虑尽量减少信息损失，同时也要避免分解变量的个数太多，增加分析过程的难度。

9.2　定义多重反应分析数据集

9.2.1　实例：消费者购物场所的调查

定义多重反应分析数据集过程可将多个基础变量定义成多重反应数据集，以便进行多重反应频数分析和多重反应列联表分析。

表9.2显示一个多重反应问题的二分法记录表，是对45名消费者调查经常购物的场所的结果。调查对象年龄包括青年人和中老年人；性别：男、女；6个选择答案：超市、大型商场、专卖店、批发市场、网上购物、不固定，表中只显示数据文件中的前16组数据，其中，年龄1表示中老年人，2表示年轻人；性别1为男性，2为女性；其他数据中的1表示“经常”，2表示“不经常”。要求建立多重反应数据集。（数据文件：response.sav）

表9.2　消费者购物场所调查二分表（前16组数据）

编号	年龄	性别	超市	大型商场	专卖店	批发市场	网上购物	不固定
1	1	1	0	0	1	0	1	1
2	1	2	0	0	1	0	0	0
3	2	1	0	0	0	0	0	1
4	2	2	0	0	0	0	1	1
5	2	2	0	0	0	0	1	1
6	1	2	1	0	0	1	1	1
7	1	1	1	1	0	0	1	1
8	1	1	0	1	1	0	1	1
9	2	1	0	1	0	1	1	1
10	2	2	0	1	1	0	0	0
11	1	1	1	1	1	1	0	0
12	2	2	0	1	0	0	1	0
13	1	2	1	0	0	1	0	0
14	1	1	1	1	1	1	0	0
15	2	1	0	0	1	1	1	1
16	2	1	1	1	1	1	0	1

9.2.2　定义多重数据集的SPSS操作

步骤 1　打开数据文件response.sav。

步骤 2　选择菜单“Analyze”→“Multiple Response”→“Define Variable Sets”命令，打开“Define Multiple Response Sets”（定义多重反应数据集）对话框，如图9.1所示。

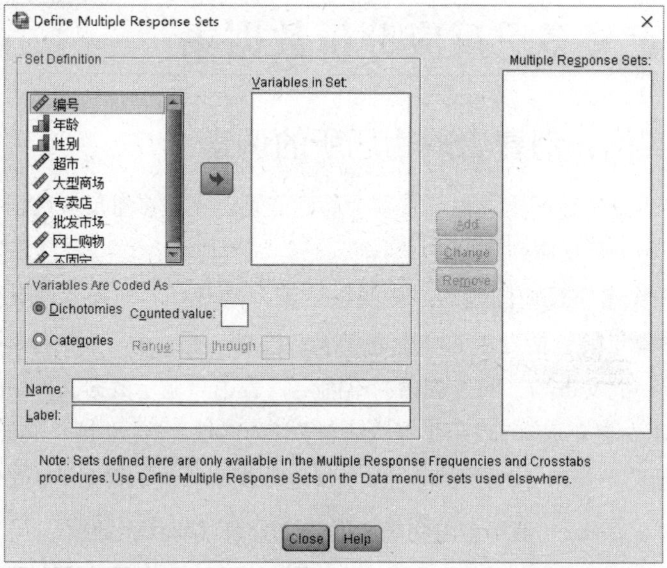

图9.1 “Define Multiple Response Sets”（定义多重反应数据集）对话框

步骤 3 在左侧的“Set Definition”（数据集定义）窗口中选择变量，单击右向箭头按钮，将其移动到“Variables in Set”（数据集中的变量）窗口，作为多重反应数据集变量。本例选择“超市”、“大型商场”、“专卖店”、“批发市场”、“网上购物”、“不固定除”等6个变量作为进入变量集的选择变量。

步骤 4 “Variables Are Coded As”（变量编码方式）窗口中选择多重反应数据集的变量分解方式，选择“Dichotomies”或“Categories”选项。

选项含义如下：

- Dichotomies 二分法，为默认选项。选择该项，表示利用多重反应的二分法进行分解，并在“Counted Value”（计数值）栏中设定计数值，计数值出现1次以上的变量将成为多重二分数据集的分类。本例选择该项。
- Categories 分类数据。选择该项，表示利用多重反应的分类法进行分解，并在“Range”（范围）栏和“through”中输入范围的最小值和最大值。

步骤 5 选择定义变量集的名称和标签选项，选项及含义如下：

- Name 数据集名称。设定多重反应数据集名称。数据集名称不能多于7个字符，SPSS将自动在指定的名称添加前导字符$，并规定不能使用casenum，sysmis，jdate，date，time，length，width等字符作为数据集名称。多重反应数据集的名称只能出现在多重反应过程中，其他过程不能访问多重数据集名称。本例选择变量集名称为“购物”。
- Label 标签。设定多重反应数据集的标签，长度不能超过40个字符。

步骤 6 设定完毕后，单击“Add”按钮，将设定好的多重反应数据集添加到“Multi Response Sets”（多重反应数据集）列表中，以确认定义操作。

步骤 7 单击“Close”，完成多重反应数据集的定义。

9.3　多重反应频数分析

多重反应频数分析（Multiple Response Frequencies）产生多重反应数据集的频数表，包括常用的统计量。仍以上节定义的多重反应数据集为例，对数据文件中的数据进行多重反应频数分析。（数据文件：response.sav）

9.3.1　多重反应频数分析的SPSS操作

步骤1　打开数据文件response.sav。

步骤2　单击菜单“Analyze”→“Multiple Response”→“Frequencies”命令，打开“Multiple Response Frequencies”（多重反应频数分析）对话框，如图9.2所示。

在“Multi Response Sets”区域中选择定义的变量集，单击右向箭头按钮，移动到“Table(s) for”区域，可以选择1个或多于1个的数据集。本例变量集为“$购物”。

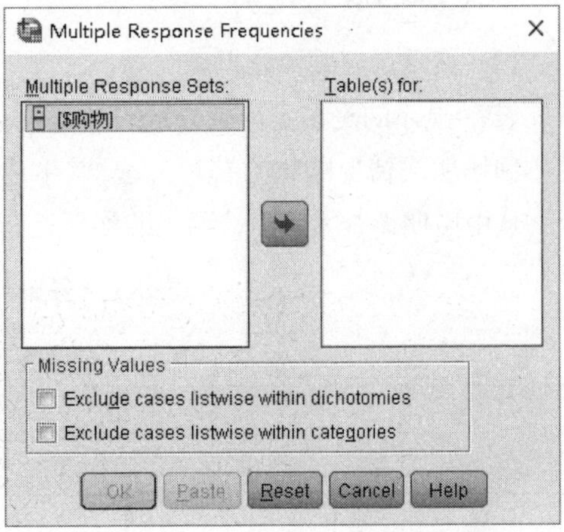

图9.2　“Multiple Response Frequencies”（多重反应频数分析）对话框

“Missing Values”窗口给出处理数据缺失值的方式，可在不同频数分析中分别处理缺失值，包括两个选项：

- Exclude cases listwise within dichotomies　整列剔除二分数据集中的缺失值个案。多重二分数据集的表中，个案中任何一个变量含有缺失值，则剔除该个案；如果整个个案的组成变量均不包含计数值，则认为该个案为缺失值；若有1个或1个以上的变量不包含计数值，则该个案中的某些变量含有缺失值。
- Exclude cases listwise within categories　整列剔除分类数据集中的缺失值个案，多重分类数据集的表中，个案中任何一个变量含有缺失值，则剔除该个案；若某个个案的组成变量的有效值均不在定义范围内，则认为该个案为缺失值。

步骤3　单击“OK”按钮，执行多重反应的频数操作。

步骤4　“Paste”得到的syntax命令语句程序：

```
/* 多重反应频数分析命令语句 .
MULT RESPONSE
  GROUPS=$ 购物场所 （超市 大型商场 专卖店 批发市场 网上购物 不固定 (1))
  /FREQUENCIES=$ 购物 .
```

9.3.2 多重反应频数分析的结果

（1）多重反应分析的个案概述

表9.3显示的是多重反应分析的个案概述表。表中给出参与分析的个案数和缺失值的信息。

表9.3 多重反应分析的个案概述

Case Summary

	Cases					
	Valid		Missing		Total	
	N	Percent	N	Percent	N	Percent
$购物[a]	45	100.0%	0	0.0%	45	100.0%

a. Dichotomy group tabulated at value 1.

（2）多重反应频数分析表

表9.4显示的是多重反应分析的频数表。表中可以看出，在给定的45份调查表中，选择在不同场所或情况购物的有136次，其中选择经常在超市购物的有16人，网上购物的有29人，从中说明调查人员中，网上购物已逐渐成为主流。

表9.4 多重反应分析的频数表

$购物 Frequencies

		Responses		Percent of Cases
		N	Percent	
$购物[a]	超市	16	11.8%	35.6%
	大型商场	25	18.4%	55.6%
	专卖店	23	16.9%	51.1%
	批发市场	20	14.7%	44.4%
	网上购物	29	21.3%	64.4%
	不固定	23	16.9%	51.1%
Total		136	100.0%	302.2%

a. Dichotomy group tabulated at value 1.

9.4 多重反应列联表分析

多重反应列联表（Multiple Response Crosstabs）可以产生多重反应数据集，是基础变量或组合变量的列联表。

9.4.1 SPSS基本操作

仍以数据文件response.sav为例，说明多重反应列联表分析的基本操作方法：

步骤1　打开数据文件response.sav。

步骤2　单击菜单"Analyze"→"Multiple Response"→"Crosstabs"命令，打开"Multiple Response Crosstabs"（多重反应列联表）对话框，如图9.3所示。

步骤3　在"Multi Response Sets"（多重反应变量集）窗口选择已定义的变量集，单击右向箭头按钮，将其移动到"Column(s)"（列变量）窗口，作为列联表的列变量。本例选择变量集"$购物"。

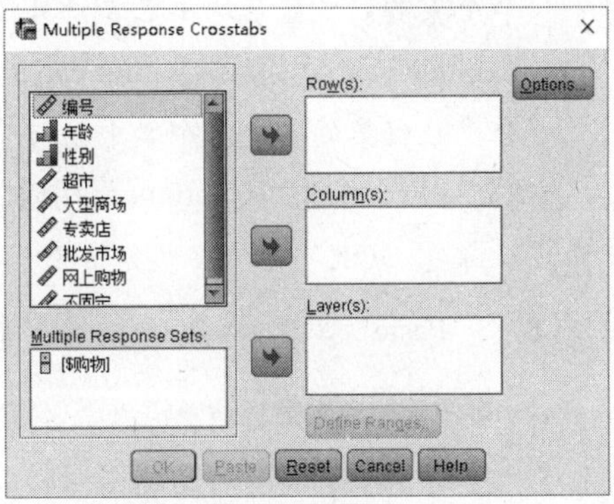

图9.3 "Multiple Response Crosstabs"（多重反应列联表）对话框

在变量列表框中选择行变量，单击右向箭头按钮，移动到"Row(s)"（行）窗口，作为列联表的行向量。本例选择变量"年龄"，选择行变量后，单击"Define Ranges"（定义范围）按钮，出现"Multiple Response Crosstabs：Define Ranges"（多重反应列联表分析：定义范围）对话框，如图9.4所示，在该对话框中设定最小值（Minimum）为1，最大值（Maximum）为2，单击"Continue"按钮，返回主对话框。

步骤4　单击"Options"按钮，打开"Multiple Response Crosstabs：Options"（多重反应列联表分析：选项）对话框，如图9.5所示。

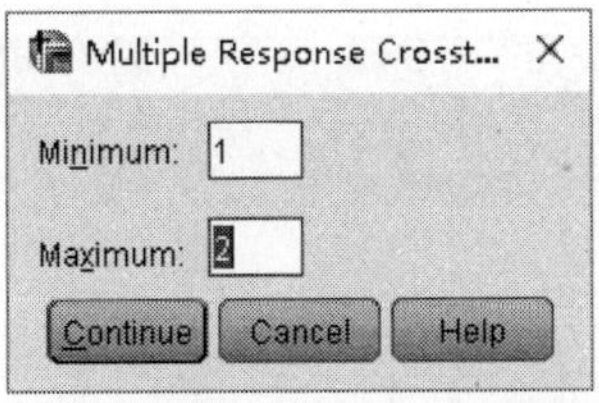

图9.4 "Define Ranges"对话框

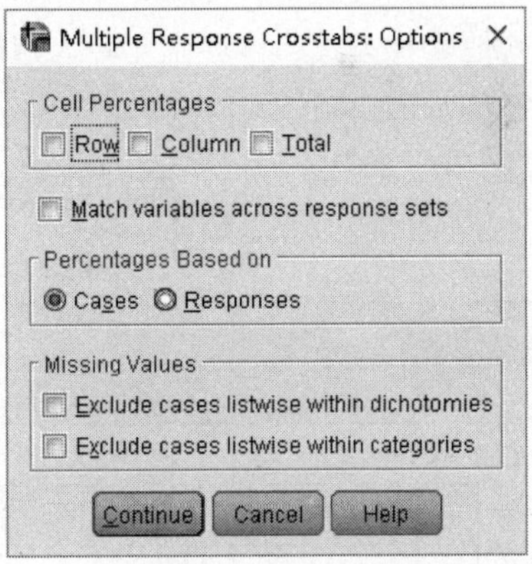

图9.5 "Multiple Response Crosstabs：Options"对话框

"Cell Percentages"（单元格百分数）窗口中用于设定单元格中百分数选项：

- Row 选择该项，表示计算行百分数。
- Column 选择该项，表示计算列百分数。
- Total 选择该项，表示计算总百分数。

本例选择该窗口的3个全部选项。

"Percentages Based on"（百分数依据）窗口给出计算百分数的依据，包含选项：

- Cases 依据个案计算百分数。本例选该项。
- Response 依据反应计算百分数。

“Missing Values”（缺失值）窗口给出处理缺失值的方式：

- Exclude cases listwise within dichotomies 整列剔除二分数据集中的缺失值个案。多重二分数据集的表中，个案中任何一个变量含有缺失值，则剔除该个案。如果整个个案的组成变量均不包含计数值，则认为该个案为缺失值。
- Exclude cases listwise within categories 整列剔除分类数据集中的缺失值个案，多重分类数据集的表中，个案中任何一个变量含有缺失值，则剔除该个案。

选择完毕后，单击“Continue”按钮，返回主对话框。

步骤 5 单击“OK”按钮，执行多重反应列联表分析过程。

步骤 6 “Paste”得到的syntax命令语句程序：

```
/* 多重反应频数分析命令语句 .
MULT RESPONSE
  GROUPS=$ 购物 (超市 大型商场 专卖店 批发市场 网上购物 不固定 (1))
  /VARIABLES= 年龄 (1 2)
  /TABLES= 年龄  BY $ 购物
  /CELLS=ROW COLUMN TOTAL
  /BASE=CASES .
```

9.4.2 多重反应列联表分析的结果

表9.5是该问题的多重反应列联表分析结果。表中可以看出不同年龄结构的被访者对选择购物场所的态度，其中的老年人，在超市中购物的相对较多；而年轻人中网上购物的明显多于其他购物方式，体现出年轻人追赶时尚的趋势。另一方面，标号中还可得到不同年龄层次人员对不同购物选择的各种百分比。

表9.5 多重反应列联表分析结果

年龄*$购物 Crosstabulation

			$购物[a]						Total
			超市	大型商场	专卖店	批发市场	网上购物	不固定	
年龄	中老年人	Count	10	7	13	9	7	10	17
		% within 年龄	58.8%	41.2%	76.5%	52.9%	41.2%	58.8%	
		% within $购物	62.5%	28.0%	56.5%	45.0%	24.1%	43.5%	
		% of Total	22.2%	15.6%	28.9%	20.0%	15.6%	22.2%	37.8%
	青年人	Count	6	18	10	11	22	13	28
		% within 年龄	21.4%	64.3%	35.7%	39.3%	78.6%	46.4%	
		% within $购物	37.5%	72.0%	43.5%	55.0%	75.9%	56.5%	
		% of Total	13.3%	40.0%	22.2%	24.4%	48.9%	28.9%	62.2%
Total		Count	16	25	23	20	29	23	45
		% of Total	35.6%	55.6%	51.1%	44.4%	64.4%	51.1%	100.0%

Percentages and totals are based on respondents.
a. Dichotomy group tabulated at value 1.

9.5　多重反应变量集的自定义表格

9.5.1　一般多重变量集自定义表格

自定义表格支持多重反应变量集。多重反应变量可视为一类特殊的变量，但不是SPSS意义下的变量，无法在数据编辑窗口编辑，SPSS其他过程也无法识别多选项数据集。所以无法用SPSS的一般处理变量的方法处理。

例如，医生对某种病进行诊断，需要知道是否出现如下症状：

（1）低烧 （2）咳嗽 （3）头昏 （4）无力 （5）尿频 （7）心悸

显然，针对具体病人，该问题可选的答案会不止一个。

多重反应分析方法是将一个多选项问题分解为多个变量。分解方法主要有多重反应选项二分法（Multiple Dichotomies Method）和多重反应分类法（Multiple Category Method）。

相关知识：见第7章的自定表格。

9.5.2　SPSS基本操作

以数据文件survey_sample.sav为例，自定义多重反应变量集表格。下面给出具体操作步骤：

(1) 打开数据文件survey_sample.sav。

(2) 定义多重反应变量集。

选择菜单“Analyze”→“Multiple Response”→“Define Sets”命令，打开“Define Multiple Response Sets”（定义多重反应数据集）对话框，如图9.6所示。

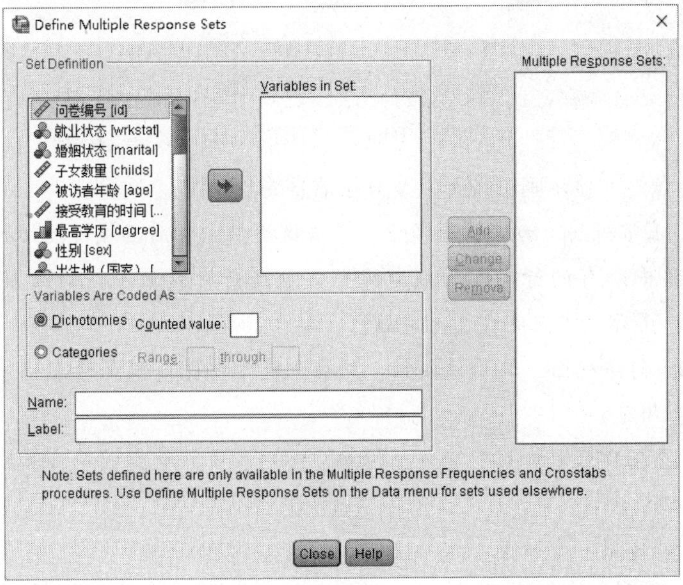

图9.6 “Define Multiple Response Sets”（定义多重反应数据集）对话框

在左侧的“Set Definition”（数据集定义）窗口中选择变量“new1”至“new5”，单击右向箭头按钮，将其移动到“Variables in Set”（数据集中的变量）窗口，作为多重反应数据集变量；选择“Dichotomie Counted”选项，并在该处的输入栏输入1；“Name”（变量集名称）窗口输入“mltnews”，“Label”（变量集标签）窗口输入“消息来源”；单击“Add”按钮和“Close”按钮，关闭定义变量集对话框。

至此，定义了名为“$mltnews”的变量集并保存在数据文件中。

（3）打开制表对话框

选择菜单“Analyze”→“Tables”→“Custom Tables”命令，打开“Custom Tables：Tables”（自定义表格：表格）对话框，如图9.7所示。

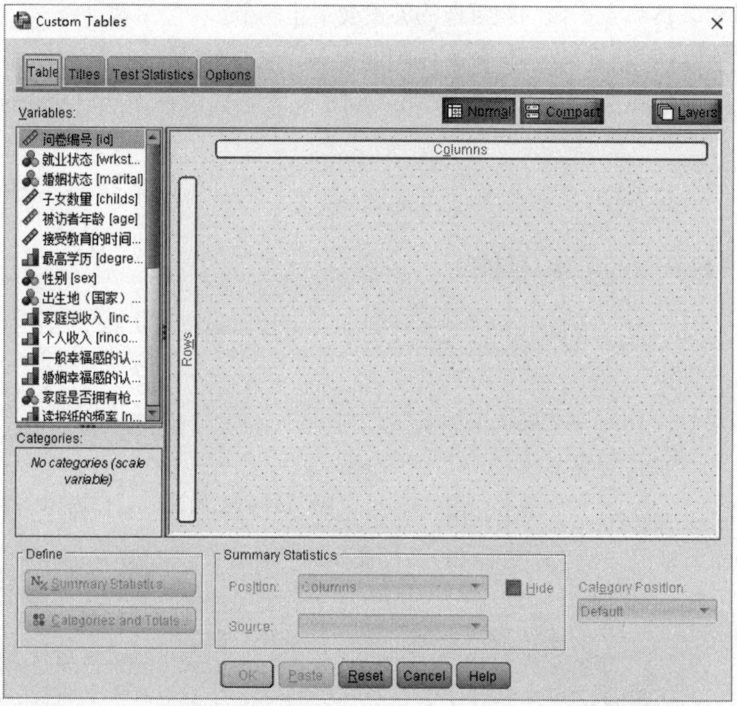

图9.7 “Custom Tables：Tables”（自定义表格：表格）对话框

对话框右上角处的显示画板视图以及分层信息的3个按钮：

- Normal 正常视图，为默认选择项。单击该按钮，当前画板视图切换至正常视图，显示表格中所有的行与列的预览视图，包括行、列汇总统计量及分类变量的分类。图9.7显示的是正常视图时的情形。
- Comapct 简洁视图。单击该按钮，切换到简洁视图，仅显示表格中的变量，不对表格进行预览。
- Layers 分层列表。如果将变量拖拽至分层列表中，生成的统计表可按该变量进行分层。

（4）选择指标变量和变量集

在“Variable”窗口的变量列表框中，选择已定义的多重反应变量集标签“消息来源”

（此为多重反应变量集“$mltnews”的描述性标签），并将其拖拽至画板中的“Rows”框内。

提　示

在“Variables”窗口的变量列表中，“消息来源”左侧的图标表示该标签为多重反应变量集的标签。在SPSS中，利用图标表示利用多选项二分法得到的多选项数据集；而图标表示利用多选项分类法得到的多选项数据集。

（5）添加表格汇总统计量

对话框的画板中，利用鼠标右键单击变量集“消息来源”的区域，在弹出的菜单中选择“Categories and Totals”（分类和合计）命令，显示如图9.8所示的“Categories and Totals”对话框；“Show”区域中选择“Total”选项；然后单击“Apply”按钮，返回至“Custom Tables”主对话框。这时，在表格预览框中增加合计汇总项。

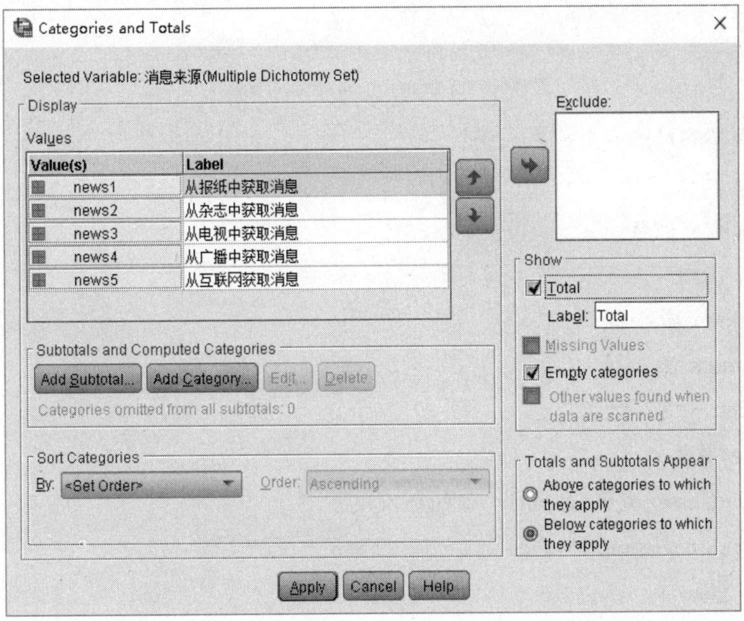

图9.8　“Categories and Totals”（分类和合计）对话框

（6）添加表格列百分比统计量

对话框的画板中，利用鼠标右键单击变量集“消息来源”的区域，在弹出的菜单中选择“Summary Statistics”（汇总统计量）命令，显示如图9.9所示“Summary Statistics”对话框。在“Statistics”窗口中单击“Colunmn Percent”并选择“Column N %”选项，单击右向箭头按钮，将其移动至“Display”框内；单击“Apply”按钮，返回至“Custom Tables”主对话框。这时，在表格预览框中增加一个应答次数的列百分比。

该对话框中，左侧的“Statistics”窗口列出确定表格中各变量的统计量选择。针对不同类型的变量，给出不同属性的汇总统计量，例如，针对分类变量，显示计数值或百分比的统计量，包括描述集中和离散趋势的各种统计量。下面给出针对不同类型的变量，该窗口提供的主要统计量。

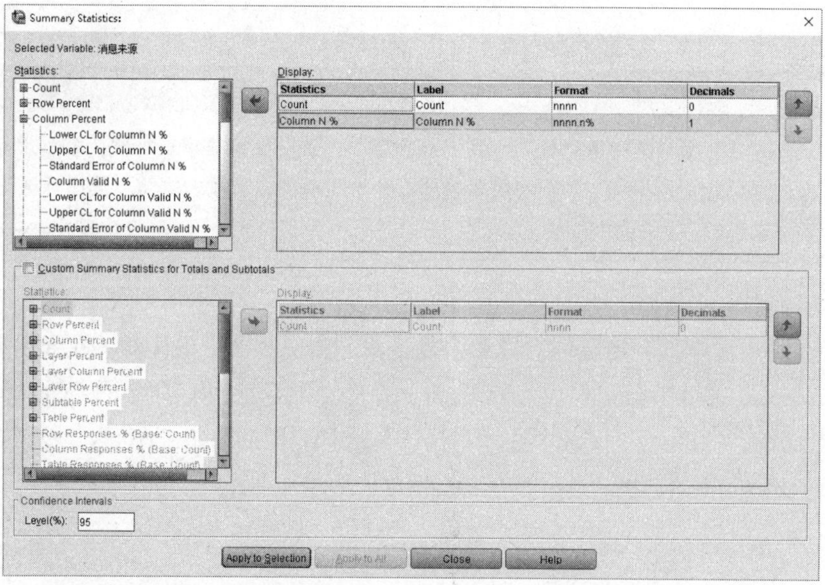

图9.9　Summary Statistics对话框

对于定距型的尺度变量，汇总统计量选择包括如下的几种主要形式：

- Mean 均值
- Median 中位数
- Mode 众数
- Minimum 最小值
- Maximum 最大值
- Percentile 百分位数
- Range 极差
- Standard error of the mean 均值的标准误差
- Standard deviation 标准差
- Sum 总和
- Sum percentage 总和百分比
- Total N 总例数
- Valid N 有效例数
- Variance 方差

对于分类变量，汇总统计量选择包括如下的几种主要形式：

- Count 计数
- Unweighted Count 未加权数
- Column percentages 列百分比
- Row percentages 行百分比
- Layer Row percentages 层行百分比

- Layer Column percentages 层列百分比
- Layer percentages 层百分比
- Table percentages 表百分比
- Subtable percentages 子表百分比
- Total N percentage 总体百分比

对于多重反应变量集，汇总统计量选择包括如下的几种主要形式：

- Col Respones % 列多重反应百分比
- Row Respones % 行多重反应百分比
- Layer Respones % 层多重反应百分比
- Col Respones %（Base：Count） 基于计数的列多重反应百分比
- Row Respones %（Base：Count） 基于计数的行多重反应百分比
- Layer Respones %（Base：Count） 基于计数的层多重反应百分比

(7) 执行操作

单击“OK”按钮，确认选择，执行制表操作。

(8) “Paste”得到的syntax命令语句程序：

```
/* 多重反应的自定义表格命令语句 .
CTABLES
  /VLABELS VARIABLES=$mltnews DISPLAY=DEFAULT
  /TABLE $mltnews [COUNT F40.0, COLPCT.COUNT PCT40.1, RESPONSES F40.0,
  COLPCT.RESPONSES PCT40.1, COLPCT.RESPONSES.COUNT PCT40.1]
   /CATEGORIES VARIABLES=$mltnews EMPTY=INCLUDE TOTAL=YES
POSITION=AFTER.
```

9.5.3 多重反应变量集表格的结果

(1) 多重反应变量集的自定义表格

表9.6是利用上述操作得到的多重反应变量集的自定义表格。

表9.6 多重反应变量集的自定义表格

		Count	Column N %
消息来源	从互联网获取消息	867	41.7%
	从广播中获取消息	551	26.5%
	从电视中获取消息	1077	51.8%
	从杂志中获取消息	294	14.1%
	从报纸中获取消息	805	38.7%
	Total	2081	100.0%

从表中可以看出，Column N %列中知道，在所有被访人群中，有41.7%的人会从互联网中获取新闻，但最大的信息源还是新闻，有51.8%的人从电视中获取新闻，而从杂志中

获取新闻的人只有14.1%。

Total（合计）的值为2081，与个案总数2832比较，如果没有缺失值的话，有近800个被访者不从以上提供的5种主要新闻来源中获得任何新闻，占总被访对象的27%之多。

注 意

因为构成多重反应变量集标签“消息来源”有5个变量，统计5个分解变量的Count值是利用数据文件中1出现的次数，但Total项是按照5个分解变量中只要有一个为1时出现的次数计数的，显然，Total不会超过个案总数。由于是多重分析的变量，5个变量的Count之和比Total大很多。

9.5.4 进一步的分析

在分析结果中得知，利用“Summary Statistics”对话框中的“Count”选项制表，无法体现出应答次数和应答次数百分比的多选项因素。下面通过考虑多重反应的统计项，解决此类问题。

在“Custom Table”对话框中，利用鼠标右键单击变量集“消息来源”的区域，在弹出的菜单中选择 “Summary Statistics” （汇总统计量）命令，打开“Summary Statistics”对话框，在“Statistics”窗口中点击“Multiple Response”并选择“Responses”选项和“Column Responses %”选项，再单击右向箭头按钮，将其移动至“Display”框内。单击“Apply”按钮，返回至“Custom Tables”主对话框。单击“OK”按钮，确认选择，执行制表操作。执行后出现如表9.7所示的结果。

表9.7 具有列反应百分比的多重反应自定义表格

		Count	Column N %	Responses	Column Responses %
消息来源	从互联网获取消息	867	41.7%	867	24.1%
	从广播中获取消息	551	26.5%	551	15.3%
	从电视中获取消息	1077	51.8%	1077	30.0%
	从杂志中获取消息	294	14.1%	294	8.2%
	从报纸中获取消息	805	38.7%	805	22.4%
	Total	2081	100.0%		

表9.7中可以看出，针对每一个“分类”，Responses的值和Count的值是相同的，实际上，针对二项分解法得到的多选项变量都具有此特征；但Total的值不同，利用Responses计算的Total值是将每一个分类中出现1（Yes）的次数全部相加后得到的结果；利用此基数计算出的百分比要比利用Count计算出的要小，其和为100%。

注意到，在Column N %列中，百分比之和大于100%，其描述了5个分类变量出现1的次数在所有至少选择一个分类变量为1的个案总数的比例，但在该列中，Total的值为100%；也可以选择显示分类变量百分比之和，只需在“Summary Statistics”对话框中的“Statistics”区域内选择“Column Response % (Base: Count)”选项，执行后出现表9.8的结果。

表9.8 具有基于count列反应百分比的多重反应自定义表格

		Count	Column N %	Responses	Column Responses %	Column Response % (Base: Count)
消息来源	从互联网获取消息	867	41.7%	867	24.1%	41.7%
	从广播中获取消息	551	26.5%	551	15.3%	26.5%
	从电视中获取消息	1077	51.8%	1077	30.0%	51.8%
	从杂志中获取消息	294	14.1%	294	8.2%	14.1%
	从报纸中获取消息	805	38.7%	805	22.4%	38.7%
	Total	2081	100.0%			

9.5.5 具有嵌套结构的多重变量集自定义表格

以上制表过程，是将多重变量集看成分类变量处理；当然，还可以多重变量集和分类变量结合进行交叉列联表分析，或者将多重变量集嵌入分类变量内进行制表。下面给出的仍是在上例制表的基础上存在分类变量嵌套的情况。（数据文件：survey_sample.sav）

基本操作如下：

步骤1 在上例打开的“Custom Tables”对话框中，将“Variables”窗口的“性别”标签拖放至预览窗口的“Rows”框内；于是，多选项变量便被嵌套在分类型变量“性别”内，如图9.10所示。

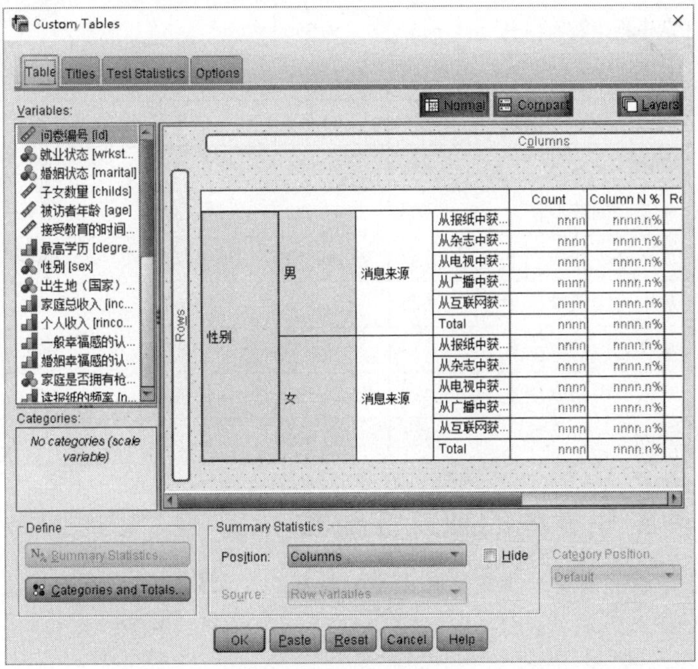

图9.10 具有嵌套结构的自定义表格预览图

步骤2 鼠标右键单击画板的“性别”区域，在弹出的菜单栏中，取消“Show Variable Label”选项（默认显示变量标签）；在“消息来源”区域进行相同操作。于是，在图表预览框内，“性别”和“消息来源”两标签被取消。该操作目的是缩小表格的占用空间。

步骤3 单击“确定”按钮，执行制表操作，得到如表9.9所示的嵌套表格。

步骤4 “Paste”得到的syntax命令语句程序：

```
    /* 具有嵌套结构的多重变量集自定义表格命令语句 .
    CTABLES
      /VLABELS VARIABLES=sex $mltnews DISPLAY=NONE
      /TABLE sex > $mltnews [COUNT F40.0, COLPCT.COUNT PCT40.1, RESPONSES
F40.0,
      COLPCT.RESPONSES PCT40.1, COLPCT.RESPONSES.COUNT PCT40.1]
      /CATEGORIES VARIABLES=sex ORDER=A KEY=VALUE EMPTY=INCLUDE
      /CATEGORIES VARIABLES=$mltnews  EMPTY=INCLUDE TOTAL=YES POSITION=
AFTER.
```

表9.9 具有嵌套结构的自定义表格

				Count	Column N %	Responses	Column Responses %	Column Response % (Base: Count)
性别	男	消息来源	从互联网获取消息	359	40.1%	359	23.3%	40.1%
			从广播中获取消息	233	26.0%	233	15.1%	26.0%
			从电视中获取消息	451	50.3%	451	29.3%	50.3%
			从杂志中获取消息	121	13.5%	121	7.9%	13.5%
			从报纸中获取消息	375	41.9%	375	24.4%	41.9%
			Total	896	100.0%			
	女	消息来源	从互联网获取消息	508	42.9%	508	24.7%	42.9%
			从广播中获取消息	318	26.8%	318	15.5%	26.8%
			从电视中获取消息	626	52.8%	626	30.5%	52.8%
			从杂志中获取消息	173	14.6%	173	8.4%	14.6%
			从报纸中获取消息	430	36.3%	430	20.9%	36.3%
			Total	1185	100.0%			

9.5.6 多重变量集的独立性检验

下面首先通过示例创建分类变量和多重变量集的交叉列联表，并给出交叉列联表的独立性χ^2检验过程。

基本操作及执行结果如下：

步骤1 在数据编辑窗口，单击菜单“Analyze”→“Tables”→“Custom Tables”命令，打开“Custom Tables”对话框；并单击“Reset”按钮，清除先前所做的设置。

步骤 2 “Variable”窗口选择多重变量集标签“消息来源”拖拽至画板中的“Columns”区域内；在“Variable”窗口选择变量标签“性别”拖拽至画板中的“Rows”区域内，如图9.11所示。

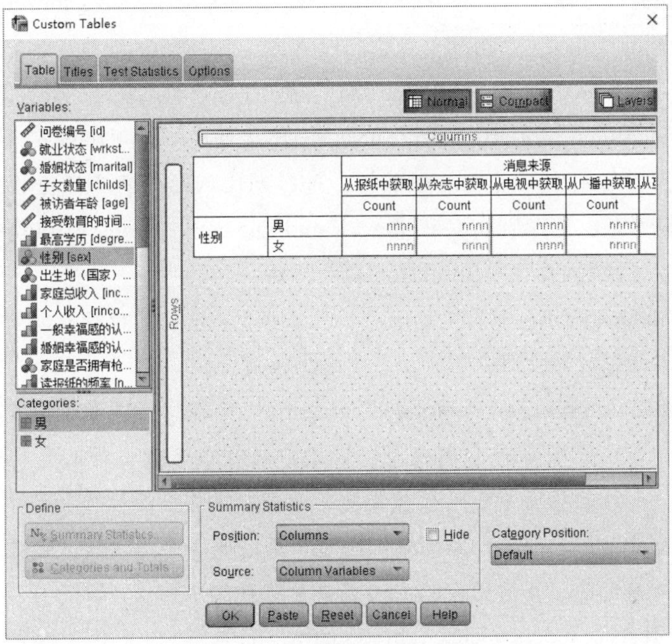

图9.11 自定义表格对话框的画板预览图

步骤 3 单击“Test Statistics”选项，切换至图9.12所示“Custom Tables：Test Statistics”对话框。

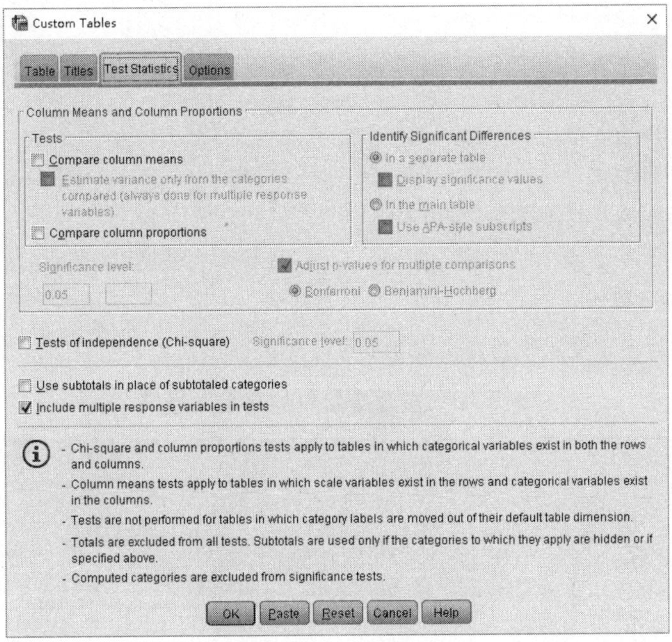

图9.12 “Test Statistics”（检验统计量）对话框

该窗口提供了变量的独立性检验功能。主要有3个统计功能，5个选项。

- Compare column means（t-tests）比较列均值的t检验。检验列均值的方差齐性。对于列中至少有一个分类变量，行中至少有一个定距型变量的表格，对列均值进行两两齐性检验，可以选择两种检验方法，即："Adjust p-values for multiple comparisons（Bonferroni method）"为调整多重比较的p值（Bonferroni检验方法），或者"Estimate variance only from the categories compared"为当进行分类比较时估计方差值。
- Compare column proportions（z-tests） 比较列比例。列比例齐性检验，对于在行与列中至少有一个分类变量的表格，进行列比例的两两齐性检验。对此，也给出一种检验方法："Adjust p-values for multiple comparisons（Bonferroni method）"为调整多重比较的p值（Bonferroni检验方法）。
- Tests of independence（Chi-square） 独立性的χ^2检验。对行与列中至少有一个分类变量的表格进行独立性χ^2检验。本例选择该项。
- Use subtotals in place of subtotaled categories 选择该项，表示显著性检验时，分类变量的小计汇总项取代分类变量。否则，只有当进行小计汇总的那些分类变量值隐藏时，小计汇总项才可以代替分类变量进行显著性检验。
- Include multiple response variables 此为默认选项。选择该项，检验时会利用多选项变量的分类变量，否则的话，多选项变量将被忽略。

本例选择"Tests of independence (chi-square)"选项。

步骤4 单击"确定"按钮，执行自定义表格操作。

步骤5 "Paste"得到的syntax命令语句程序：

```
/*  自定义表格的多重反应独立性检验 .
CTABLES
  /VLABELS VARIABLES=$mltnews sex DISPLAY=DEFAULT
  /TABLE sex [COUNT F40.0] BY $mltnews
  /CATEGORIES VARIABLES=$mltnews  EMPTY=INCLUDE
  /CATEGORIES VARIABLES=sex ORDER=A KEY=VALUE EMPTY=INCLUDE
   /SIGTEST  TYPE=CHISQUARE  ALPHA=0.05  INCLUDEMRSETS=YES
CATEGORIES=ALLVISIBLE.
```

（6）结果与分析

表9.10是执行多重变量集自定义表格的显示结果。该表是一个简单的交叉列联表。

表9.10　多重变量集的自定义表格

		消息来源				
		从互联网获取消息	从广播中获取消息	从电视中获取消息	从杂志中获取消息	从报纸中获取消息
		Count	Count	Count	Count	Count
性别	男	359	233	451	121	375
	女	508	318	626	173	430

表9.11是交叉列联表的独立性检验结果列表。从表中可以看出，在显著性水平为0.05的情况下，由于χ^2检验的概率p值为0.068，大于0.05，可以认为在选择消息来源方面，男性和女性不存在显著性差别。

表9.11　自定义表格的独立性检验

Pearson Chi-Square Tests

		消息来源
性别	Chi-square	10.266
	df	5
	Sig.	.068

Results are based on nonempty rows and columns in each innermost subtable.

9.5.7 多重变量集的列均值比较和检验

多选项变量集定义的分类中，计算定距变量的均值，并且比较均值是否存在显著性差别。检验结果依据双边检验，具有方差齐性，默认的显著性水平为0.05。

基本操作及执行结果如下：

步骤1 在数据编辑窗口，单击菜单“Analyze”→“Tables”→“Custom Tables”命令，打开“Custom Tables”对话框，并单击“Reset”按钮，清除先前所做的设置。

步骤2 “Variable”窗口选择多重变量集标签“消息来源”拖拽至画板中的“Columns”区域内；“Variable”窗口选择变量标签“被访者年龄”拖拽至画板中的“Rows”区域内。

步骤3 单击“Test Statistics”选项，将对话框切换至“Custom Tables：Test Statistics”对话框，并选择“Compare Column Means (t-tests)”选项。

步骤4 单击“确定”按钮，执行自定义表格操作。

步骤5 “Paste”得到的syntax命令语句程序：

```
/* 自定义表格的多重反应均值检验命令语句 .
CTABLES
  /VLABELS VARIABLES=$mltnews age DISPLAY=DEFAULT
  /TABLE age [MEAN] BY $mltnews
  /CATEGORIES VARIABLES=$mltnews  EMPTY=INCLUDE
  /COMPARETEST TYPE=MEAN ALPHA=0.05 ADJUST=BONFERRONI ORIGIN=COLUMN
  INCLUDEMRSETS=YES CATEGORIES=ALLVISIBLE MEANSVARIANCE=ALLCATS.
```

步骤6 结果与分析

表9.12是执行多重变量集自定义表格的显示结果。和表9.9类似，也是一个简单的交叉列联表。

表9.12　多重变量集的自定义表格

	消息来源				
	从互联网获取消息	从广播中获取消息	从电视中获取消息	从杂志中获取消息	从报纸中获取消息
	Mean	Mean	Mean	Mean	Mean
被访者年龄	40	40	48	40	52

表9.13是列联表的列均值检验结果。表中各字母的含义和规则如下：

多重变量集的每一个分类利用字母A、B、C、D表示，对于每一分类变量，如果存在其他分类变量的均值显著小于该变量的均值，则在表9.13的最后一行利用字母给出标注。

"从报纸获中取消息"的人员年龄均值为50，显著大于其他所有分类变量的均值，在该变量的列中标出ABCD。

"从电视中获取消息"的人员年龄均值为48，显著大于A、B、D代表的变量的均值，在该变量的列中标出ABD。

其余3个分类变量的人员年龄均值没有显著差异。

表9.13　列均值的比较和检验

Comparisons of Column Means[a]

	消息来源				
	从互联网获取消息	从广播中获取消息	从电视中获取消息	从杂志中获取消息	从报纸中获取消息
	(A)	(B)	(C)	(D)	(E)
被访者年龄			A B D		A B C D

Results are based on two-sided tests assuming equal variances. For each significant pair, the key of the smaller category appears in the category with the larger mean.

Significance level for upper case letters (A, B, C): .05

a. Tests are adjusted for all pairwise comparisons within a row of each innermost subtable using the Bonferroni correction.

9.6　小结

本章讲述多重反应问题的基本概念和操作方法，主要用于对多选项问题的分析。利用SPSS的多选项分析过程，首先需要定义变量集，其次可以利用该过程进行频数和列联表分析，还可以利用SPSS的自定义表格功能创建定制化图表。本章介绍的内容在处理社会调研的统计资料时应用较为广泛。

第10章将讲解均值的比较与检验，其内容与这一章的多重反应分析无关，属于基本统计分析的内容。

第10章

均值的比较与检验

本章包括

- 参数检验的基础概念
- 参数检验的基本步骤
- 单样本的 T 检验
- 两独立样本 T 检验
- 两配对样本 T 检验
- 简单均值比较

本章介绍参数检验的方法。参数检验包含两类有密切关系的问题：参数估计和假设检验。SPSS 的均值检验过程中，两类问题的结果常常在输出窗口中同时给出。

SPSS for Windows 提供的"Carnpare Means"（均值比较）模块可用于解决这类问题。均值比较不仅仅限制于均值的比较，此处的均值代指总和、均值、方差、最大值、中位数等 21 个参数。该模块主要用于针对正态总体的均值和方差的检验和估计。包括 4 个过程：Means 过程、单样本 T 检验过程、独立样本 T 检验过程、配对样本 T 检验过程和一元方差分析过程（One-Way Anova），一元方差分析过程在方差分析一章中讨论，本章主要讨论均值的比较和检验。

SPSS 24

10.1 参数检验的基础概念

在实际问题的研究中，经常对研究对象的全部特征或部分特征不是很清楚，如果研究对象看成一个总体，则可以从总体中抽取样本数据，利用样本数据和已知的部分信息对总体的未知特征进行统计推断，这里的未知特征可以是总体的分布，也可能是总体的某些参数，这就是统计学中的统计推断问题。

例如，某地区电视台需要对某一节目的平均收视率进行调查，根据历史数据仅知道某一确定时刻收看该节目的人数服从正态分布，但不知道平均收看该节目的人数为多少。对于这类问题的研究，电视台很难对该地区的每一观众进行逐一调查，只能采用抽样技术，从所有居民中随机选取一部分观众进行调查，从而推断总体均值的大小。

再如，图书馆需要对每天书籍的借阅量进行推断，但由于没有历史数据，无从知道作为总体的借阅量的概率分布，更无从知道借阅量的平均值和平均偏差，这种情况下，总体数据是无法收集到的，因为借阅量的全部数据还包括没有发生的未来借阅量，只能通过抽取有限的样本数据，去推断总体的分布以及相应参数。

以上两个例子代表统计推断的两种主要方法：

第一，当总体分布已知的情况下，对总体包含的参数进行推断。例如，当已知总体服从正态分布的时候，需要对正态分布的均值和方差进行推断，在一定的置信度条件下估计参数的取值范围，或者在一定的显著性水平下，对给定参数的取值进行检验。一般情况下，上述总体已知的情况下的统计推断问题称之为参数检验问题。参数检验不仅可以针对一个总体的检验，也可以针对两个或多个总体的比较问题。例如，上例中关于电视台的平均收视率的推断问题可以归结为参数检验问题。

第二，当总体分布未知时，这时需要根据样本推断总体的分布类型和参数值的大小，这类总体分布未知时统计推断过程称之为非参数检验。例如，上例中关于图书馆借阅量的分布问题就是一个非参数检验问题。此类问题专门在非参数检验一章详细阐述。

综上，统计方法整体分两大类，一类叫作描述性统计（Descriptive Statistics），专注于精准地获取数据以描述真实世界；一类叫作推断性统计（Inferential Statistics），从样本推测总体。推断性统计又分成参数检验（Parameter Test）和非参数检验（Nonparameter Test）。参数检验是指当总体分布已知的情况下，对总体包含的参数进行推断。非参数检验是指当总体分布未知时，根据样本推断总体的分布类型和参数值的大小。

10.2 参数检验的基本步骤

对正态总体的参数检验过程一般包括参数的假设检验（Hypothesis Test）和参数估计（Parameter Estimation）。假设检验的基本原则是依据统计推断原理。即小概率事件在一次特定的抽样中一般是不会发生的，如果发生了小概率事件，我们有理由怀疑假设的正确性，从而拒绝检验该问题时做出的假设。参数估计分为点估计（Point Estimation）和区间估计（Interval Estimation）。点估计就是根据样本去推测一个总体参数的值，而区间估计就是相对保守一些，通过构造一个区间来增大估计准确性。本章只探讨正态分布总体的参数检验。

在假设检验的具体操作中，首先应定义所谓的小概率，一般取0.01或0.05，即显著性水平。如α=.05，若重复进行100次试验，那么目标事件A会发生5次，如果只进行1次，认为目标事件A是几乎不会发生的。这种概率判断是存在风险的。显著性水平取得太小，容易发生取伪错误；取值太大，则容易发生弃真错误。犯弃真错误的概率就是显著性水平α，犯取伪错误的概率记为β，原则上犯两类错误的概率越小越好，但样本容量一定的前提下，不可能同时降低α和β。由于犯第二类错误的概率计算比较复杂，通常控制犯第一类错误的概率。这种只控制犯第一类错误的概率而不考虑犯第二类错误的检验称为显著性检验。

例如，某一学校学生的高等数学成绩服从正态分布，根据往年数据得知其均值为75。为检验今年新生的高等数学平均成绩和往年是否有显著差异，可以随机抽取20名新生的高等数学成绩，显然，这20名新生的数学成绩平均成绩距离75越接近，这批新生的高数成绩与往届学生成绩无差异的可能性越大。由于是统计抽样得到的数据，当样本的平均成绩和75很接近时，我们只能保证总体的均值为75的概率很大，所以，参数的检验的结论是在概率意义下成立的。

根据上述讨论，可归纳出参数检验的基本步骤：

（1）给出检验问题的零假设

根据检验问题的要求，将需要检验的最终结果作为零假设。例如，上例中，需要检验平均成绩是否为75，由此可作出零假设，$H_0: \mu = 75$。

（2）选择检验统计量

统计推断中，总是通过构造样本的统计量，并计算该统计量的概率值进行推断，一般构造的统计量应服从或近似服从常用的已知分布，例如均值检验中最常用的t分布和F分布等。

（3）计算检验统计量的观测值及其发生的概率值

在给定零假设前提下，计算统计量的观测值和相应概率p值。概率p值就是在零假设H_0成立时检验统计量的观测值发生的概率，该概率值间接地给出了样本值在零假设成立的前提下的概率，对此可以依据一定的标准来判定其发生的概率是否为小概率。

（4）在给定显著性水平条件下，作出统计推断结果

这里的显著性水平指的是当假设正确时被拒绝的概率，即弃真概率，一般取0.01或0.05。当检验统计量的概率p值小于显著性水平时，则认为如果此时拒绝零假设而弃真错误的概率小于显著性水平，即低于预先给定的水平，也就是说犯错误的概率小到我们能容忍的范围，这是可以拒绝零假设；反之，如果检验统计量的概率p值大于显著性水平，如果拒绝零假设，弃真错误的概率大于预先给定的容忍水平，这时不应该拒绝零假设。

所以，在SPSS的检验问题中，都是利用概率p值和显著性水平进行比较，作出拒绝或

者接受零假设的结论；SPSS中系统自动计算概率p值，但显著性水平应该由用户事先设定。

检验过程中，不仅仅可以计算出统计量的概率p值，SPSS还可以给出在一定的置信度下，检验量的置信区间，这是属于统计分析中参数估计的内容。参数估计中构造的统计量和统一参数的检验中的统计量是相同的，这是可以同时给出假设检验和参数估计结果的关键所在。

10.3 单样本的T检验

10.3.1 单样本T检验的基本方法

单样本T检验用于检验正态总体的均值是否与给定的检验值之间存在显著性差异。要求样本数据来自于服从正态分布的单总体。之所以称之为T检验，是因为检验过程中构造的统计量服从t分布，也称为单样本的均值检验。

实际问题的研究中，单样本的均值检验的例子很多。例如，上例中推断新生的平均成绩是否为75分；人口普查中，某地区职工今年的平均收入是否和往年的平均收入有显著差异。

在给定样本来自于正态总体的假设下，可以利用假设检验基本方法进行均值的检验，具体步骤和一般的参数检验步骤完全一致，下面给出的步骤中重点讨论单样本均值检验统计量的构造。

（1）给出均值检验的零假设

单样本T检验需要检验总体均值与指定的检验值是否存在显著性差异。为此，给出检验均值μ_0，零假设为$\mu=\mu_0$，这里，μ为总体均值。

例如，检验平均成绩是否为75，其零假设为$H_0:\mu=75$。

（2）选择检验统计量

均值检验的前提是总体服从正态分布$N(\mu,\sigma^2)$，这里μ为总体均值，σ^2为总体方差。如果样本容量为n，样本均值为$\overline{X}$，则$\overline{X}$仍服从正态分布，即

$$\overline{X}\sim N(\mu,\frac{\sigma^2}{n})$$

在零假设成立的条件下，均值检验使用t统计量，构造的t统计量为

$$t=\frac{\overline{X}-\mu}{S/\sqrt{n}}$$

这里，当$\mu=\mu_0$时，t统计量服从自由度为$n-1$的t分布，S为样本标准差，定义为

$$S=\sqrt{\frac{1}{n-1}\sum_{i=1}^{n}(X_i-\overline{X})^2}$$

SPSS的操作结果中还显示均值标准误差（Std.Error Mean），计算公式为：$\frac{S}{\sqrt{n}}$，即t

统计量的分母部分。

(3) 计算检验统计量的观测值及其发生的概率

在给定零假设前提下，SPSS将检验值μ_0代入t统计量，得到检验统计量的观测值以及根据t分布的分布函数计算出概率p值。

(4) 给定显著性水平，作出统计推断结果

当检验统计量的概率p值小于显著性水平时，则拒绝零假设，认为总体均值与μ_0存在显著差异；反之，如果检验统计量的概率p值大于显著性水平，则接受零假设，认为总体均值与μ_0之间无显著差异。SPSS中系统会自动计算H_0为真时的T值和对应的概率p值，但显著性水平α是要事前设定的。当$p<\alpha$时，虽然认为在统计意义上零假设几乎不可能是真的，但这个假设还是有一定的概率（α）是真的，为了最大化避免风险，建议控制α值为0.05或是0.01。

SPSS还会给出一个置信区间，这就是对总体参数的区间估计。这个区间就用来捕捉总体的均值。通常设定置信水平为95%，就是有95%的把握认为要捕捉的真值在这个区间内（*实际上当CI生成后真值是否落入其中是确定事件，涉及统计哲学不做赘述）。重要的是如果要捕捉的真值不在95%置信区间内，那么对应的α=5%的假设检验中H_0也会被拒绝，所以可以通过看预测值是否包含在置信区间内来判断H_0是否会被推翻。

10.3.2　单样本T检验的SPSS操作

单样本T检验的SPSS操作步骤如下：

(1) 打开检验对话框

如图10.1所示，单击菜单“Analyze”→“Compare Means”→“One–Sample T Test”命令，打开“One–Sample T Test”（单样本T检验）对话框。

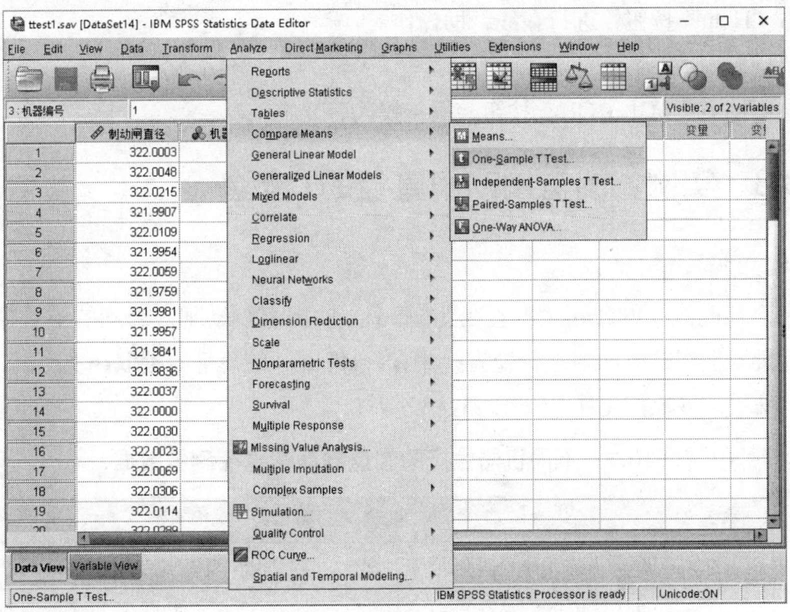

图10.1　单样本T检验菜单

（2）选择检验变量

在如图10.2所示的“One–Sample T Test”（单样本T检验）对话框中，在左侧的变量列表框选择进行检验的变量，单击右向箭头按钮，将其移动到右侧的“Test Variable(s)”窗口；并在“Test Value”框中输入检验值。

（3）设置“Options”对话框及选项

单击“Options”（选项）按钮，出现“One–Sample T Test：Options”（单样本T检验：选项）子对话框，如图10.3所示。该对话框用于指定置信水平和缺失值的处理方法。

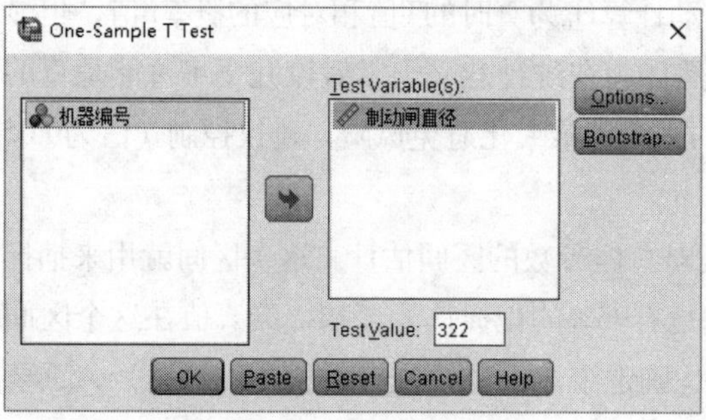

图10.2 “One–Sample T Test”（单样本T检验）对话框

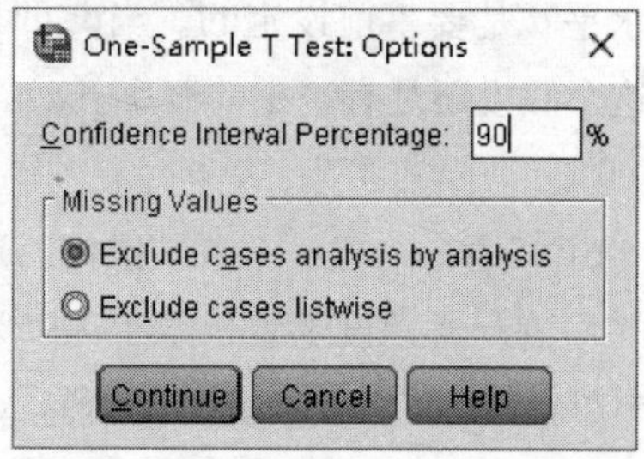

图10.3 “One–Sample T Test：Options”（单样本T检验：选项）对话框

“Confidence Interval”（置信水平）窗口中输入置信水平，默认置信水平为95%，也可输入1到99之间的数值。

“Missing Values”（缺失值）窗口指定缺失值的处理方式，有两个单选项：

- Exclude cases analysis by analysis 在分析过程中，仅剔除参与分析的缺失值。
- Exclude cases listwise 剔除含有缺失值的所有个案。

单击“Continue”按钮，确认操作，返回主对话框；也可单击“Cancel”按钮，删除操作；单击“Help”按钮，进行在线帮助操作。

（4）执行操作

在主对话框中，单击“OK”按钮，执行操作。

10.3.3 实例：圆盘制动闸直径的T检验

1. 实例数据

一生产高性能汽车的公司生产直径为322毫米的圆盘制动闸。公司的质量控制部门随机抽取不同机器生产的制动闸进行检验。共有4台机器，每台机器抽取16支产品，如表10.1所示为测量结果。（数据文件：ttest1.sav）

表10.1 不同机器生产的圆盘制动闸直径测量数据

机器编号	圆盘制动闸直径							
机器 1	322.0003	322.0048	322.0215	321.9907	322.0109	321.9954	322.0059	321.9759
	321.9981	321.9957	321.9841	321.9836	322.0037	322.0000	322.0030	322.0023

续表10.1

机器编号	圆盘制动闸直径							
机器 2	322.0069	322.0306	322.0114	322.0289	322.0087	322.0257	322.0176	322.0070
	322.0183	321.9864	322.0178	322.0182	322.0200	322.0122	322.0137	322.0048
机器 3	321.9863	321.9899	322.0016	321.9843	322.0174	321.9834	322.0024	322.0005
	322.0039	322.0161	322.0017	322.0085	321.9902	321.9932	321.9912	322.0019
机器 4	321.9939	322.0030	322.0055	322.0028	321.9863	322.0017	321.9978	321.9914
	321.9957	321.9989	321.9898	322.0023	321.9861	321.9910	321.9825	321.9982

利用单样本T–检验方法检验每个机器生产的产品均值和322在90%的置信水平下是否有显著差异?

2. SPSS操作

由于该问题涉及的是4个单总体，且要进行总体均值检验，统一机器生产的产品直径可近似认为服从正态分布，因此，可以利用SPSS的单样本T检验过程来进行分析。

SPSS单样本检验的操作步骤：

（1）建立数据文件

数据文件包含两个变量，分别为“制动闸直径”和“机器编号”，其中变量“机器编号”为定类型变量，用于记录机器的序号，变量值为1至4。

（2）拆分数据文件

机器序号为定类型变量，区别不同机器生产的制动闸。因为每一不同机器生产的产品分别进行检验，所以必须先利用变量“机器编号”对数据文件进行拆分。

单击菜单“Data”→“Split File”（拆分文件）命令，在出现的“Split File”对话框中，选择“Compare Groups”选项，再将左侧变量列表框中的变量“机器编号”移动至右侧“Groups Based on”框内，单击“OK”按钮，执行拆分操作。

（3）选择检验对话框

单击菜单“Analyze”→“Compare Means”→“One–Sample T Test”命令，进入“One–Sample T Test”对话框。在“Test Value”框中输入检验值322。

（4）设置“Options”对话框

单击“Options”按钮，进入“One–Sample T Test：Options”子对话框，在“Confidence Interval”框中输入数值90；单击“Continue”按钮，确认操作，返回主对话框。

（5）执行操作

单击“OK”按钮，执行单样本T检验的操作。

（6）“Paste”得到的syntax命令语句程序：

```
/* 文件拆分操作的命令语句 .
SORT CASES BY 机器编号 .
SPLIT FILE
  LAYERED BY 机器编号 .

/* T检验命令语句 .
T-TEST
  /TESTVAL = 322
  /MISSING = ANALYSIS
  /VARIABLES = 制动闸直径
  /CRITERIA = CI(.9) .
```

10.3.4 单样本T检验的结果

（1）单样本T检验的描述性统计量

表10.2给出的是单样本T检验的描述性统计量，包括每一样本的均值、标准差和均值标准误差，均值标准误差的计算是标准差和样本容量开方的比值。

表10.2 单样本T检验的描述性统计量

One-Sample Statistics

机器编号		N	Mean	Std. Deviation	Std. Error Mean
1	制动闸直径	16	321.998494	.0111445	.0027861
2	制动闸直径	16	322.014263	.0106985	.0026746
3	制动闸直径	16	321.998281	.0104840	.0026210
4	制动闸直径	16	321.995431	.0069878	.0017469

（2）单样本T检验的检验结果

表10.3是单样本T检验的结果列表。表中第2列是t统计量的观测值，分别为-0.541、5.333、-0.656、-2.615；第3列df表示自由度，t统计量的自由度为样本容量减1，每一个样本的容量都为16，故自由度为15（=16-1）；第4列Sig.(2-tailed)表示统计量的双尾概率p值；第5列是样本均值和检验值的差；第6列和第7列分别是在置信度为90%时总体均值与原检验值之差的置信下限和置信上限，共同构成了该差值的置信区间，例如第一组样本的该置信区间为（-0.006390，0.003378），将该区间加上检验值，就得到了置信度为90%的总体均值的置信区间，即（321.993610，322.003378）。

置信水平为90%时，显著性水平为0.10，第一组的双尾概率p值为0.597，大于0.10，故零假设成立；观察其他样本的概率p值，可以发现，除第三组的概率p值小于0.10以外，其余都大于0.10，故可以认为编号为3的机器生产的产品均值与322有显著差异，其余都可认为产品均值为322。

表10.3　单样本T检验的检验结果

One-Sample Test

机器编号		Test Value = 322					
		t	df	Sig. (2-tailed)	Mean Difference	90% Confidence Interval of the Difference	
						Lower	Upper
1	制动闸直径	−.541	15	.597	−.0015063	−.006390	.003378
2	制动闸直径	5.333	15	.000	.0142625	.009574	.018951
3	制动闸直径	−.656	15	.522	−.0017188	−.006313	.002876
4	制动闸直径	−2.615	15	.019	−.0045688	−.007631	−.001506

10.4　两独立样本T检验

10.4.1　两独立样本T检验的基本方法

两独立样本的T检验用于检验两个独立样本是否是来自于具有相同均值的总体，也就是检验两个独立正态总体的均值是否相等。

例如，比较两所高校学生的英语成绩。假设两所院校的英语成绩是相互独立的，需要分析两所院校的平均成绩是否有显著差异。

上例中，两所院校的成绩可以看成两独立总体，一般可假设英语成绩服从正态分布，检验统计量仍为t分布，所以这种检验类型也称为两独立样本的均值T检验。

在满足两个样本均来自正态总体的假设下，可以利用假设检验基本方法进行均值的检验，具体步骤和一般的参数检验步骤完全一致。下面将重点讲解两独立样本均值检验统计量的构造。

（1）提出零假设

两独立样本T检验需要检验两总体均值是否存在显著性差异。其零假设为$H_0: \mu_1 - \mu_2 = 0$，这里，μ_1和μ_2分别为两总体的均值。

例如，检验两院校的英语平均成绩是否相等，其零假设为$H_0: \mu_1 - \mu_2 = 0$。

（2）选择检验统计量

两独立样本均值检验的前提是两个独立的总体分别服从$N(\mu_1,\sigma_1^2)$和$N(\mu_2,\sigma_2^2)$，这里，σ_1^2和σ_2^2分别为两总体的方差。

在零假设成立的条件下，两独立样本的均值检验使用t统计量。构造两独立样本的t统计量，必须考虑两种情况：

当两总体方差未知但相等，即$\sigma_1^2 = \sigma_2^2$时，构造的t检验统计量定义为：

$$t = \frac{\overline{X}_1 - \overline{X}_2 - (\mu_1 - \mu_2)}{S_\omega \sqrt{\frac{1}{n_1} + \frac{1}{n_2}}}$$

这里，n_1、n_2分别为两样本容量；S_1、S_2分别为两样本标准差，且$S_\omega^2=\frac{(n_1-1)S_1^2+(n_2-1)S_2^2}{n_1+n_2-2}$，并且该统计量服从自由度为的$n_1+n_2-2$的$t$分布。

当两总体方差未知且不相等，即$\sigma_1^2\neq\sigma_2^2$时，构造的t检验统计量定义为：

$$t=\frac{\overline{X}_1-\overline{X}_2-(\mu_1-\mu_2)}{\sqrt{\frac{S_1^2}{n_1}+\frac{S_2^2}{n_2}}}$$

可以证明，该检验统计量服从修正自由度的t分布，其修正自由度为：

$$\mathrm{df}=\frac{\left(\frac{S_1^2}{n_1}+\frac{S_2^2}{n_2}\right)^2}{\frac{\left(\frac{S_1^2}{n_1}\right)^2}{n_1}+\frac{\left(\frac{S_2^2}{n_2}\right)^2}{n_2}}$$

统计分析中，如果两总体的方差相等，我们称之为满足方差齐性。确定两独立样本的方差齐性是构造和选择两独立样本T检验统计量的关键。SPSS中利用Levene F方差齐性检验方法检验两总体方差是否存在显著差异。

进行Levene F方差齐性检验，首先提出零假设$H_0:\sigma_1^2=\sigma_2^2$；执行检验过程中，若概率p值小于给定的显著性水平（一般为0.05），则拒绝零假设H_0，认为两总体的方差不等；否则认为两总体方差无显著差异。

F检验中计算F统计量值的计算公式为

$$F=\frac{\max(S_1^2,S_2^2)}{\min(S_1^2,S_2^2)}\sim F(n_1-1,n_2-1)$$

这里n_1-1为$\max(S_1^2,S_2^2)$的自由度，n_2-1为$\mathrm{mix}(S_1^2,S_2^2)$的自由度。

（3）计算检验统计量的观测值及其发生的概率

在给定零假设前提下，SPSS将检验值0代入t统计量的$\mu_1-\mu_2$部分，得到检验统计量的观测值以及根据t分布的分布函数计算出概率p值。

（4）给定显著性水平，作出统计推断结果

当检验统计量的概率p值小于显著性水平时，则拒绝零假设，认为总体均值与μ_0存在显著差异；反之，如果检验统计量的概率p值大于显著性水平，则接受零假设，认为两总体均值无显著差异。同上，此处的显著性水平需要先行设定，建议为.05或.01。

SPSS中系统会自动进行一次Levene F方差齐性检验，从而得知F检验是否显著。会同时给出针对F检验两种不同结果下的T值和对应的概率p值，所以需要根据F检验的结果去选择真正匹配的T检验结果。SPSS也会同时默认输出一个95%置信水平的置信区间，可以根据需求手动调整置信水平。

10.4.2　两独立样本T检验的SPSS操作

两独立样本T检验的SPSS操作步骤如下：

（1）打开T检验对话框

如图10.4所示，单击菜单“Analyze”→“Compare Means”→“Independent-Sample T Test”命令，进入“Independent-Sample T Test”（两独立样本T检验）对话框。

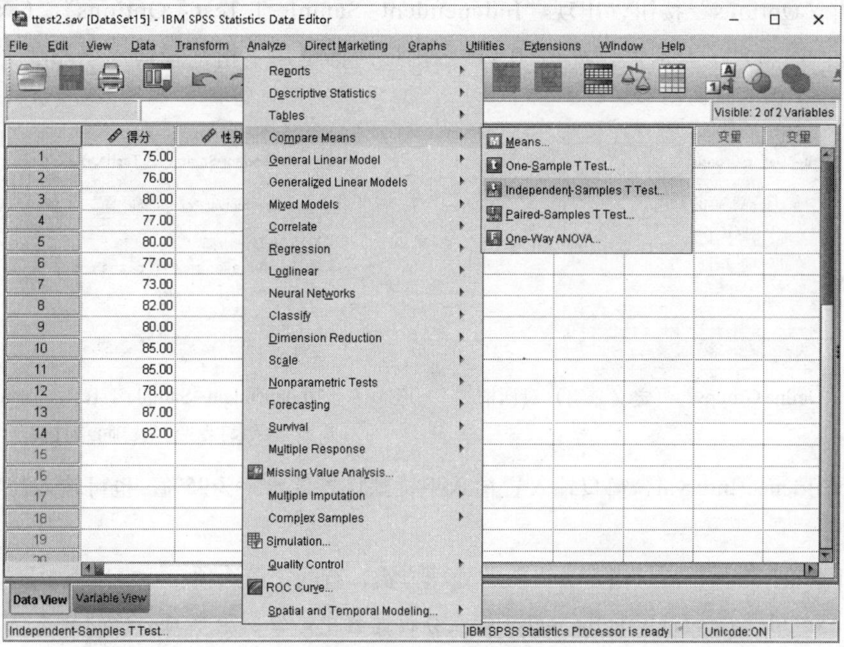

图10.4　两独立T检验菜单

（2）选择检测变量与分组变量

在如图10.5所示的“Independent-Sample T Test”（两独立样本T检验）对话框中，从左侧的变量列表框选择进行检验的变量，单击右向箭头按钮，将其移动到右侧的“Test Variable(s)”窗口。从左侧的变量列表框中选择作为分组标识的变量，移动到“Grouping Variable”（分组变量）窗口内。

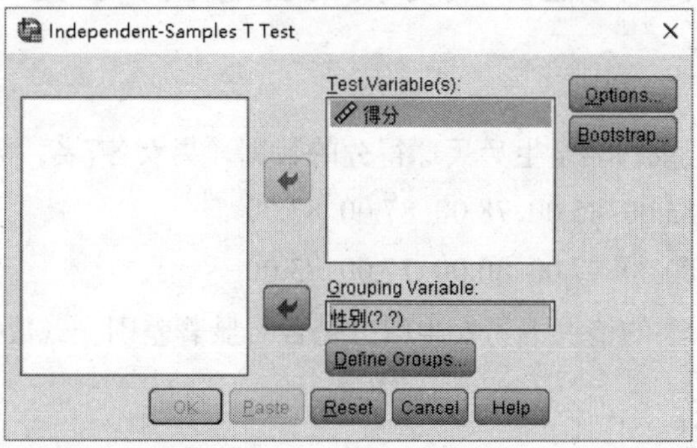

图10.5　“Independent-Sample T Test”（两独立样本T检验）对话框

（3）设置分割点

单击“Define Groups”（定义分组）按钮，显示如图10.6的“Define Groups”对话框。在该对话框中，分别在“Group1”框和“Group2”栏中输入作为第一组和第二组样本的分组变量值；如果分组变量是连续型的定距型变量，可以在“Cut point”（分割点）栏中输入分割点，分割点把数据分为两部分，大于等于该值的数据为一组，小于此值的为另一组，单击“Continue”按钮，返回到主对话框。

（4）设置“Options”对话框及其选项

单击“Options”按钮，出现“Independent-Sample T Test：Options”（两独立样本T检验：选项）子对话框，如图10.7所示。该对话框用于指定置信水平和缺失值的处理方法。

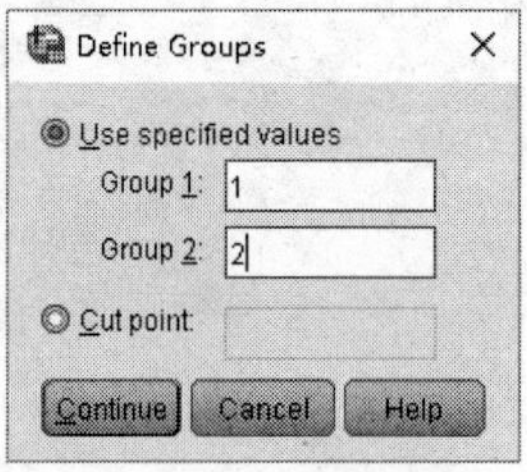

图10.6 “Define Groups”（定义分组）对话框

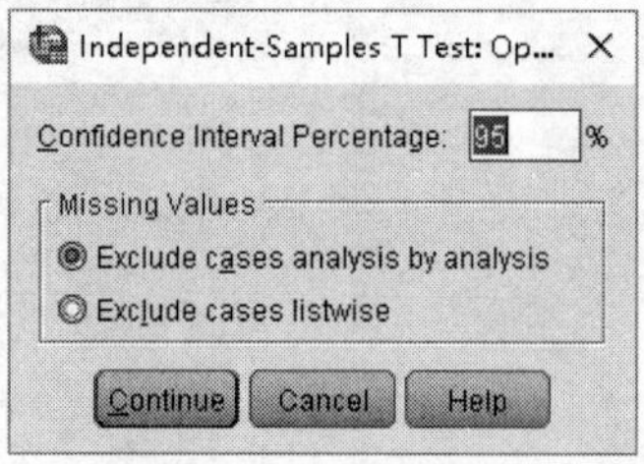

图10.7 “Independent-Sample T Test：Options”（两独立样本T检验：选项）对话框

“Confidence Interval”窗口输入置信水平，默认置信水平为95%，也可输入1到99之间的数值。

“Missing Values”窗口指定缺失值的处理方式，有两个单选项：

- Exclude cases analysis by analysis 在分析过程中，仅剔除参与分析的缺失值。
- Exclude cases listwise 剔除含有缺失值的所有个案。

单击“Continue”按钮，确认操作，返回主对话框；也可单击“Cancel”按钮，删除操作；单击“Help”按钮，进行在线帮助操作。

（5）执行操作

在主对话框中，单击“OK”按钮，执行两独立样本T检验的操作。

10.4.3 实例：两组乒乓球得分数据的T检验

1. 实例数据

实例：体育课上记录14名学生乒乓球得分的数据，男女各7名，数据如下：

男：82.00 80.00 85.00 85.00 78.00 87.00 82.00

女：75.00 76.00 80.00 77.00 80.00 77.00 73.00

比较在置信度为95%的情况下男女生得分是否有显著差别。（数据文件：ttest2.sav）

2. SPSS基本操作

步骤 1 建立数据文件。数据文件中包含两个变量，变量“得分”记录学生的成绩，变量“性别”记录学生的性别，其中1表示男生，2表示女生。

步骤 2 单击菜单“Analyze”→“Compare Means”→“Independent-Sample T Test”命令，进入“Independent-Sample T Test”对话框。该对话框中，选择变量“得分”移动到“Test Variable(s)”窗口，作为检验变量。

步骤 3　将变量“性别”移动到“Grouping Variable”框内，作为分组变量，然后单击“Define Groups”按钮，在出现的“Define Groups”对话框中，“Group1”栏和“Group2”栏中分别输入1和2；单击“Continue”按钮，返回到主对话框。

步骤 4　单击“OK”按钮，执行操作。

步骤 5　“Paste”得到的syntax命令语句程序：

```
/* 两独立样本的 T 检验构成的命令语句 .
T-TEST
  GROUPS = 性别 (1 2)
  /MISSING = ANALYSIS
  /VARIABLES = 得分
  /CRITERIA = CI(.95) .
```

10.4.4　两独立样本T检验的结果

（1）两独立样本T检验的基本描述统计量

表10.4是该问题的两独立样本T检验的基本描述统计量，包括两个样本的均值、标准差和标准均值误差。可以看出男生的平均成绩为82.7143，女生为76.8571，两者之间有一定的差距。

表10.4　两独立样本T检验的基本描述统计量

Group Statistics

	性别	N	Mean	Std. Deviation	Std. Error Mean
得分	男	7	82.7143	3.14718	1.18952
	女	7	76.8571	2.54484	.96186

（2）两独立样本T检验的检验结果

表10.5是两独立样本T检验的检验的均值检验结果。第2列是检验F统计量的观察值，为0.622，第3列为对应的概率p值，为0.445。如果显著性水平为0.05，由于概率p值大于0.05，可以认为两总体的方差无显著差异，即通过了Levene方差齐性检验。

由于两总体的方差无显著差异，所以T检验结果应在方差相等的情况下作出，故推断结果应从“Equal variances assumed”（假设方差相等）行中得到，在该行的第4列给出t统计量的观察值，为−3.83，第5列为相应的双尾概率p值，为0.002；在显著性水平为0.05的情况下，t统计量的概率p值小于0.05，故拒绝零假设，因此认为两总体的均值存在显著差异，即男女生的体育成绩平均得分存在显著差异。

表中第5列为统计量的自由度，为12（=7+7−2）；第7列和第8列分别为t统计量的两总体均值差的均值和两总体均值差的标准误差；第9列和第10列为置信度为95%时的两总体均值差的置信下限和置信上限，可以得到两总体均值差的置信度为95%的置信区间为（−9.2065，−2.5078），该置信区间不包括0值，进一步证实了上述推断。

表10.5　两独立样本T检验结果

Independent Samples Test

		Levene's Test for Equality of Variances		t-test for Equality of Means						
		F	Sig.	t	df	Sig. (2-tailed)	Mean Difference	Std. Error Difference	95% Confidence Interval of the Difference	
									Lower	Upper
得分	Equal variances assumed	.622	.445	3.829	12	.002	5.85714	1.52975	2.52410	9.19018
	Equal variances not assumed			3.829	11.496	.003	5.85714	1.52975	2.50784	9.20645

10.5　两配对样本T检验

10.5.1　两配对样本T检验问题的基本方法

两配对样本的T检验用于检验两个相关样本是否是来自于具有相同均值的正态总体，即对于两个配对样本，推断两总体的均值是否存在显著差异。

配对的概念指的是两样本的各样本值之间存在着对应关系。例如，分析一组病人治疗前和治疗后的体重变化，显然，同一个病人对应治疗前后两种不同体重，同一个病人的两种体重就是一个配对，若干病人治疗前后两组体重构成了配对样本。从上面可以看出，配对样本的两样本值之间的配对是一一对应的，并且两样本的容量相同。

配对样本的T检验是通过求出每对观测量值之差，所有样本值的观测值之差形成一新的单样本，显然，如果两样本的均值如果没有显著差异，则样本值之差的均值应该接近零，这实际上转换成为了一个单样本的T检验。所以，配对样本的T检验就是检验差值的来自总体均值是否为零，这里要求差值的来自总体应服从正态分布。

在满足两个样本差来自正态总体的假设下，可以利用假设检验基本方法进行均值的检验，具体步骤和一般的参数检验步骤完全一致，下面给出的步骤中重点讨论配对样本T检验的统计量的构造。

(1) 提出零假设

配对样本T检验需要检验两总体均值是否存在显著性差异。其零假设为$H_0: \mu_1 - \mu_2 = 0$，这里μ_1和μ_2分别为两总体的均值。

(2) 选择检验统计量

设$(X_1, Y_1), (X_2, Y_2), \cdots, (X_n, Y_n)$为配对样本，差值$d_i = X_i - Y_i$, $i = 1, 2, \cdots, n$。配对样本T检验的前提是两样本差值的来自总体d服从正态分布。

在零假设成立的条件下，差值的来自总体d的均值为零，配对T检验使用t统计量，构

造的t统计量为

$$t = \frac{\overline{d} - (\mu_1 - \mu_2)}{S / \sqrt{n}}$$

这里，当$\mu_1 - \mu_2 = 0$时，t统计量服从自由度为$n-1$的t分布。

（3）计算检验统计量的观测值及其发生的概率

在给定零假设前提下，SPSS将检验值μ_0代入t统计量，得到检验统计量的观测值以及根据t分布的分布函数计算出概率p值。

（4）给定显著性水平，作出统计推断结果

当检验统计量的概率p值小于显著性水平时，则拒绝零假设，认为两总体的均值存在显著差异；反之，如果检验统计量的概率p值大于显著性水平，则接受零假设，认为两总体的均值无显著差异。

SPSS中系统会自动计算H_0为真时的T值和对应的概率p值，SPSS会同时默认输出一个95%置信水平的置信区间，当然也可以根据需求手动调整置信水平。

10.5.2　两配对样本T检验的SPSS操作

两配对样本T检验的SPSS操作步骤如下：

（1）打开配对T检验对话框和检验变量

如图10.8所示，单击菜单“Analyze”→“Compare Means”→“Paired–Samples T Test”命令，打开“Paired–Samples T Test”（两配对样本T检验）对话框。

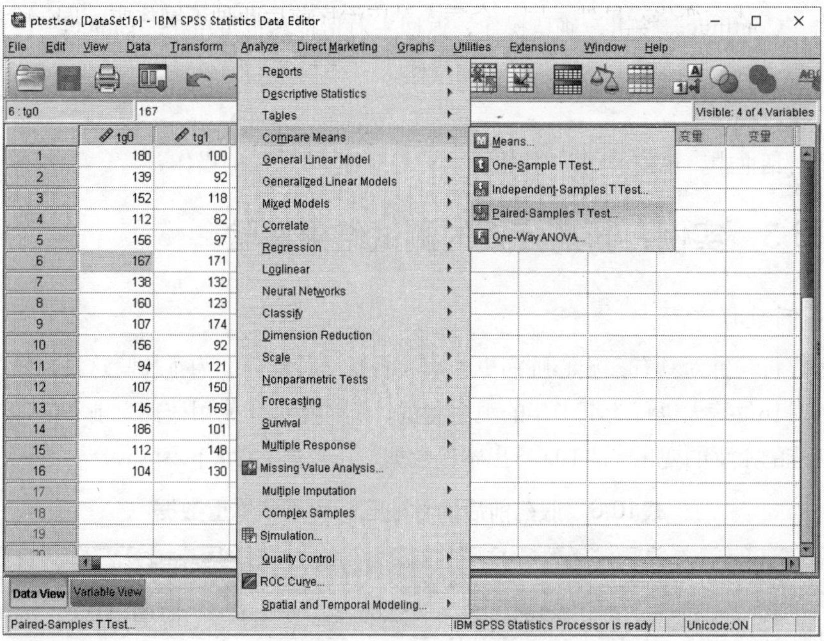

图10.8　两配对T检验菜单

（2）选择检验变量

在如图10.9所示的“Paired–Samples T Test”对话框中，在左侧的变量列表框选择成对变量，单击右向箭头按钮，将其移动到右侧的“Paired Variables”窗口，可以选择多对检验样本。

(2) 设置“Options”对话框及其选项

单击“Options”按钮，出现“Paired-Samples T Test：Options”（两配对样本T检验：选项）子对话框，如图10.10所示。该对话框用于指定置信水平和缺失值的处理方法，该对话框与单样本T检验的“Options”子对话框完全相同。

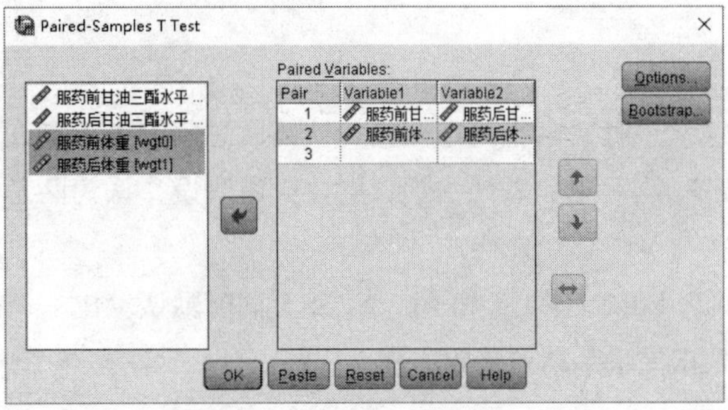

图10.9 “Paired-Samples T Test”（两配对样本T检验）对话框

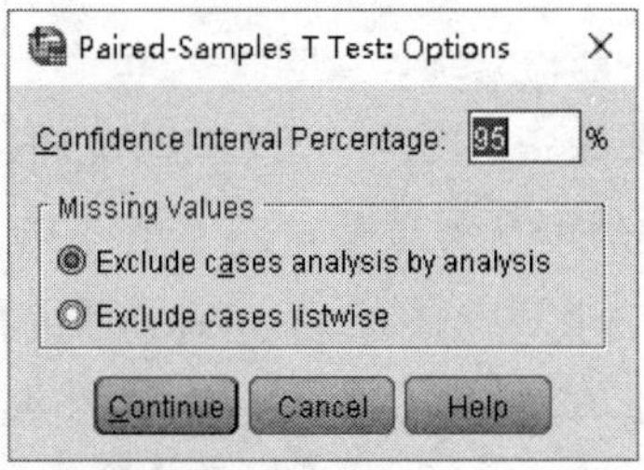

图10.10 “Paired-Samples T Test：Options”（两配对样本T检验：选项）对话框

“Confidence Interval”窗口中输入置信水平，默认置信水平为95%，也可输入1到99之间的数值。“Missing Values”窗口指定缺失值的处理方式，有两个单选项：

- Exclude cases analysis by analysis 在分析过程中，仅剔除参与分析的缺失值。
- Exclude cases listwise 剔除含有缺失值的所有个案。

单击“Continue”按钮，确认操作，返回主对话框；也可单击“Cancel”按钮，删除操作；单击“Help”按钮，进行在线帮助操作。

(3) 执行操作

在主对话框中，单击“OK”按钮，执行配对样本T检验的操作。

10.5.3 实例：新药疗效的测试结果检验

1. 实例数据

某医疗机构针对具有家族心脏病史的病人研发一种新药。为了检验这种新药的疗效是否显著，对16位病人进行为期半年的观察测试，测试指标为使用该药之前和之后的体重以及甘油三酯的水平的变化。表10.6给出本例数据。（数据文件：ptest.sav）

表10.6 服药前后的甘油三酯水平和体重数据

	服药前后的甘油三酯水平和体重数据							
服药前甘油三酯水平	180.00	139.00	152.00	112.00	156.00	167.00	138.00	160.00
	107.00	156.00	94.00	107.00	145.00	186.00	112.00	104.00
服药后甘油三酯水平	100.00	92.00	118.00	82.00	97.00	171.00	132.00	123.00
	174.00	92.00	121.00	150.00	159.00	101.00	148.00	130.00

续表10.6

	服药前后的甘油三酯水平和体重数据							
服药前体重	198.00	237.00	233.00	179.00	219.00	169.00	222.00	167.00
	199.00	233.00	179.00	158.00	157.00	216.00	257.00	151.00
服药后体重	192.00	225.00	226.00	172.00	214.00	161.00	210.00	161.00
	193.00	226.00	173.00	154.00	143.00	206.00	249.00	140.00

可以认为甘油三酯水平和体重都近似服从正态分布，数据是成对出现，所以可以利用SPSS的两配对样本的T检验过程。

2. SPSS操作

该问题的具体操作步骤如下：

步骤1　建立数据文件。数据文件包含4个变量，“tg0”和“tg1”表示服药前后的甘油三酯水平，“wgt0”和“wgt1”表示服药前后的体重。

步骤2　单击菜单“Analyze”→“Compare Means”→“Paired-Samples T Test”命令，进入“Paired-Samples T Test”对话选择，选择“tg0”和“tg1”为第一对检验变量，将其移动至“Paired Variables”窗口；类似地，再将变量“wgt0”和“wgt1”移动至“Paired Variables”窗口。

步骤3　单击“OK”按钮，执行操作。

步骤4　“Paste”得到的syntax命令语句程序：

```
/* 两配对样本 T 检验命令语句 .
T-TEST
  PAIRS = tg0 wgt0  WITH tg1 wgt1 (PAIRED)
  /CRITERIA = CI(.95)
  /MISSING = ANALYSIS.
```

10.5.4　配对样本T检验的结果

（1）两配对样本T检验的基本描述性统计量

表10.7是单样本T检验的基本描述性统计量，包括每一样本的样本容量、均值、标准差和均值标准误差。从两对样本的均值变化可以看出，均值都应有一定量的变化，但是否存在显著性差异，还必须通过计算相应t统计量。

表10.7　两配对样本T检验的描述性统计量

Paired Samples Statistics

		Mean	N	Std. Deviation	Std. Error Mean
Pair 1	服药前甘油三酯水平	138.44	16	29.040	7.260
	服药后甘油三酯水平	124.38	16	29.412	7.353
Pair 2	服药前体重	198.38	16	33.472	8.368
	服药后体重	190.31	16	33.508	8.377

（2）两配对样本T检验的简单相关关系及其检验

表10.8是两配对样本T检验的简单相关关系及其检验结果。表中第3列为服药前后两样本的相关系数，第4列是相关系数的检验p值。

从表中可以看出，在显著性水平为0.05时，甘油三酯前后水平的概率p值为0.283，大于0.05，接受零假设，可以认为服药前后的甘油三酯水平没有明显的线性关系；但注意到，服药前后体重的相关系数概率p值为0.000，小于0.05，拒绝了零假设，可以认为服药前后的体重具有一定的线性关系。

表10.8　两配对样本相关性检验结果

Paired Samples Correlations

		N	Correlation	Sig.
Pair 1	服药前甘油三酯水平 & 服药后甘油三酯水平	16	−.286	.283
Pair 2	服药前体重 & 服药后体重	16	.996	.000

（3）两配对样本T检验的结果

表10.9是两配对样本T检验的最终结果。表中第2列是配对样本的平均差值，服药前后的体重平均相差了8.063磅；而甘油三酯水平相差了14.063个单位；第3列是差值的标准差；第4列是差值的均值标准误差；第5列和第6列分别是在置信度为95%时差值的置信下限和置信上限，共同构成了该差值的置信区间，例如第一对样本的总体差值置信区间为（−10.915，39.040），而第二对样本的总体差值置信区间为（6.525，9.600），0不包括在第二对的置信区间，第二对样本的差异较大。

第7列为统计量的观测值；第8列为自由度；最后一列为双尾检验概率p值，在置信水平为95%时，显著性水平为0.05，第一组的双尾概率p值为0.249，大于0.05，故零假设成立，可以认为服药前后的甘油三酯水平没有显著差异，即服药对降低甘油三脂的水平没有效果。

第二组的双尾概率p值为0.000，小于0.05，拒绝零假设，可以认为服药前后的平均体重有显著差异，即服药对降低体重有显著效果。

表10.9　两配对样本T检验结果

Paired Samples Test

		Paired Differences					t	df	Sig. (2−tailed)
		Mean	Std. Deviation	Std. Error Mean	95% Confidence Interval of the Difference				
					Lower	Upper			
Pair 1	服药前甘油三酯水平−服药后甘油三酯水平	14.063	46.875	11.719	−10.915	39.040	1.200	15	.249
Pair 2	服药前体重−服药后体重	8.063	2.886	.722	6.525	9.600	11.175	15	.000

10.6　简单均值比较

在Compare Means菜单下除了上述三类T检验还有Means和One way ANOVA，Means过程可以统计分组变量的包括均值、标准差、样本量等基础统计值。Means过程还可以对分组变量进行单因素方差分析和相关分析。以下用一个实例来介绍简单均值比较的分析过程。

10.6.1　实例：牙膏品牌广告频率均值比较

1. 实例数据

现有关于6个牙膏品牌在不同媒体投放广告的频次数据，研究员在特定的23个时段抽查并记录一次各品牌出现在指定媒体渠道出现的频率。表10.10给出抽查结果。（数据文件：Means.sav）现试图比较每个牙膏品牌广告投放的均值。

表10.10　不同牙膏品牌不同时间点的广告投放数据

牙膏品牌	广告出现频率											
佳洁士	82	96	72	101	66	6	47	1	16	60	137	49
	3	24	96	27	1	22	48	13	23	19	3	
高露洁	78	9	111	30	24	6	33	11	9	7	35	10
	2	44	23	21	18	32	26	14	17	19	32	
狮　王	12	0	30	1	14	137	14	78	69	1	6	7
	144	9	2	4	32	24	27	33	72	104	42	
黑　人	16	3	13	0	7	93	15	99	55	2	4	17
	92	5	3	4	32	22	23	46	56	73	73	
舒　客	76	119	20	1	9	3	65	15	10	107	47	
	0	9	73	25	21	20	18	8	7	7	23	
云南白药	110	11	22	53	76	4	43	15	31	5	50	10
	1	23	12	96	8	20	25	43	10	32	15	

2. SPSS操作

SPSS单样本检验的操作步骤：

（1）打开检验对话框

选择菜单“Analyze”→“Compare Means”→“One-Sample T Test”命令，打开如图10.11所示“Means”（简单均值比较）对话框。

（2）选择检验变量

在“Means”（简单均值比较）对话框中，从左侧的变量列表框选择进行检验的变量

“广告频率”，单击右向箭头按钮，将其移动到右侧的“Dependent List”栏中；然后将分组变量“品牌”移动到右侧的“Independent List”栏中。

（3）设置“Options”对话框及选项

单击“Options”（选项）按钮，出现“Means：Options”子对话框，如图10.12所示。左侧“Statistics”框中为备选的统计量，右侧“Cell Statistics”栏中为选中的目标统计量，默认选中“Means”、“Number of Cases”、“Standard Deviation”3个选项。本例保留默认选项。

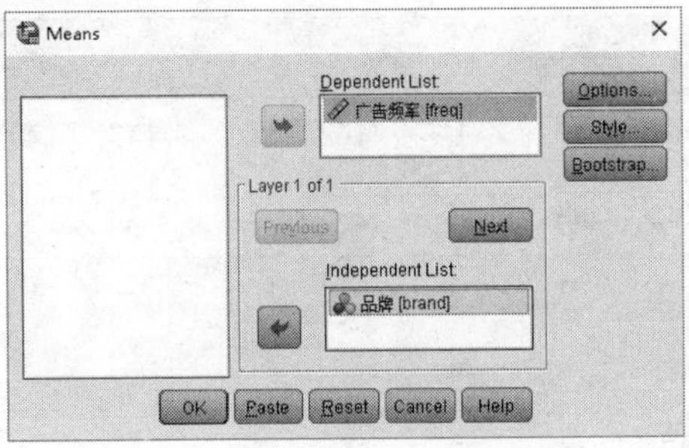

图10.11 “Means”（简单均值比较）对话框

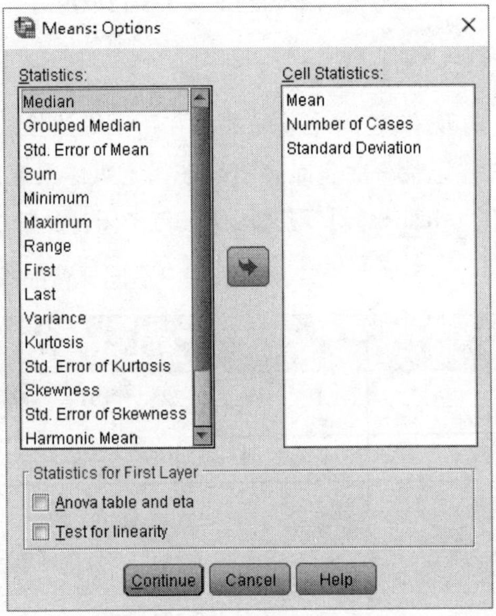

图10.12 “Means：Options”（简单均值比较：选项）对话框

“Statistics fo First Layer”栏中提供了2个特殊的统计量：

- Anova table and eta 输出分组变量和测试变量的方差分析表
- Test for Linearity 输出分组变量和测试变量的线性相关系数

单击“Continue”按钮，确认操作，返回主对话框；也可单击“Cancel”按钮，删除操作；单击“Help”按钮，进行在线帮助操作。

（4）执行操作

在主对话框中，单击“OK”按钮，执行操作。

10.6.2 简单均值比较的结果

（1）简单均值比较的基本描述性统计量

表10.11给出了简单均值比较的基本描述性统计量，包括每个分组的均值、样本量和标准差。从各分组的均值变化可以看出，在23个抽样的时间下，佳洁士的平均广告投放次数最多（Mean=44.00, SD=38.62），高露洁的平均广告投放次数最少（Mean=37.48, SD=43.09）。

表10.11　简单均值比较的描述性统计量

Report

广告频率

品牌	Mean	N	Std. Deviation
佳洁士	44.00	23	38.619
高露洁	26.57	23	24.528
狮　王	37.48	23	43.091
黑　人	32.74	23	33.235
舒　客	30.83	23	33.943
云南白药	31.09	23	29.323
Total	33.78	138	34.149

（2）简单均值比较输出的方差分析表与相关性度量

表10.12是简单均值比较输出的单因素方差分析表。表中“Sum of Squares”表示差异总和，“Between Groups”为组间差异，“Within Groups”为组内差异，具体解释参看下一章的方差分析。根据方差分析结果可知，组间差异对应的概率p值为0.601，大于0.05，接受零假设，可以认为不同品牌在抽查期间的广告投放频率并无显著差异。

表10.12　简单均值比较输出的方差分析表

ANOVA Table

			Sum of Squares	df	Mean Square	F	Sig.
广告频率 * 品牌	Between Groups	(Combined)	4306.522	5	861.304	.731	.601
		Linearity	1049.689	1	1049.689	.891	.347
		Deviation from Linearity	3256.832	4	814.208	.691	.599
	Within Groups		155460.957	132	1177.735		
	Total		159767.478	137			

表10.13是简单均值比较的简单相关关系及其检验结果。表中第2列为广告频率和品牌之间的相关系数，第3列的Eta统计量取值为0–1之间，越接近1表示两个变量之间的关系越密切。从表中可以看出，广告频率与品牌的相关系数为–.081，Eta=.164，二者相关性很低，品牌对于广告频率变化的解释力仅有0.7%，且为方向相关。说明品牌与广告频率之间无明显相关。

表10.13　简单均值比较输出的相关性度量

Measures of Association

	R	R Squared	Eta	Eta Squared
广告频率 * 品牌	–.081	.007	.164	.027

10.7 小结

本章主要讨论了参数检验的基本原理，包括单样本的T检验、两独立样本T检验和两配对样本T检验。这些内容和方法是专业统计分析的重要基础，在经济、医学等领域有广泛的应用。

本章的SPSS操作很简单，通过本章的学习，读者应体会假设检验的基本思想以及SPSS统计分析结果的含义，真正做到不仅知其然，还要知其所以然。

第11章介绍方差分析的基本原理和SPSS操作，与均值比较同属于统计分析析中的基础统计方法。

第11章

方差分析

本章包括

- 方差分析的基本原理
- 方差分析的概念和假设
- 单因素方差分析
- 多因素方差分析
- 协方差分析

方差分析是20世纪20年代发展起来的一种统计方法，它被广泛应用于分析心理学、生物学、工程和医药的试验数据等领域。虽然在形式上，方差分析是比较多个总体的均值是否相等，但本质上它所研究的是变量之间的关系，这与后一章将要介绍的回归分析方法有许多相同之处，但又有本质区别。在研究一个（或多个）分类性自变量与一个数值型因变量之间的关系时，方差分析是主要方法之一。本章主要介绍方差分析的基本方法和SPSS实现过程。

SPSS 24

11.1 方差分析的基本原理

方差分析研究分类性自变量对数值型因变量的影响，例如它们之间有无关系、关系强度如何等，方差分析方法首先检验总体的均值是否相等，进而判断分类型自变量对数值型因变量的显著性影响。

例如，在消费者市场，消费者和生产者之间常常因商品质量或者服务质量发生纠纷。消费者在发生纠纷而无法解决时，便会选择消费者协会投诉。为了评价不同行业的服务质量，消费者协会分别在零售业、旅游业、航空公司、家电制造业抽取了不同的企业作为样本，其中零售业7家，旅游业6家，航空公司5家，然后统计出近期消费者对这23家企业的投诉次数，表11.1给出统计数据列表。

表11.1　消费者对4个行业的投诉次数

观测值	行业			
	零售业	旅游业	航空公司	家电制造业
1	57	68	31	44
2	66	39	49	51
3	49	29	21	65
4	40	45	34	77
5	34	56	40	58
6	53	51		
7	44			

一般而言，企业收到投诉次数越多，其服务质量也就越差。消费者协会想知道这几个行业之间的服务质量是否有显著差异。

分析4个行业之间的服务质量是否有显著差异，即判断“行业”对“投诉次数”是否有显著影响，应该检验这4个行业被投诉次数的均值是否相等。如果均值相等，则认为“行业”对投诉次数是没有影响的，即它们之间的服务质量没有显著差异；反之，则认为行业之间的服务质量有显著差异。

上述问题可以通过方差分析得到解决。

方差分析是通过对数据误差来源的分析判断不同总体之间的均值是否相等，进而分析自变量是否有影响。因此，进行方差分析时，区分误差的不同来源是重要的。以下给出误差来源分析及方差分析基本思想。

（1）在同一行业下，样本的各观测值是不同的。例如，所抽取的7家企业之间被投诉的次数是不同的。由于企业是随机抽取的，因此它们之间的差异可以看成是由随机因素的影响造成的，或者说是由于抽样的随机性造成的，这种误差称为随机误差。

（2）在不同行业下，各观测值也是不同的。这种差异可能是由于抽样的随机性造成的，也可能是由于行业本身造成的，后者所形成的误差是由系统性因素造成的，称之为系统误差。

(3) 数据误差是用平方和表示。衡量因素的同一水平下样本数据的误差，称为组内误差（within groups），如上例中零售业中的7家企业被投诉次数的误差。衡量不同水平下的样本误差称为组间误差（between groups），例如，零售业、旅游业、航空公司、家电制造业之间的被投诉次数的误差。组内误差只包含随机误差，而组间误差既包含随机误差，也包含系统误差。

(4) 由误差来源的分析得知，判断行业对投诉次数是否有影响，就是检验被投诉次数存在差异的原因。如果这种差异主要是系统误差，我们说不同行业对投诉次数有显著影响。在方差分析的前提下，这一问题实际上就是检验4个行业被投诉次数的均值是否相等的问题。

(5) 根据统计学原理，组间均方和组内均方的比值构成F分布。给定显著性水平，通过和F分布统计量的概率p的比较，推断出总体均值是否存在显著性差异。

方差分析方法很多，不同的方法构造的统计量也不同，本章介绍单因素方差分析、多因素方差分析和协方差分析的基本原理和SPSS实现过程。

11.2 方差分析的概念和假设

方差分析过程中，有两个重要的基本概念：

(1) 因素 方差分析中，所要检验的对象称为因素。例如上例中“行业”是因素。

(2) 水平 因素的不同表现称之为水平。上例中的零售业、旅游业、航空公司、家电制造业是行业因素的水平。

(3) 观测值 每个行业中得到的样本数据称为观测值。上例中只有“行业”一个因素，所以也称为单因素4水平的试验。

方差分析中一般应满足3个基本假设，即要求各个总体应服从正态分布，各个总体的方差应相同以及观测值是独立的。

根据上述三个基本假设，方差分析对各总体的显著性差异的推断就转化为对各总体均值是否存在差异的推断了。

假设因素有k个水平，每个水平的均值分别用$\mu_1, \mu_2, \cdots, \mu_k$表示，要检验k个水平的均值是否相等，需要提出如下假设检验问题：

$H_0 : \mu_1 = \mu_2 = \cdots = \mu_k$

$H_1 : \mu_1, \mu_2, \cdots, \mu_k$不全相等

例如，在上例中，我们假设4行业被投诉次数均值分别为$\mu_1, \mu_2, \mu_3, \mu_4$。为检验行业对投诉次数是否有影响，需提出如下假设：

$H_0 : \mu_1 = \mu_2 = \mu_3 = \mu_4$

$H_1 : \mu_1, \mu_2, \mu_3, \mu_4$不全相等

和假设检验方法比较，方差分析不仅可以提高检验效率，同时由于它是将所有的样本信息结合在一起，也增加了分析的可靠性。

11.3 单因素方差分析

SPSS的Compare Means模块中提供了单因素方差分析的过程，下面给出基本操作和各对话框功能介绍。

11.3.1 单因素方差分析的SPSS操作

步骤1 单击“Analyze”→“Compare Means”→“One-Way ANOVA”命令，打开“One-Way ANOVA”（单因素方差分析）对话框，如图11.1所示。

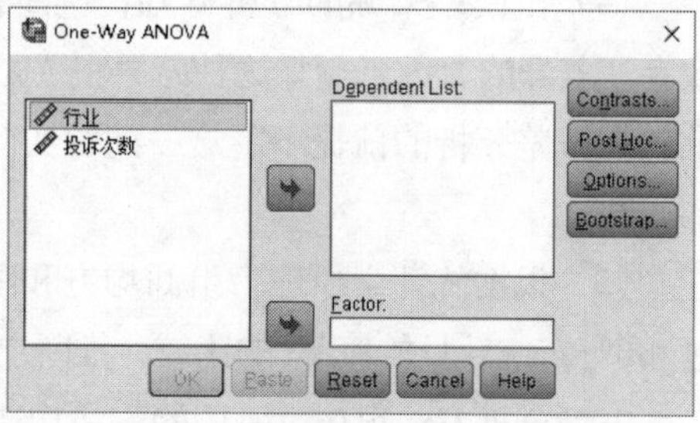

图11.1 “One-Way ANOVA”（单因素方差分析）对话框

步骤2 在变量列表窗口中选择因变量，单击右向箭头按钮，将其移动到“Dependent List”（因变量列表）窗口，可以选多于一个以上的变量；在变量列表窗口中选择因素变量，单击右向箭头按钮，将其移动到“Factor”（因素）窗口。

步骤3 单击“OK”按钮，执行单因素方差分析操作。

11.3.2 Contrasts选项

单击“Contrasts”按钮，打开“One-Way ANOVA：Contrasts”（单因素方差分析：对照）对话框，如图11.2所示。

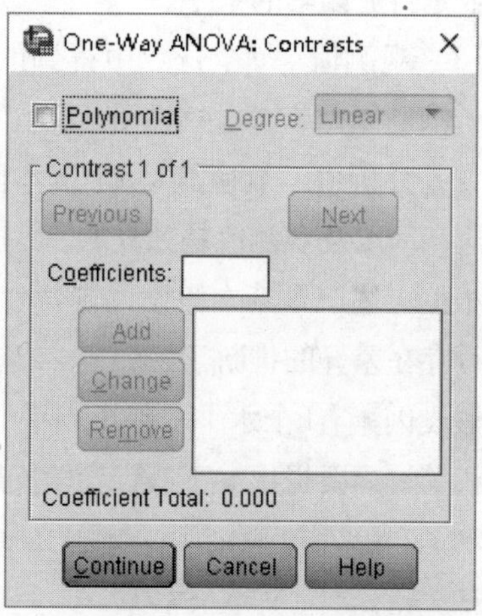

图11.2 “One-Way ANOVA：Contrasts”（单因素方差分析：对照）对话框

“Polynomial”（多项式）选项用于将组间平方划分为趋势成分，可对因变量按因子变量中的水平次序进行趋势性检验。

“Degree”（次数）下拉式菜单用于设定多项式的次数，可选择：

- Linear 线性多项式，为默认选项
- Quadratic 二次多项式
- Cubic 三次多项式
- 4th 四次多项式
- 5th 五次多项式

“Contrasts”（对照）窗口中的“Coefficients”栏需要用户指定先验对照将通过t检验，可以输入因变量中每组的系数，系数的顺序对应于因素变量种分类值的递增顺序，列表中的第一个系数对应于分类变量的最小值，最后一个系数对应于最大值。

11.3.3 Post Hoc Multiple Comparisions选项

单击“Post Hoc”按钮，打开“One-Way ANOVA：Post Hoc Multiple Comparisions”（单因素方差分析：验后多重比较）对话框，如图11.3所示。

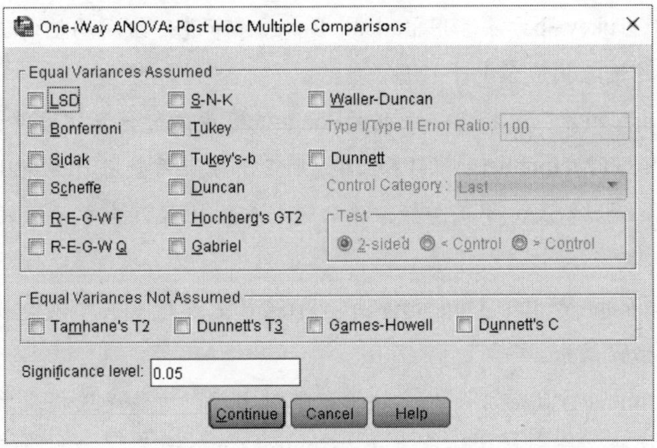

图11.3 “One-Way ANOVA：Post Hoc Multiple Comparisions”（单因素方差分析：验后多重比较）对话框

该对话框中进行均值的多重比较。各窗口及选项的含义如下。

“Equal Variance Assumed”（假设方差齐）窗口给出当方差相等时的确定多重比较方法，给出14种可选方法，其中包括：

- LSD Least-significant difference法，即最小显著性差异法。用T检验完成各组间的配对比较，检验的敏感性高，各个水平间的均值存在微小的差异就有可能被检验出来，但此方法对第一类弃真错误的概率不进行控制和调整。
- Bonferroni LSDMOD方法，即修正最小显著差异法。用t检验完成各组间的配对比较；同时，通过设置每个检验的误差率来控制第一类错误的概率。
- Sidak Sidak方法。根据t统计量进行配对多重比较，调整多重比较的显著性水平，其界限比Bonferroni方法小。
- Scheffe Scheffe方法。使用了F统计量作为检验统计量，对所有可能的组合进行同步进入的配对比较，可用于检验分组均值所有可能的线性组合，但灵敏度不是很高。
- R-E-G-W-F Ryan-Einot-Gabriel-Welsch F方法。根据F统计量检验的Ryan-Einot-Welsch多重比较。
- R-E-G-W-Q Ryan-Einot-Gabriel-Welsch Q方法。根据Student极差统计量的Ryan-Einot-Welsch多重比较。
- S-N-K Student-Newman-Keuls方法。根据Student极差统计量在均值间作配对比较；如果各组样本含量相等或者选择了“Harmonic average of all groups”（所有各组样本含量的调和平均值），即用所有各组样本含量的调和平均数进行样本量估计时，还用逐步过程进行齐次子集（差异较小的子集）的均值配对比较；在该比较过程中各组均值从大到小按顺序排列，最先比较最末端的差异。

- TUKEY Tukey's honestly significant difference方法，即Tukey显著差异法，用Student-Range统计量进行所有组间均值的配对比较，用所有配对比较误差率作为实验误差率。
- Tukey's-b Tukey-b方法。用Student-Range分布进行组间均值的配对比较，其精确值为前两种检验相应值的平均值。
- Duncan Duncan方法。指定一系列的Range值逐步进行计算比较得出结论。
- Hochberg's GT2 Hochberg's GT2方法。用正态最大系数进行多重比较。
- Gabriel Gabriel方法。用正态标准系数进行配对比较，在单元数较大时这种方法较自由。
- Waller-Duncan Waller-Duncan方法。用t统计量进行多重比较检验，使用贝叶斯过程的多重比较试验。
- Dunnett Dunnett方法。指定此方法进行配对比较，方法是选择最后一组为对照其他各组和它比较，选定此方法后激活"Control Catetory"（控制分类）栏，在该栏展开小菜单选择对照组，其中可选"Last"（最后一个）分类和"First"（第1个）分类；并在"Test"（检验）窗口设定单双侧检验的选择，其中可选"2-Sided"（双侧检验）、"<Control"（<对照分类）或">Control"（>对照分类）。

"Equal variance not assumed"（假定方差不齐）窗口给出当方差不齐时的多重比较方法选项，其中包括：

- Tamhane's T2 用t检验进行配对比较试验。
- Dunnett's T3 用基于Students最大模数的比较配对试验。
- Games Howell 方差不齐时的配对比较试验。
- Dunnett's C 用基于Students极差的配对比较试验。

11.3.4 Options选项

单击"Options"按钮，打开"One-Way ANOVA：Options"（单因素方差分析：选项）对话框，如图11.4所示。

该对话框给出检验统计量、检验和缺失值的处理方式等设置。

"Statistics"（统计量）窗口输出统计量的选择项，其中包括：

- Descriptive 描述性统计量。要求输出描述统计量，其中包括观测量数目均值、标准差、标准误、最小值、最大值以及各组中每个因变量的95%置信区间。

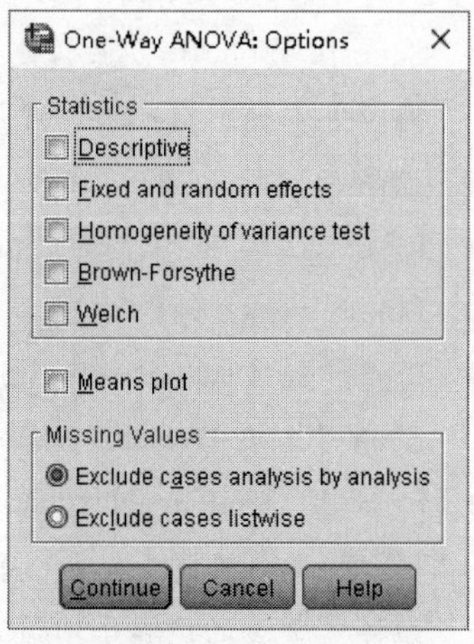

图11.4 "One-Way ANOVA：Options"（单因素方差分析：选项）对话框

- Fixed and random effects 固定和随机效应。显示固定效应模型的标准差、标准误和95%的置信区间；随机效应模型的标准误、95%的置信区间及方差成分间的估计值。
- Homogeneity-of-variance 方差齐性检验。要求计算分组均数相等的Levene统计量。该检验方法不依赖于正态假设。
- Brown-Forsythe Brown-Forsythe统计量。计算分组均数相等的Brown-Forsythe统计量。当不能把握方差齐性假设时，此统计量比F统计量更为优越。
- Welch Welch统计量。计算分组均数相等的Welch统计量。当不能把握方差齐性假设时，此统计量比F统计量更为优越。

该对话框给出均数图形选项“Means plot”（均值连线形），选择该项，表示显示分组均数图。

“Missing Value”（缺失值）窗口用于选择缺失值处理方法，即：

- Exclude cases analysis by analysis 剔除各分析中含有缺失值的个案。
- Exclude cases listwise 剔除含有缺失值的全部个案。

11.3.5 实例：来自四个不同行业的投诉数据

1. 实例数据

针对表11.1给出的数据进行单因素方差分析，并利用LSD（最小显著差异检验）和Bonferroni（修正的最小显著差异检验）方法，检验各行业间均值是否存在显著性差异；同时，选择线性多项式比较各均值，共指定2组多项式系数，检验行业对投诉次数的效应，多项式系数由下列公式给出：

1.0*mean1−1.0*mean2−1.0*mean3+1.0*mean4 检验零售业和家电业的投诉之和与旅游业和航空公司的投诉之和是否有显著差异；

1.0*mean1+1.0*mean2−1.0*mean3−1.0*mean4 检验零售业和旅游业的投诉之和与航空公司与家电业的投诉之和是否有显著差异。（数据文件：one_wayanova1.sav）

2. 基本操作

步骤 1 打开数据文件one_wayanova1.sav。其中值为1、2、3、4分别代表零售业、旅游业、航空公司、家电业的四个不同行业。

步骤 2 单击“Analyze”→“Compare Means”→“One-Way ANOVA”命令，打开“One-Way ANOVA”（单因素方差分析）对话框，变量“投诉次数”指定为“Dependent List”（样本观测值），“行业”指定为“Factor”（因素）。

步骤 3 单击“Option”按钮，在“One-Way ANOVA：Option”（单因素方差分析：选项）对话框，在此窗口依次选择“Descriptive”（描述性统计量）、“Homogeneity of variance test”（方差齐性检验）、“Mean Plot”（均值连线图）选项，单击“Continue”按钮，返回主对话框。

步骤 4 单击“Contrasts”按钮，在“One-Way ANOVA：Contrasts”（单因素方差分析：对照）对话框中选择“Polynomial”（多项式）选项，激活“Degree”下拉式菜单，默认选择“Linear”（线性多项式），在“Coefficients”（系数）窗口依次输入多项式系数1，-1，1，-1和1，1，-1，-1，输入完毕后，单击“Add”确认设置，单击“Continue”按钮确认，返回主对话框。

步骤 5 单击“Post Hoc”按钮，在“One-Way ANOVA：Post Hoc”（单因素方差分析：验后多重比较）菜单中依次选择“LSD”、“Bonferroni”、“Sidak”和“Scheffe”方法。设置完毕后，单击“Continue”按钮，返回主对话框。

步骤 6 单击“OK”按钮确定，执行单因素方差分析的操作。

步骤 7 “Paste”得到的syntax命令语句程序：

```
/* 单因素方差分析的命令语句 .
ONEWAY
  投诉次数 BY 行业
  /CONTRAST= 1 -1 1 -1  /CONTRAST= 1 1 -1 -1
  /STATISTICS DESCRIPTIVES HOMOGENEITY
  /PLOT MEANS
  /MISSING ANALYSIS
  /POSTHOC = LSD BONFERRONI ALPHA(.05).
```

11.3.6 单因素方差分析的结果解释

（1）基本描述性统计量

表11.2所示为基本描述性统计量表。可以看出，在4个行业中样本数量分别为7，6，5，5，其中家电业投诉次数最多，零售业和旅游业相近，航空业投诉最少，这一点，也可以通过均值折线图得到印证。

表11.2 基本描述性统计量

Descriptives

投诉次数

	N	Mean	Std. Deviation	Std. Error	95% Confidence Interval for Mean		Minimum	Maximum
					Lower Bound	Upper Bound		
1	7	49.0000	10.80123	4.08248	39.0105	58.9895	34.00	66.00
2	6	48.0000	13.59412	5.54977	33.7338	62.2662	29.00	68.00
3	5	35.0000	10.41633	4.65833	22.0664	47.9336	21.00	49.00
4	5	59.0000	12.74755	5.70088	43.1718	74.8282	44.00	77.00
Total	23	47.8696	13.75865	2.86888	41.9199	53.8193	21.00	77.00

（2）方差齐性的检验

表11.3是方差齐性检验结果。表中看出，方差齐性检验计算出的p值为0.898，在显著

性水平为0.05的前提下，通过方差齐性检验，即不同行业投诉次数认为是来自于相同方差的不同总体，满足方差分析的前提。

表11.3　方差齐性检验结果

Test of Homogeneity of Variances

投诉次数

Levene Statistic	df1	df2	Sig.
.195	3	19	.898

（3）LSD和Bonferroni验后多重比较

表11.4是利用LSD、Bonferroni、Sidak和Scheffe检验方法分别显示两两行业之间投诉次数均值的检验比较结果。表中星号表示在显著性水平为0.05的情况下，相应两组均值存在显著差异。

各种检验方法对抽样分布标准误差定义不尽相同，但在系统中皆采用LSD方法的标准误差，故表中两种方法的两列数据完全相同，第3列Sig是检验统计量的观测值在不同分布中的概率p值。

两种方法存在一定差异，因为两者之间由于对误差率的控制不同，所以敏感度也不同，从表中明显可以看出，LSD方法的概率p值都比Bonferroni方法的相应概率p值小一些，和其他方法相比，LSD方法的敏感度是比较高的。

例如，在显著性水平为0.05的前提下，LSD检验中航空公司和家电业之间投诉次数均值存在显著差异，其概率p值为0.005，Bonferroni方法中两者之间虽也存在显著性差异，但其统计量的概率p值为0.030，远远大于LSD方法的概率p值。

表11.4　多重比较检验结果

Multiple Comparisons

Dependent Variable: 投诉次数

	(I) 行业	(J) 行业	Mean Difference (I–J)	Std. Error	Sig.	95% Confidence Interval	
						Lower Bound	Upper Bound
Scheffe	1	2	1.00000	6.64193	.999	−19.3443	21.3443
		3	14.00000	6.99043	.292	−7.4118	35.4118
		4	−10.00000	6.99043	.574	−31.4118	11.4118
	2	1	−1.00000	6.64193	.999	−21.3443	19.3443
		3	13.00000	7.22908	.382	−9.1428	35.1428
		4	−11.00000	7.22908	.524	−33.1428	11.1428
	3	1	−14.00000	6.99043	.292	−35.4118	7.4118
		2	−13.00000	7.22908	.382	−35.1428	9.1428
		4	−24.00000*	7.55053	.040	−47.1274	−.8726
	4	1	10.00000	6.99043	.574	−11.4118	31.4118
		2	11.00000	7.22908	.524	−11.1428	33.1428
		3	24.00000*	7.55053	.040	.8726	47.1274

续表11.4

	(I) 行业	(J) 行业	Mean Difference (I–J)	Std. Error	Sig.	95% Confidence Interval	
						Lower Bound	Upper Bound
LSD	1	2	1.00000	6.64193	.882	−12.9017	14.9017
		3	14.00000	6.99043	.060	−.6311	28.6311
		4	−10.00000	6.99043	.169	−24.6311	4.6311
	2	1	−1.00000	6.64193	.882	−14.9017	12.9017
		3	13.00000	7.22908	.088	−2.1306	28.1306
		4	−11.00000	7.22908	.145	−26.1306	4.1306
	3	1	−14.00000	6.99043	.060	−28.6311	.6311
		2	−13.00000	7.22908	.088	−28.1306	2.1306
		4	−24.00000*	7.55053	.005	−39.8034	−8.1966
	4	1	10.00000	6.99043	.169	−4.6311	24.6311
		2	11.00000	7.22908	.145	−4.1306	26.1306
		3	24.00000*	7.55053	.005	8.1966	39.8034
Bonferroni	1	2	1.00000	6.64193	1.000	−18.5532	20.5532
		3	14.00000	6.99043	.358	−6.5791	34.5791
		4	−10.00000	6.99043	1.000	−30.5791	10.5791
	2	1	−1.00000	6.64193	1.000	−20.5532	18.5532
		3	13.00000	7.22908	.528	−8.2817	34.2817
		4	−11.00000	7.22908	.867	−32.2817	10.2817
	3	1	−14.00000	6.99043	.358	−34.5791	6.5791
		2	−13.00000	7.22908	.528	−34.2817	8.2817
		4	−24.00000*	7.55053	.030	−46.2280	−1.7720
	4	1	10.00000	6.99043	1.000	−10.5791	30.5791
		2	11.00000	7.22908	.867	−10.2817	32.2817
		3	24.00000*	7.55053	.030	1.7720	46.2280
Sidak	1	2	1.00000	6.64193	1.000	−18.4891	20.4891
		3	14.00000	6.99043	.309	−6.5117	34.5117
		4	−10.00000	6.99043	.670	−30.5117	10.5117
	2	1	−1.00000	6.64193	1.000	−20.4891	18.4891
		3	13.00000	7.22908	.425	−8.2119	34.2119
		4	−11.00000	7.22908	.608	−32.2119	10.2119
	3	1	−14.00000	6.99043	.309	−34.5117	6.5117
		2	−13.00000	7.22908	.425	−34.2119	8.2119
		4	−24.00000*	7.55053	.029	−46.1551	−1.8449
	4	1	10.00000	6.99043	.670	−10.5117	30.5117
		2	11.00000	7.22908	.608	−10.2119	32.2119
		3	24.00000*	7.55053	.029	1.8449	46.1551

*. The mean difference is significant at the 0.05 level.

（4）多项式检验结果

表11.5表给出的是线性多项式的系数，表11.6给出了比较检验结果。

利用计算得到的概率值可知，Contrast 1情形下，无论假设方差齐性，还是方差不齐，都有p<0.050，小于显著性水平，拒绝零假设，即认为零售业、家电业投诉次数之和与旅游业、航空业投诉次数之和间在5%水平上差异显著；Contrast 2情形下，p>0.05，接受零假设，即认为零售业、旅游业投诉之和与航空公司、家电业投诉次数之和效应差异显著。

实际上，从两行业均值之差可明显看出此结论，后者均值之差为3，但前者却达到25，有较明显的差距。

表11.5　多项式系数比较检验结

Contrast Coefficients

Contrast	行业			
	1	2	3	4
1	1	–1	1	–1
2	1	1	–1	–1

表11.6　多项式系数比较检验结果

Contrast Tests

		Contrast	Value of Contrast	Std. Error	t	df	Sig. (2–tailed)
投诉次数	Assume equal variances	1	–23.0000	10.05613	–2.287	19	.034
		2	3.0000	10.05613	.298	19	.769
	Does not assume equal variances	1	–23.0000	10.08299	–2.281	16.730	.036
		2	3.0000	10.08299	.298	16.730	.770

（5）单因素方差分析表

表11.7是单因素方差分析表。表中可以看出，第4列是统计量F值，计算得3.407；表中第2行和第3行给出方差的两个来源，即“Between Groups”（组间）和“Within Group”（组内）；第4列是检验统计量的自由度（df），组间自由度为3，组内自由度为19；总自由度（Total df）为22。

第二列表示偏差平方和（Sum of Squares），其中组间偏差平方和为1456.609，组内偏差平方和为27.8.000，总偏差平方和为4164.609。

均方为偏差平方和和自由度的商，分别为485.536和142.526，两者之比为F分布的观测值3.407。针对假设H_0，组间均值存在显著性差异，计算F分布观测值为3.407，而对应的概率p值为0.039。默认显著性水平为0.05的前提下，由于F统计量的观测值大于概率p值，则应拒绝原假设，即认为不同行业间的投诉次数有显著差异。

（6）多重比较的相似性子集

表11.8是由Scheffe方法划分的相似性子集。表中可以看出，在显著性水平为0.05的情况下，第一组包括行业航空公司、旅游业、零售业；而第二组包括行业旅游业、零售业和

家电制造业；其中旅游业、零售业在两个组共有，其均值在两组中差距近似，但航空公司和家电制造业的均值差较大。第一个子集中，组内相似的概率为0.306，第二组组内相似概率为0.510。

表11.7 单因素方差分析表

ANOVA

投诉次数

	df	Mean Square	F
Between Groups	3	485.536	3.407
Within Groups	19	142.526	
Total	22		

表11.8 多重比较的相似性子集

投诉次数

	行业	N	Subset for alpha = 0.05	
			1	2
Scheffe[a,b]	3	5	35.0000	
	2	6	48.0000	48.0000
	1	7	49.0000	49.0000
	4	5		59.0000
	Sig.		.306	.510

Means for groups in homogeneous subsets are displayed.

a. Uses Harmonic Mean Sample Size = 5.638.

b. The group sizes are unequal. The harmonic mean of the group sizes is used. Type I error levels are not guaranteed.

（7）均值连线图

图11.5是选择“Mean Plot”选项后生成的均值连线图。图中各点表示为4个行业对应数据的均值大小。

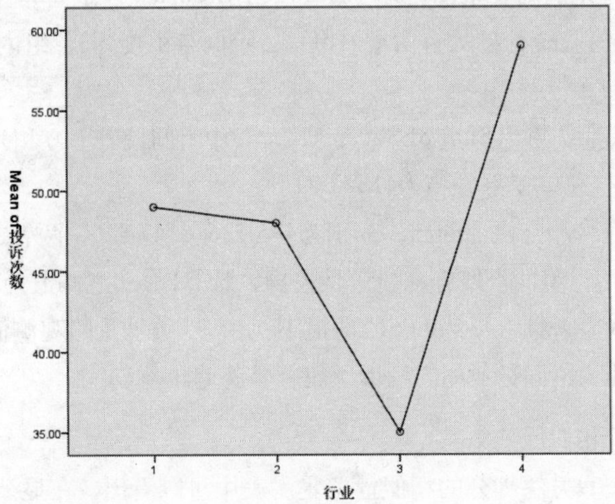

图11.5 均值连线图

11.4　多因素方差分析

多因素方差分析用来研究两个及两个以上的控制变量是否对观察变量产生显著影响。由于讨论多个因素对观测变量的影响，因此这种方差分析过程称之为多因素方差分析。多因素方差分析不仅能够分析多个因素对观测变量的影响，更能够分析多个控制因素的交互作用能否对观测变量的分布产生影响，进而最终找到利于观测变量的最优组合。

例如，医学研究中需要对若干个男人和若干个女人头部的四个典型解剖部位进行测量，研究男、女头部有无显著差异；又如冶金行业中研究片状钛合金在不同温度下不同拉伸速度下的抗拉性能是否一致。这些问题都属于多因素方差分析。

多因素方差分析的基本原理与单因素方差分析基本相似，都是通过检验两个或多个样本均数间差异是否存在显著差异，从而得出结论。

SPSS利用“General Linear Model”（一般线性模型）模块的“Univariate”（单变量方差分析）过程来完成多因素方差分析。“Univariate”过程可以处理各种不同设计，如完全随机区组设计（Randomized Complete Block–Design）、析因设计（Factorial Design）、拉丁方设计（Latin Square Design）、裂区试验设计（Split Plot Experiment Designs）、交叉设计（Cross–over Design）及协方差分析（Anlysis of Covariance）等。

11.4.1　多因素方差分析的SPSS操作

步骤1　单击菜单“Analyze”→“General Linear Model”→“Univariate”命令，打开“Univariate”（单变量方差分析）对话框，如图11.6所示。

步骤2　该对话框中，选择因变量，单击右向箭头按钮，将其移动到“Dependent Variables”（因变量）窗口；选择固定因素变量，单击右向箭头按钮，将其移动到“Fixed Factor(s)”（固定因素变量）窗口；如果需要，选择随机因素变量移动到“Random Factor(s)”（随机因素）；选择协变量移动到“Covariate(s)”（协变量）窗口。

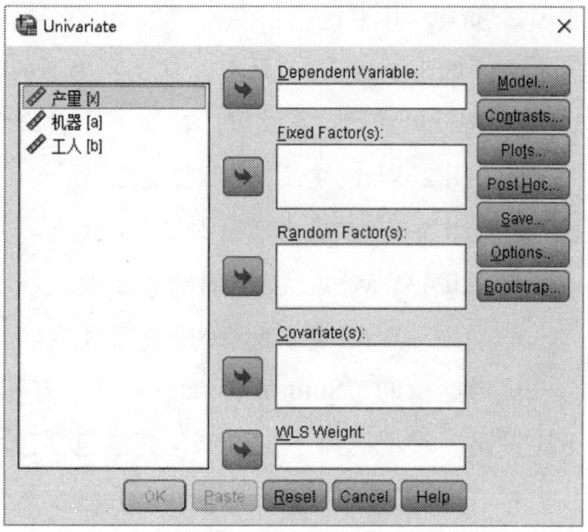

图11.6　“Univariate”（单变量方差分析）对话框

步骤3　单击“OK”按钮，执行操作。

11.4.2　Model选项

单击“Model”按钮，打开“Univariate：Model”（单变量方差分析：模型）对话框，如图11.7所示。

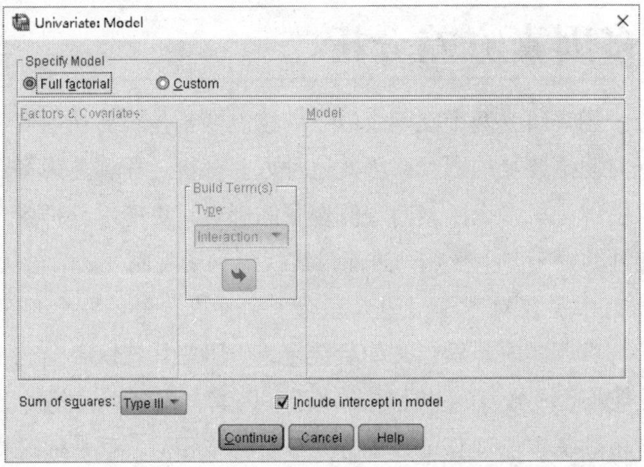

图11.7 “Univariate：Model”（单变量方差分析：模型）对话框

“Specify Model”（指定模型）窗口指定模型的类型，包括选项：

- Full Factorial 默认选项。选择该项，表示建立全因素模型。全模型包括所有因素主效应、所有协变量主效应及所有因素与因素的交互效应，不包括协变量的交互效应。
- Custom 自定义的模型。只指定一个交互效应的子集或因素与协变量的交互效应。用户必须指定模型的所有项目。

选择了“Custom”选项后，在“Factors & Covariates”（因素和协变量）变量列表窗口自动列出可以作为因素变量的变量名，名称后用括号内的字母F标识；也列出可以作为协变量的变量名，名称后用括号内的字母C标识。

单击“Build Term(s)”（创建项目）窗口中的下拉箭头，在出现下拉菜单中选择要构建项目选项，其中包括：

- Interaction 交互效应。建立所有被选变量最高水平的交互效应项目，默认选项。
- Main effects 主效应。建立每个被选变量主效应。
- All 2-Way 建立所有2阶交互效应。
- All 3-Way 建立所有3阶交互效应。
- All 4-Way 建立所有4阶交互效应。
- All 5-Way 建立所有5阶交互效应。

该对话框的“Sum of squares”（平方和）窗口选择平方和的分解方法。单击该窗口的下拉按钮，出现选择下拉菜单，其中包括：

- Type I I型平方和。适用于平衡方差分析模型、多项式回归模型、完全嵌套设计。
- Type II II型平方和。适用于平衡方差分析模型、只有一个主因子的模型、回归模型、完全嵌套设计。
- Type III III型平方和。适用于I、II型平方和适用的所有模型、无缺失值的所有平衡与不平衡模型。此项较常用，为默认选项。
- Type IV IV型平方和。适用于I、II型平方和适用的所有模型、有缺失值的平衡或不平衡模型。

“Include Intercept in model”（模型中包括截距项）选项表示的含义是：通常截距包括在模型中，如果能假设数据通过原点，可以不包括截距，即不选择此项。

11.4.3　Contrasts选项

单击“Contrasts”按钮，打开“Univariate：Contrasts”（单变量方差分析：对照）对话框，如图11.8所示。

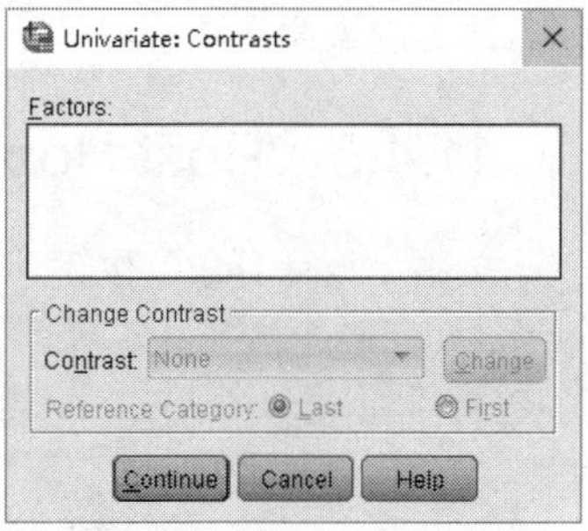

图11.8　“Univariate：Contrasts”（单变量方差分析：对照）对话框

在“Factors”（因素）窗口显示出所有在主对话框中选中的因素变量，因素变量名后的括号中是当前的对比方法。可以在“Change Contrast”（改变对照的方法）窗口中改变对照方法，方法是在“Factors”窗口中选择需要改变对照方法的因子，然后单击“Contrast”窗口的下拉菜单箭头，在弹出的下拉菜单中选择对照方法，其中包括：

- None 不进行均数比较。
- Deviation 差别对照。比较每一水平的平均效应和总平均效应选择。
- Simple 简单对照。每个水平与指定水平的平均效应比较，可选择第一组和最后一组作为参考水平。
- Difference 差分对照。每个水平的与前面各水平的平均效应的比较。
- Helmert Helmert对照。每个水平与随后的各水平的平均效应的比较。
- Repeated 重复对照。每个水平与随后的一个随后的一个水平的比较。
- Polynomial 多项式对照。比较线性效应、二次效应、三次效应等，常用于预测多项式趋势。

改变对照的设置完毕后，单击“Change”（改变）按钮，改变了的对照方法出现显示在“Factors”窗口。设置完毕后，单击“Continue”按钮，返回到主对话框。

11.4.4　Plots选项

单击“Plots”按钮，打开“Univariate：Profile Plots”（单变量的方差分析：轮廓图）对话框，如图11.9所示。

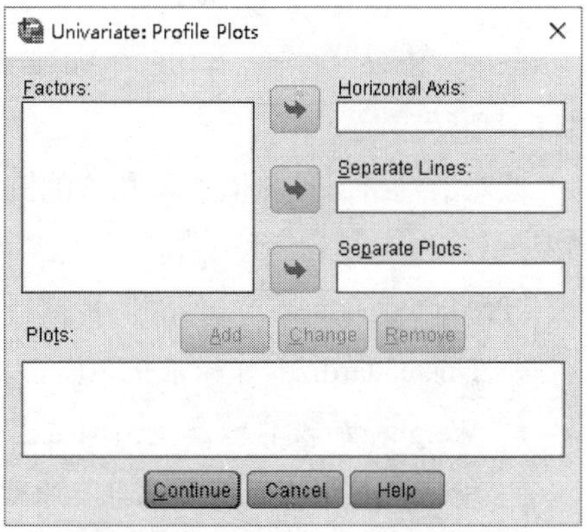

图11.9　“Univariate：Profile Plots”（单变量的方差分析：轮廓图）对话框

该对话框中可以绘制一个或多个因素变量为参考的因变量均数分布图。在只有一个因素水平时，为因变量估计边缘均数的线图；2个以上因素水平时，绘制分离线。

“Factors”窗口显示因素的变量名，将该窗口的因素变量移动到右侧的不同窗口，可选窗口包括：

- Horizontal Axis 横坐标。
- Separate Lines 分离线。
- Separate Plots 分离图。

“Factors”（因素）窗口的变量移动到相应的坐标轴窗口后，单击“Add”（添加）按钮，所选因素变量在“Plots”窗口中。

11.4.5 Post Hoc Multiple Comparisions选项

单击“Post Hoc”按钮，打开“Univariate：Post Hoc Multiple Comparisions Observed Means”（单变量方差分析：多重验后比较）对话框，如图11.10所示。

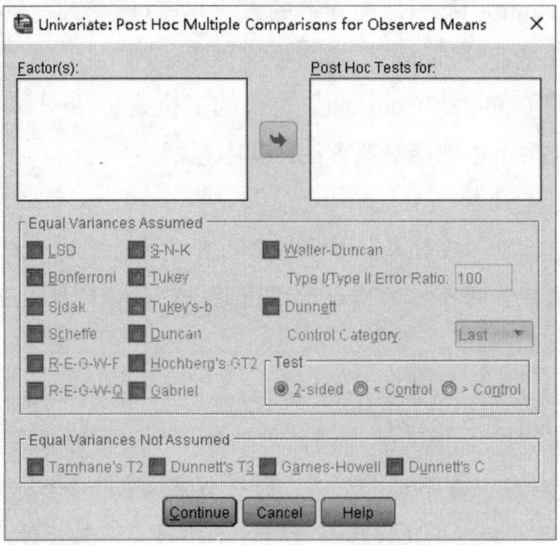

图11.10 “Univariate：Post Hoc Multiple Comparisions for Observed Means”（单变量方差分析：多重验后比较）对话框

“Factor(s)”窗口中选择变量，单击右向箭头按钮，将其移动到“Post Hoc Test for”（验后多重检验）窗口，然后选择多重比较方法。

11.4.6 Save选项

单击“Save”按钮，打开“Univariate：Save”（单变量方差分析：保存）对话框，如图11.11所示。

该对话框给出预测值残差和检测值作为新的变量的保存选项。各个窗口的设计及含义如下。

“Predicted Values”（预测值）窗口显示每个个案的预测值保存选项，其中包括：

- Unstandardizd 非标准化预测值。
- Weight 加权非标准化预测值。如果在主对话框中选择了WLS（加权最小二乘）变量，保存因变量的加权非标准化预测值。
- Standard error 预测值均数的标准误。

“Diagnostics”（诊断方法）窗口显示诊断结果保存选项：

- Cook's distance Cook距离。
- Leverage values 非中心化Leverage值。

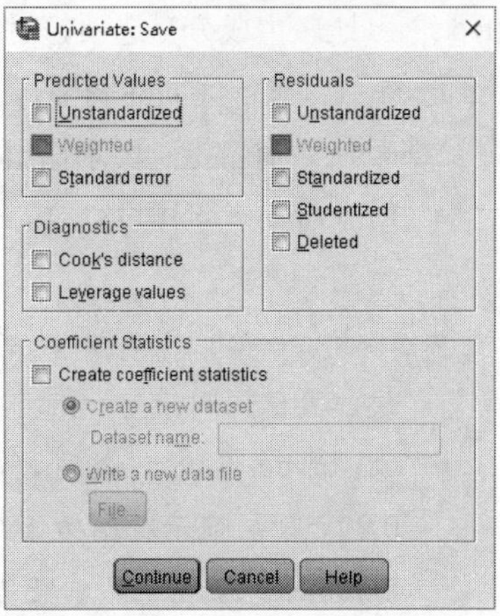

图11.11 "Univariate：Save"（单变量方差分析：保存）对话框

"Residuals"（残差）窗口显示残差的保存选项，其中包括：

- Unstandardized 非标准化残差值。观测值与预测值之差。
- Weight 非标准化残差。如果在主对话框中选择了WLS变量，则保存权重非标准化残差。
- Standardized 标准化残差，即Pearson 残差。
- Studentized Student残差。
- Deleted 剔除残差自变量值与调整预测值之差。

"Save to New File"（保存到新文件）窗口给出以新文件保存结果的方式，选择"Coefficient statistics"（系数统计量）后，单击"File"按钮，将参数估计值、协方差矩阵保存到一个新文件中。

11.4.7 Options选项

单击"Options"按钮，打开"Univariate：Options"（单变量方差分析：选项）对话框，如图11.12所示。

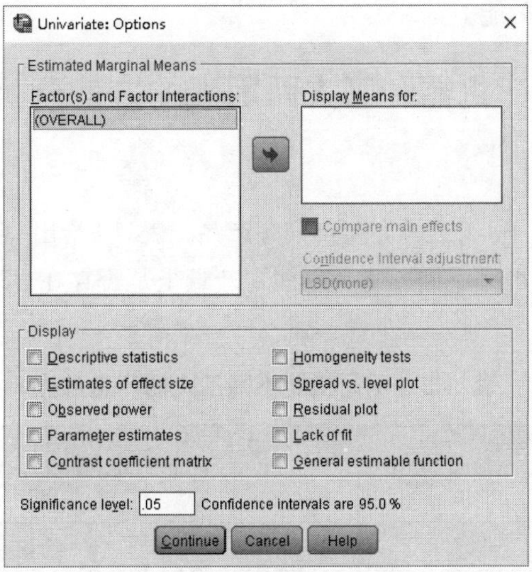

图11.12 "Univariate：Options"（单变量方差分析：选项）对话框

"Estimated Marginal Means"（估计边际均数）窗口用于选择显示结果的因素变量，方法是在左侧的"Factor(s) and Factor Interactions"因素和因素交互列表框中选择因素和交互项，单击右向箭头按钮，将其移动到"Display means for"（显示因素的均数）窗口。

如果在"Display Means for"栏中有主效应变量被选中，则可选择"Compare main

effects”（比较主成分）选项，对主效应变量进行估计边际均值，并在“Confidence interval adjustment”（置信区间的调整）下拉菜单中选择LSD、Bonferroni、Sidak方法。

“Display”窗口指定要求输出的统计量，其中包括8个选项：

- Descriptive statistics 输出描述统计量。显示所有单元格中因变量的观测均数、标准差和例数。
- Estimates of effect size 效应大小的估计。计算每个效应的估计及参数估计、标准误、置信区间。
- Observed power 观察效能。给出计算功效的显著性水平Alpha值，该值在0.01到0.99之间。显示观测功效系统，默认显著性水平为0.05。
- Parameter estimates 参数估计。给出各因变量与自变量的回归。
- Contrast ccoefficient matrix 对照系数矩阵。
- Homogeneity tests 方差齐性检验。
- Spread vs. level plot 散布对水平图。可绘制观测值与残差的散点图。
- Residuals plot 绘制残差图。
- Lack of fit 拟合度不足的检验检。检查独立变量和非独立变量间的关系是否被充分描述。
- General estimable function 广义估计函数。可以根据一般估计函数自定义假设检验。对比系数矩阵的行与一般估计函数是线性组合的。

“Significance level”（置信水平）窗口中输入显著性水平，用于验后多重比较的置信水平和计算检验的观察效能。

11.4.8 实例：机器和工人两因素的方差分析

1. 实例数据

3台机器（利用A、B、C表示）生产同一产品，表11.9给出4名工人操作机器A、B、C生产产品的产量。问机器之间、工人之间在产量上是否存在显著差异？（数据文件：univariate1.sav）

表11.9 不同机器不同工人的产量数据

	1	2	3	4
A	50	47	47	53
B	63	54	57	58
C	52	42	41	48

2. 基本操作

步骤1 打开数据文件univariate1.sav。其中，变量x表示产量，变量a,b分别表示不同机器和不同工人。

步骤2 单击菜单“Analyze”→“General Linear Model”→“Univariate”命令，在

"Univariate"（单变量方差分析）对话框中，"Dependent"（因变量）窗口选择变量"x[产量]"；"Fixed Factor(s)"（固定因素）窗口选择变量"a[机器"和"b[工人]"。

步骤 3 单击"Model"按钮，在"Univariate：Model"（单变量方差分析：模型）对话框选择"Custom"选项；在"Build Term(s)"下拉菜单中选择"Main effects"（主效应）后，在"Factors and Covariates"（因素和协方差）窗口选择"a(F)"和"b(F)"进入"Model"窗口。单击"Continue"按钮，返回主对话框。

步骤 4 单击"Post Hoc"按钮，在"Univariate：Post Hoc Multiple Comparisions Observed Means"（单变量方差分析：多重验后比较）对话框中的"Factor(s)"窗口选择变量a和b，移动到"Post Hoc Tests for"窗口，并且在"Equal Variances Assumed"窗口选择"S-N-K"选项，单击"Continue"按钮，返回主对话框。

步骤 5 单击"OK"按钮，执行多因素方差分析操作。

步骤 6 "Paste"得到的syntax命令语句程序：

```
/* 多因素方差分析的命令语句 .
UNIANOVA
  x  BY a b
  /METHOD = SSTYPE(3)
  /INTERCEPT = INCLUDE
  /POSTHOC = a b ( SNK )
  /CRITERIA = ALPHA(.05)
  /DESIGN = a b .
```

11.4.9　两因素方差分析的结果解释

(1) 组间因素

表11.10给出各因素的水平数。分组变量a有三个水平，即机器A、B、C；每个水平共有4例。分组变量b有四个水平，即工人1、2、3、4，每个水平有3例。

表11.10　组间因素

Between-Subjects Factors

		N
机器	1.00	4
	2.00	4
	3.00	4
工人	1.00	3
	2.00	3
	3.00	3
	4.00	3

（2）组间效应值

表11.11给出组间效应检验结果。从表中可以看出，因素a的检验统计量F的观测值为29.102，检验的概率p值为0.001，小于0.05，拒绝零假设，可以认为机器之间存在差异显著，各机器间的产量不全相等。因素b的检验统计量F的观测值为6.985，检验的概率p值为0.022，小于0.05，拒绝零假设，可以认为工人之间存在差异显著，工人间的产量不全相等。

表11.11 组间效应检验

Tests of Between-Subjects Effects

Dependent Variable: 产量

Source	Type III Sum of Squares	df	Mean Square	F	Sig.
Corrected Model	433.167[a]	5	86.633	15.831	.002
Intercept	31212.000	1	31212.000	5703.716	.000
a	318.500	2	159.250	29.102	.001
b	114.667	3	38.222	6.985	.022
Error	32.833	6	5.472		
Total	31678.000	12			
Corrected Total	466.000	11			

a. R Squared = .930 (Adjusted R Squared = .871)

（3）因素a的多重验后检验

表11.12是因素a的多重验后检验结果。由于本例是无重复数设计，不能求出每个格子的方差，故不能计算方差的齐次性。这里仅选择S-N-K法进行均数之间的两两比较。

在均衡子集表中，第一均衡子集（Subset=1列）包含第三组（a=3）和第一组（a=1），它们的均数分别为45.75和49.25，两均数比较的概率p值为0.079，大于0.05，接受零假设，即可以认为机器C和A的产量的均数之间无明显差异，而机器B与它们的差异较显著。

表11.12 因素a的多重验后检验

产量

Student-Newman-Keuls[a,b]

机器	N	Subset	
		1	2
3.00	4	45.7500	
1.00	4	49.2500	
2.00	4		58.0000
Sig.		.079	1.000

Means for groups in homogeneous subsets are displayed.
Based on observed means.
The error term is Mean Square(Error) = 5.472.
a. Uses Harmonic Mean Sample Size = 4.000.
b. Alpha = 0.05.

（4）因素b的多重验后检验

表11.13是因素b的多重验后检验结果。表中可以看出，第一均衡子集（Subset=1列）包含第二组（b=2）、第三组（b=3）和第四组（b=4），它们的均数分别为47.67、48.33和53.00。三组均数比较的概率p值为0.070，大于0.05，接受零假设，可认为工人2、工人3和工人4的产量均数之间无明显差异。

第二均衡子集（Subset=2列）包含第四组（b=4）和第一组（b=1），它们的均数分别为53.00和55.00，三组均数比较的概率p值为0.335，大于0.05，接受零假设，认为工人4和工人1的产量均数之间无明显差异。

第一组（b=1）和第二、三、四（b=2,3,4）没有列在均衡子集表的同一格子中，可以认为它们的均数存在显著差异。

表11.13　因素b的多重验后检验

产量

Student−Newman−Keuls[a,b]

工人	N	Subset	
		1	2
2.00	3	47.6667	
3.00	3	48.3333	
4.00	3	53.0000	53.0000
1.00	3		55.0000
Sig.		.070	.335

Means for groups in homogeneous subsets are displayed.
Based on observed means.
The error term is Mean Square(Error) = 5.472.
a. Uses Harmonic Mean Sample Size = 3.000.
b. Alpha = 0.05.

11.5　协方差分析

11.5.1　协方差分析的基本思想

协方差分析是利用线性回归的方法消除混杂因素的影响后进行的方差分析，这是在实际工作中经常要应用的。例如，考虑药物对患者某个生化指标变化的影响，比较实验组与对照组该指标变化均值是否有显著性差异，以确定药物的有效性；同时，可能要考虑患者病程的长短、年龄以及原指标水平对疗效的影响，要消除这些因素的影响考虑药物疗效，即比较实验组和对照组之间该生化指标变化量均值的差异显著性。

考虑了这些因素在测量对象的选择上使这些条件都一致时，可以使用一般的方差分析方法；对于动物实验比较容易达到。例如，选择同品种、同一胎的大白鼠分组在相同的饲养条件下进行实验，可以相应地避免许多混杂的因素的影响。从影响因素和协变量的个数分类，协方差分析分为单因素协方差分析、多因素协方差分析和多协变量协方差分析等；从试验设计的方式分为完全随机设计协方差分析、随机区组设计协方差分析和析因协方差分析。

11.5.2 实例：政府部门对培训效果的分析

政府为帮助年轻提高提高工作技能，进行了一些列有针对性的就业能力和工作技能培训项目，为检验培训工作的成效，对1000例年轻人进行了问卷调查，表11.14给出部分调查结果。表中主要包括培训前和培训后的收入情况。现要求利用GLM Univariate过程对培训后收入变量进行协方差分析。（数据文件：univariate2.sav）

表11.14 1000例工作技能培训项目调查的部分数据

年龄	性别	文化程度	婚姻状况	培训状态	培训前收入	培训后收入	待业人数
16	m	1	0	0	8.00	12.00	1
17	f	2	0	0	8.00	10.00	1
17	f	1	0	0	8.00	11.00	1
19	f	1	1	1	9.00	18.00	3
18	f	1	1	0	7.00	12.00	3
17	f	1	1	1	8.00	15.00	2
17	f	2	1	0	8.00	13.00	3
21	f	1	0	1	9.00	22.00	2
18	m	1	0	1	7.00	18.00	1
16	m	1	0	0	7.00	9.00	1
17	f	1	1	0	6.00	8.00	5
18	f	2	0	1	10.00	20.00	1

11.5.3 非饱和模型的SPSS操作

步骤1 打开数据文件univariate2.sav。

步骤2 选择菜单“Analyze”→“General Linear Model”→“Univariate”命令，在“Univariate”（单变量方差分析）对话框的“Dependent”（因变量）窗口中选择变量“培训后收入”；“Fixed Factor(s)”（固定因素）窗口选择变量“培训状态”；“Covariate”（协变量）窗口选择变量“培训前收入”。

步骤3 单击“Model”按钮，在“Univariate：Model”（单变量方差分析：模型）对话框选择“Custom”选项，在“Build Term(s)”下拉菜单中选择“Main effects”（主效应）后，在“Factors and Covariates”（因素和协方差）窗口选择“培训状态(F)”和“培训前收入(C)”进入“Model”窗口；

在“Build Term(s)”下拉菜单中选择“Interaction”（交互效应）后，在“Factors and

Covariates”窗口选择“培训状态(F)”和“培训前收入(C)”进入“Model”窗口，“Model”窗口显示交互效应“培训状态*培训前收入”。单击“Continue”按钮，返回主对话框。

步骤4 单击“Options”按钮，在“Univariate：Options”（单变量方差分析：选项）对话框的“Display”窗口指定输出的统计量选项，其中包括“Descriptive statistics”、“Estimates of effect size”、“Parameter estimates”、“Homogeneity tests”。单击“Continue”按钮，返回主对话框。

步骤5 单击“OK”按钮，执行协方差分析操作。

步骤6 “Paste”得到的syntax命令语句程序：

```
/* 协方差分析的命令语句 .
UNIANOVA
  培训后收入  BY 培训状态  WITH 培训前收入
  /METHOD = SSTYPE(3)
  /INTERCEPT = INCLUDE
  /PRINT = DESCRIPTIVE ETASQ PARAMETER HOMOGENEITY
  /CRITERIA = ALPHA(.05)
  /DESIGN = 培训前收入 * 培训状态 培训状态 培训前收入 .
```

11.5.4 结果分析

(1) 组间因素

表11.15为协方差分析的组间因素。表中列出因素的不同组例数。

表11.15 组间因素

Between–Subjects Factors

		N
培训状态	0	517
	1	483

(2) 描述性统计量

表11.16显示因素的不同水平下自变量“培训后收入”的描述性统计量，包括均数、标准差和例数。可以看出，经培训后的平均收入水平为18.9379，明显高于培训前收入水平的14.4023。

表11.16 描述性统计量

Descriptive Statistics

Dependent Variable: 培训后收入

培训状态	Mean	Std. Deviation	N
0	14.4023	3.89303	517
1	18.9379	4.28162	483
Total	16.5930	4.67067	1000

（3）误差方差齐性的Levene检验

表11.17给出误差方差齐性的Levene检验结果，F统计量为4.964，概率p值为0.026<0.05，可以认为总的方差不齐。

表11.17　误差方差齐性的Levene检验

Levene's Test of Equality of Error Variances[a]

Dependent Variable: 培训后收入

F	df1	df2	Sig.
4.964	1	998	.026

Tests the null hypothesis that the error variance of the dependent variable is equal across groups.
a. Design: Intercept + 培训状态 + 培训前收入 + 培训状态 * 培训前收入

（4）组间效应检验

表11.18给出组间效应检验结果。表中结果表明，组间效应的校正模型（Corrected Model）中，F统计量为429.755，概率p值为0.000<0.05，可认为培训前收入与培训后收入存在线性回归关系；而分组变量“培训状态”中，F统计量为11.199，概率p值为0.001<0.05，可以认为参加培训人员和没有参加培训人员的收入的均数不等。

交互效应项“培训状态 * 培训前收入”的检验统计量的F的值为0.450，概率p值为0.502<0.05，说明交互效果不显著，可以不予考虑；但是其partial eta squared term（偏方估计值）为0.000，远小于0.05，表明和误差项相比，存在一个可以忽略的方差值；这意味着在因素各水平之间，可以认为协变量系数的方差齐。

表11.18　组间效应检验

Tests of Between-Subjects Effects

Dependent Variable: 培训后收入

Source	Type III Sum of Squares	df	Mean Square	F	Sig.	Partial Eta Squared
Corrected Model	12295.033[a]	3	4098.344	429.755	.000	.564
Intercept	131.271	1	131.271	13.765	.000	.014
培训状态	106.795	1	106.795	11.199	.001	.011
培训前收入	7152.586	1	7152.586	750.025	.000	.430
培训状态 * 培训前收入	4.292	1	4.292	.450	.502	.000
Error	9498.318	996	9.536			
Total	297121.000	1000				
Corrected Total	21793.351	999				

a. R Squared = .564 (Adjusted R Squared = .563)

（5）参数估计

表11.19是个因素变量和交互效应的参数估计值。表中可以看出，公共回归系数为3.837。

表11.19　参数估计

Parameter Estimates

Dependent Variable:　培训后收入

Parameter	B	Std. Error	t	Sig.	95% Confidence Interval		Partial Eta Squared
					Lower Bound	Upper Bound	
Intercept	3.837	.773	4.966	.000	2.321	5.354	.024
[培训状态=0]	−3.640	1.088	−3.346	.001	−5.774	−1.505	.011
[培训状态=1]	0[a]	.	.	.	.	.	.
培训前收入	1.676	.084	19.873	.000	1.510	1.841	.284
[培训状态=0] * 培训前收入	−.080	.119	−.671	.502	−.315	.154	.000
[培训状态=1] * 培训前收入	0[a]	.	.	.	.	.	.

a. This parameter is set to zero because it is redundant.

11.5.5　进一步分析：实例中的饱和模型

在前面的举例中已对培训对收入的影响进行了非饱和分析，分析得知，模型中的交互效应项作用不显著，这里可以进一步尝试建立饱和模型。

在上例的基础上，进一步的操作如下：

步骤 1　返回到“Univariate”对话框，单击“Model”按钮，在“Univariate：Model”对话框中选择“Full factorial”（全因素）模型，单击“Continue”按钮，返回主对话框。

步骤 2　单击“Options”按钮，在“Display”（显示）窗口选择“Estimates of effect size”、“Homogeneity tests”、“Spread vs. level plot”和“Parameter estimates”选项，单击“Continue”按钮，返回主对话框。

步骤 3　单击“OK”按钮，执行全因素模型的分析。

步骤 4　“Paste”得到的syntax命令语句程序：

```
UNIANOVA
  培训后收入  BY 培训状态  WITH 培训前收入
  /METHOD = SSTYPE(3)
  /INTERCEPT = INCLUDE
```

```
/PRINT = ETASQ PARAMETER HOMOGENEITY
/PLOT = SPREADLEVEL
/CRITERIA = ALPHA(.05)
/DESIGN = 培训前收入 培训状态 .
```

11.5.6 饱和模型的结果解释

(1) 误差方差齐性的Levene检验

表11.20是误差方差齐性的Levene检验结果，F统计量为4.873，概率p值为0.0268<0.05，可以认为方差相等的假设被拒绝；然而，因为由因素水平的组合自定义了两个单元，所以这个检验结果并不十分可靠。

表11.20 误差方差齐性的Levene检验

Levene's Test of Equality of Error Variances[a]

Dependent Variable: 培训后收入

F	df1	df2	Sig.
4.873	1	998	.028

Tests the null hypothesis that the error variance of the dependent variable is equal across groups.

a. Design: Intercept + 培训前收入 + 培训状态

(2) 组间效应检验

表11.21是组间效应检验结果。可以看出因素变量的F统计量的观测值为496.895，其概率p值为0.000，远小于小于0.05，所以培训前后的收入存在显著差别，可以在下面给出的参数估计表中得到具体的效应值。

表11.21 组间效应检验

Tests of Between–Subjects Effects

Dependent Variable: 培训后收入

Source	Type III Sum of Squares	df	Mean Square	F	Sig.	Partial Eta Squared
Corrected Model	12290.741[a]	2	6145.370	644.763	.000	.564
Intercept	131.400	1	131.400	13.786	.000	.014
培训前收入	7153.844	1	7153.844	750.571	.000	.429
培训状态	4735.662	1	4735.662	496.859	.000	.333
Error	9502.610	997	9.531			
Total	297121.000	1000				
Corrected Total	21793.351	999				

a. R Squared = .564 (Adjusted R Squared = .563)

（3）参数估计

表11.22为饱和模型的各个参数的估计值。表中显示了培训后收入的每一预测值的效应。[培训状态=0]的参数估计值为−4.357，表示给定两个培训前具有相同收入的个体，没有参与培训的个体的收入的期望值比参加培训的个体少4.357个单位。

表11.22 参数估计

Parameter Estimates

Dependent Variable: 培训后收入

Parameter	B	Std. Error	t	Sig.	95% Confidence Interval		Partial Eta Squared
					Lower Bound	Upper Bound	
Intercept	4.197	.556	7.548	.000	3.106	5.288	.054
培训前收入	1.636	.060	27.397	.000	1.519	1.753	.429
[培训状态=0]	−4.357	.195	−22.290	.000	−4.741	−3.974	.333
[培训状态=1]	0[a]	.	.	.	.	.	.

a. This parameter is set to zero because it is redundant.

（4）散布图

图11.13为因素的两水平间的散布图，散步图显示均值和标准差的关系，同样，由于分组太少，散布图没能给出更多信息。但因为两因素水平的标准差的差距约为0.4，小于因素水平均数间的差距，约为4.5，所以可以得出不同组之间具有方差齐的。

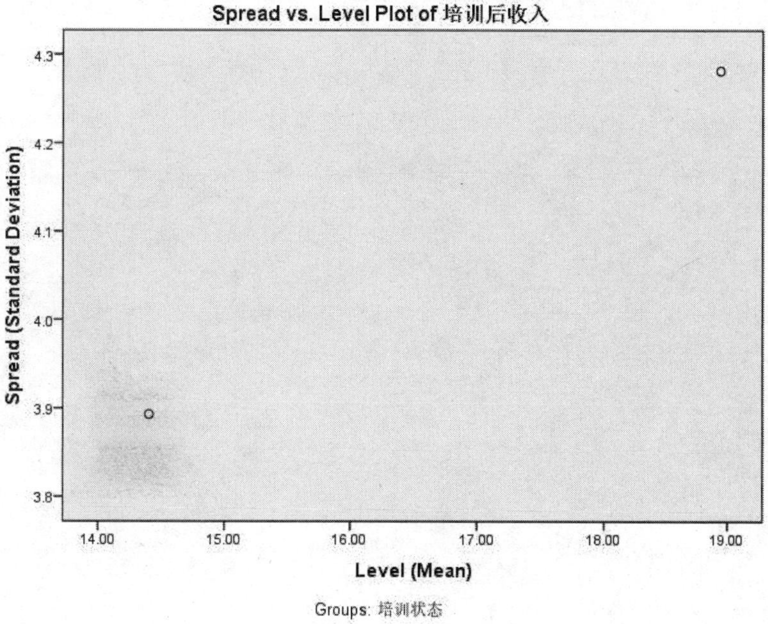

图11.13 因素不同水平下均值和标准差的散步图

11.6 小结

本章内容为方差分析，包括单因素方差分析、多因素方差分析和协方差分析。方差分析是专业统计分析中的最重要的，同时也是最基础的统计分析方法，在应用中经得到了广泛的应用。根据变量间不同的关系以及问题的角度不同，方差分析还可细分为多种情形；为此，SPSS也在多个模块中涉及方差分析的内容，包括我们介绍的Compare Means模块中的One-Way ANOVA过程、GLM（General Linear Model）模块中的Univariate。读者可结合专业统计类教材，理解方差分析的相关理论，清楚SPSS的方差分析的操作和输出结果。

第12章介绍非参数检验问题，是重要的统计分析方法，这一点和本章的方差分析类似。

第12章

非参数检验

本章包括

- 卡方检验的基本原理
- 二项分布检验
- 游程检验
- 单样本 K-S 检验
- 两独立样本的非参数检验
- 两独立样本检验的 SPSS 操作
- 两独立样本 Mann-Whitney U 检验
- 两独立样本的 K-S 检验

非参数检验是指总体分布未知或知之甚少时，利用已知样本数据对总体的分布形态等作出推断的分析方法。由于非参数检验方法在推断过程中一般不涉及总体参数而得名。非参数检验是相对于参数检验而言的，这两种检验方法在实际中有着广泛的应用，并且共同构成了统计推断的基本内容。例如，超市柜台某一时刻排队人数是否服从泊松分布，可以通过一定量的观测数据，利用非参数检验检验方法作出假设，给出推断过程和结果。

SPSS 24

和参数检验方法一样，非参数检验过程也是先根据问题作出假设，然后利用统计学原理构造出适当的统计量，最后利用样本数据计算统计量的概率p值，和显著性水平比较，得出拒绝或者接受假设的结果。

非参数检验的方法非常丰富。根据所要推断的问题或者所利用统计量，可以分为：卡方检验、二项分布检验、游程检验、单样本K−S 检验、两个独立样本检验、多个独立样本检验、两个相关样本检验、多个相关样本检验等。

SPSS中进行非参数检验，可以通过选择菜单“Analyze”→“Nonparametric Tests”命令实现，如图12.1所示。

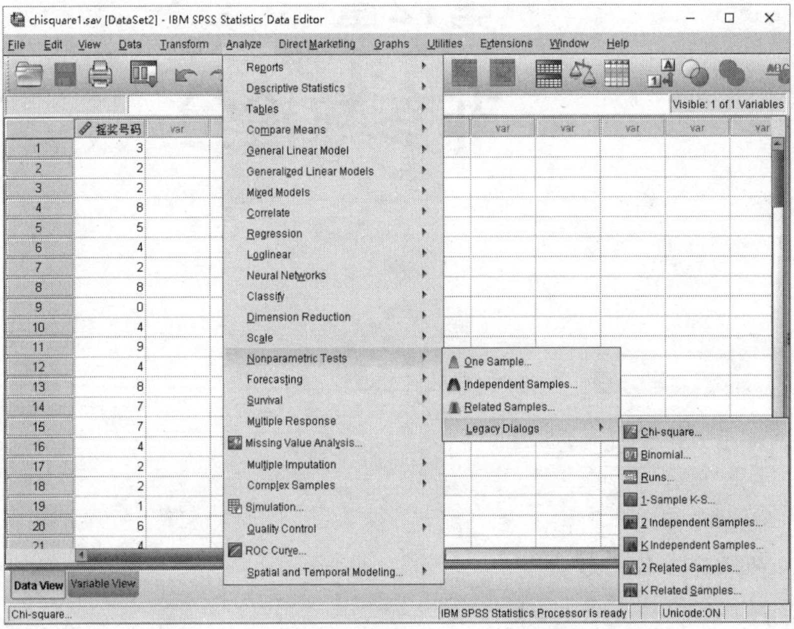

图12.1　SPSS的“Nonparametric Tests”（非参数检验）模块

12.1　卡方检验

12.1.1　卡方检验的基本原理

卡方检验（Chi−Square Test）法，也称卡方拟合优度检验（Chi−Sqare Goodness−of−Fit Test），用于检验样本数据是否与某种概率分布的理论数值相符合，进而推断样本数据是否来自于该分布的样本问题。例如，根据摇奖号码中出现的数字检验摇奖的球是否均匀，即从0至9中每个数字出现的概率是否均为1/10。

检验的首要步骤是给出零假设：总体X服从某种分布，这里的样本认为是来自于总体X。卡方检验的基本原理是在给定零假设条件下，根据样本值落在总体X的各个区间的频数与总体落在该区间的期望频数的差值构造服从卡方分布的Pearson统计量。具体而言，总体X的取值被分成k个不相交的区间（子集），如果样本值落在总体的第i个区间的频数为n_i，则当k足够大时，统计量

$$\chi^2 = \sum_{i=1}^{k} \frac{(n_i - np_i)^2}{np_i}$$

近似服从自由度为$k-1$的卡方分布，这里的n为样本总数，p_i为总体落在第i个区间的概率值，称np_i为期望频数。从卡方统计量的计算公式可以看出，如果χ^2值较大，则样本频数分布与期望频数分布差距较大；反之，如果χ^2值较小，则样本频数分布与期望频数分布较接近。SPSS将自动计算χ^2统计量的观测值，并依据卡方分布表计算观测值对应的概率p值。

如果χ^2的概率p值小于显著性水平，则应拒绝零假设，认为样本不是来自于服从某分布的总体；反之，如果χ^2的概率p值大于显著性水平，则不能拒绝零假设，可以认为样本来自于服从某分布的总体。

12.1.2　卡方检验的SPSS操作

SPSS的卡方分布检验的数据存放有两种方式：一种是定义一个变量存放所有的样本值，重复的样本值作为不同的个案保存；另一种定义两个变量，一个存放不同的样本值，另一个存放该样本值的相应频数，但这时应将频数变量指定为加权变量。

例如：假设有100个摇奖数据，全部数据在表12.1中列出，检验摇奖数据是否均匀分布在0到9之间。（数据文件：chisquare1.sav）

表12.1　100个摇奖数据

3	2	2	8	5	4	2	8	0	4	9	4	8	7	7	4	2	2	1	6	4	7	2	9	8
4	6	7	6	2	0	7	5	9	7	4	4	4	7	5	6	8	1	7	2	0	3	3	4	8
0	7	1	1	6	0	7	2	2	1	2	5	8	1	7	8	6	4	2	8	6	4	9	6	0
4	3	4	3	8	1	7	2	8	4	2	0	1	8	3	7	3	7	8	6	1	3	6	4	3

1. 基本操作步骤

（1）建立数据文件

本例中数据文件为chisquare1.sav，变量名为“摇奖号码”。

（2）打开主对话框

单击菜单“Analyze”→“Nonparametric Tests”→“Chi-Square”命令，打开如图12.2所示的“Chi-Square”主对话框。

（3）检验变量的选择和设置

在变量列表窗口中选择检验变量，单击右向箭头按钮，将其移动至右侧的“Test Variable List”（检验变量列表）检验变量列表框。本例唯一的检验变量为“摇奖号码”。

“Expected Range”（期望范围）窗口用于确定检验值的范围，有两个单选项：

- Get from data　默认选项。由数据的

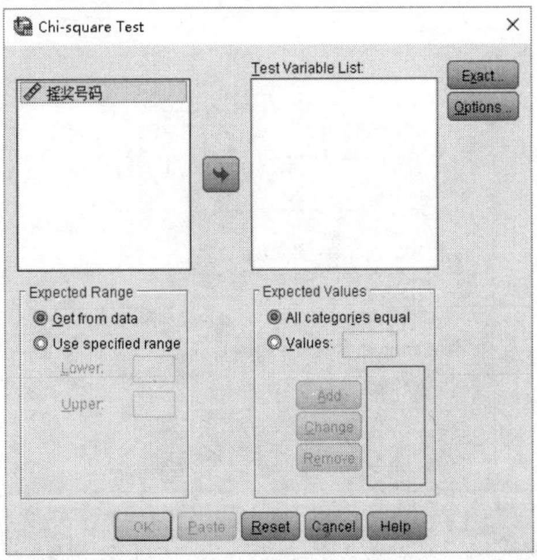

图12.2　“Chi-Square Test”（卡方检验）对话框

最小值和最大值确定的范围。

- Use specified range 用户指定范围。可在被激活的“Lower”和“Upper”参数框中输入检验范围的下限和上限。在所指定的范围内每个单独的数值产生一个分组子集，数值在指定的范围外的个案将被剔除。

“Expected Values”（期望值）窗口用于指定期望频数np_i的方法，对应两个单选框：

- All categories equal 默认选项。所有子集的期望概率值都相同，即检验总体是否服从均匀分布。
- Values 指定分组的期望概率值。在其后的栏内可以输入相应的大于0的数值，输入的顺序与检验变量分组的递增顺序相对应，列表框中的第一个数值对应于检验变量的最小分组值，最后一个数值对应于最大分组值。可单击“Add”“Change”“Remove”按钮对输送入的数值进行增加、修改和删除。

（4）Option选项

在“Chi-Square”主对话框，单击“Options”按钮，打开“Chi-Square Test：Options”（卡方检验：选项）子对话框，如图12.3所示。

在该对话框的“Statistics”（统计量）窗口中，给出选择统计量的两个复选项：

- Descriptive 描述性统计量。显示均值、标准差、最大值、最小值和非缺失个案数。
- Quartiles 显示四分位数，即25%、50%、75%的百分位数。

在该对话框的“Missing Values”窗口中选择对缺失值的处理方式：

- Exclude cases test-by-test 默认选项。在用于检验的个案中，将其中含有缺失值的个案剔除。
- Exclude cases listwise 选择该项，表示将含有缺失值的全部个案剔除。

本例选中“Descriptive”选项。

（5）Exact Tests选项

在主对话框，单击“Exact”按钮，显示“Exact Tests”（精确检验）子对话框，如图12.4所示。

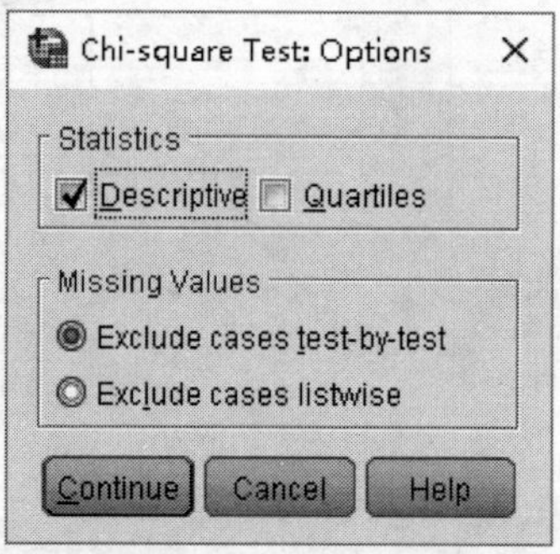

图12.3 “Chi-Square Test：Options”（卡方检验：选项）对话框

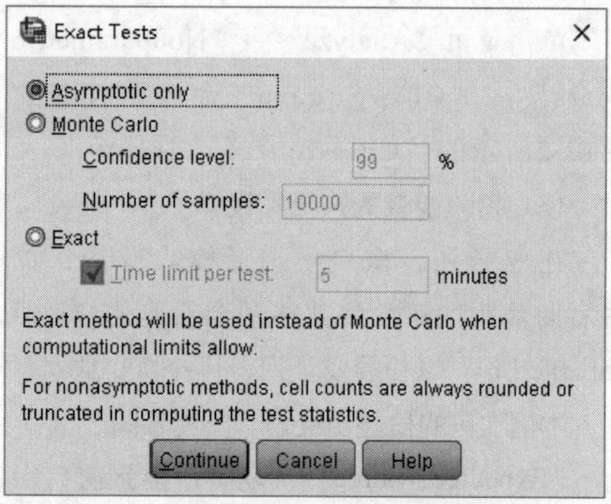

图12.4 “Exact Tests”（精确检验）对话框

"Exact Tests"对话框用于选择计算显著性水平Sig.值的几种方法，3个单选项如下：

- Asymptotic only　渐进方法。默认计算显著性水平的方法。计算显著性水平是基于检验统计量的渐进分布假设。如果显著性水平小于0.05，检验结果被认为存在显著性差异。根据大数定理理论，渐进方法的显著性水平要求数据量足够大，如果数据量比较小，或者频数过低，检验结果可能会失效。本例保持默认选项。
- Monte Carlo　蒙特卡洛估计方法。精确显著性水平的无偏估计。蒙特卡洛方法是利用给定样本集通过模拟方法重复取样计算显著性水平，该方法不要求渐进方法中的假设。蒙特卡洛方法是一个很有用的方法。对于大数据量，但又不满足渐进假设，同时由于巨量数据而又无法得到利用精确方法时，可以选择该方法。选择该方法时，在"Confidence level"（置信区间）窗口输入计算显著性水平的置信度，在"Number of samples"窗口输入取样数量。
- Exact　精确计算显著性水平的方法。该方法可以得到精确的显著性水平，不需要渐进方法的假设，但不足是计算量和所需内存太大。选择该项后，可以选择"Time limit per test"复选项，即设置限制计算时间，默认时间限制是5分钟，超过该时间，系统自动停止运算，给出计算结果信息。

提　示

通常计算显著性水平都是利用系统默认的渐进方法（Asymptotic），但有时计算得到的显著性水平大于0.05，但结果中出现样本量过小，或频数过低而无法保证检验结论的可靠性等提示时，这时除了可以考虑重新分组以外，还可以改用蒙特卡洛方法或者精确方法重新检验。

（4）执行卡方检验操作

单击"OK"按钮，执行Chi-Square Test操作。本例全部选择默认选项。

（5）"Paste"得到的syntax命令语句程序：

```
/* 单样本的卡方检验构成的命令语句 .
NPAR TEST
  /CHISQUARE= 摇奖号码
  /EXPECTED=EQUAL
/STATISTICS DESCRIPTIVES
  /MISSING ANALYSIS.
```

2. 卡方检验的结果

（1）描述性统计量

表12.2显示检验数据的描述性统计量，100个数据中均值为4.46，标准差为2.687，最小值和最大值分别为0和9。

（2）期望频数和观测频数

表12.3显示的是各个分组的观测频数和期望频数，以及两者之间的差值。

表12.2　描述性统计量

Descriptive Statistics

	N	Mean	Std. Deviation	Minimum	Maximum
摇奖号码	100	4.46	2.687	0	9

表12.3　期望频数和观测频数

摇奖号码

	Observed N	Expected N	Residual
0	7	10.0	−3.0
1	9	10.0	−1.0
2	14	10.0	4.0
3	9	10.0	−1.0
4	16	10.0	6.0
5	4	10.0	−6.0
6	10	10.0	.0
7	14	10.0	4.0
8	13	10.0	3.0
9	4	10.0	−6.0
Total	100		

表12.4给出检验结果。$\chi^2 = 16.000$，渐进方法的概率p值为0.067>0.05，所以接受原假设，说明给定的100个摇奖号码的分布是均匀的。

表12.4　单样本卡方检验结果

Test Statistics

	摇奖号码
Chi−Square	16.000[a]
df	9
Asymp. Sig.	.067

a. 0 cells (0.0%) have expected frequencies less than 5. The minimum expected cell frequency is 10.0.

12.1.3　实例：网站流量的泊松分布检验

某门户网站为了了解网站的流量，在6小时内，记录每1分钟内访问该网站的用户数，得到如表12.5所示的记录数据，根据表中的数据检验每隔15分钟访问该网站的用户数是否服从泊松分布？（数据文件：chisquare2.sav）

表12.5　300次网站被访问记录数据表

被访问数	2	3	4	5	6	7	8	9	10	11	12	13	14	15	16	17	18	19	20
频数	2	3	4	11	20	27	31	29	44	31	35	17	24	10	3	2	5	1	1

1. 操作步骤

（1）建立数据文件。

文件名为chisquare2.sav，定义变量“被访问数”和“频数”。

（2）选择权变量

选择菜单“Data”→“Weight Cases”命令，单击“Weight cases by”单选项后，将变量“频数”移动至“Frequency Varicales”变量列表栏。单击“OK”按钮。

（3）求期望频数

由于泊松分布的期望频数未知，需先估计所需参数值，利用加权算术平均数计算样本均值为10.07，该值作为泊松分布参数的无偏估计值。计算对应被访问数的理论频数，可以利用SPSS的函数转换功能以及泊松分布函数求解，计算公式：

（CDF.POISSON（被访问数，10.07）−CDF.POISSON（被访问数−1,10.07））*300

经计算，得期望频数分别为0.64、2.16、5.44、10.96、18.39、26.46、33.30、37.26、37.52、34.35、28.83、22.33、16.06、10.78、6.79、4.02、2.25、1.19、0.60，这些值将用于设置卡方检验的期望频数。

（4）卡方检验

单击菜单“Analyze”→“Nonparametric Tests”→“Chi−Square”命令，将变量“被访问数”移动至“Test Variable List”列表栏。“Expected Values”窗口选择“Values”选项，用于指定分组的期望概率值，在其后的栏内输入第3步计算得到的期望频数值。单击“Options”按钮，选择“Descriptive”复选框。其他保留默认选项，单击“Continue”按钮，返回主对话框。

（5）执行操作

单击“OK”按钮，执行卡方检验的操作。

（6）“Paste”得到的syntax命令语句程序：

```
    /* 设置权变量命令 .
    WEIGHT
      BY 频数 .

    /* 计算期望频数命令 .
    COMPUTE 期望频数 = (CDF.POISSON(被访问数,10.07)-CDF.POISSON(被访问数
-1,10.07))*300 .
    EXECUTE .

    /* 非参数卡方检验命令语句 .
    NPAR TEST
      /CHISQUARE=被访问数
       /EXPECTED=0.64 2.16 5.44 10.96 18.39 26.46 33.30 37.26 37.52
34.35 28.83 22.33
      16.06 10.78 6.79 4.02 2.25 1.19 0.60
```

```
/STATISTICS  DESCRIPTIVES
/MISSING ANALYSIS.
```

2. 结果分析

(1) 描述性统计量

表12.6显示检验数据的描述性统计量，300个数据中均值为10.07，标准差为3.21，最小值和最大值分别为2和20。

表12.6　描述性统计量

Descriptive Statistics

	N	Mean	Std. Deviation	Minimum	Maximum
被访问数	300	10.07	3.206	2	20

(2) 观测频数和期望频数

表12.7显示的是各个分组的观测频数和期望频数，以及两者之间的差值。

表12.7　观测频数和期望频数表

被访问数

	Observed N	Expected N	Residual
2	2	.6	1.4
3	3	2.2	.8
4	4	5.5	−1.5
5	11	11.0	.0
6	20	18.4	1.6
7	27	26.5	.5
8	31	33.4	−2.4
9	29	37.3	−8.3
10	44	37.6	6.4
11	31	34.4	−3.4
12	35	28.9	6.1
13	17	22.4	−5.4
14	24	16.1	7.9
15	10	10.8	−.8
16	3	6.8	−3.8
17	2	4.0	−2.0
18	5	2.3	2.7
19	1	1.2	−.2
20	1	.6	.4
Total	300		

（3）检验结果

表12.8给出检验结果。$\chi^2 = 20.502$，渐进方法的概率p值为0.305>0.05，所以接受原假设，说明每个1分钟记录的被访人数的分布可以认为是服从泊松分布的。

表12.8　卡方检验结果

Test Statistics

	被访问数
Chi-Square	20.502[a]
df	18
Asymp. Sig.	.305

a. 6 cells (31.6%) have expected frequencies less than 5. The minimum expected cell frequency is .6.

12.2　二项分布检验

12.2.1　二项分布检验的基本原理

实际问题中，有很多数据的取值只取两个值，例如进行射击只考虑击中和没有击中两种情况；学生成绩只考虑及格和不及格的情况；医学中某种疾病诊断指标中的阴性和阳性等。通常在数据文件中将这两种情况利用0和1表示。假设进行一次实验，出现1的概率为p，如果进行n次相同的实验，则出现1（或0）的次数利用随机变量表示，该随机变量服从参数为p的二项分布。

SPSS提供的二项分布检验过程（Binormial Tests Procedure）用于对给定样本数据检验其总体是否服从概率为指定数值的二项分布，其零假设H_0：样本来自于参数为指定数值的二项分布。

对于小样本的二项分布检验，构造精确检验统计量；对于大样本的二项分布检验，利用大数定理构造近似服从正态分布的统计量。

如果检验统计量的概率p值小于显著性水平，则应拒绝零假设，认为样本不是来自于服从参数为给定值的二项分布总体；反之，如果检验统计量的概率p值大于显著性水平，则不能拒绝零假设，可以认为样本来自于服从给定参数的二项分布总体。

12.2.2　二项分布检验的SPSS操作

基本操作步骤如下：

（1）打开主对话框

单击菜单“Analyze”→“Nonparametric Tests”→“Binominal”命令，打开如图12.5所示的“Binomial Test”（二项分布检验）主对话框。

（2）选择检验变量

在对话框的左侧变量列表框中选择检验变量，单击右向箭头按钮，将其移动至右侧的

“Test Variable List”检验变量列表框。

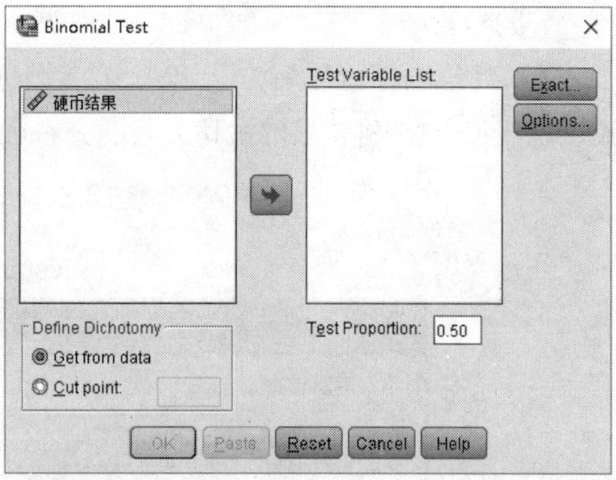

图12.5 “Binomial Test”（二项分布检验）对话框

对话框的“Define Dichotomy”（定义二分值）区域给出定义二分值的选项，即指定分类方法。有两个单选项：

- Get from data 默认选项。适用于指定的变量只有两个有效值且无缺失值时的情况。
- Cut point 如果指定的变量超过两个值，选择该项，并在其后的输入框内输入一个具体数值，比该值小的观测值为第一组，比该值大的观测值为第二组。

“Test Proportion”（检验比例）窗口输入用于检验二项分布的概率值作为第一组变量的待检验概率战，默认概率值为0.5，输入范围为0.001~0.999。

（3）选择和设置子对话框

单击“Options”按钮，可打开“Binomial Test：Options”（二项分布：选项）子对话框；单击“Exact”按钮，可打开“Exact Tests”（精确检验）子对话框。这两个对话框的功能和设置方法和上节相应对话框完全相同，这里不再赘述。

（4）执行操作

单击“OK”按钮，执行二项分布检验操作。

12.2.3 实例：抛硬币实验的二项分布检验

某人做抛掷硬币实验，检验硬币正面出现的概率是否为1/2。抛掷60次，如果出现正面记为1，出现反面记为0，如下是记录的结果：

1 1 0 0 1 0 0 1 0 0 0 1 1 0 1 1 1 0 0 0 0 1 0 0 1 0 0 1 1 0 0 0 1 1 1 0 0 0 1 1 0 1 0 1 0 1 0 1 0
0 1 1 0 1 0 0 1 1 1

检验硬币正反面出现的次数是否服从概率为0.5的二项分布。（数据文件：binominal.sav）

1. 操作步骤

步骤 1 建立数据文件，文件名为binomial.sav，定义变量“硬币结果”。

步骤 2 单击菜单“Analyze”→“Nonparametric Tests”→“Binominal”命令，在“Binomial Test”对话框中，选择变量“硬币结果”移动至“Test Variables LIst”（检验变量列表）。

步骤 3 单击“Options”按钮，在“Binominal Test：Options”对话框中选择“Descriptive”复选框，单击“Continue”按钮，返回到主对话框。

步骤 4 单击“OK”按钮，执行二项分布检验的操作。

步骤5 "Paste"得到的syntax命令语句程序：

```
/* 二项分布的非参数检验的命令语句 .
NPAR TEST
  /BINOMIAL (.50)= 硬币结果
  /STATISTICS  DESCRIPTIVES
  /MISSING ANALYSIS.
```

2. 结果分析

（1）描述性统计量

表12.9中给出检验变量的描述性统计量。均值为0.48，标准差为0.504。

表12.9 二项分布检验的描述性统计量

Descriptive Statistics

	N	Mean	Std. Deviation	Minimum	Maximum
硬币结果	60	.48	.504	0	1

（2）二项分布检验结果

表12.10为二项分布检验的结果。从表中可以看出，第一组的频数为29。第二组的频数为31，检验的二项分布的概率值为0.50，检验统计量为近似正态分布（大样本情况下），计算得到的概率p值为0.897 >0.05，所以接受零假设，可以认为硬币的正反面出现的概率相等，都为1/2。

表12.10 二项分布检验的结果

Binomial Test

		Category	N	Observed Prop.	Test Prop.	Exact Sig. (2–tailed)
硬币结果	Group 1	1	29	.48	.50	.897
	Group 2	0	31	.52		
	Total		60	1.00		

12.3 游程检验

12.3.1 游程检验的基本原理

游程检验（Runs Test）是一种利用游程的总数获得统计推断结论的方法。首先，简要介绍一下游程的概念。

设$x_1, x_2, \cdots, x_m$和$y_1, y_2, \cdots, y_n$分别来自同总体X和Y的随机样本数据，如果将这两个样本合并在一起，并按照从小到大的顺序排列，得到次序统计量：$z_1, z_2, \cdots, z_{m+n}$。

如果将次序统计量中来自于总体X的样本值记为0，来自于总体Y的样本值记为1，仍按原顺序表示次序统计量，则得到一个由0和1构成的序列。我们将连续出现0或者连续出现1的一组数分别称之为0的游程或者1的游程，一个游程中包含0或者1的个数称为游程长度。

例如，如果随机抛掷硬币20次，观察正反面，得到序列11100100100011011100，该序列中的111、00、1、00都是游程，其中有0的游程5个，长度为1的游程有3个，长度为2的游程有4个，长度为3的游程有3个。

如果0和1是随机出现的，则出现连续的很多0或者连续的很多1的可能性很小，同时，1和0频繁交叉出现的可能性也很小，检验两组数据是否具有随机性，游程是其重要依据。

SPSS的游程检验过程中，利用游程构造检验统计量，判断样本数据的随机性，在大样本条件下，游程的抽样分布近似服从正态分布，SPSS计算统计量，并根据正态分布的分布函数求出相应概率p值，如果概率p值小于给定的显著性水平，则拒绝零假设，认为序列不具有随机性；反之，如果概率p值大于给定的显著性水平，则接受零假设，认为序列具有随机性。

利用游程检验方法既可以对次序统计量进行随机性检验，还可以对不同的两个总体作显著性检验。

12.3.2 游程检验的SPSS操作

（1）打开主对话框

选择菜单“Analyze”→“Nonparametric Tests”→“Runs”命令，打开如图12.6所示的“Runs Test”（游程）主对话框。

（2）指定检验变量

在对话框的左侧变量列表框中选择检验变量，单击右向箭头按钮，将其移动至右侧的“Test Variable List”检验变量列表框。

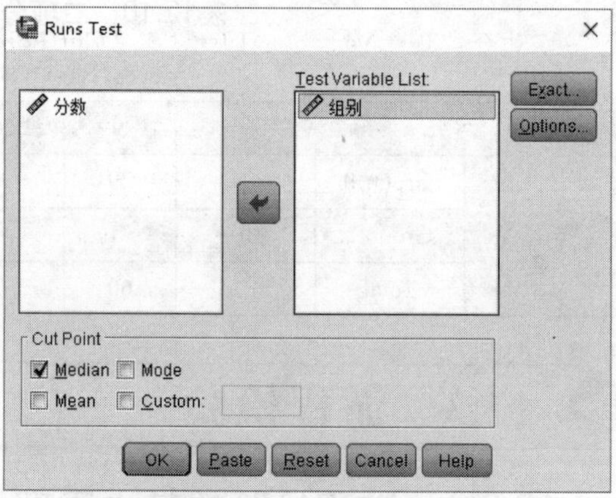

图12.6 “Runs Test”（游程检验）主对话框

（3）确定游程数的分界点

“Cut Point”窗口中确定划分二类的分界点，其中小于分界点的变量值构成第一类，其他个体构成第二类。有3个复选项：

- Median 检验变量的中位数作为分界点。
- Mode 检验变量的众数作为分界点。
- Mean 检验变量的均值作为分界点。
- Custom 用户自定义分界点。选择该项时，右侧的参数框中输入自定义的分界点值。

（4）选择和设置子对话框

单击“Options”按钮，可打开“Runs Test：Options”（游程检验：选项）子对话框；

单击“Exact”按钮，可打开“Exact Tests”（精确检验）子对话框。这两个对话框的功能和设置方法和上节相应对话框完全相同，这里不再赘述。

（5）执行操作

单击“OK”按钮，执行游程检验操作。

12.3.3 实例：体育达标成绩的检验

为了考察学生的体育达标成绩，从两组学生中分别选取了15和14名学生进行测试，测试成绩记录为：

甲组 67 67 70 70 73 74 78 81 83 84 84 87 87 97 97

乙组 63 66 71 74 74 75 76 77 77 78 79 82 86 87

检验两组学生的体育成绩测试是否有显著差别。（数据文件：runs.sav）

1. 操作步骤

（1）建立数据文件

文件名为runs.sav，定义变量“分数”和“组别”，利用1表示甲组，2表示乙组。

（2）对变量“分数”进行排序

单击菜单“Data”→“Sort Cases”命令，将变量“分数”移动至“Sort by”窗口，按升序对数据文件排序。

（3）进行游程检验

单击菜单“Analyze”→“Nonparametric Tests”→“Runs Test”命令，将变量“组别”移动至“Test Variables LIst”；“Cut Point”窗口选择“Mean”作为分界点；其他为默认选项。

（4）执行操作

单击“OK”按钮，执行游程检验的操作。

（5）“Paste”得到的syntax命令语句程序：

```
/* 对分数排序的操作命令语句 .
SORT CASES BY
  分数 (A) .

/* 游程检验的操作命令语句 .
NPAR TESTS
  /RUNS(MEAN)=组别
  /MISSING ANALYSIS.
```

2. 结果分析

（1）游程数

表12.11是对分数排序后的列表。从表中的组别列可以观察到经排序后的组别的游程数。

表12.11　经过排序后的分数

组别	成绩	组别	成绩
2	63	2	78
2	66	2	79
1	67	1	81
1	67	2	82
1	70	1	83
1	70	1	84
2	71	1	84
1	73	2	86
2	74	1	87
2	74	2	87
1	74	1	87
2	75	1	97
2	76	1	97
2	77	1	97
1	78		

（2）游程检验结果

表12.12是游程检验的结果。检验值为变量“组别”的均值，为1.48，该值将数据分成两组，其中在第一组的有15个个案，在第二组的有145个个案。游程数为16个，检验统计量的值为0.007，因为概率p值Asymp.Sig(2−Tailed)为0.995，远大于0.05，所以接受零假设，即认为两组学生的体育成绩没有显著差异。

表12.12　游程检验的结果

Runs Test

	组别
Test Value[a]	1.48
Cases < Test Value	15
Cases >= Test Value	14
Total Cases	29
Number of Runs	16
Z	.007
Asymp. Sig. (2−tailed)	.995

a. Mean

12.4　单样本K-S 检验

12.4.1　单样本K-S检验的基本原理

K-S检验是柯尔莫哥洛夫-斯密尔诺夫（Kolmogorov-Smirnov）检验的简称，是由俄罗斯数学家柯尔莫哥洛夫和斯密尔诺夫名字命名的一种非参数检验方法。该方法是一种根据样本数据推断其来自的总体是否服从某一特定理论分布，也是一种拟合优度检验方法。

由于卡方拟合优度检验需将样本空间分成不相交的子集，存在较多主观因素，分组方法不同有时会导致检验结论不同或者检验方法失效的情况；而K-S检验方法在一定程度上克服了卡方检验的缺点，是比卡方检验更精确的一种非参数检验方法。

K-S检验是将样本的累积分布函数与确定的理论分布函数相比较，根据差值的大小确定样本是否来自于给定的总体。K-S检验按照绝对值计算两个分布函数之间的最大差异构造检验统计量，其零假设H_0：样本来自于给定分布的总体。

在大样本条件下，检验统计量近似服从正态分布，SPSS自动计算检验统计量的概率p值，并根据概率p值是否大于显著性水平（一般取0.05）决定是否接受或拒绝零假设。

K-S检验方法可以对正态分布、均匀分布、泊松分布和指数分布进行检验，其检验参数可以根据给定的样本进行估计。

例如，对于正态分布，将样本均值和样本标准差作为理论分布的参数；对于均匀分布，将样本的最小值和最大值最为其取值范围；对泊松分布和指数分布，样本均值作为其理论参数。

12.4.2　单样本K-S检验的SPSS操作

（1）打开主对话框

选择菜单“Analyze”→“Nonparametric Tests”→“1-Sample K-S”命令，打开“One-Sample Kolmogorov-Smirnov Test”（单样本Kolmogorov-Smirnov检验）主对话框，如图12.7所示。

（2）指定检验变量

在对话框的左侧变量列表框中选择检验变量，单击右向箭头按钮，将其移动至右侧的“Test Variable List”检验变量列表框。

（3）确定检验的分布类型

主对话框中的“Test Distribution”窗口用于指定检验的分布类型，SPSS提供了4种常用分布，可以多选：

- Normal 正态分布。默认选项。

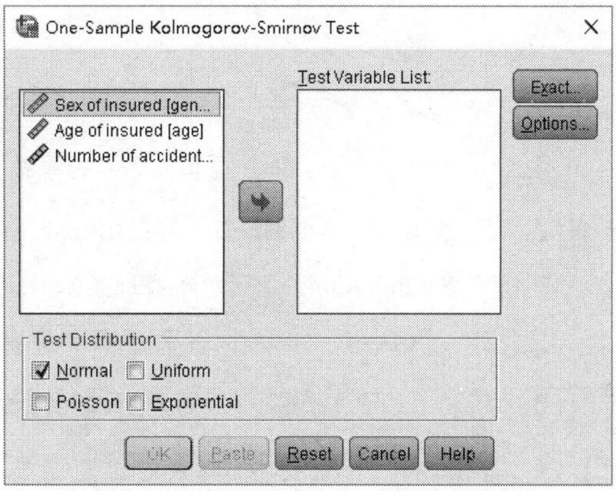

图12.7 “One-Sample Kolmogorov-Smirnov Test”（单样本Kolmogorov-Smirnov检验）主对话框

- Uniform 均匀分布。
- Poisson 泊松分布。
- Exponential 指数分布。

（4）选择和设置子对话框

单击“Options”按钮，可打开“One-Sample K-S Test：Options”（单样本K-S检验：选项）子对话框；单击“Exact”按钮，可打开“Exact Tests”（精确检验）子对话框。这两个对话框的功能和设置方法参考第12.1节相应的对话框。

（5）执行操作

单击“OK”按钮，执行单样本K-S检验操作。

12.4.3 实例：车祸事故数的泊松分布检验

保险公司的车险分析员对500例驾驶员的车祸事故进行分析，随机抽取500例样本数据，包括性别和近5年的事故记录的资料，分析员利用Kolmogorov-Smirnov检验方法确定事故数是否服从泊松分布。（数据文件：kolmogorov.sav）

250例男性司机近5年事故数：

2 1 1 0 2 1 1 3 5 1 3 3 3 5 0 2 1 2 3 3 1 4 3 0 1 3 0 6 4 3 2 1 1 0 3 1 1 1 1 0 2 1 0 2 2 1 6 1 2 3 2 1 2 2 2 0 0 2 4 4 1 2 2 1 4 3 2 2 4 0 4 1 0 2 2 2 0 2 1 2 0 2 3 4 4 2 0 1 1 1 3 2 3 5 3 0 4 1 1 1 0 1 0 0 4 0 0 5 2 5 4 0 1 2 5 3 0 2 0 4 2 4 0 3 3 1 2 4 3 1 3 0 3 5 2 0 3 2 3 1 0 3 0 0 2 4 1 1 5 0 1 0 1 0 4 4 0 1 2 1 0 3 2 6 1 7 1 2 1 1 0 1 2 1 3 0 1 2 4 0 3 4 0 1 6 3 0 6 1 0 1 1 0 2 3 2 2 3 3 1 3 0 1 2 2 1 3 0 4 1 1 1 5 3 2 0 1 2 5 1 1 2 1 3 1 2 3 2 2 1 0 3 2 1 1 1 4 2 4 1 1 2 6 7 0 1 2 5 1 6

250例女性司机近5年事故数：

1 3 1 0 0 0 2 5 5 1 0 1 3 4 0 0 2 1 2 2 3 3 2 2 0 5 1 1 1 2 0 1 1 3 0 1 0 2 3 1 0 6 0 0 4 6 1 1 1 1 0 4 2 1 0 2 1 1 2 0 2 1 1 1 2 1 0 2 0 2 3 0 3 1 1 4 2 0 1 2 2 5 2 3 1 2 1 1 5 0 0 0 1 2 1 1 0 0 2 4 0 5 0 1 0 0 4 0 5 2 2 0 1 0 4 1 2 3 0 0 2 0 0 1 0 0 4 3 2 1 1 3 1 2 3 0 2 0 4 1 5 0 3 2 2 0 0 1 1 0 1 0 1 4 1 2 2 1 0 1 2 2 1 2 2 0 1 2 2 2 2 1 1 1 1 3 0 0 3 1 1 0 1 0 0 2 1 0 3 1 1 3 2 3 0 0 1 2 0 2 1 0 0 1 1 3 0 0 0 2 0 2 0 0 0 0 0 1 2 3 1 3 4 4 0 0 2 3 0 0 1 3 3 0 1 4 2 4 1 4 2 4 1 0 0 2 0 1 0 2

1. 操作步骤

步骤1 建立数据文件，文件名为kolmogorov.sav，定义变量“gender”为性别变量，“accident”为每个司机近5年的事故数。

步骤2 选择菜单“Analyze”→“Nonparametric Tests”→“1-Sample K-S”命令，将变量“accident”移动至“Test Variables List”，在“Test Distribution”窗口中选择“Poisson”作为检验的分布类型，其他为默认选项。

步骤3 单击“OK”按钮，执行单样本Kolmogorov-Smirnov检验的操作。

步骤4 “Paste”得到的syntax命令语句程序：

```
/* 单样本 K-S 检验的命令语句 .
```

```
NPAR TESTS
  /K-S(POISSON)= accident
  /MISSING ANALYSIS.
```

2. 结果分析

表12.13为单样本K-S检验结果。

（1）检验的数据是基于500名司机的事故数，第2行中的N表示检验的个案数。

（2）Poisson Parameter表示泊松分布的参数值，泊松分布利用样本均值表示其唯一的参数，样本均值为1.72，即5年内每个司机的平均事故数。

（3）Most Extreme Differences表示样本数据和理论数据的最大差值，最大绝对差值为0.065，最大正差值为0.065，最大负差值为-0.041，最大（正、负）差值的大小可以判断理论分布和经验分布之间的差距，为计算检验统计量提供了个直观的分析。

（4）Kolmogorov-Smirnov Z为K-S正态检验统计量的值，这里为1.460。

（5）Asymp. Sig. (2-tailed)为双尾渐进概率p值，为0.028，小于给定的显著性水平0.05，所以零假设被拒绝，即认为给定的500例司机的事故数据不能认为是来自于参数为1.72的泊松分布。

表12.13　单样本K-S检验结果

One-Sample Kolmogorov-Smirnov Test

		Number of accidents past 5 years
N		500
Poisson Parameter[a,b]	Mean	1.72
Most Extreme Differences	Absolute	.065
	Positive	.065
	Negative	-.041
Kolmogorov-Smirnov Z		1.460
Asymp. Sig. (2-tailed)		.028

a. Test distribution is Poisson.

b. Calculated from data.

12.4.4　实例的进一步分析：考虑性别因素

上例中K-S检验假设被拒绝，原因有两个：选择不合适的理论分布，或者不正确的分布参数。但根据泊松分布的性质，仍然有理由认为事故数的分布为泊松分布。重新考察上述检验过程，会发现检验过程中没有考虑性别因素，500例数据中男女性别数相同，这不符合实际情况。

下面考虑不同性别的K-S检验。故先对500例数据按照性别变量进行拆分。步骤如下：

1. 操作步骤

步骤 1　单击菜单"Data"→"Split file"命令，在拆分对话框中选择"Compae groups"，

然后将变量“gender”移动至“Groups Based on”变量列表窗口，单击“OK”键，确认对性别的拆分。

知识参考：数据文件的拆分操作参考第4章内容。

步骤2 对变量“accident”进行单样本K-S泊松检验操作，增加“Option”窗口的“Descriptive”选项，其他和前面操作相同。

步骤3 设置完毕后，在主对话框单击“OK”按钮，执行非参数检验过程。

步骤4 “Paste”得到的syntax命令语句程序：

```
/*  拆分数据文件操作 .
SORT CASES BY gender .
SPLIT FILE
  LAYERED BY gender .

/* K-S 检验的命令语句 .
NPAR TESTS
  /K-S(POISSON)= accident
  /STATISTICS DESCRIPTIVES
  /MISSING ANALYSIS.
```

2. 结果分析

（1）描述性统计量

表12.14给出描述性统计量的列表。从表中的描述性统计量中可以看出，男性的平均事故数增加到1.98，而女性的平均事故数则减少为1.47。

表12.14 单样本K-S检验描述性统计量

Descriptive Statistics

Sex of insured		N	Mean	Std. Deviation	Minimum	Maximum
Male	Number of accidents past 5 years	250	1.98	1.608	0	7
Female	Number of accidents past 5 years	250	1.47	1.412	0	6

（2）拆分后的检验结果

表12.15显示的是经过对性别拆分以后，分别对男性司机和女性司机分别进行K-S泊松检验后的结果。

从结果中可以看出，当男性司机的事故均值提高从1.72到1.98以后，以此作为泊松分布检验的参数，得到的概率p值提高到0.627，大于0.05，通过显著性检验，可以认为男性司机的事故数服从泊松分布；对女性司机也得到了同样的结论。

所以，利用单样本K-S检验，不仅仅需要选择合适的理论分布，还需要准确的参数估计值。

表12.15 拆分后的单样本K-S检验

One-Sample Kolmogorov-Smirnov Test

Sex of insured			Number of accidents past 5 years
Male	N		250
	Poisson Parameter[a,b]	Mean	1.98
	Most Extreme Differences	Absolute	.047
		Positive	.047
		Negative	-.033
	Kolmogorov-Smirnov Z		.750
	Asymp. Sig. (2-tailed)		.627
Female	N		250
	Poisson Parameter[a,b]	Mean	1.47
	Most Extreme Differences	Absolute	.074
		Positive	.074
		Negative	-.042
	Kolmogorov-Smirnov Z		1.164
	Asymp. Sig. (2-tailed)		.133

a. Test distribution is Poisson.

b. Calculated from data.

12.5 两独立样本的非参数检验

在前面章节中我们讨论两独立样本的参数检验问题，利用T检验方法可以解决两总体是否存在显著性差异问题，并且该检验方法具有计算简单、稳健性强等特点；但T检验方法要求两独立样本来自的总体服从正态分布，甚至对两总体的方差也要求相等或者已知。但是，在实际问题中，有很多时候对给定样本的分布形态并不是很了解，更不用说总体的参数情况，这时，可以利用两独立样本的非参数检验过程对两总体的分布是否存在显著性差异进行检验。

两独立样本的非参数检验通过对两独立样本的分析，来推断来自的两个总体的分布是否存在显著性差异，之所以称之为非参数检验，是因为检验过程不需要已知总体的分布，也不需要已知总体的参数，甚至对于样本的数值可以不是定距型变量值。

SPSS提供了多种两独立样本的非参数检验方法，主要包括Mann-Whitney检验、K-S检验、W-W游程检验、极端反应检验。

12.5.1 两独立样本检验的SPSS操作

具体操作步骤如下：

（1）打开主对话框

单击菜单“Analyze”→“Nonparametric Tests”→“2 Independent Samples”命令，打

开如图12.8所示的“Two-Independent-Samples Test”（两独立样本检验）主对话框。

（2）指定检验变量和分组变量

在变量列表窗口中选择检验变量，将其移动至右侧的“Test Variable List”检验变量列表框。

在变量列表窗口中选择分组变量，将其移动至右侧的“Grouping Variable”窗口，选择分组变量后，单击“Define Groups”按钮，进入如图12.9所示的“Two-Independent-Samples Test：Define Groups”（两独立样本的检验：定义分组）对话框，在该对话框确定分组值，分别在“Group1”栏和“Group2”栏中指定分组变量的值。

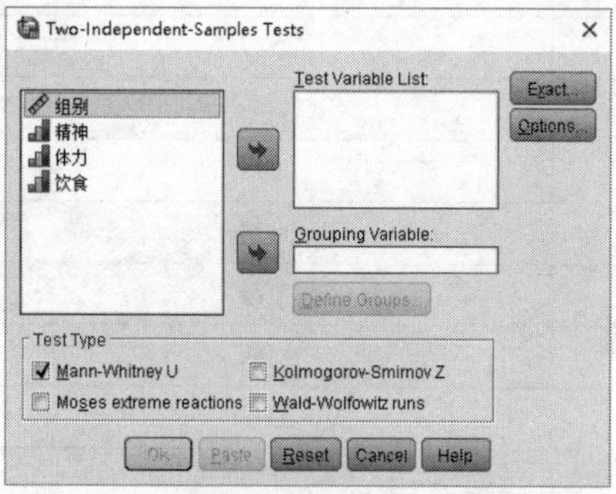

图12.8 “Two-Independent-Samples Test”（两独立样本）主对话框

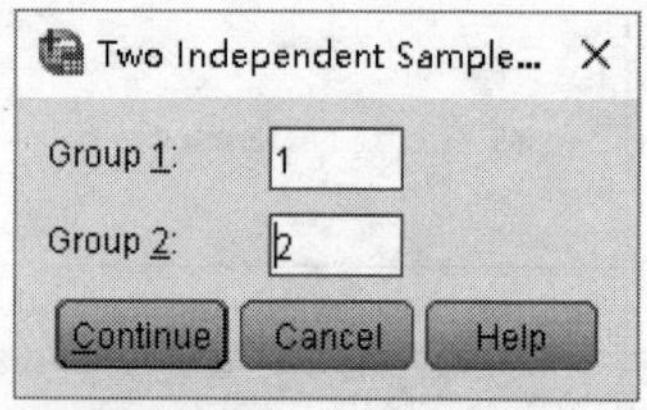

图12.9 “Two-Independent-Samples Test：Define Groups”（两独立样本的检验：定义分组）对话框

（3）确定检验方法

在主对话框的“Test Type”区域中选择用来进行检验的方法，有四个复选框：

- Mann-Whitney U 即Wilcoxon秩和检验（Wilcoxon Rank Sum W Test），是最常用的两个独立样本检验。可以检验两样本所在的总体是否具有同分布，如果两样本来自同一总体，则在两样本上等级的分布应该比较随机。因此，U若出现极端值表示非随机；当样本例数小于30时，则计算双侧精确概率p值（Exact 2-Tailed P）。对于大样本，则U被转换成正态分布的Z统计量。
- Kolmogorov-Smirnov Z Kolmogorov-Smirnov两独立样本Z检验，为检验两个分布的位置与形状分布差异的方法。该方法主要用于基于两个样本的秩的累积分布函数的最大绝对差异；当差异有显著性时，可认为两个分布不同。
- Moses extreme reactions Moses最大反应检验。由于观察值的范围很容易受到极端值的影响，而使计算结果位置偏离，以致无法真正显示两个样本的观察值范围是否有差异。尽量控制此问题所采用的措施是将某些极端观察值删除。
- Wald-Wolfowitz runs Wald-Wolfowitz游程检验。用于检验两样本是否来自相同的总体。在计算游程数中，如果两样本间发生数值相同时，则尝试不同的排列顺序组合，以求得最大和最小游程数；当样本容量小于或等于30时，计算单侧精确p值（Exact 1-Tailed P）。

（4）选择和设置子对话框

单击“Options”按钮，可打开“Two-Independent-Samples Test：Options”（两独立

样本的检验：选项）子对话框；单击“Exact”按钮，可打开“Exact Tests”（精确检验）子对话框。这两个对话框的功能和设置方法和第12.1节相应对话框相同。

(5) 执行操作

单击“OK”按钮，执行两独立样本的非参数检验操作。

12.5.2　两独立样本Mann–Whitney U检验

两独立样本曼–惠特尼U（Mann–Whitney U）检验可用于检验两独立样本是否来自于同一种总体，它是最常用的两独立的非参数检验方法。该检验法的零假设H_0：两独立样本来自于无显著差异的总体。曼–惠特尼U检验是利用两独立样本的秩的比较得到的。

首先，将两样本数据按照升序合并在一起，计算第一组样本的观察值大于第二组样本观测值的次数；然后，再计算第二组样本的观察值大于第一组样本观测值的次数，分别利用U1和U2表示。如果U1和U2比较接近，则说明两个独立样本有可能来自于同一个总体的；当然，两样本的差异不仅仅和U1、U2有关系，同时还和两样本容量有关系。

利用U1和U2构造检验曼–惠特尼U统计量，样本较小时，U统计量服从曼–惠特尼分布；当样本容量较大时，则近似服从正态分布，利用分布函数表，SPSS将自动计算出U统计量的值和概率p值。

如果概率p值小于给定的显著性水平，则拒绝零假设，可以认为两独立样本来自的总体存在显著差异；反之，如果概率p值大于给定的显著性水平，则接受零假设，两独立样本来自的总体的分布无显著差异。

由于曼–惠特尼U检验实际上是一种秩和检验，检验过程的统计量和样本值得大小没有关系，只和排序有关，所以曼–惠特尼U检验并不仅仅可以用于样本值为连续型数据，还可以用于定序型数据。

1. 实例：抑郁症患者治疗效果的检验

有两种方法治疗抑郁症，一种是药物治疗方法，另一种是药物和精神结合的综合治疗方法。有13位病人采用第一种治疗方法，17位病人采用第二种治疗方法，一个疗程后比较两组病人的几个特征是否有显著不同。比较项目分为精神、体力和饮食三方面，病人针对每一个项目的情况变化依次分为从0至4的5种情况，0代表最差，4代表最好。表12.16为病人统计数据。利用曼–惠特尼U检验法检验两组病人的3个项目有无显著差异。（数据文件：mannwhitney.sav）

表12.16　两种不同治疗方法下的病人情况记录

	第一组（1）	第二组（2）
精神	0 4 3 4 3 2 2 2 1 1 4 2 1	1 3 4 3 3 4 4 3 4 0 4 2 4 3 4 4 4
体力	1 2 1 2 0 0 2 3 2 2 4 3 3	2 4 3 4 3 1 3 3 4 4 3 2 2 2 3 3 3
饮食	4 3 2 2 4 0 2 2 2 2 0 2 3	3 3 4 3 3 2 2 2 2 4 1 2 2 0 2 0 2

2. SPSS操作步骤

（1）建立数据文件

建立数据文件mannwhitney.sav，其中变量“组别”记录分组信息，1表示药物治疗组，2表示综合治疗组；变量“精神”、“体力”、“饮食”表示检验的3个项目，为定序型变量。

（2）确定检验变量和分组变量

在“Two–Independent–Samples Test”主对话框，将变量“精神”、“体力”、“饮食”移动至“Test Variable List”（检验变量列表）窗口，作为检验变量；将变量“组别”移动至“Grouping Variable”（分组变量）窗口，指定为分组变量，并在“Two–Independent–Samples Test：Define Groups”（两独立样本检验：定义分组）对话框的“Group1”栏和“Group2”栏中输入分组变量的值1和2。

（3）确定检验方法

在主对话框的“Test Type”窗口中选择“Mann–Whitney U”检验法。

（4）执行操作

单击“OK”按钮，执行两独立样本的曼–惠特尼U非参数检验操作。

（5）“Paste”得到的syntax命令语句程序：

```
/* 两独立样本的曼 - 惠特尼 U 检验的命令语句 .
NPAR TESTS
  /M-W= 精神 体力 饮食   BY 组别 (1 2)
  /MISSING ANALYSIS.
```

3. 结果分析

（1）平均秩次

表12.17给出了两组不同项目的秩的总和以及平均秩的数值。表中可以看出，在精神项目方面，第一组的秩和为154.50，平均秩为11.88，而第二组的秩为310.50，平均秩为18.26，显然，精神项目中，第二组的平均秩比第一组的平均秩大很多，差距较大；同样在体力项目中，两组之间的平均秩相差仍很大，但针对饮食项目，两组之间却相差很小。

表12.17　两种不同治疗方法下病人的3个项目的曼–惠特尼U检验秩次

Ranks

	组别	N	Mean Rank	Sum of Ranks
精神	药物治疗	13	11.88	154.50
	综合治疗	17	18.26	310.50
	Total	30		
体力	药物治疗	13	11.46	149.00
	综合治疗	17	18.59	316.00
	Total	30		

续表12.17

	组别	N	Mean Rank	Sum of Ranks
饮食	药物治疗	13	15.38	200.00
	综合治疗	17	15.59	265.00
	Total	30		

（2）检验结果

表12.18显示的两种不同治疗方法下病人的3个项目的曼–惠特尼U检验结果。表中可以看出，精神项目中，两组之间的Mann–Whitney U统计量的值为63.50，Wilcoxon W统计量的值为154.50，正态统计量（Z）的值为–2.054。由于样本容量是小样本，因此可以采用U统计量的精确概率p值（Exact Sig. [2*(1–tailed Sig.)]）为0.045，同时也给出了利用渐进方法计算的概率p值为0.040；两种方法的概率p值皆小于0.05，拒绝零假设。所以，从精神变化来看，两种治疗方法的效果存在显著差异；同样在体力方面是类似的，两种方法也存在显著差异；但在饮食方面看，由于精确概率p值为0.967，大于0.05，两种治疗方法没有显著差异。

提　示

表12.18下的注释“Not corrected for ties”含义为“没有对秩的结（ties）作出修正”。

表12.18　两种不同治疗方法下病人的3个项目的曼–惠特尼U检验结果

Test Statistics[a]

	精神	体力	饮食
Mann–Whitney U	63.500	58.000	109.000
Wilcoxon W	154.500	149.000	200.000
Z	–2.054	–2.292	–.068
Asymp. Sig. (2–tailed)	.040	.022	.946
Exact Sig. [2*(1–tailed Sig.)]	.048[b]	.028[b]	.967[b]

a. Grouping Variable: 组别

b. Not corrected for ties.

12.5.3　两独立样本的K–S检验

两独立样本K–S检验的基本原理和单样本的K–S检验类似，不同之处在于单样本K–S检验需要计算理论分布函数和经验分布函数的最大差值，而两独立样本的K–S检验则是以两样本的秩的差值作为构造检验统计量的基础。

两独立样本的K–S检验的零假设H_0：两独立样本的总体分布无显著差异。检验统计量D为两样本秩的累积分布函数的最大差值。显然，当D较小时，两样本差异较小，两样本更有可能取自相同分布的总体；反之，当D较大时，两样本差异变大，两样本更有可能取自不同分布的总体。

SPSS的两样本K-S检验将计算D值以及相应的概率p值。在给定显著性水平的条件下，如果概率p值小于显著性水平，则拒绝零假设，认为两样本来自不同的总体；反之，如果概率p值大于显著性水平，则两样本之间不存在显著性差异，可以认为两样本来自分布相同的总体。

1. 实例：电视台播放的减肥药疗效检验

电视台播放减肥药品遭到药品无效的投诉，药检局决定检验该药品疗效，用x表示按药品说明服药者间隔1个月的体重变化量，y表示没有服药者间隔1个月的的体重变化量。现独立观察24名测试者，其中12人服药，12人没有服药，体重变化量见表12.19。

检验两种情况的体重变化有无显著性差异。（数据文件：two_k_s.sav）

表12.19　两种不同组别体重变化记录（单位：kg）

序号	1	2	3	4	5	6	7	8	9	10	11	12
X	1.25	2.00	−1.75	0.00	−2.00	3.00	2.50	−0.75	1.75	−2.50	0.00	0.00
Y	1.50	1.00	0.50	2.00	0.25	−1.25	0.75	0.00	2.25	−0.75	−1.25	1.00

2. SPSS基本操作

（1）建立数据文件

建立数据文件two_k_s.sav，其中变量“组别”记录分组信息，1表示服药组，2表示没有服药组；变量“体重变化”记录30个人的体重变化量。

（2）确定检验变量和分组变量

在“Two-Independent-Samples Test”主对话框；将变量“体重变化”移动至“Test Variable List”区域，作为检验变量；将变量“组别”移动至“Grouping Variable”区域，指定为分组变量，并在“Two-Independent-Samples Test：Define Groups”对话框中“Group1”栏和“Group2”栏中输入分组变量的值1和2。

（3）确定检验方法

主对话框中，在“Test Type”窗口中选择“Kolmogorov-Smirnov Z”检验法。

（4）执行操作

在主对话框中单击“OK”按钮，执行两独立样本的K-S非参数检验操作。

（5）“Paste”得到的syntax命令语句程序：

```
/* 两独立样本 K-S 检验的命令语句 .
NPAR TESTS
  /K-S= 体重变化   BY 组别 (1 2)
  /MISSING ANALYSIS.
```

3. 结果分析

（1）频数表

表12.20给出的是两独立样本K-S检验的频数表，表中显示两组人数各为12人。

表12.20 两独立样本K-S检验的频数表

Frequencies

	组别	N
体重变化	1.00	12
	2.00	12
	Total	24

（2）检验结果

表12.21给出两独立样本K-S检验结果。从结果中可以看出，概率p值为0.925，远远大于0.05，因此，接受零假设，即认为服减肥药的一组人的体重变化和没有服药人的体重变化没有显著差异，可以认为该减肥产品没有效果。

表12.21 两种不同组别下的两独立样本K-S检验结果

Test Statistics[a]

		体重变化
Most Extreme Differences	Absolute	.250
	Positive	.250
	Negative	-.167
Kolmogorov-Smirnov Z		.612
Asymp. Sig. (2-tailed)		.847

a. Grouping Variable: 组别

12.6 小结

本章讨论非参数检验问题，也是统计分析的基础内容。非参数检验问题的方法较多，处理方式也不尽相同。从样本角度可分为单样本的非参数检验和两独立样本的非参数检验问题；具体方法而言，主要包括卡方检验、二项分布检验、游程检验、单样本K-S 检验、两独立样本的曼-惠特尼U检验、两独立样本的K-S检验等方法。

本章所述方法的SPSS操作比较简单，重点掌握非参数检验的基本思想以及统计结果输出的实际含义。第13章将介绍相关分析，讨论变量间的线性关系的紧密程度的统计方法。

第13章

相关分析

本章包括

- 相关分析的基本方法
- 相关系数的计算
- 双变量相关分析
- 偏相关分析
- 距离分析

相关分析是研究变量间密切程度的一种统计方法，应用较为广泛，是专业统计分析的基础内容。为此，SPSS 提供了专门的相关分析模块 Correlate，其中包括 3 个过程：双变量相关分析（Bivariate Correlation）、偏相关分析（Partial Correlation）和距离分析（Distances）。

SPSS 24

SPSS操作中，通过单击菜单“Analyze”→“Correlate”，进一步选择相关分析的过程，如图13.1所示。

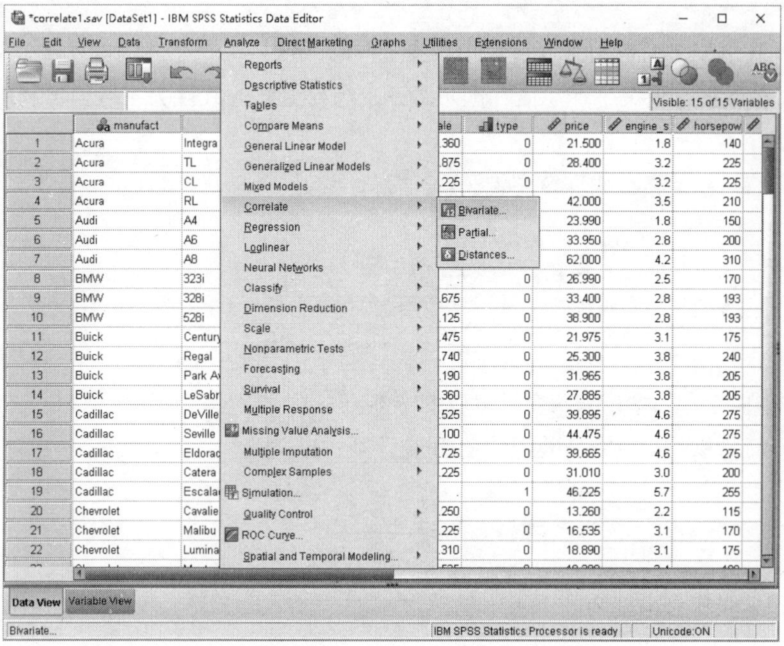

图13.1 相关分析（Correlate）模块的选择菜单

13.1 相关分析的基本方法

相关分析（Correlate）是研究变量间关系紧密程度的一种统计方法。统计分析中常利用相关系数定量地描述两个变量间线性关系的紧密程度。例如，家庭收入和支出、子女的身高和父母的身高之间的关系等。

相关系数是以数值的方式精确反映两变量间线性关系的强弱程度。利用相关系数进行变量间线性关系的分析，即相关分析，需两个步骤：

（1）计算样本的相关系数r

对不同的变量类型，相关系数的计算方法不尽相同，但它们的含义和取值范围是相同的，即相关系数的取值范围都在-1和$+1$之间；如果$r>0$，则表示两变量存在正相关；反之，则存在负相关。一般认为，当相关系数的绝对值大于0.8时，两变量间具有较强的线性关系；而相关系数的绝对值小于0.3时，两变量间的线性关系较弱。

（2）对两样本来自的总体是否存在显著的线性关系进行推断

检验方法和步骤与一般的统计推断方法相同，即首先提出零假设，认为两总体线性相关；其次，选择检验统计量并计算检验统计量的观测值；最后给出推断结果。

13.2 相关系数的计算

对不同类型的变量，相关系数的计算公式也不同。相关分析中，常用的相关系数主要有Pearson简单相关系数、Suearman等级相关系数和Kendall τ相关系数等。

13.2.1 Pearson简单相关系数

Pearson简单相关系数用来度量定距型变量间的线性相关关系。例如度量金属的温度和硬度、身高和体重、国民生产总值和国防费开支等变量间的线性关系时，可利用Pearson简单相关系数。

Pearson简单相关系数的计算公式为：

$$r=\frac{\sum_{i=1}^{n}(x_i-\bar{x})(y_i-\bar{y})}{\sqrt{\sum_{i=1}^{n}(x_i-\bar{x})^2(y_i-\bar{y})^2}}$$

其中，n为样本容量，x_i和y_i为两变量对应的样本值

Pearson简单相关系数的检验统计量为t统计量，定义为

$$t=\frac{r\sqrt{n-2}}{\sqrt{1-r^2}}$$

其中，t统计量服从自由度为$n-2$的t分布。

13.2.2 Spearman等级相关系数

Spearman等级相关系数用来度量定序型变量间的线性相关关系。例如军队教员的军衔和职称、产品质量的等级和返修次数等变量间的线性相关关系时，可利用Spearman等级相关系数。

Spearman等级相关系数的计算公式为：

$$r=1-\frac{6\sum_{i=1}^{n}D_i^2}{n(n^2-1)}$$

其中，n为样本容量，$\sum_{i=1}^{n}D_i^2=\sum_{i=1}^{n}(U_i-V_i)^2$，这里的$(U_i, V_i)$为两变量的秩。

交叉参考：关于变量样本值的秩的概念，请参考第12章非参数检验中概念的介绍。

小样本条件下，零假设满足时，Spearman等级相关关系数服从Spearman分布；在大样本条件下，Spearman等级相关系数的检验统计量为U统计量，即：

$$U=r\sqrt{n-1}$$

其中，U统计量服从标准正态分布。

13.2.3 Kendall τ相关系数

Kendall τ相关系数用非参数检验方法来度量定序变量间的线性相关关系。Kendall τ相关系数的计算仍是基于数据的秩，利用变量的秩计算一致对数目U和非一致对数目V。

显然，当一致对数目较大，非一致对数目较小时，两变量呈较强的正相关；当一致对数目较小，非一致对数目较大时，两变量呈较强的负相关；如果一致对数目和非一致对数目接近时，两变量程较弱的相关关系。

Kendall τ相关系数的检验统计量为

$$\tau=(U-V)\frac{2}{n(n-1)}$$

在小样本条件下，Kendall τ统计量服从Kendall分布。在大样本条件下的检验统计量为

$$Z=\tau\sqrt{\frac{9n(n-1)}{2(2n+5)}}$$

其中，Z统计量近似服从标准正态分布。

13.3　双变量相关分析

相关分析的SPSS操作是在Analyze菜单的“Correlate”模块中进行的。该模块给出相关分析的3个过程，这里选择“Bivariate”。

13.3.1　双变量相关分析的SPSS操作

(1) 打开主对话框

单击菜单“Analyze”→“Correlate”→“Bivariate”命令，打开“Bivariate Correlations”（双变量相关分析）对话框，如图13.2所示。

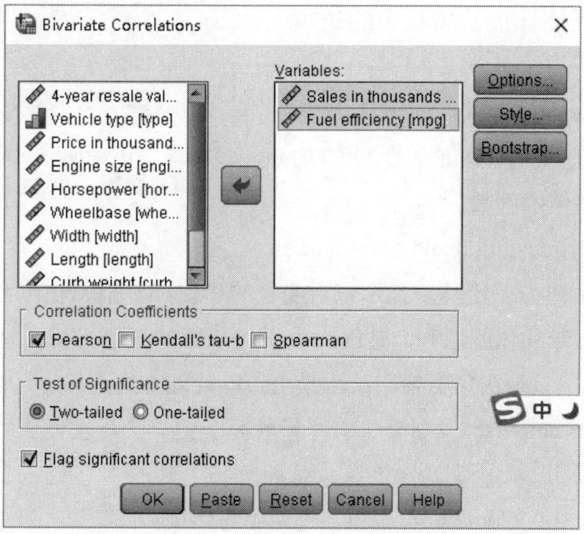

图13.2　“Bivariate Correlations”（双变量相关分析）对话框

(2) 选择相关分析变量

在左侧的变量列表窗口选择两个相关分析变量，单击右向箭头，将其移动至“Variables”（变量）窗口。

(3) 选择相关系数及检验尾部分布

"Bivariate Correlations"（双变量相关系数）窗口提供了3种相关系数的选择，分别为：

- Pearson Pearson相关系数。默认选择；对于定距型变量选择该项。
- Kendall's tau-b Kendall τ相关系数。反映两定序变量的一致性，对于定序型变量，选择该项。
- Spearman Spearman相关系数。利用非参数检验方法计算相关系数。

"Test of Significance"（显著性检验）中选择检验的尾部分布，给出两个选项：

- Two-tailed 双尾检验，默认选项。
- One-tailed 单尾检验。当相关的方向很明显时，选择该项。

主对话框给出选项"Flag significant correlations"，选择该项，表示标出有显著意义的相关系数。

(4) 单击"OK"按钮，执行相关分析操作。

13.3.2 Options选项

单击"Options"按钮，打开"Bivariate Correlations：Options"（双变量相关分析：选项）对话框，如图13.3所示。

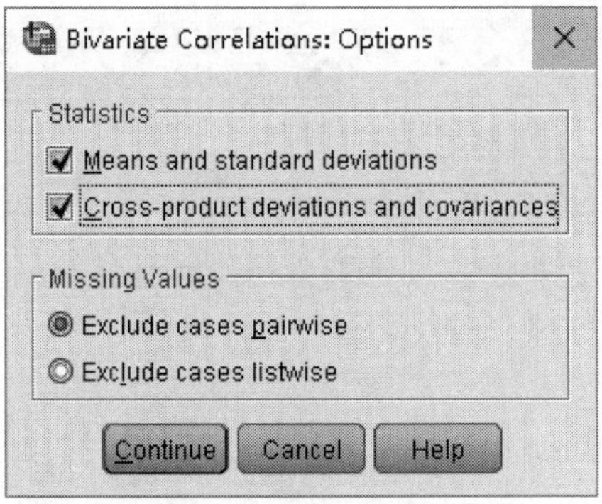

图13.3 "Bivariate Correlations：Options"（双变量相关分析：选项）对话框

该对话框中选择统计量的计算和缺失值的处理方式。

"Statistics"（统计量）窗口中的选项包括：

- Mean and standard deviation

均值与标准差。即显示每个变量的均值、标准差和非缺失值的例数。

- Cross-product deviation and covariances

叉积离差矩阵和协方差矩阵。显示每对变量的叉积离差矩阵和协方差矩阵。叉积离差矩阵等于均值校正变量的积的总和，是Pearson相关系数的分子。

"Missing Values"（缺失值）窗口给出缺失值的处理方式选项：

- Exclude cases pairwise 仅剔除当前分析的两个变量值是缺失值的个案；
- Exclude cases listwise 剔除带有缺失值的所有个案。

设置完毕后，单击"Continue"按钮，返回主对话框。

13.3.3 实例：汽车价格和汽车燃油率的分析

1. 实例数据

给出157例各种不同车型的数据，表13.1显示变量列表。数据包括汽车生产厂家、汽车型号、各种型号汽车的销售额、价格、燃油效率等相关数据，要求分析汽车价格和汽车的燃油效率之间是否存在线性关系。（数据文件：correlate1.sav）

表13.1 数据文件的变量信息

变量	变量标签	度量尺度	列宽	对齐方式
Manufact	生产厂家	Nominal	13	Left
Model	型号	Nominal	17	Left
Sales	销售量(千)	Scale	8	Right
Resale	4年销售总额	Scale	8	Right
Type	汽车类型	Ordinal	8	Right
Price	价格(千元)	Scale	8	Right
engine_s	发动机尺寸	Scale	8	Right
Horsepow	功率	Scale	8	Right
Wheelbase	轮胎	Scale	8	Right
Width	宽度	Scale	8	Right
Length	长度	Scale	8	Right
curb_wgt	重量	Scale	8	Right
fuel_cap	燃料容量	Scale	8	Right
Mpg	燃油效率	Scale	8	Right
Lnsales	销售额的对数	Scale	8	Right

2. 操作步骤

步骤1 打开数据文件：correlate1.sav。

步骤2 绘制两变量的散点图。方法为选择菜单“Graphs”→“Legacy Dialogs”→“Scatter/Dot”命令，在“Scatter/Dot”对话框中选择“Simple”按钮，单击“Define”按钮，打开“Simple Scatterplot”对话框，分别选择变量“Sales in thousands”和“Fuel efficiency”移动到“Y Axis”和“X Axis”窗口，单击“OK”按钮，执行绘制散点图操作。

步骤3 选择菜单“Analyze”→“Correlate”→“Bivariate”命令，在主对话框中将变量“Sales in thousands”和“Fuel efficiency”从变量列表窗口中移动至“Variables”窗口。

步骤4 单击“Option”按钮，在打开的“Bivariate Correlations：Options”对话框中选择“Means and standard deviation”和“Cross−product deviation and covariances”选项，单击“Continue”按钮，返回主对话框。

步骤 5　其余选择默认选项。单击“OK”按钮，执行相关分析操作。

步骤 6　“Paste”得到的syntax命令语句：

```
* 散点图的命令语句 .
GRAPH
  /SCATTERPLOT(BIVAR)=mpg WITH sales
  /MISSING=LISTWISE .

* 相关分析的命令语句 .
CORRELATIONS
  /VARIABLES=sales mpg
  /PRINT=TWOTAIL NOSIG
  /STATISTICS DESCRIPTIVES XPROD
  /MISSING=PAIRWISE .
```

13.3.4　双变量相关分析的结果

（1）散点图

图13.4所示为燃油效率和销售额之间的散点图。从散点图中可以看出，分别在左上角和右下角存在两个异常值，所以需要对相关性进行进一步的分析。

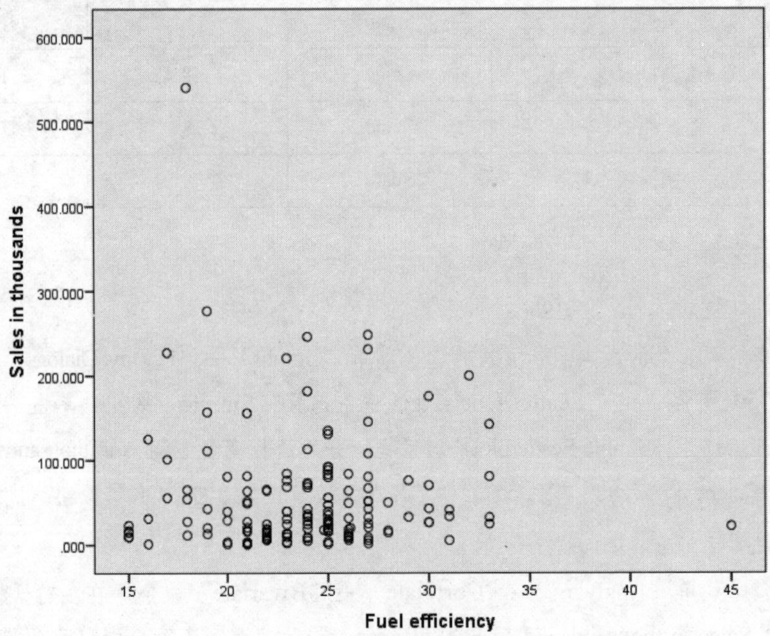

图13.4　燃油效率和销售额之间的散点图

（2）描述性统计量

表13.2给出相关分析的描述性统计量，其中包括两参与分析变量的均值、标准差和非缺失值的例数。

表13.2 描述性统计量

Descriptive Statistics

	Mean	Std. Deviation	N
Sales in thousands	52.99808	68.029422	157
Fuel efficiency	23.84	4.283	154

（3）相关分析的主要结果

表13.3是本例的相关分析的主要结果。其中包括叉积离差矩阵、协方差矩阵、Pearson检验统计量的概率p值等信息。

表中可以看出，两变量的Pearson相关系数为−0.017，小于零，呈负相关，表示燃油效率低的汽车销售额有增高的趋势。

表中的p概率值为0.837，大于0.10，表明汽车制造商没有积极性对燃油效率做更多的努力，因为努力不会从销售中得到更高的回报。

然而，当变量近似服从正态分布，并且不存在异常值时，Person相关系数才能更准确地反映变量间的相互关系。

表13.3 相关系数矩阵

Correlations

		Sales in thousands	Fuel efficiency
Sales in thousands	Pearson Correlation	1	−.017
	Sig. (2−tailed)		.837
	Sum of Squares and Cross−products	721968.352	−750.071
	Covariance	4628.002	−4.902
	N	157	154
Fuel efficiency	Pearson Correlation	−.017	1
	Sig. (2−tailed)	.837	
	Sum of Squares and Cross−products	−750.071	2806.279
	Covariance	−4.902	18.342
	N	154	154

13.3.5 进一步分析：定序型变量的分析

上例中，我们利用Pearson相关系数对问题作了分析。本节再给出一例，比较利用不同类型相关系数的分析结果。

例如，已知某年度初中竞赛成绩，给出前十名的数学和英语排名得分，要求分析这两项得分是否存在线性关系。（数据文件：correlate2.sav）

表13.4　10名学生成绩排名列表

Rank	Math	English
1	90.00	92.50
2	89.00	91.50
3	89.00	91.00
4	89.00	89.50
5	88.50	91.00
6	88.50	91.00
7	88.00	88.50
8	88.00	87.00
9	88.00	89.00
10	88.00	90.00

基本操作如下：

步骤 1　打开数据文件：correlate2.sav。

步骤 2　选择菜单“Analyze”→“Correlate”→“Bivariate”命令，在主对话框中将变量“Math”和“English”从变量列表窗口中移动至“Variables”窗口；并在“Bivariate Correlations”窗口选择“Kendall's tau-b”和“Speanman”选项。

步骤 3　单击“OK”按钮，执行相关分析操作。

步骤 4　“Paste”得到的syntax命令语句：

```
* Kendall's tau-b 和 Speanman 相关分析的命令语句 .
NONPAR CORR
  /VARIABLES=Math English
  /PRINT=BOTH TWOTAIL NOSIG
  /MISSING=PAIRWISE .
```

注　意

由于本例中的数据设定为定序型数据，即变量“Math”和“English”值只有排序上的意义，且对于两变量的分布不清楚。所以，对定序型变量，不能选择描述统计量。因为描述统计量要求变量为正态分布的定距型变量。

13.3.6　进一步分析的结果

表13.5是相关分析的描述统计量列表。

表中可以看出，本例的Kendall相关系数为0.704，概率p值为0.01，小于0.05；Spearman相关系数为0.798，概率p值为0.006，小于0.05。由此可以得出结论，在显著性水平为0.05的条件下，两种分析方法等级相关系数有显著意义，两门课程成绩之间存在正相关关系。

对于定序型变量，因为分布不明可以使用Speanman相关系数；对于完全等级的离散型变量必须使用Speanman相关系数分析相关性。

表13.5 相关系数矩阵

Correlations

			Math	English
Kendall's tau_b	Math	Correlation Coefficient	1.000	.600*
		Sig. (2-tailed)	.	.016
		N	10	10
	English	Correlation Coefficient	.600*	1.000
		Sig. (2-tailed)	.016	.
		N	10	10
Spearman's rho	Math	Correlation Coefficient	1.000	.770**
		Sig. (2-tailed)	.	.009
		N	10	10
	English	Correlation Coefficient	.770**	1.000
		Sig. (2-tailed)	.009	.
		N	10	10

*. Correlation is significant at the 0.05 level (2-tailed).

**. Correlation is significant at the 0.01 level (2-tailed).

13.4 偏相关分析

13.4.1 偏相关分析的基本原理

相关分析计算两个变量之间的相互关系，分析两个变量间线性关系的程度。有时因为第三个变量的作用，使得相关系数不能真实地反映两个变量间的线性相关程度，这样也就决定了二元变量的相关分析的不精确性。

例如，身高、体重与肺活量之间的关系。如果使用Pearson相关计算其相关系数，可以得出肺活量、身高和体重均存在较强的线性相关性质；但实际上对体重相同的人而言，身高值越大其肺活量却不一定也越大，正是因为身高与体重有着线性关系，肺活量与体重有着线性关系，因此得出了身高与肺活量之间存在较强的线性关系的错误结论。

偏相关分析就是研究两个变量之间存在线性相关关系时，控制可能对其产生影响的变量，偏相关系数是衡量任何两个变量之间的关系，而使与这两个变量有联系的其他变量都保持不变。

例如，研究销售额与人口数、销售额与总收入之间的关系。人口数量的多少会影响销售额总收入的大小，亦会影响销售额由于人口数量的变化总收入的大小也在经常的变化之中，应用简单相关系数往往不能说明现象之间的关系程度，这时必须在消除其他变量的影响后来研究两个变量之间的相互关系，这种相关分析称为偏相关分析，这种相关系数称为偏相关系数。

但是，偏相关系数的数值和简单相关系数的数值常常是不同的。在计算简单相关系数时，所有其他自变量不予考虑；在计算偏相关系数时，要考虑其他自变量对因变量的影响，只不过是把其他自变量当作常数处理。

13.4.2 偏相关分析的SPSS步骤

（1）在数据编辑窗口，选择“Analyze”→“Correlate”→“Partial”命令，打开“Partial Correlation”（偏相关分析）对话框，如图13.5所示。

（2）在左侧的变量列表窗口中选择两个变量，作为相关变量，单击上侧的右向箭头，将其移动至“Variables”窗口；仍在变量列表窗口选择控制变量，单击下侧的右向箭头，将其移动至“Controlling for”窗口。

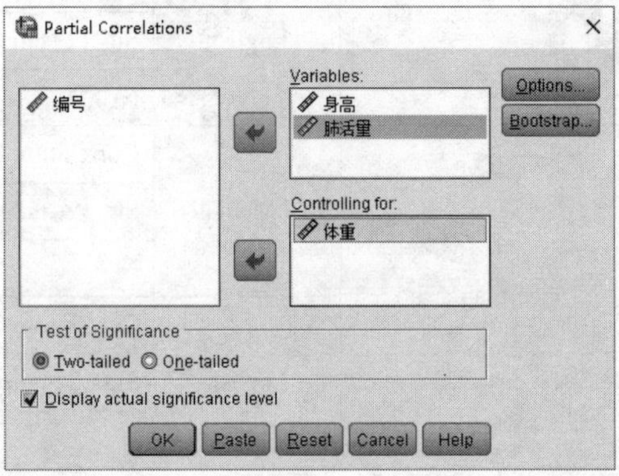

图13.5 “Patial Correlation”（偏相关分析）对话框

（3）选择检验类型

“Test of Significance”（显著性检验）中选择检验的尾部分布，给出两个选项：

- Two-tailed 双尾检验，默认选项。
- One-tailed 单尾检验。当相关的方相很明显时，选择该项。

选择“Display actual significance level”，表示在显示相关系数时，显示实际的显著性概率。

（4）单击“OK”按钮，执行偏相关分析操作。

13.4.3 Options选项

主对话框中，单击“Options”按钮，打开“Partial Correlations：Options”对话框，如图13.6所示。

该对话框中选择统计量的计算和缺失值的处理方式。

“Statistics”（统计量）窗口中的选项包括：

- Mean and standard deviation 均值与标准差。即显示每个变量的均值、标准差和非缺失值的例数。
- Zero-order correlations 显示零阶相关矩阵，即Pearson相关矩阵。
- “Missing Values”（缺失值）窗口给出缺失

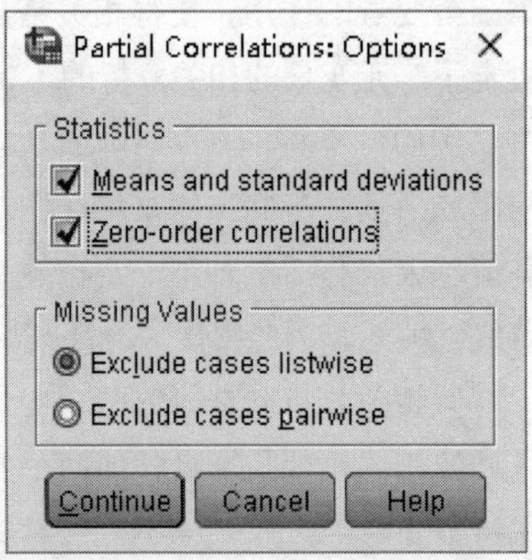

图13.6 “Partial Correlations：Options”（偏相关分析：选项）对话框

值的处理方式选项：

- Exclude cases pairwise 仅剔除当前分析的两个变量值是缺失值的个案；
- Exclude cases listwise 剔除带有缺失值的所有个案。

13.4.4 实例：对一批体检数据的偏相关分析

1. 实例数据

测得30名13岁男童的身高（cm）、体重（kg）、肺活量（ml）的数据，如表13.6。对该资料进行身高与肺活量的相关分析，其中体重作控制变量。（数据文件：pcorrelation.sav）

表13.6 13岁男童身高、体重、肺活量数据

编号	身高	体重	肺活量
1	135.1	32.0	1750
2	139.9	30.4	2000
3	163.6	46.2	2750
4	146.5	33.5	2500
5	156.2	37.1	2750
6	156.4	35.5	2000
7	167.8	41.5	2750
8	149.7	31.0	1500
9	145.0	33.0	2500
10	148.5	37.2	2250
11	165.5	49.5	3000
12	135.0	27.6	1250
13	153.3	41.0	2750
14	152.0	32.0	1750
15	160.5	47.2	2250
16	153.0	47.2	1750
17	147.6	40.5	2000
18	157.5	43.3	2250
19	155.1	44.7	2750
20	160.5	37.5	2000
21	143.0	31.5	1750
22	149.4	33.9	2250
23	160.8	40.4	2750
24	159.0	38.5	2500
25	158.2	37.5	2000
26	150.0	36.0	1750
27	144.5	34.7	2250
28	154.6	39.5	2500
29	156.5	32.0	1750
30	139.0	30.9	2050

2. 操作步骤

步骤1 打开数据文件：pcorrelation.sav。

步骤2 选择菜单“Analyze”→“Correlate”→“Partial”命令，在主对话框中将变量“身高”和“肺活量”从变量列表窗口中移动至“Variables”窗口；将变量“体重”移动到“Controlling for”窗口。

步骤3 单击“Option”按钮，在打开的“Partial Correlations：Options”对话框中选择“Means and standard deviation”和“Zero-order correlations”命令，单击“Continue”按钮，返回主对话框。

步骤4 单击“OK”按钮，执行偏相关分析操作。

步骤5 “Paste”得到的syntax命令语句：

```
* 偏相关分析的命令语句 .
PARTIAL CORR
  /VARIABLES= 身高 肺活量 BY 体重
  /SIGNIFICANCE=TWOTAIL
  /STATISTICS=DESCRIPTIVES CORR
  /MISSING=LISTWISE .
```

13.4.5 偏相关分析的结果

（1）描述性统计量

表13.7是相关分析的描述统计量列表。表中给出各变量的均值、标准差和变量的非缺失值的例数。

表13.7 描述性统计量

Descriptive Statistics

	Mean	Std. Deviation	N
身 高	152.1233	8.58249	30
肺活量	2201.6667	441.68239	30
体 重	37.4267	5.77861	30

（2）偏相关分析结果

表13.8是偏相关分析结果。表中可以看出，身高与肺活量之间Pearson相关系数为0.581，概率p值为0.001；体重与肺活量之间的相关系数为0.611，概率p值为0.000，都呈现出一定的相关关系。

但从偏相关系数来看，当体重固定时，身高与肺活量的相关系数为0.246，概率p值为0.199，在显著性水平为5%的条件下，身高与肺活量均没有明显的相关关系。

原因是因为身高与体重之间相关系数接近1（为0.735），概率p值为0.000，两者之间有较为密切的关系。在分析身高与肺活量的Pearson相关时，也包括了体重的正效应，应当扣除了体重的影响后，身高与肺活量就看不出有相关关系了。

表13.8 相关系数矩阵

Correlations

Control Variables			身高	肺活量	体重
-none-[a]	身 高	Correlation	1.000	.581	.735
		Significance (2-tailed)	.	.001	.000
		df	0	28	28
	肺活量	Correlation	.581	1.000	.611
		Significance (2-tailed)	.001	.	.000
		df	28	0	28
	体 重	Correlation	.735	.611	1.000
		Significance (2-tailed)	.000	.000	.
		df	28	28	0
体重	身 高	Correlation	1.000	.246	
		Significance (2-tailed)	.	.199	
		df	0	27	
	肺活量	Correlation	.246	1.000	
		Significance (2-tailed)	.199	.	
		df	27	0	

a. Cells contain zero-order (Pearson) correlations.

13.4.6 改变控制变量后的结果

如果控制变量改为身高，则得到表13.9的结果。体重与肺活量的偏相关系数为0.334，概率p值为0.077，所以体重与肺活量存在一定的线性相关，虽然不是很显著，但比体重和肺活量之间的线性关系更强。

所以，肺活量与身高和体重均有关系，但是通过以体重为控制量对身高与肺活量之间的偏相关分析，与和以身高为控制量对体重与肺活量的偏相关分析的比较，前者的偏相关系数大，显著性水平更高。

表13.9 身高为控制变量时的偏相关分析

Correlations

Control Variables			身高	肺活量	体重
-none-[a]	肺活量	Correlation	1.000	.611	.581
		Significance (2-tailed)	.	.000	.001
		df	0	28	28
	体 重	Correlation	.611	1.000	.735
		Significance (2-tailed)	.000	.	.000
		df	28	0	28
	身 高	Correlation	.581	.735	1.000
		Significance (2-tailed)	.001	.000	.
		df	28	28	0

续表13.9

Control Variables			身高	肺活量	体重
身高	肺活量	Correlation	1.000	.334	
		Significance (2–tailed)	.	.077	
		df	0	27	
	体　重	Correlation	.334	1.000	
		Significance (2–tailed)	.077	.	
			27	0	

a. Cells contain zero–order (Pearson) correlations.

13.5　距离分析

13.5.1　距离分析的基本概念

距离分析（Distances）是对观测量之间或变量之间相似或不相似的程度的一种测度，是计算一对变量之间或一对观测量之间的广义的距离。这些相似性或距离测度可以用于其他分析过程，例如因子分析、聚类分析等。

距离分析过程中，主要利用变量间的相似性测度（Similarities）和不相似性测度（Dissimilarities）度量两者之间的关系。

1. 不相似性测度

对定距型变量间距离描述的统计量，主要有欧氏距离（Euclidean distance Euclidean）、平方欧氏距离（Squared Euclidean distance Euclidean）、契比雪夫距离（Chebychev）、Block距离（Block）、闵可夫斯基距离（Minkowski）等。

对定序型变量之间距离的描述，主要有卡方不相似测度（Chi–Square measure）和Phi方不相似测度（Phi–Square measure）。

对二值（只有两种取值）变量之间的距离描述，主要有欧氏距离（Euclidean distance）、平方欧氏距离（Squared Euclidean distance）、Lane and Williams不相似性测度（Lane and Williams）等。

2. 相似性测度

两变量之间可以定义相似性测度统计量，用来对两变量之间的相似性进行数量化描述。针对定距型变量，主要有Pearson相关系数和夹角余弦距离（Cosine）等。

对于二值变量的相似性测度主要包括简单匹配系数（Simple matching）、Jaccard相似性指数（Jaccard）、Hamann相似性测度（Hamann）等20余种。

相似性或不相似性测度还可用于其他模块，例如因子分析、聚类分析以及多维尺度分析的进一步分析，以助于分析复合数据集。

13.5.2　距离分析的SPSS操作

距离分析的SPSS过程主要用于两变量间的相似性和不相似性的描述，由此定义了几十种之多的各种距离测度的统计量，需要用到一定的数学知识比较复杂；与相关分析比较，其选择项也稍显复杂。

基本操作步骤如下：

(1) 打开主对话框

单击菜单“Analyze”→“Correlate”→“Distance”命令，打开“Distances”（距离分析）主对话框，如图13.7所示。

(2) 选择距离分析变量和分析方式

在左侧的变量列表窗口选择变量，单击右向箭头，将其移动到“Variables”（变量）窗口；选择个案标识变量到“Label Case by”（个案标识变量）窗口，以增加结果的可读性。

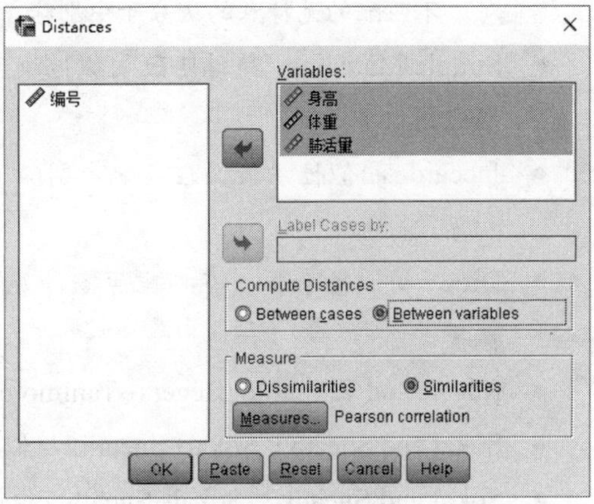

图13.7 “Distances”（距离分析）主对话框

“Compute Distances”（计算距离）窗口选择计算距离的对象，有两种选项：

- Between cases 个案间距离。计算个案之间的距离。
- Between variables 变量距离。计算变量之间的距离。

“Measure”（测度）窗口选择计算距离测度的类型，包括：

- Similarities 不相似性测度。数值越大，表示距离越远。
- Dissimilarities 相似性测度。数值越大，表示距离越近。

(3) 执行操作

单击“OK”按钮，执行距离分析的操作。

13.5.3 Similarity Measure选项和相似性测度

如果在主对话框中选择“Similarities”选项，单击“Measures”按钮，则打开“Distances：Similarity Measures”（距离分析：相似性测度）对话框，如图13.8所示。

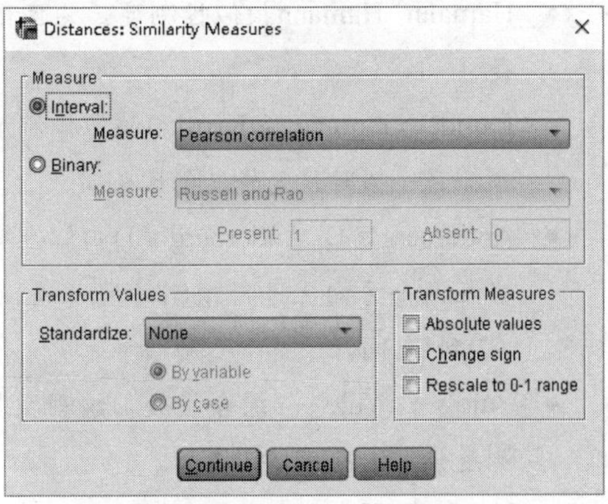

图13.8 “Distances：Similarity Measures”（距离分析：相似性测度）对话框

“Measures”（测度）窗口给出选择相似性测度的类型。其中可选项包括“Interval”和“Binary”。

选择“Interval”（等距数据）选项时，单击该窗口的下拉箭头，在弹出的菜单中选择距离的计算方法，其中包括：

- Pearson correlation Pearson相关系数。该项为定距数据相似性测度的默认选项。
- Cosine 余弦测度。用两个向量间的余弦相似性测度，其值范围在−1 到+1 之间，0 值表明两个向量正交。

选择“Binary”（二值数据），单击该窗口的下拉箭头，在弹出的菜单中选择二值数据的相似性测度，其中包括：

- Russell and Rao Russell−Rao二项点积，默认选项。匹配系数的分母包括所有匹配的对，不匹配的无特点的从分子中剔除，该系数等于分配给匹配与不匹配相等的权重。
- Simple Matching 简单匹配相似性测度。是匹配数与总数的比值，分配给匹配与不匹配的权重相等。
- Jaccard 相似性系数。在匹配中剔除了不出现的结合，分配给匹配与不匹配的权重相等。
- Dice 相似性系数。在匹配系数中剔除了不匹配的结合，并给予匹配个案以双倍权重。
- Regers and Tanimoto Regers−Tanimoto相似性测度。给不匹配的个案以双倍权重。
- Sokal and Sneath 1 Sokal−Sneath 1相似性测度。分配给不匹配个案双倍权重。
- Sokal and Sneath 2 Sokal−Sneath 2相似性测度。分配给不匹配个案双倍权重，在匹配中剔除不出现的值。
- Sokal and Sneath 3 Sokal−Sneath 3相似性测度。为匹配与不匹配数的比，测度值大于零，当测度值大于9999.999或不确定时，给距离一个9999.999的任意值。
- Kulczynski 1 相似性测度。为结合出现数与所有不匹配数的比值，测度值大于零，当测度值为9999.999或不确定时，给距离一个9999.999的任意值。
- Kulczynski 2 相似性测度。为一个特性在一项中发生导致该特性在另一项中出现的平均概率。
- Sokal and Sneath 4 相似性测度。表示为一个特征在一项出现时，而导致该特征也在另一项也出现的条件概率。
- Hamann Hamann相似性测度。为匹配数减去不匹配数除以项目总数，测度值范围是（−1，1）。
- Lamda Goodman和Kruskal相似性测度。表示在两个方向上进行预测时，当用一项预测另一项时误差降低的比例。
- Anderberg’s D Anderberg’s D相似性测度。与Goodman和Kruskal相似性测度类似，当在两个方向上进行预测时用一项预测，另一项时实际降低的误差率，其值范围在0到1之间。
- Yule’s Y Yule’s Y综合指数。该测度是二维交叉比率函数，为边际总数的自变量，测度值范围在−1 到1 之间。
- Yule’s Q Yule’s Q综合指数。Goodman和Kruskal的相似性测度的特例，其值范围在−1到+1之间。

- Ochiai Cosin Ochiai相似性测度。余弦相似性测度的二元方式，范围在0到1之间。
- Sokal and Sneath 5 Sokal和Sneath 5相似性测度，阳性与阴性匹配条件概率的几何平均值，它不依赖于项目编码，该测度范围为0到1。
- Phi 4 point correlation Pearson积矩相关的二元形式，其范围在0到+l之间。
- Disersion 分配相似测度，测量值范围-l到+l之间。

用户可在该窗口的“Present”栏和“Absent”栏中输入改变某特性出现和不出现的值，系统默认值为0。

“TransformValues”（转换数值）窗口允许用户在进行近似计算之前，对个案或变量进行标准化，但对于二值变量不能进行标准化。方法是在“Standardized”（标准化）栏中单击下拉箭头，在弹出的下拉菜单中进行选择标准化方法，其中包括：

- None 不进行标准化，该项为默认选项。
- Z-Score Z得分值。标准化为Z得分值，其均值为0，标准差为1。
- Range 0 to 1 标准化为范围为0到1之间的值。对被标准化的个案或变量的每一个值减去最小值然后，除以范围（最大值与最小值的差）。
- Range -1 to +1 标准化为范围为-1到+1的值。该标准化的方法是把个案或变量的值除以范围。
- Maximum magnitude of 1 标准化最大值为1，即对变量或个案的每一个值都除以最大值；若该组最大值为0，则用最小值的绝对值加1作除数。
- Mean of 1 标准化为均值为1的值。方法对个案或变量的每一个值除以均值；如果均值为0，将所有数值加1。
- Standard deviation of 1 标准化为标准差为1的值。该方法对要被标准化的个案或变量的每一个值用标准差除；如果标准差为0，其值保持不变。

除“None”选择项外，选择其他任意一种标准化方法，均应该指定标准化对象。共有两个选择项：

- By variable 对变量进行标准化。
- By cases 对观测量进行标准化。

“Tansform Measures”（转换测度）窗口允许对距离测度的结果进行转换。在距离测度计算完成后才进行对测度的转换。共有3种转换方法，可以选择多项，包括：

- Absolute Value 绝对值。对距离取绝对值，如果仅对相关的数值感兴趣时，可以使用这种转换。
- Change sign 改变符号。把相似性测度值转换成不相似性测度值或相反。
- Rescale to 0-1 range 先减去最小值，然后除以范围，使距离标准化；对具有一定含义的标准化的测度一般不再使用此方法进行转换。

13.5.4 Dissimilarity Measure选项和不相似性测度

如果在主对话框中选择“Dissimilarities”选项，单击“Measures”按钮，则打开

“Distances：Dissimilarity Measures”（距离分析：不相似性测度）对话框，如图13.9所示。

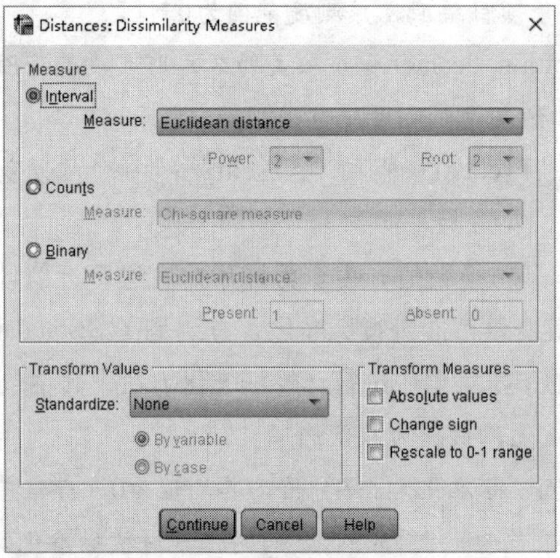

图13.9 “Distances：Dissimilarity Measures”（距离分析：不相似性测度）对话框

“Measures”（测度）窗口给出选择不相似性测度的类型。其中可选项包括“Interval”、“Counts”和“Binary”。

选择“Interval”（等距间隔数据）选项时，单击该窗口的下拉箭头，在弹出的菜单中选择距离的计算方法，其中包括：

- Euclidean distance Euclidean距离，是两变量之差的平方和的平方根，为默认选项。
- Squared Euclidean distance Euclidean距离平方，两个变量值值之差的平方和。
- Chebychev Chebychev距离，两项之差的最大绝对值。
- Block 区组距离，变量的两个值之间差的绝对值之和。
- Minkowski Minkowski距离，两变量值之差的p次幂绝对值之和的p次方根。
- Customized 自定义距离，两变量值之差的p次幂绝对值之和的r次方根，可设定“Power”（幂次）和“Root”（根次）。

选择“Counts”（计数数据）选项时，即选择了计数变量的选项，单击该窗口的下拉箭头，在弹出的菜单中选择不相似测度的计算方法，其中包括：

- Chi-square measure 卡方测度，该不相似性测度基于两组频数相等的卡方检验，测度的数量级取决于近似计算的两个变量或个案的总频数。
- Phi-square measure Phi方测度。该测度通过把不相似性的卡方测度除以联合频数平方根，使其正规化。

选择“Binary”（二值数据），单击该窗口的下拉箭头，在弹出的菜单中选择二值数据的不相似性测度，其中包括：

- Euclidean distance Euclidean距离，根据四格表计算SQRT(b+c)，此处的b和c是在一项中出现，而在另一项中不出现的对角元素。
- Squared Euclidean distance Euclidean距离平方，计算不一致的个案数。

- Size difference 大小不同的测度，范围在（0，1）的不对称指数。
- Pattern difference 模式差异测度，是一个从0到1的不相似性测度根据四格表，计算bc/(n**2)，其中b和c是在一项中出现，而在另一项中不出现的对角元素，n是个案总数。
- Variance 方差测度。该测度范围为0~1，从四格表计数(b c)/4n，其中b和c是在一项中出现，而在另一项中不出现的对角元素，n是个案总数。
- Shape 形状测度。测度范围从0到1的距离测度。
- Lance and Williams Lance and Williams不相似测度。根据四格表计算(b+c)/(2a+b+c)，其中a是与两项均出现的观测相对应的元素，b和c是在一项中出现，而在另一项中不出现的对角元素。

用户可在该窗口的“Present”栏和“Absent”栏中输入改变某特性出现和不出现的值，系统默认值为0。

“TransformValues”（转换数值）窗口允许用户在进行近似计算之前，对个案或变量进行标准化，但对于二值变量不能进行标准化。方法是在“Standardized”（标准化）栏中单击下拉箭头，在弹出的下拉菜单中进行选择标准化方法，其中包括：

- None 不进行标准化，该项为默认选项。
- Z-Score Z得分值。标准化为Z得分值，其均值为0，标准差为1。
- Range 0 to 1 标准化为范围为0到1之间的值。对被标准化的个案或变量的每一个值减去最小值然后，除以范围（最大值与最小值的差）。
- Range −1 to +1 标准化为范围为−1到+1的值。该标准化的方法是把个案或变量的值除以范围。
- Maximum magnitude of 1 标准化最大值为1，即对变量或个案的每一个值都除以最大值；若该组最大值为0，则用最小值的绝对值加1作除数。
- Mean of 1 标准化为均值为1的值。方法对个案或变量的每一个值除以均值；如果均值为0，将所有数值加1。
- Standard deviation of 1 标准化为标准差为1的值。该方法对要被标准化的个案或变量的每一个值用标准差除；如果标准差为0，其值保持不变。

除“None”选择项外，选择其他任意一种标准化方法，均应该指定标准化对象。共有两个选择项：

- By variable 对变量进行标准化。
- By cases 对观测量进行标准化。

“Tansform Measures”（转换测度）窗口允许对距离测度的结果进行转换。在距离测度计算完成后才进行对测度的转换。给出共有3种转换方法，可以选择多项，包括：

- Absolute Value 绝对值。对距离取绝对值，如果仅对相关的数值感兴趣时，可以使用这种转换。
- Change sign 改变符号。把相似性测度值转换成不相似性测度值或相反。
- Rescale to 0−1 range 先减去最小值，然后除以范围，使距离标准化；对具有一定含义的标准化的测度一般不再使用此方法进行转换。

13.5.5 实例：体检数据的变量距离分析

测得30名13岁男童的身高（cm）、体重（kg）、肺活量（ml）的数据，如表13.6所示。对身高、体重和肺活量进行变量距离分析（数据文件：pcorrelation.sav）。

操作步骤分析如下：

步骤1 打开数据文件pcorrelation.sav。

步骤2 单击菜单“Analyze”→“Correlate”→“Distance”命令，打开“Distances”（距离分析）主对话框。选择变量“身高”、“体重”、“肺活量”，移动到“Variables”（变量）区域；在“Compute Distances”（计算距离）区域选择“Between variables”。

步骤3 在“Measure”（测度）区域选择“Similarity Measure”后，单击“Measures”按钮，在子对话框中选择“Interval”选项，并在下拉菜单中选择“Pearson correlation”选项；单击“Continue”按钮，返回主对话框。

步骤4 单击“OK”按钮，执行距离分析操作。

步骤5 “Paste”得到的syntax命令语句：

```
/* 变量距离分析的命令语句。
PROXIMITIES
  身高 体重 肺活量
  /VIEW=VARIABLE
  /MEASURE= CORRELATION
  /STANDARDIZE= NONE .
```

13.5.6 变量距离分析的结果

表13.10是距离分析的个案处理摘要。表中给出距离分析的有效个案数、缺失值信息以及有效个案的百分比数。

表13.10 距离分析的个案处理摘要

Case Processing Summary

Cases

Valid		Missing		Total	
N	Percent	N	Percent	N	Percent
30	100.0%	0	0.0%	30	100.0%

表13.11为距离分析的相似性矩阵，也就是Pearson相关系数矩阵。表中可以看出，三个变量之间，身高和体重的Pearson相关系数最大，为0.735，体现出两者之间具有更紧密的关系；比较而言，身高和肺活量之间的Pearson相关系数最小，两者之间的相似性测度也最小，体现出两者之间关系更远一些；这些结论和我们在生活中的观察是一致的。

表13.11　距离分析的相似性矩阵

Proximity Matrix

	Correlation between Vectors of Values		
	身高	体重	肺活量
身　高	1.000	.735	.581
体　重	.735	1.000	.611
肺活量	.581	.611	1.000

This is a similarity matrix

13.5.7　实例：对飞机叶片的个案距离分析

1. 实例数据

利用3种不同的仪器对飞机的10只叶片的半径分别进行了测量，表13.12给出相应测试结果。现对10只叶片进行距离分析。（数据文件：distances.sav）

表13.12　10只叶片的3次测量数据

第1次测量	38.32	38.16	38.19	37.94	38.22	37.73	37.57	37.63	38.07	38.47
第2次测量	38.44	38.07	37.98	38.16	37.88	37.94	37.88	37.82	38.25	38.13
第3次测量	37.76	38.28	37.85	37.82	38.32	37.54	37.51	37.88	37.98	38.63

2. 操作步骤

步骤1　打开数据文件distances.sav。

步骤2　单击菜单“Analyze”→“Correlate”→“Distance”命令，打开“Distances”（距离分析）主对话框；选择变量“第一次测量”、“第二次测量”、“第三次测量”，移动到“Variables”（变量）区域；在“Compute Distances”（计算距离）区域选择“Bewteen cases”。

步骤3　其余设置选择默认。单击“OK”按钮，执行距离分析操作。

步骤4　“Paste”得到的syntax命令语句：

```
/* 个案距离分析的命令语句。
PROXIMITIES
  第 1 次测量 第 2 次测量 第 3 次测量
  /VIEW=CASE
  /MEASURE= EUCLID
  /STANDARDIZE= NONE .
```

13.5.8　个案距离分析的结果

表13.13是距离分析的个案处理摘要。表中给出距离分析的有效个案数、缺失值信息以及有效个案的百分比数。

表13.13　距离分析的个案处理摘要

Case Processing Summary

Cases					
Valid		Missing		Total	
N	Percent	N	Percent	N	Percent
10	100.0%	0	0.0%	10	100.0%

表13.14是个案距离分析的不相似矩阵。由于操作中利用默认选项选择距离统计量，所以这里的距离测度为Eulidean距离，是一种不相似距离测度，即数值越大，表示两个案的不相似性越大，两叶片的差距也就越大。表中可以看出，在给定的10只叶片中，第7只叶片和第10只叶片的距离最大，为1.454；而第6只叶片和第7只叶片的距离最小，只有0.170，表示这两只叶片半径的测量数据最为接近。

表13.14　距离分析的相似性矩阵

Proximity Matrix

	Euclidean Distance									
	1	2	3	4	5	6	7	8	9	10
1	.000	.663	.490	.469	.795	.800	.962	.930	.378	.935
2	.663	.000	.445	.522	.198	.870	.991	.708	.373	.465
3	.490	.445	.000	.312	.475	.560	.714	.580	.330	.838
4	.469	.522	.312	.000	.634	.415	.559	.465	.219	.963
5	.795	.198	.475	.634	.000	.922	1.036	.734	.528	.468
6	.800	.870	.560	.415	.922	.000	.170	.375	.633	1.329
7	.962	.991	.714	.559	1.036	.170	.000	.382	.775	1.454
8	.930	.708	.580	.465	.734	.375	.382	.000	.621	1.162
9	.378	.373	.330	.219	.528	.633	.775	.621	.000	.776
10	.935	.465	.838	.963	.468	1.329	1.454	1.162	.776	.000

This is a dissimilarity matrix

13.6　小结

本章给出相关分析的基本原理介绍和SPSS操作方法。相关分析是研究变量间关系紧密程度的统计方法，内容包括双变量相关分析、偏相关分析和距离分析。相关分析是高级统计分析的重要内容；同时，也是其他统计分析方法的基础。例如，因子分析和聚类分析中都需要考虑变量间的距离因素，本章的距离分析给出了统计分析中定义的主要距离测度的定义和SPSS操作。

通过本章的学习，应了解相关分析的基本原理，熟悉SPSS相关分析模块的基本操作和结果解释。

第14章是回归分析，和本章的关系较为密切，两章结合在一起学习效果更好。

第14章

回归分析

本章包括

- 线性回归分析
- 曲线参数估计

回归分析（Regression）是一种应用极为广泛的统计分析方法，已成功应用于金融、经济、医学等领域。它用于分析事物之间的统计关系，侧重考察变量之间的数量变化规律，并通过回归方程的形式描述和反映这种关系。

回归分析的方法有多种，本章重点讨论回归分析的基本思想和多种回归分析方法的SPSS实现过程。在SPSS中，Regression模块提供了回归分析的多种重要方法，其中包括以下过程：

- Automatic Linear Modeling 自动线性建模
- Linear Regression 线性回归
- Curve Estimation 曲线估计
- Partial Least Squares 偏最小二乘回归分析
- Binary Logistic Regression 二分类逻辑回归
- Multinomial Logistic Regression 多项逻辑回归
- Ordinal Regresssion 有序回归分析
- Probit 概率单位法
- Nonlinear Regression 非线性回归
- Weight Estimation 权重估计法
- 2-Stage Least Squares 二阶段最小二乘回归分析
- Optimal Scaling (CATREG) 最优尺度回归分析

调用SPSS回归分析过程，可通过选择菜单“Regression”中相应过程，如图14.1所示。

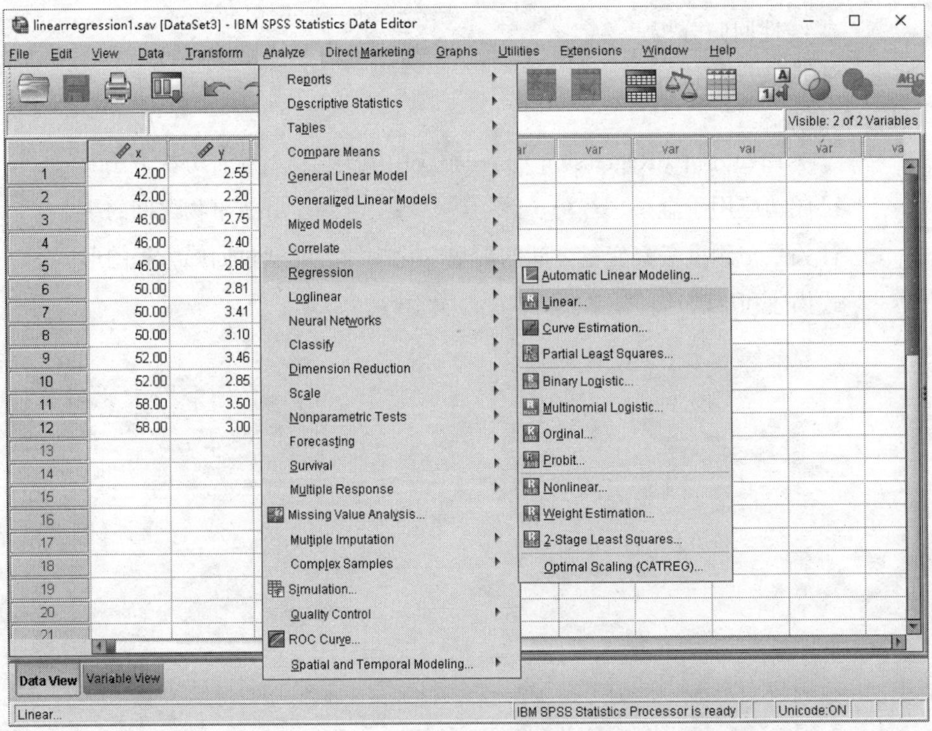

图14.1 Regression模块的过程菜单

14.1　线性回归分析

14.1.1　线性回归分析的方法概述

线性回归分析（Linear Regression）是研究一个因变量和一个或多个自变量之间是否存在某种线性关系的统计学方法。如果参与回归分析的自变量只有一个，就是线性回归分析，也称为直线回归分析，得到的结果称为直线回归方程。如果参与回归分析的变量有多个，则是多元线性回归。

本节以一元线性回归分析为例，讨论线性回归的基本思想和回归模型的分析过程。对于多元线性回归分析，基本思想和方法与一元线性回归分析类似。

14.1.2　线性回归分析的数学模型

线性回归分析是基于最小二乘法（Least Square Method）原理的统计分析方法，是在统计假设下的最优线性无偏估计。

以一元线性回归分析为例，说明数学模型的建立过程。

假设已收集到n对数据$(x_i, y_i)(i = 1, 2, \cdots, n)$，这里的$x_i$可以认为是来自于随机变量$x$的一组样本值，$y_i$认为是来自于随机变量y的另一组样本值；当讨论$y$和$x$之间是否存在统计意义下的相互关系时，$x$和$y$又称为解释变量和被解释变量。

通过观察数据对$(x_i, y_i)(i = 1, 2, \cdots, n)$的散点图，如果发现$y$和$x_i$之间呈现出显著的线性关系，则应考虑建立$y$和$x_i$的线性回归模型。如图14.2所示的散点图就是一个呈现出显著线性关系的示例。

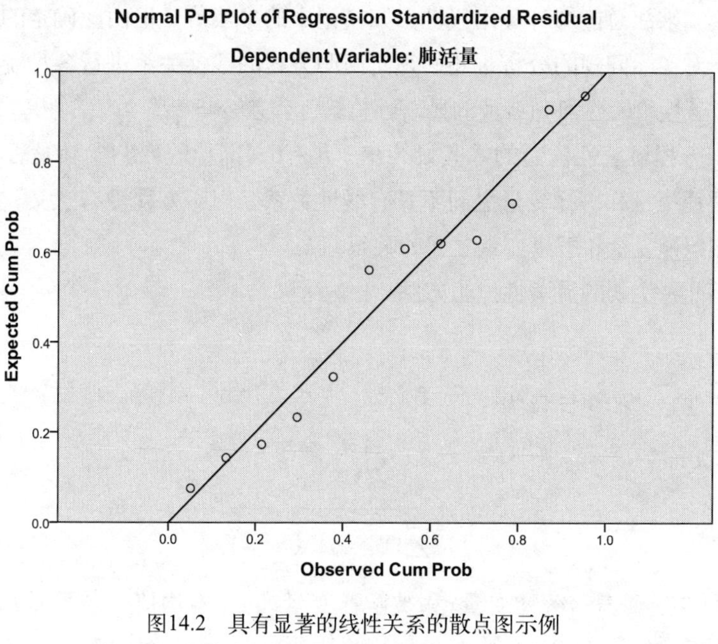

图14.2　具有显著的线性关系的散点图示例

一元线性回归的数学模型为：

$$y = a + bx + \varepsilon$$

上式中，被解释变量y的变化可由两个部分解释。

- 解释变量x的变化引起的y的线性变化部分，即$y = a + bx$。
- 其他随机因素引起的y的变化部分，即ε。

a和 b都模型的未知参数，分别称为回归常数和回归系数，ε是回归模型的随机误差，满足条件：

$$\begin{cases} E(\varepsilon) = 0 \\ \mathrm{var}(\varepsilon) = \sigma^2 \end{cases}$$

上式表明，随机误差的数学期望为0，随机误差的方差是一个特定的常数。如果对回归模型求期望，则得：

$$E(y) = a + bx$$

进行线性回归分析，前提是根据给定的数据对估计线性方程的未知参数a和 b，利用最小二乘法可以得到参数的无偏估计，由于参数的估计值是根据样本值得到的，所以由此得到的数值只是真值a和 b的估计值，记为$\hat{a}$和$\hat{b}$。根据参数的估计值可以定义一元线性经验回归方程：

$$\hat{y} = \hat{a} + \hat{b}x$$

一元经验回归方程在二维平面上表示为一条直线，即回归直线。它表示当解释变量x变化时引起的被解释变量y的变化的估计值。

14.1.3 线性回归方程的显著性检验

利用最小二乘法总能够计算出线性回归模型中的参数值，但由此确定的线性回归方程不能立即用于对实际问题的分析，还必须对回归方程的线性关系进行各种统计检验，包括回归方程的显著性检验、回归系数的显著性检验、残差分析等。

线性回归方程显著性检验的零假设为$H_0 : b = 0$。即检验回归参数是否为零；如果为零，说明被解释变量和解释变量之间不具有线性关系，回归方程没有意义，线性回归方程不能够解释被解释变量和解释变量之间的关系。

下面给出几种主要的显著性检验方法。

1. F检验法

该检验方法定义的统计量为：

$$F = \frac{\sum_{i=1}^{n}(\hat{y}_i - \overline{y})^2}{\sum_{i=1}^{n}(y_i - \hat{y}_i)^2\ (n-2)}$$

上式中，$\overline{x}$和$\overline{y}$分别表示解释变量x和被解释变量y的样本均值，统计量F服从自由度为（1, $n-2$）的F分布。SPSS操作中将根据检验统计量自动计算统计量的观测值和对应的概率p值。

2. T检验法

T检验法的检验统计量定义为：

$$T=\left(\sum_{i=1}^{n}(x_i-\bar{x})^2\right)^{\frac{1}{2}}\frac{\hat{b}}{\hat{\sigma}}$$

上式中的$\hat{\sigma}^2$是σ^2的无偏估计量，计算公式为$\hat{\sigma}^2=\frac{1}{n-2}\sum_{i=1}^{n}(y_i-\hat{y}_i)^2$。统计量$T$服从自由度为$n-2$的$t$分布。SPSS操作中将根据检验统计量自动计算统计量的观测值和对应的概率p值。

3. 相关系数检验法

相关系数检验法的定义统计量为：

$$R=\frac{\sum_{i=1}^{n}(x_i-\bar{x})(y_i-\bar{y})}{\left(\sum_{i=1}^{n}(x_i-\bar{x}_i)^2\sum_{i=1}^{n}(y_i-\bar{y}_i)^2\right)^{\frac{1}{2}}}$$

该式的统计量R称为相关系数。SPSS操作中将根据检验统计量自动计算统计量的观测值和对应的概率p值。

14.1.4 线性回归方程的残差分析

残差是指由回归方程计算所得的预测值与实际样本值之间的差距，即

$$e_i=y_i-\hat{y}_i=y_i-(\hat{a}+\hat{b}x_i)$$

如果回归方程能够较好地反映被解释变量的特征和变化规律，则残差中应不包含明显的规律性和趋势性。基于这一点，残差分析的内容包括：分析残差是否服从均值为0的正态分布、分析残差是否为等方差的正态分布、分析残差序列是否独立等。数值方法和图形直观分析方法都是分析过程中有效的分析工具。

1. 残差的独立性分析

检验残差序列是否独立，可以通过构造检验统计量进行检验。这里给出Durbin–Watson检验法，该检验法定义的检验统计量为

$$\mathrm{DW}=\frac{\sum_{i=2}^{n}(e_i-e_{i-1})^2}{\sum_{i=1}^{n}e_i^2}$$

上式的DW统计量的取值范围在0到4之间。当$|\mathrm{DW}-2|$过大时拒绝零假设，认为两残差之间是相关的。当DW<2时，认为两残差之间为正相关，当DW<2时，认为两残差之间为负相关，只有DW近似为2时，认为两残差之间是相互独立的。

2.残差的方差齐性检验

残差的方差齐性检验可以通过生成和标准化预测值-学生化残差散点图来检验。当图中各点分布没有明显的规律性，即残差的分布不随预测值的变化而增大或减小时，认为残差满足方差齐性。

除此以外，还可以通过保存残差，对保存变量用方差齐性检验方法进行检验。

14.1.5 线性回归分析的SPSS操作

SPSS中一元线性回归分析和多元线性回归分析的功能菜单是集成在一起的。下面给出SPSS操作步骤和对话框介绍。

1. 基本操作

(1) 打开主对话框

单击菜单“Analyze”→“Regression”→“Linear”命令，打开“Linear Regression”（线性回归分析）对话框，如图14.3所示。

(2) 选择被解释变量和解释变量

在变量列表窗口选择数值型变量后，单击上方的右向箭头按钮，将其移动到“Dependent”（因变量）窗口内，作为线性回归分析的被解释变量；然后，选择一个或多个变量，单击对话框中部的右向箭头按钮，将其移动到“Independent(s)”（自变量）窗口，作为回归分析的解释变量。

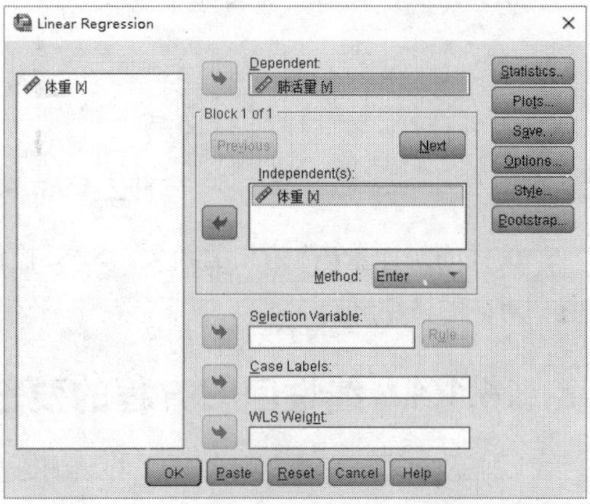

图14.3 “Linear Regression”（线性回归）对话框

说　明

在“Independent(s)”（因变量）窗口输入一个变量时，可得到一元线性回归分析过程；如果在该窗口输入两个以上的变量时，可以得到多元线性回归分析过程。

如果要对不同的自变量采用不同的引入方法，例如对某两个变量用强迫引入法，对其他自变量用向前引入法，这时可利用“Previous”（前）与“Next”（后）按钮把自变量归类到不同的自变量块中（Block），然后对不同的变量子集选用不同的引入方法（Method）。

(3) 选择个案标签

在变量列表窗口选择变量，单击右向箭头按钮，将其移动到“Case Label”（个案标签）窗口，被选变量的标签用于在图形中标注点的值。

(4) 选择加权二乘法变量

在变量列表窗口中选择变量，单击右向箭头按钮，将其移动到“WLS weight”（加权最小二乘）窗口。该选项仅在被选变量为权变量时选择。

(5) 执行操作

选择完毕后，单击“OK”按钮，执行线性回归分析的操作。

2. Method选项

“Method”（方法）窗口中单击下拉箭头，选择建立线性回归方程的方法，包括5个选项：

- Enter 强迫引入法，为默认选择项。全部被选变量一次性进入回归模型，这是最简单的一种估计回归方法。
- Stepwise 强迫剔除法。在每一次引入变量时，概率F最小的值的变量将引入回归方程。如果已引入回归方程的变量的F大于设定值，将被剔除出回归方程。当无变量被引入或剔除时，终止回归过程。
- Remove 剔除变量。将所有不进入方程模型的被选变量一次性剔除。
- Backward 向后消去法。一次性将所有变量引入方程，并依次进行剔除。首先剔除与因变量最小相关且符合剔除标准的变量，然后进行第二个与因变量最小相关并且符合剔除标准的变量，以此类推。当方程的变量均不满足剔除标准时，终止回归过程。
- Forward 向前引入法。被选变量依次进入回归模型，首先引入与因变量最大相关且符合引入标准的变量，引入第一个变量后，然后引入第二个与因变量最大偏相关并且符合引入标准的变量，依此类推。当无变量符合引入标准时，终止回归过程。

说　明

所有进入方程的变量必须通过默认的容许水平值（或容差）。此时无论选择了哪一种回归方法，如果一个变量的进入引起了其他变量的容许水平值的下降，则这个变量也是不会被引入方程式中的。如果自变量为随机变量并且变量之间高度相关，则称自变量间存在共线性，逐步选择变量是解决共线性的方法之一。

3. Rule选项

在主对话框的变量列表窗口中选择变量，单击右向箭头按钮，将其移动到“Selection variable”（选择变量）窗口，该变量用于指定分析个案的选择规则。单击“Rule”按钮，打开“Linear Regression：Set Rule”（线性回归分析：设定规则）对话框，如图14.4所示。

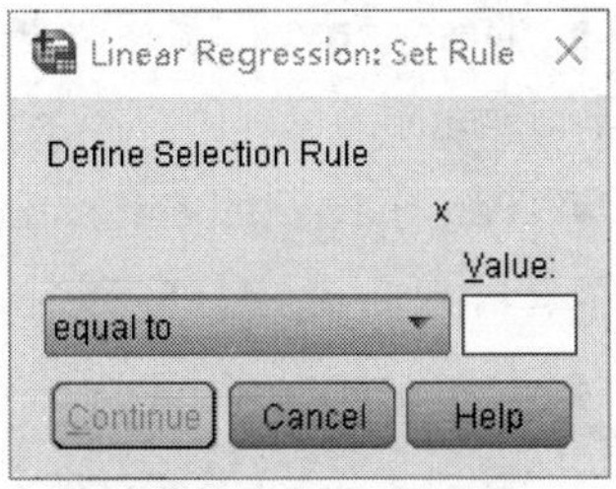

图14.4 “Linear Regression：Set Rule”（线性回归分析：设定规则）对话框

该对话框的“Define Selection Rule”（定义选择规则）窗口中的左侧下拉菜单中给出设定临界值规则的选项，其中包括：

- equal to 等于。
- not equal to 不等于。
- less than 小于。
- less than or equal to 小于或等于。
- greater than 大于。
- greater than or equal to 大于或等于。

在“Value”栏中输入相应变量的设定规则的临界值。选择完毕后，单击“Continue”按钮，返回主对话框。

4. Statistic选项

主对话框中，单击“Statistics”按钮，进入“Linear Regression：Statistic”（线性回归分析：统计量）对话框，如图14.5所示。

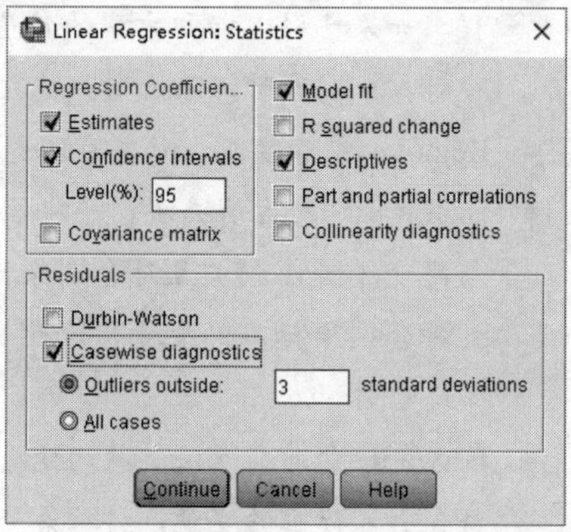

图14.5 “Linear Regression：Statistic”（线性回归分析：统计量）对话框

“Regression Coefficients”（回归系数）窗口的选项控制有关回归系数统计量的显示。包括：

- Estimates 估计值。默认选择项。显示回归系数的估计值β、回归系数的标准误（Std. Error）、标准化回归系数（Beta）、回归系数的β的t估计值和双尾显著性水平（Sig.）。
- Confidence intervals 置信区间。显示回归系数β的95%置信区间。
- Covariance matrix 协方差矩阵。显示回归系数的方差-协方差系数矩阵。
- Model fit 模型拟合。列出进入或从模型中剔除的变量以及拟合优度统计量、复相关系数（R）、判定系数（R^2）、调整R^2（Adjusted R Square）、估计值的标准误以及方差分析表。
- R squared change R^2该变量。增加或删除一个自变量所产生的R^2该变量。R^2改变量越大，表明该变量可能是一个较理想的回归变量。
- Descriptives 描述性统计量。显示变量的均数、标准离差、相关系数矩阵及单尾检验。
- Part and partial correlations 部分及偏相关系数。显示零阶相关（Pearson相关）、偏相关（partial）和部分相关（part）系数。方程中至少有两个自变量。
- Collinearity diagnostic 共线性诊断。显示包括各变量的容差（Tolerance）、方差膨胀因子（VIC Variance Inflation Factor）和共线性的诊断表。

说 明

容差的倒数为方差膨胀因子。

"Residuals"（残差统计量）窗口中的选项用于进行有关残差的设置。其中包括：

- Durbin−Waston 检验统计量。显示残差相关的Durbin−Waston检验和残差与预测值的综述统计。
- Casewise diagnostic 个案诊断。选择该项后，在下面的两个单选框中进行选择，确定进行残差分析的各案范围，选项包括："Outliers outside n standard deviation"，含义为超过n倍标准差以上的个案为奇异值，默认值为3；"All Cases"表示显示所有变量的标准化残差、观测值和预测值、残差。

5. Plots选项

在主对话框中，单击"Plots"按钮，进入"Linear Regression：Plots"（线性回归分析：图形）对话框，如图14.6所示。

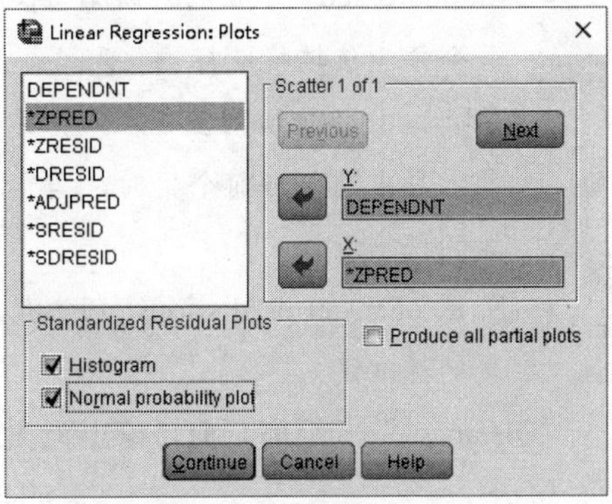

图14.6 "Linear Regression：Plots"（线性回归分析：图形）对话框

"Linear Regression：Plots"对话框可帮助分析资料的正态性、线性和方差齐性，还可帮助检测奇异值或异常值等，是研究回归分析中线性规律的很有用的工具。

对话框左侧的列表窗口中包含选择绘制散点图的坐标轴变量，用户可以从列表框中选择变量作为X（横轴变量）和Y（纵轴变量）；还可以通过单击"Next"按钮来重复操作过程，以获得更多的图形。列表窗口包括：

- DEPENDENT 因变量
- *ZPRED 标准化预测值
- *ZRESID 标准化残差
- *DRESID 删除残差
- *ADJPRED 调整预测值
- *SRESID Student残差
- *SDRESID Student删除残差

"Standardized Residual Plots"（标准化残差图）区域用于选择将要生成的标准化残差图的类型。包括：

- Histogram 标准化残差的直方图，并给出正态曲线。
- Normal probality plot 标准化残差的正态概率图（P−P图），可对标准化残差分布于正态分布进行比较。
- Produce all partial plots 产生所有的偏残差图。生成每个自变量残差与因变量残差的散点图，最少有两个自变量引入方程才能产生偏残差图。

6. Save选项

单击"Save"按钮，进入"Linear Regression：Save"（线性回归分析：保存）对话

框，如图14.7所示。

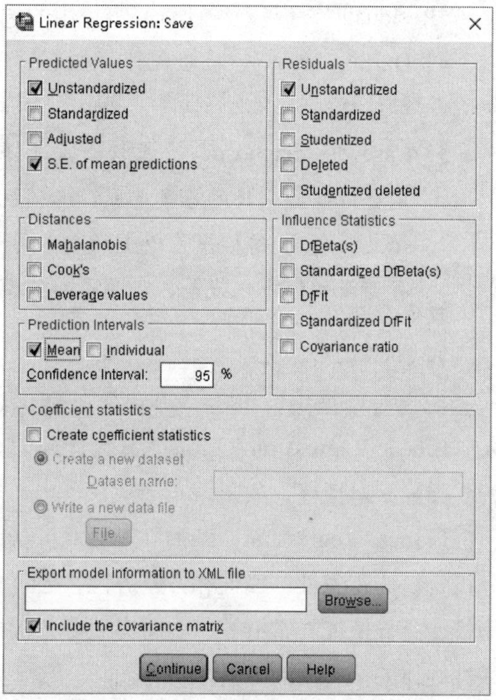

图14.7 “Linear Regression：Save”（线性回归分析：保存）对话框

利用该对话框，可以选择保存运行过程中生成的部分或全部统计量。对话框中各选项的含义如下。

“Predicted Values”（预测值）窗口提供了预测值选项，包括：

- Unstandardized 非标准化的预测值。模型中因变量的预测值。
- Standardized 标准化的预测值。将每个预测值转换成标准化形式。
- Adjusted 调整预测值。在回归系数的计算中剔除当前个案时，当前个案的预测值。
- S. E. of mean predictions 预测值均数的标准误差。

“Distances”（距离）窗口给出距离选项，包括：

- Mahalanobis Mahalanobis距离，是自变量个案值与所有个案平均值的距离。Mahalanobis距离大时，表示该个案的一个或多个自变量有奇异值。
- Cook’s Cook距离。当一个个案参与计算回归线系数时，所有个案残差变化的大小，Cook距离大时，表示该个案直接影响回归系数。
- Leverage values 杠杆值。测量回归拟合点的影响，中心杠杆值的范围是0到(n–1)/n之间。

“Prediction Intervals”（预测区间）窗口设置包括均值和个体预测值区间的上下限，其中选项：

- Mean 平均预测区间。表示平均预测区间与个体预测区间的上下限。
- Individual 个体预测区间。对于单个自变量，因变量平均预测区间的上下限（两个变量）。

选择了“Mean”或“Individual”以后，“Confidence Interval”（置信区间）窗口变为可用，在该窗口内输入1~99.9之间的任意数值用于指定上述两个预测区间的置信度。

“Residuals”（残差）窗口设置残差的保存选项，其中包括：

- Unstandardized 非标准化残差。
- Standardized 标准化残差。
- Studentized Student残差。
- Deleted 删除残差。

- Studentized deleted　Student删除残差。

“Influence Statistics”（影响统计量）窗口中的选项反映剔除了某个案的数据以后，回归系数的变化情况。选项包括：

- DfBeta(s)　DfBeta值。为删除一个个案后回归系数改变的大小。该值在模型中的每一项均进行计算。
- Standardized DfBeta　标准化DfBeta值，为删除一个个案后回归系数改变的大小。当它大于2/SQRT(N)时，该点可能为强影响点。该值在模型中的每一项均进行计算。
- DfFit　DfFit值，即拟合值之差，为删除一个个案后预测值改变的大小。
- Standardized DfFit　标准化的DfFit值，拟合值的标准化差值，为删除一个个案后预测值改变的大小，当它大于2/SQRT(p/N)时，该点可能为强影响点。
- Covariance ratio　协方差矩阵的比率，为一个个案不参加回归系数计算时的协方差矩阵与所有个案均参与回归系数计算协方差矩阵的比值。改值若接近于1，表明该个案对协方差矩阵的影响不大。

7. Options选项

在主对话框中，单击“Options”按钮，进入“Linear Regression：Options”（线性回归分析：选项）对话框，如图14.8所示。

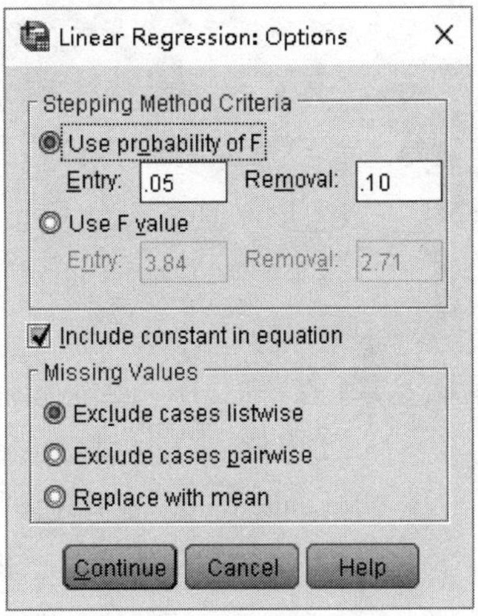

图 14.8　“Linear Regression：Options”（线性回归分析：选项）对话框

该对话框中“Stepping Method Criteria”（逐步回归方法准则）窗口给出利用逐步回归方法时进入值和删除值的标准，有如下选项：

- Use probability of F　使用F显著水平值。当候选变量中最大F值的概率p值小于或等于引入值时，引入相应的变量；已进入方程的变量中，最小F值的概率p值大于或等于剔除值（默认0.10）时，剔除相应的变量。所设定的引入值必须小于剔除值，用户可设定其他标准，如引入0.10剔除0.11，放宽变量进入方程的标准。
- Use F value　使用F值。含义同上。

Include constant in equation　线性回归方程中含有常数项。在默认状态下，回归模型包含常数项。若不选此项，则回归模型经过原点。回归方程是否包含常数项，某些回归结果的解释将不一样。

“Missing Value”（缺失值）区域给出处理缺失值的方式，选项有：

- Exclude cases listwise　删除含有缺失值的全部个案。
- Exclude cases pairwise　成对删除含有缺失值的个案。
- Replace with mean　用平均数代替缺失值。

14.1.6 一元回归实例：体检数据中的体重和肺活量的分析

1. 实例数据

某单位对12名女工进行体检，体检项目包括体重（Kg）和肺活量（L）数据，数据如下：

x（体重：kg） 42.00 42.00 46.00 46.00 46.00 50.00 50.00 50.00

y（肺活量：L） 2.55 2.20 2.75 2.40 2.80 2.81 3.41 3.10

利用x表示体重变量，y表示肺活量，建立数据文件。利用一元线性回归分析描述其关系。（数据文件：linearregression1.sav）

2. 操作步骤

上述问题的SPSS操作步骤如下：

步骤1 打开数据文件linearregression1.sav。

步骤2 单击菜单“Analyze”→“Regression”→“Linear”命令，打开“Linear Regression”对话框。在“Dependent”（因变量）窗口选择变量“肺活量”，作为线性回归分析的被解释变量；“Independent(s)”（自变量）窗口选择变量“体重”，作为解释变量。

步骤3 单击“Statistics”按钮，打开“Linear Regression：Statistic”对话框，依次选择“Estimates”、“Confidence intervals”、“Model fit”、“Descriptives”、“Casewise diagnostic”和“All Cases”选项。选择完毕后，单击“Continue”按钮，返回到主对话框。

步骤4 单击“Plots”按钮，打开“Linear Regression：Plots”对话框，选择“DEPENDENT”作为y轴变量，“*ZPRED”作为x轴变量；并在“Standardized Residual Plots”窗口选择“Histogram”和“Normal probality plot”选项。选择完毕后，单击“Continue”按钮，返回到主对话框。

步骤5 单击“Save”按钮，打开“Linear Regression：Save”对话框，在“Predicted Values”窗口选择“Unstandardized”和“S. E. of mean predictions”选项；在“Prediction Intervals”窗口选择“Mean”和“Individual”选项；在“Residuals”窗口选择“Unstandardized”选项。选择完毕后，单击“Continue”按钮，返回到主对话框。

步骤6 单击“Options”按钮，打开“Linear Regression：Options”对话框，在“Stepping Method Criteria”窗口选择“Use probability of F”选项，并选择“Include constant in equation”选项。选择完毕后，单击“Continue”按钮，返回到主对话框。

步骤7 单击“OK”按钮，执行线性回归操作。

步骤8 “Paste”得到的syntax命令语句程序：

```
REGRESSION
  /DESCRIPTIVES MEAN STDDEV CORR SIG N
  /MISSING LISTWISE
  /STATISTICS COEFF OUTS CI R ANOVA
  /CRITERIA=PIN(.05) POUT(.10) CIN(95)
  /NOORIGIN
  /DEPENDENT y
  /METHOD=ENTER x
  /SCATTERPLOT=(y ,*ZPRED )
  /RESIDUALS HIST(ZRESID) NORM(ZRESID)
  /CASEWISE PLOT(ZRESID) ALL
  /SAVE PRED SEPRED MCIN ICIN RESID .
```

3. 结果分析

（1）描述性统计量

表14.1是描述性统计量（Descriptive）的结果显示。表中显示变量y和x的均数（Mean）、标准差（Std.Deviation）和例数（N）。

表14.1　回归分析的描述性统计量

Descriptive Statistics

	Mean	Std. Deviation	N
肺活量	2.9025	.41442	12
体　重	49.3333	5.28004	12

（2）相关系数

表14.2是相关系数的结果。表中可以看出，Pearson相关系数为0.749，单尾显著性检验的概率p值为0.003，小于0.05，体重和肺活量之间具有较强的相关性。

表14.2　相关分析

Correlations

		肺活量	体　重
Pearson Correlation	肺活量	1.000	.749
	体　重	.749	1.000
Sig. (1–tailed)	肺活量	.	.003
	体　重	.003	.
N	肺活量	12	12
	体　重	12	12

（3）引入或剔除变量表

表14.3显示回归分析的方法以及变量被剔除或引入的信息。表中显示，回归方法是用强迫引入法引入变量x。对于一元线性回归问题，由于只有一个自变量，所以此表意义不大。

表14.3　引入/剔除变量表

Variables Entered/Removed[a]

Model	Variables Entered	Variables Removed	Method
1	体重[b]		Enter

a. Dependent Variable：肺活量.

b. All requested variables entered.

(4) 模型摘要

表14.4是模型摘要。表中显示两变量的相关系数（R）为0.749，判定系数（R Square）为0.562，调整判定系数（Adjusted R Square）为0.518，估计值的标准误（Std Error of the Estimate）为0.2878。

表14.4　模型摘要

Model Summary[b]

Model	R	R Square	Adjusted R Square	Std. Error of the Estimate
1	.749[a]	.562	.518	.28775

a. Predictors：(Constant)，体重.

b. Dependent Variable：肺活量.

(5) 方差分析表

表14.5是回归分析的方差分析表（ANOVA）。表中可以看出，回归的均方（Regression–Mean Square）为1.061，剩余的均方（Residual Mean Square）为0.083，F检验统计量的观察值为12.817，相应的概率p值为0.005，小于0.05，可以认为变量x和y之间存在线性关系。

表14.5　方差分析表

ANOVA[a]

Model		Sum of Squares	df	Mean Square	F	Sig.
1	Regression	1.061	1	1.061	12.817	.005[b]
	Residual	.828	10	0.083		
	Total	1.889	11			

a. Dependent Variable：肺活量.

b. Predictors：(Constant)，体重.

(6) 回归系数

表14.6给出线性回归方程中的参数（Coefficients）和常数项（Constant）的估计值，其中常数项系数为0.000413，回归系数（B）为0.058826，线性回归参数的标准误差（Std Error）为0.016432，标准化回归系数（Beta）为0.749482，回归系数T检验的t统计量观察值为3.580036，t检验的概率p值为0.005，小于0.05，所以可以认为回归系数有显著意义。

由此，可以得到线性回归方程为y = 0.000413 + 0.058826x

表14.6　线性回归分析的系数

Coefficients[a]

Model		Unstandar-dized B	Coefficients Std. Error	Standardized Coefficients Beta	t	Sig.	95.0% Confidence Lower Bound	Intervval for B Upper Bound
1	(Constant)	.000	0.815		.001	1.000	−1.815	1.816
	体重	.059	0.016	0.749	3.580	.005	.022	.095

a. Dependent Variable：肺活量.

（7）回归诊断

表14.7是对全部观察单位进行回归诊断（Casewise Diagnostics–all cases）的结果显示。表中可以看出，每一例的标准化残差（Std. Residual）、因变量y的观测值和预测值（Predicted value）以及残差（Residual）。例如第7例的标准化残差最大为1.627。

Model Summary[b]

Model	R	R Square	Adjusted R Square	Std. Error of the Estimate
1	.749[a]	.562	.518	.28775

a. Predictors：(Constant)，体重.
b. Dependent Variable：肺活量.

表14.7　回归诊断

Casewise Diagnostics[a]

Case Number	Std. Residual	肺活量	Predicted Value	Residual
1	.274	2.55	2.4711	.07889
2	−.942	2.20	2.4711	−.27111
3	.151	2.75	2.7064	.04359
4	−1.065	2.40	2.7064	−.30641
5	.325	2.80	2.7064	.09359
6	−.458	2.81	2.9417	−.13172
7	1.627	3.41	2.9417	.46828
8	.550	3.10	2.9417	.15828
9	1.392	3.46	3.0594	.40063
10	−.728	2.85	3.0594	−.20937
11	.305	3.50	3.4123	.08767
12	−1.4334	3.00	3.4123	−.41233

a. Dependent Variable：肺活量.

（8）残差统计量

表14.8是残差统计量（Residual Statistics）。表中显示了预测值（Predicted Value）、标准化预测值（Std. Predicted value）、残差（Residual）和标准化残差（Std. Residual）等统计量的最小值（Minimum）、最大值（Maximum）、均数（Mean）和标准差（Std. Deviation）。

表14.8 残差统计量

Casewise Diagnostics[a]

	Minimum	Maximum	Mean	Std. Deviation	N
Predicted Value	2.4711	3.4123	2.9025	.31060	12
Std. Predicted Value	−1.389	1.641	.000	1.000	12
Standard Error of Predicted Value	.084	.165	.113	.032	12
Adjustde Predicted Value	2.4436	3.6138	2.9175	.33055	12
Residual	−.41233	.46828	.00000	.27436	12
Std. Residual	−1.433	1.627	.000	.953	12
Stud. Residual	−1.748	1.701	−.023	1.050	12
Deleted Residual	−.61382	.51166	−.01501	.33567	12
Stud. Deleted Residual	−1.991	1.914	−.023	1.132	12
Mahal. Deleted	.016	2.694	.917	1.065	12
Cook's Deleted	.002	.747	.119	.208	12
Centered Leverage Value	.001	.245	.083	.097	12

a. Dependent Variable：肺活量.

（9）回归标准化残差的直方图

图14.9是回归标准化残差的直方图，正态曲线也被显示在直方图上，用以判断标准化残差是否呈正态分布。但由于本例的样本数太少，所以以此难以作出判断。

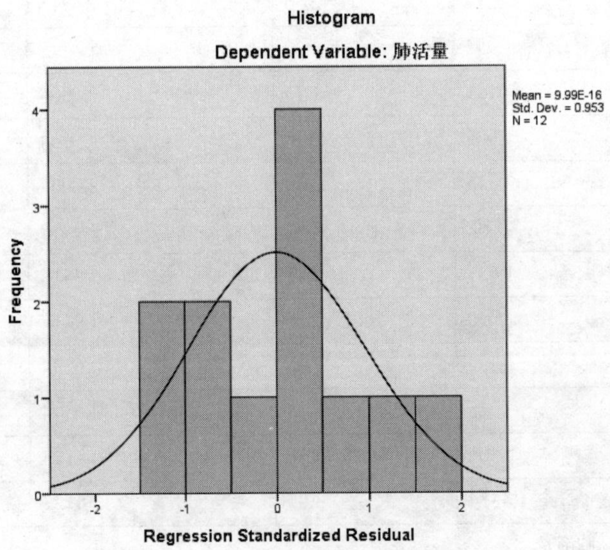

图14.9 回归标准化残差的直方图

（10）回归标准化的正态P-P图

图14.10是回归标准化的正态P-P图。该图给出了观察值的残差分布与假设的正态分布的比较，如果标准化残差呈正态分布，则标准化的残差散点应分布在直线上或靠近直线。

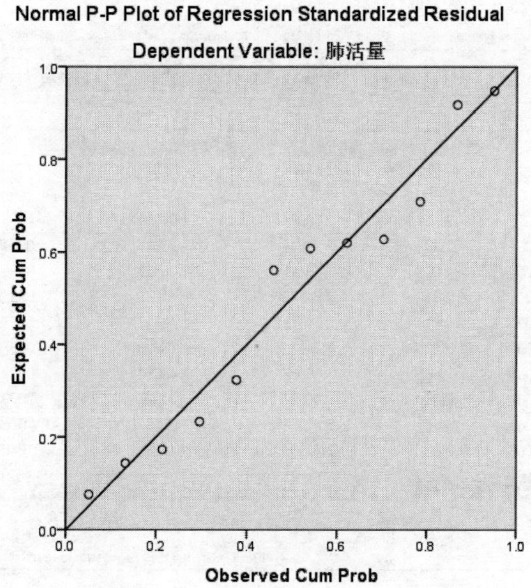

图14.10　回归标准化的正态P–P图

（11）因变量与回归标准化预测值的散点图

图14.11显示的是因变量与回归标准化预测值的散点图，其中DEPENDENT为y轴变量，*ZPRED为x轴变量。由图可见，两变量呈直线趋势。

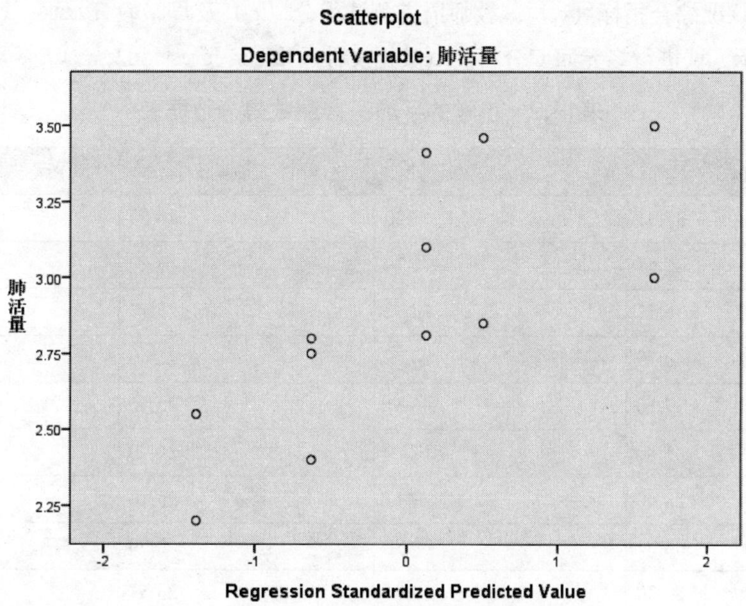

图14.11　因变量与回归标准化预测值的散点图

（12）线性回归分析过程中在数据编辑窗口显示新的变量

图14.12是Save的结果增加新变量到正在使用的数据文件中。可进行线性回归的区间估计。例如当x = 50时预测值均数的标准误为0.08379 95，置信区间（2.75503，3.12840）。

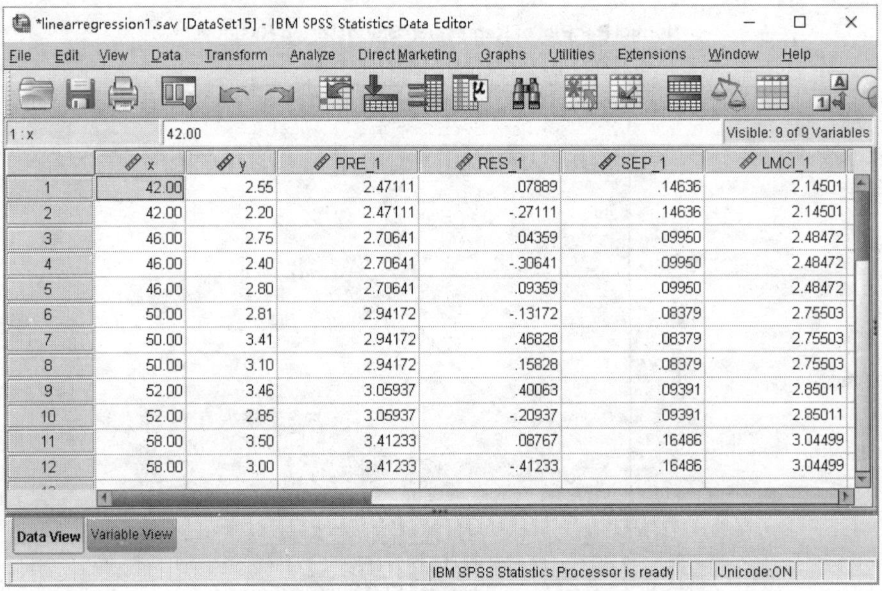

图14.12 添加结果变量的数据编辑窗口

14.1.7 多元回归实例：小学生语言测试得分分析

1. 实例数据

某研究机构为研究儿童的智力状况，调查了16所小学的平均语言测试得分（y）与家庭社会经济状况综合指标（x_1）、教师语言测试得分（x_2）及母亲教育水平（x_3）的数据，如表14.9所示。试进行多元回归分析。（数据文件：linearregression2.sav）

表14.9 小学的平均语言测试得分数据表

平均语言测试得分(y)	家庭综合指数(x_1)	教师语言测验分(x_2)	母亲教育水平(x_3)
37.01	7.20	26.60	6.19
26.51	−11.70	24.40	5.17
36.51	12.32	25.70	7.04
40.70	14.28	25.70	7.10
37.10	6.31	25.40	6.15
41.80	12.70	24.90	6.85
33.40	−.17	25.10	5.78
44.01	9.85	26.60	6.51
23.30	−12.86	23.51	5.62
34.90	4.77	24.51	5.80
33.10	−.96	25.80	6.19
22.70	16.04	25.20	5.62
39.70	10.62	25.10	6.94

续表14.9

平均语言测试得分(y)	家庭综合指数(x_1)	教师语言测验分(x_2)	母亲教育水平(x_3)
31.80	2.60	25.01	6.33
31.70	−10.99	24.80	6.01
43.10	15.03	25.51	7.51

2. 操作步骤

上述问题的SPSS操作步骤如下：

步骤1　打开数据文件linearregression2.sav。

步骤2　选择菜单“Analyze”→“Regression”→“Linear”命令，打开“Linear Regression”对话框。在“Dependent”（因变量）窗口选择变量y，作为线性回归分析的被解释变量；“Independent(s)”（自变量）窗口选择变量x1、x2、x3作为解释变量；“Method”窗口选择“Stepwise”（强迫剔除法）。

步骤3　单击“Statistics”按钮，打开“Linear Regression：Statistic”对话框，在默认选项之外依次选择“Descriptives”和“Casewise diagnostic”选项及“Outliers outside n standard deviation”选项。选择完毕后，单击“Continue”按钮，返回到主对话框。

步骤4　单击“Options”按钮，进入“Linear Regression：Options”（线性回归分析：选项）对话框，在“Stepping Method Criteria”窗口中选择“Use probability of F”选项，并在“Entry”栏中输入0.10，“Remove”栏中输入0.11。选择完毕后，单击“Continue”按钮，返回主对话框。

步骤5　单击“OK”按钮，执行线性回归操作。

步骤6　“Paste”得到的syntax命令语句程序：

```
/* 多元线性回归分析的命令语句 .
REGRESSION
  /DESCRIPTIVES MEAN STDDEV CORR SIG N
  /MISSING LISTWISE
  /STATISTICS COEFF OUTS R ANOVA
  /CRITERIA=PIN(.10) POUT(.11)
  /NOORIGIN
  /DEPENDENT y
  /METHOD=STEPWISE x1 x2 x3
  /CASEWISE PLOT(ZRESID) OUTLIERS(3) .
```

3. 结果分析

(1) 描述性统计量

表14.10是多元回归的描述性统计量表。该表显示各变量的均数（mean）、标准差（Std. Deviation）和例数（N）。

表14.10　描述性统计量

Descriptive Statistics

	Mean	Std. Deviation	N
语言测验分	34.8338	6.55982	16
家庭综合指数	4.6900	9.67199	16
教师语言测验分	25.2400	.78183	16
母亲教育水平	6.3006	.64610	16

（2）相关系数

表14.11是相关系数表。该表显示各变量间的Pearson相关系数和显著性检验单尾概率p值及例数。例如，x3与y的相关系数为0.809，单尾概率p值为0.000，例数为16。

表14.11　相关系数

Correlations

		语言测验公	家庭综合指数	教师语言测验公	母亲教育水平
Pearson Correlation	语言测验分	1.000	.598	.613	.809
	家庭综合指数	.598	1.000	.585	.693
	教师语言测验分	.613	.585	1.000	.465
	母亲教育水平	.809	.693	.465	1.000
Sig. (1-tailed)	语言测验分	.	.007	.006	.000
	家庭综合指数	.007	.	.009	.001
	教师语言测验分	.006	.009	.	.035
	母亲教育水平	.000	.001	.035	.
N	语言测验分	16	16	16	16
	家庭综合指数	16	16	16	16
	教师语言测验分	16	16	16	16
	母亲教育水平	16	16	16	16

（3）引入/剔除变量表

表14.12是回归分析的引入/剔除变量表。该表显示的是变量的引入和剔除，并且显示出引入和剔除的标准。表中可以看出，模型最先引入变量x_3，第二个引入模型的是变量x_2，没有变量被剔除，所以模型2中有变量x_3和x_2。

表14.12　引入/剔除变量表

Variables Entered/Removed[a]

Model	Variables Entered	Variables Removed	Method
1	母亲教育水平	.	Stepwise (Criteria: Probability-of-F-to-enter <= .100, Probability-of-F-to-remove >= .110).
2	教师语言测验分	.	Stepwise (Criteria: Probability-of-F-to-enter <= .100, Probability-of-F-to-remove >= .110).

a. Dependent Variable: 语言测验分

（4）模型摘要

表14.13是模型摘要，该表显示各模型的拟合情况。表中可以看出，模型2的复相关系数（R）为0.852，判定系数（R square）为0.726，调整判定系数（Adjusted R Square）为0.684（若作用不显著的变量引入方程，则该系数减少），估计值的标准误差（Std Error of the Estimate）为3.68534。

表14.13　模型摘要

Model Summary[c]

Model	R	R Square	Adjusted R Square	Std. Error of the Estimate
1	.809[a]	.655	.630	3.98861
2	.852[b]	.726	.684	3.68534

a. Predictors: (Constant), 母亲教育水平
b. Predictors: (Constant), 母亲教育水平, 教师语言测验分
c. Dependent Variable: 语言测验分

（5）方差分析表

表14.14是多元回归的方差分析表（ANOVA），该表显示各模型的方差分析结果。从该表可以看出，模型2的F统计量的观察值为17.262，概率*p*值为0.000，在显著性水平为0.05的情形下，可以认为*y*（语言测试分）与x_3（母亲教育水平）和x_2（教师语言测验分）之间有线性关系。

表14.14　方差分析表

ANOVA[a]

Model		Sum of Squares	df	Mean Square	F	Sig.
1	Regression	422.742	1	422.742	26.572	.000[b]
	Residual	222.727	14	15.909		
	Total	645.468	15			
2	Regression	468.905	2	234.453	17.262	.000[c]
	Residual	176.563	13	13.582		
	Total	645.468	15			

a. Dependent Variable: 语言测验分
b. Predictors: (Constant), 母亲教育水平
c. Predictors: (Constant), 母亲教育水平, 教师语言测验分

（6）回归系数

表14.15是多元线性回归的系数列表，表中显示各模型的偏回归系数（B）、标准误（Std Error）、常数（Constant）、标准化偏回归系数（Beta，消除了单位的影响）、回归系数检验的t统计量观测值和相应的概率p值（Sig.）。根据模型2建立的多元线性回归方程为

$$y = -71.917 + 2.534\,x_2 + 6.792\,x_3$$

方程中的常数项为−71.917，偏回归系数b2为2.534，b3为6.792，经t检验，b3和b2的概

率p值分别为0.001 和0.088，按给定的显著性水平0.10情形下，均有显著性意义。

表14.15　回归系数

Coefficients[a]

Model		Unstandardized Coefficients		Standardized Coefficients	t	Sig.
		B	Std. Error	Beta		
1	(Constant)	−16.936	10.092		−1.678	.116
	母亲教育水平	8.217	1.594	.809	5.155	.000
2	(Constant)	−71.917	31.246		−2.302	.039
	母亲教育水平	6.792	1.663	.669	4.084	.001
	教师语言测验分	2.534	1.374	.302	1.844	.088

a. Dependent Variable: 语言测验分

（7）模型外的变量

表14.16显示的是回归方程外的各模型变量的有关统计量，即Beta t值和概率p值、偏相关系数（Partial Correlation）和共线性统计的容许值（Collinearity Statistics Tolerance），可见模型2方程外的各变量偏回归系数经重检验，概率p值均大于0.10，故不能引入方程。

表14.16　模型外的变量

Excluded Variables[a]

Model		Beta In	t	Sig.	Partial Correlation	Collinearity Statistics
						Tolerance
1	家庭综合指数	.072[b]	.319	.755	.088	.520
	教师语言测验分	.302[b]	1.844	.088	.455	.784
2	家庭综合指数	−.098[c]	−.428	.676	−.123	.432

a. Dependent Variable: 语言测验分

b. Predictors in the Model: (Constant), 母亲教育水平

c. Predictors in the Model: (Constant), 母亲教育水平, 教师语言测验分

（8）残差统计量

表14.17是回归模型的残差统计量，标准化残差(Std. Residual)的绝对值最大为2.011，没有超过默认值3；如超过3，则显示具体观察单位（Case number）的标准化残差，以帮助发现奇异值。

表14.17　残差统计量

Residuals Statistics[a]

	Minimum	Maximum	Mean	Std. Deviation	N
Predicted Value	25.0260	43.7321	34.8338	5.59110	16
Residual	−7.40954	5.31629	.00000	3.43087	16
Std. Predicted Value	−1.754	1.592	.000	1.000	16
Std. Residual	−2.011	1.443	.000	.931	16

a. Dependent Variable: 语言测验分

14.2 曲线参数估计

14.2.1 曲线参数估计的基本原理

两变量之间的关系并不总是以线性的形式表现出来，更多的时候呈现出非线性关系，利用图形可表示为曲线。例如人口的增长与当前人口数的关系、婴儿的体重和年龄的关系等。

对于非线性关系无法直接通过建立线性回归模型解决。虽然如此，但仍存在一些非线性关系可以通过变量变换化成线性关系，并最终形成变换以后的线性模型。本节讨论的曲线参数估计法指的就是该种情形。

例如，一个一元非线性回归方程$y = b_0 + b_1x + b_2x^2$，经变量变换$x_1 = x^2$，可形成二元线性回归方程$y = b_0 + b_1x + b_2x_1$，类似情况还有很多。在回归分析过程中，仍利用最小二乘法计算线性化以后线性回归方程；同时，得到回归方程的系数和相应的显著性分析结果。SPSS的曲线参数估计过程提供了11种可化为线性回归方程的模型。

14.2.2 曲线参数估计的基本步骤

由于SPSS的曲线参数估计过程中提供了11种可选择的回归方程模型，所以在分析之前，可以利用散点图等图形工具对数据点的趋势进行观察，然后决定利用何种形式的回归函数进行拟合。

1. 基本操作

（1）打开主对话框

单击菜单“Analyze”→“Regression”→“Linear”命令，打开“Curve Estimation”（曲线参数估计）主对话框，如图14.13所示。

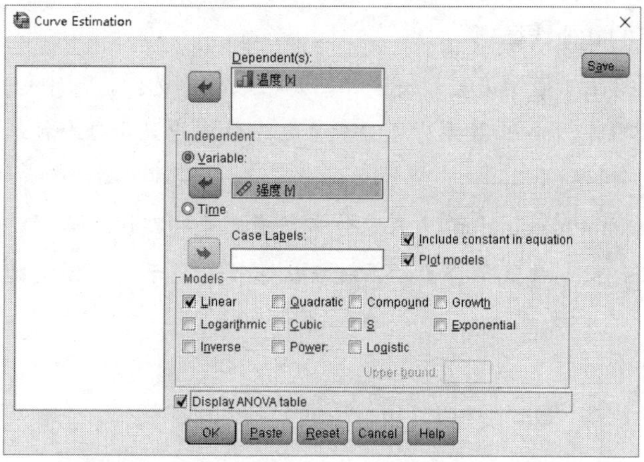

图14.13 “Curve Estimation”（曲线估计）对话框

（2）选择被解释变量和解释变量

在左侧的变量列表窗口中选择数值型变量后，单击上方的右向箭头按钮，将其移动到

“Dependent”（因变量）窗口内，作为曲线估计的被解释变量；然后，在变量列表窗口选择变量后，单击中部的右向箭头按钮，将其移动到“Independent(s)”（自变量）窗口，作为回归分析的解释变量。注意到，自变量窗口给出两个选项，用于确定自变量的类型：

- Variable 普通变量，系统默认。
- Time 时间序列变量。

还可选择图形显示的变量标签，方法为选择变量移动到“Case Labels”（个案标签）窗口，该变量的标签则作为散点图中点的标记。

(3) 选择曲线估计模型

在“Models”窗口选择曲线模型的拟合函数，注意，可选择多个拟合函数。SPSS有11种曲线类型：

- Linear 线性模型。曲线方程为$y = b_0 + b_1 t$，其中t是自变量或者时间变量。为系统默认项。
- Logarithmic 对数曲线模型。方程为$y = b_0 + b_1 \ln t$。
- Inverse 倒数曲线模型。方程为$y = b_0 + b_1/t$。
- Quadratic 二次曲线模型。方程为$y = b_0 + b_1 t + b_2 t^2$。
- Cubic 三次曲线模型。方程为$y = b_0 + b_1 t + b_2 t^2 + b_3 t^3$。
- Power 幂函数模型。方程为$y = b_0 t^{b_1}$。
- Compound 复合曲线模型。方程为$y = b_0 (b_1)^t$。
- S S形曲线模型。方程为$y = e^{b_0 + b_1/t}$。
- Logistic Logistic曲线模型。方程为$y = 1/(1/u + b_0 (b_1)^t)$，其中u为上限值，须为正数且大于最大的因变量数值，可在“Upper bound”（上限）栏中指定该值。
- Growth 增长曲线模型。方程为$y = e^{b_0 + b_1 t}$。
- Exponential 指数曲线模型。方程为$y = b_0 e^{b_1 t}$。

(4) 主对话框的其他选择项

该对话框中还给出了显示方差分析表和回归常数项的选择，其中包括：

- Display ANOVA Table 显示方差分析表。在结果中显示每个被选模型的综合方差分析表。
- Include constant in equation 方程包含常数项，系统默认选项。
- Plot models 绘制曲线拟合图，系统默认选项。显示所选模型的连续曲线与观测值的线图。

(5) 执行操作

选择完毕后，单击“OK”按钮，执行线性回归分析的操作。

2. Save选项

单击“Save”按钮，进入“Curve Estimation：Save”（曲线估计：保存）对话框，如图14.14所示。

“Save variables”（保存变量）窗口给出保存每个被选模型的预测值、残差值、预测区间上下限。在结果中可显示新变量名称和标签对照表。

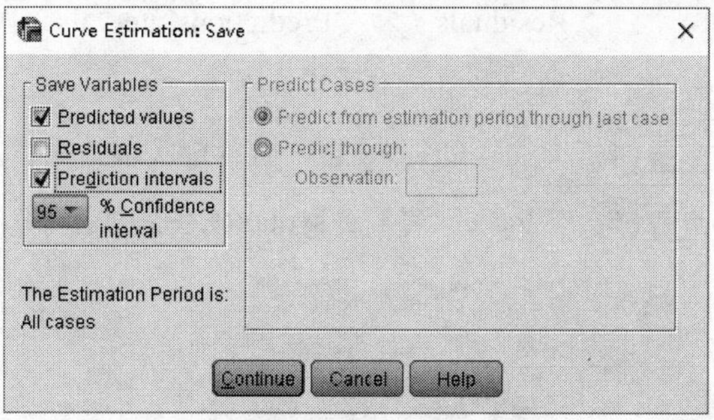

图14.14 “Curve Estimation：Save”（曲线估计：保存）对话框

- Predicted values 预测值。即拟合值。
- Residuals 残差。
- Prediction intervals 预测区间（上、下限），可在“Confidence interval”（置信区间）栏中选择相应置信度，默认为95%。

“Predict Cases”（预测个案）窗口用于设定值变量为时间序列时的预测值，可以设定超出时间序列范围的预测周期。

- Predict from estimation period through last case 通过最后一个个案预测估计周期。
- Predict through 预测条件。根据估计周期通过指定的日期、时间或观察值序号产生预测值。

设置完毕后，单击“Continue”按钮，返回主对话框。

(6) 单击“OK”按钮，执行曲线估计操作。

14.2.3　曲线估计实例：金属强度测试的回归分析

1. 实例数据

在不同温度下，对金属的强度进行了8次测试，数据如下：

温度（x）　50　100　150　200　250　300　400　500

强度（y）0.977　0.566　0.284　0.172　0.128　0.072　0.029　0.014

利用曲线参数估计法分析x和y的关系。（数据文件：curve_estimation.sav）

2. 操作步骤

步骤 1　作出数据的散点图。选择菜单“Graphs”→“Legacy”→“Scatter/Dot”命令，打开“Scatter/Dot”对话框，选择“Simple”图例后单击“Define”按钮，打开“Simple Scatterplot”（简单散点图）对话框，将变量y移动到“Y Axis”窗口，变量x移动到“X Axis”窗口，单击“OK”按钮，得到散点图，如图14.14所示。

步骤 2　选择菜单“Analyze”→“Regression”→“Curve Estimation”命令，打开“Curve Estimation”对话框，“Dependent”（因变量）窗口选择变量x；“Independent(s)”（自变量）窗口选择变量y；“Models”窗口选择“Exponetial”和“Cubic”选项；选中“Display ANOVA Table”（显示方差分析表）选项。

步骤 3　单击“Save”，打开“Curve Estimation：Save”对话框，选择“Predicted values

Residuals”和“Prediction Intervals”选项，其余选择默认。单击“Continue”按钮，返回主对话框。

步骤4 单击“OK”按钮，执行曲线估计操作。

步骤5 “Paste”得到的syntax命令语句程序：

```
/* 散点图命令语句 .
GRAPH
  /SCATTERPLOT(BIVAR)=x WITH y
  /MISSING=LISTWISE .

/* 曲线估计操作的命令语句 .
TSET MXNEWVAR=12 .
CURVEFIT /VARIABLES=x  WITH y
  /CONSTANT
  /MODEL=LINEAR CUBIC EXPONENTIAL
  /PRINT ANOVA
  /PLOT FIT
  /CIN=95
  /SAVE=PRED RESID CIN.
```

3. 结果分析

(1) 温度与强度的散点图

图14.15显示的是温度与强度的散点图。观察散点图发现变量之间呈现非线性关系，接近指数函数的图形。如果对变量之间关系不是很确定，可以尝试选择多个函数模型。本例中选择了线性（Linear）、三次（Cubic）和指数（Exponential），利用曲线估计进行非线性模型的分析。

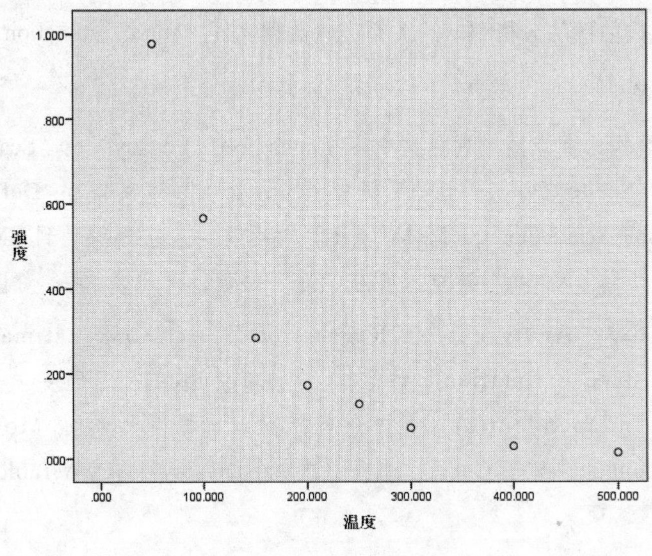

图14.15 温度与强度散点图

（2）模型描述

表14.26是曲线估计模型的模型描述。该表给出模型的一些基本信息，例如自变量、因变量名称，拟合曲线模型的方程等。

表14.26 模型描述

Model Description

Model Name		MOD_3
Dependent Variable	1	温度
Equation	1	Linear
	2	Cubic
	3	Exponential[a]
Independent Variable		强度
Constant		Included
Variable Whose Values Label Observations in Plots		Unspecified
Tolerance for Entering Terms in Equations		.0001

a. The model requires all non–missing values to be positive.

（3）线性（Linear）模型的主要结果

表14.27（a）为线性模型的摘要，该表显示模型的拟合情况。表中可以看出，模型的判定系数（R square）为0.674，调整判定系数（Adjusted R Square）为0.619，估计值的标准误（Std Error of the Estimate）为93.909。

表14.27（b）为方差分析表（ANOVA）。表中可以看出，回归的均方（Regression–Mean Square）为109273.914，剩余的均方（Residual Mean Square）为8818.931，F检验统计量的观察值为12.391。

表14.27（c）为回归系数，其中常数项系数为348.685，回归系数（B）为–374.434，线性回归参数的标准误（Std Error）为106.371，标准化回归系数（Beta）为–0.821。

表14.27（a） 模型摘要

Model Summary

R	R Square	Adjusted R Square	Std. Error of the Estimate
.821	.674	.619	93.909

The independent variable is 强度.

表14.27（b） 方差分析表

ANOVA

	Sum of Squares	df	Mean Square	F	Sig.
Regression	109273.914	1	109273.914	12.391	.013
Residual	52913.586	6	8818.931		
Total	162187.500	7			

The independent variable is 强度.

表14.27（c） 回归系数

Coefficients

	Unstandardized Coefficients		Standardized Coefficients	t	Sig.
	B	Std. Error	Beta		
强度	−374.434	106.371	−.821	−3.520	.013
(Constant)	348.685	44.621		7.814	.000

（4）指数（Exponential）模型的主要结果

表14.28（a）为线性模型的摘要，该表显示指数模型的拟合情况。表中可以看出，模型的判定系数（R square）为0.925，调整判定系数（Adjusted R Square）为0.912，估计值的标准误（Std Error of the Estimate）为0.224。

表14.28（b）为方差分析表（ANOVA）。表中可以看出，回归的均方（Regression-Mean Square）为3.715，剩余的均方（Residual Mean Square）为0.050，F检验统计量的观察值为73.721。

表14.28（c）为回归系数，其中常数项系数为362.858，回归系数（B）为−2.183，线性回归参数的标准误（Std Error）为−2.183，标准化回归系数（Beta）为−0.962。

表14.28（a） 模型摘要

Model Summary

R	R Square	Adjusted R Square	Std. Error of the Estimate
.962	.925	.912	.224

The independent variable is 强度.

表14.28（b） 方差分析表

ANOVA

	Sum of Squares	df	Mean Square	F	Sig.
Regression	3.715	1	3.715	73.712	.000
Residual	.302	6	.050		
Total	4.017	7			

The independent variable is 强度.

表14.28（c） 回归系数

Coefficients

	Unstandardized Coefficients		Standardized Coefficients	t	Sig.
	B	Std. Error	Beta		
强度	−2.183	.254	−.962	−8.586	.000
(Constant)	362.858	38.705		9.375	.000

The dependent variable is ln(温度).

（5）三次（Cubic）函数模型的主要结果

表14.29（a）、表14.29（b）和表14.29（c）为三次模型的主要结果，含义与线性

（Linear）模型的主要结果一致。

表14.29（a）　模型摘要

Model Summary

R	R Square	Adjusted R Square	Std. Error of the Estimate
.984	.967	.943	36.390

The independent variable is 强度.

表14.29（b）　方差分析表

ANOVA

	Sum of Squares	df	Mean Square	F	Sig.
Regression	156890.562	3	52296.854	39.492	.002
Residual	5296.938	4	1324.235		
Total	162187.500	7			

The independent variable is 强度.

表14.29（c）　回归系数

Coefficients

	Unstandardized Coefficients		Standardized Coefficients	t	Sig.
	B	Std. Error	Beta		
强度	−2288.057	380.231	−5.016	−6.018	.004
强度 ** 2	4240.140	1048.090	9.261	4.046	.016
强度 ** 3	−2409.064	724.219	−5.144	−3.326	.029
(Constant)	483.469	29.171		16.574	.000

（6）三类模型的比较

表14.30是综合上述三类表格得到的模型各个重要指标列表。包括模型的回归方程、R^2和估计的标准误、F统计量观侧值、相应的概率p值。

表中可以看出，解释量（R^2）最高的是三次曲线模型（Cubic），R^2=0.967；最低的是线性模型（Linear），R^2=0.674；虽然三次曲线的解释量最大，但其F统计量的概率p值却大于指数模型的概率p值。

表14.30　三类模型的指标比较

曲线模型	方程	R^2	标准误	F值	Sig.
线性Linear	$348.685-374.434x$	.674	93.909	12.391	.013
指数Exponential	$362.858e^{-2.183x}$	.925	.224	73.712	.000
三次Cubic	$483.469 - 2288.057x + 4240.140x^2 - 2409.064x^3$	.967	36.390	39.492	.002

（7）拟合曲线图

经分析，上面给出的3种模型中指数模型和三次模型的拟合效果较好，这一点从

图14.16给出的拟合曲线图也可以得到进一步的证实。

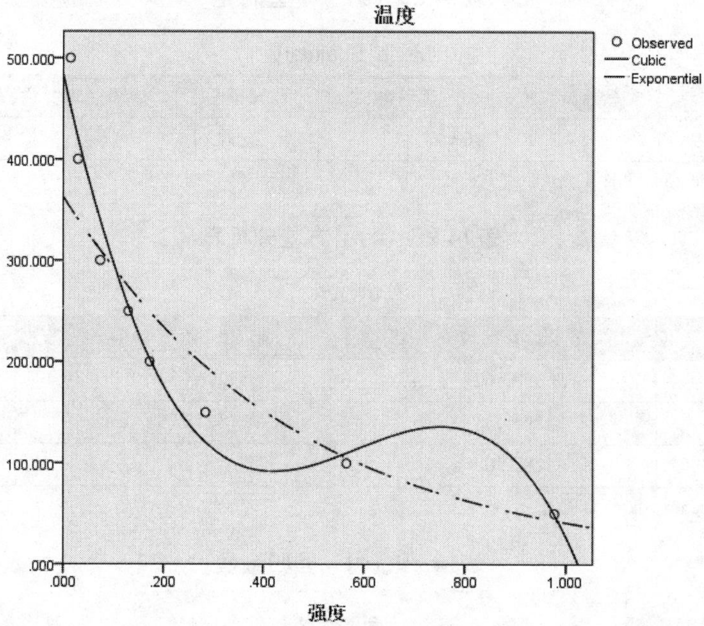

图14.16 拟合曲线图

注 意

应该说明的是，得到的拟合曲线结果通常还要结合专业知识进行判断，对于有背实际规律的模型，即使其拟合程度可能很高，也要放弃使用。例如，本例中从专业常识中知道，强度应该随温度的增加而递减，但拟合的三次曲线模型不具备这个性质，虽然其拟合程度很高，最终也应选择指数模型。

14.3 小结

回归分析是一种非常实用的、处理两个及两个以上变量间线性依存关系的统计方法。它的应用范围很广，是统计分析中的常用方法之一。回归分析的内容十分丰富，包括线性回归、曲线估计、非线性回归、逻辑回归、Cox回归、概率单位回归等。本章介绍了两种常用的回归分析的方法：线性回归分析和曲线估计。读者在理解回归原理的基础上，重点掌握SPSS回归分析的基本操作和输出结果的相关解释。

第15章

因子分析

本章包括

- 因子分析的基本概念
- 因子分析的数学模型
- 因子分析的基本方法
- 因子分析的 SPSS 操作
- 实例：奥运项目的因子分析

因子分析是主成份分析的推广和发展，也是利用降维方法进行统计分析的一种多元统计方法。因子分析是研究相关矩阵或协方差矩阵的内部依赖关系，它将多个变量综合为少数几个因子，以再现原始变量与因子之间的相互关系。在实际中得到了广泛的应用。

SPSS 24

15.1 因子分析的基本概念

因子分析的概念起源于20世纪初Karl Pearson和Charles Spearmen等人关于智力测验的统计工作，目前，因子分析已成功应用于心理学、医学、经济学等领域，并因此促进了理论的不断丰富和完善。

在实际问题和科学研究中，我们经常会搜集尽可能多的数据信息，希望能对问题有一个较全面、综合的认识；但由于理论发展和应用技术的限制，很多变量无法在处理和分析中发挥作用，大量的信息反而成为了分析和解决问题的障碍。

例如，在评价一个学校的综合水平时，会搜集到关于学校的众多信息，包括学生人数、教师人数、学生数学竞赛和英语竞赛获奖情况、实验室的规模、图书馆藏书量、每年科研人员论文数和著作数量、师生比例等信息，但这些海量信息集中在一起处理时，会感觉到烦乱繁杂而无从下手；同时，由于变量间存在一定的相关性和信息重叠现象，就更增加了处理的难度。

为了解决这些问题，直接的办法是减少变量的个数，但还不能使损失的信息量太多。因子分析方法是一种能够降低变量的数量，并得到广泛应用的有效方法。利用因子分析方法处理数据，就是将众多的变量综合成较少的几个综合指标，这些综合指标称为因子。因子的个数远远少于变量的数量，但因子能够反映原始变量的大部分信息，同时，因子之间不具有显著的线性关系。不仅如此，利用因子分析得到的因子还能有效地解释原变量，这对于问题的进一步分析和应用有重要的意义。

例如，国民经济发展水平由很多不同产业因素决定，诸如制鞋业、家电业、服务业、钢铁产业、信息产业、种植业、养殖业等等，利用因子分析，如果可以得到4个因子，经过研究所有产业和这4个因子之间的关系，可以发现有一个因子可能是代表工业产业的一个综合，另外的分别代表农业，第三产业和信息产业。

总之，因子分析是研究如何将众多的变量利用为数不多的几个因子表示，并且保证信息损失为最小和因子间不具有显著的相关性的多元统计分析方法。因素分析与主成分分析的区别在于，因素分析旨在找出潜在的共同影响多个显变量的因素，而主成分分析旨在以较小的数据空间最大可能地重塑显变量的分数，进行数据“压缩”。

15.2 因子分析的数学模型

因子分析过程是将多个变量表示为较少的因子，下面我们利用数学模型表示因子分析的主要过程。

设有n个原始变量，表示为x_1，x_2，…，x_n，根据因子分析的要求，假设这些变量已经标准化（均值为0，标准差为1），假设n个变量可以由k的因子f_1，f_2，…，f_k表示为线性组合，即

$$\begin{cases} x_1 = a_1 f_1 + a_2 f_2 + + a_{1k} f_k + \varepsilon_1 \\ x_2 = a_2 f_1 + a_2 f_2 + + a_{2k} f_k + \varepsilon_2 \\ \cdots \\ x_n = a_{n1} f_1 + a_{n2} f_2 + + a_k f_k + \varepsilon_n \end{cases}$$

上式为因子分析的数学模型，如果利用矩阵形式则表示为$X = AF + \varepsilon$。其中X为可观测的n维变量向量，它的每一个分量表示一个指标或变量；F称为因子向量，每一个分量表示一个因子，由于它们出现在每个原始变量的线性表达式中，所以又称为公共因子；矩阵A为因子载荷矩阵，其元素a_{ij}称为因子载荷；ε称为特殊因子，表示原始变量中不能由因子解释的部分，均值为0。

上述原始数据模型难以用来估计或进行统计推断，因为未知数过多，而因素分析关心的是影响多于1个显变量的“公因子”，关注两个显变量之间的关联，所以借助协方差矩阵来进行统计推断，即$x_i = \mu + \Lambda z_i + u_i$，推演得到了$\Sigma xx = \Lambda\Phi\Lambda' + D_\psi$，但因子分析主要关注的是不同显变量之间的关联，所以不是针对显变量的协方差矩阵Σxx进行建模，而是针对它的相关矩阵P展开。

由此可知，因子分析的基本思想是通过对变量的相关系数矩阵的内部结构进行分析，从中找出少数几个能够控制原始变量的因子f_1，f_2，…，f_k，选取公共因子的原则是尽可能包含更多的原始变量信息，建立因子分析模型，利用公共因子f_1，f_2，…，f_k再现原始变量之间的相关关系，达到简化变量、降低变量维数和对原始变量的再解释和命名的目的。

15.3 因子分析的基本方法

在统计上，因素分析包括探索性因素分析和验证性因素分析。探索性因素分析的目的在于寻求最佳的拟合模型，在这个过程中需要参照模型拟合参数、因子载荷矩阵对模型结构进行调整，通过反复调整和比较才能找到最佳的拟合模型，通常不是一蹴而成的。验证性因素分析在于对假设的最优拟合模型进行拟合度验证，通常是在探索性因素分析完成之后，对数据结构有了基础了解和假设之后展开。验证性因素分析的操作过程通常通过LISREL、AMOS、Mplus等统计软件进行，此处不做讨论。

在理论分析和具体SPSS操作方面，探索性因子分析过程需经过如下的几个重要步骤。

15.3.1 因子提取

通过分析原始变量之间的相互关系，从中提取出数量较少的因子。提取方法是利用样本数据得到因子载荷矩阵。求解因子载荷矩阵的方法有很多，其中最常用的是主成分分析法、主轴因子法等，利用因子载荷矩阵求解变量相关矩阵的特征值，根据特征值的大小确定因子数量。

15.3.2 因子旋转

因子分析的一个重要目的在于对原始变量进行综合评价。利用因子提取方法得到的结果虽然保证了因子之间的正交性，也就是因子之间不相关，但因子对变量的解释能力较弱，不易解释和命名。这时，可以通过对因子模型的旋转变换，使公共因子的载荷系数更接近1或更接近0，通过这种方法得到的公共因子对变量的命名和解释将变得更加容易。即旋转是为了增强模型的可解释性。

进行正交变换可以保证变换后各因子仍正交，但如果经过正交变换后对公因子仍然不易解释，也可以对因子进行斜交旋转变换，可能得到比较容易解释的因子。正交旋转后公因子之间不相关，斜交旋转后公因子之间是相关的。

15.3.3 计算因子得分

利用因子表示原始变量，需要知道因子和原始变量之间的线性关系。为此，需要计算因子得分，为进一步的分析奠定基础。计算因子得分的方法主要有回归法、巴特利特法和Anderson–Rubin法。关于这些方法的含义，可以参考操作过程中对相关选项的解释。

计算出的因子得分组成了如表15.1所示的因子载荷矩阵。因子载荷矩阵不是唯一确定的，只要找到一个载荷矩阵，总存在无穷过个直交矩阵满足相关结构的等式，这个性质被称为旋转不确定性（Rotational Indeterminacy）。若公因子不相关，因子载荷是在[−1,1]之间的，若公因子相关，则因子载荷是可能超出这个范围的。

表15.1 因子模型

模式矩阵

	因子		
	1	2	3
Q1	−.173	−.194	.615
Q2	.414	−.179	−.081
Q3	.226	.028	−.016
Q4	.368	−.046	−.139
Q5	−.177	.397	−.042
Q6	.011	.289	−.102
Q7	−.105	.477	−.234
Q8	.070	.043	.175
Q9	.012	.017	.262
Q10	−.107	.108	−.298

15.3.4 确定公因子个数

建立因子模型的关键步骤在于确定公因子的数量。现实中不存在“正确”的因子个数，根据定义“最优”因子个数的标准的不同需要选用不同的设定法则。但也不存在单一的法则可以总是选出最优的因子个数，一般建议结合多种法则，并且考虑载荷矩阵的可解释性确定因子个数。

常用的选择公因子数量的方法包括基于特征值的和基于模型比较的。基于特征值的包括“特征值大于1”、“碎石图（Scree Plot）大幅变化的拐点”以及参照平行分析（Parallal Analysis）的结果，这些法则来源于主成分分析，实际上不如基于模型的适用性强，但简单易行。基于模型比较的逻辑在于找出最优因子个数实际上是找出最优的公因子模型，在探索性因素分析的背景下，最优的因子模型是“如果少一个公因子，模型的拟合度大幅变差，如果多了一个公因子，模型的拟合度却不会明显变好”，常用的方法有RMSEA和TLI。一般认为，相较于多抽取公因子，少抽取公因子是更为严重的错误。

在确定公因子个数之后，需要根据与公因子关系密切的显变量以及对应的因子载荷来推断公因子的含义，从而对公因子进行命名。

15.3.4　建立公因子模型

根据上述步骤的结果可以建立类似于图15.1的公因子模型，模型中的最右侧的圆形变量为潜变量，中间的矩形变量为显变量，潜变量是通过对所有显变量进行因子提取、因子旋转后得到的，左侧圆形内的数值表示的是每个因子自身的方差，而每个箭头之间在分析结束后会标注因子载荷。潜变量中只影响一个显变量的因子被称为独特因子，而影响了多个显变量的因子被称为公因子，公因子能够解释显变量的变异性的比例叫作共同性。图15.1中的两个潜变量“VERBAL”和“MATH”都是公因子。

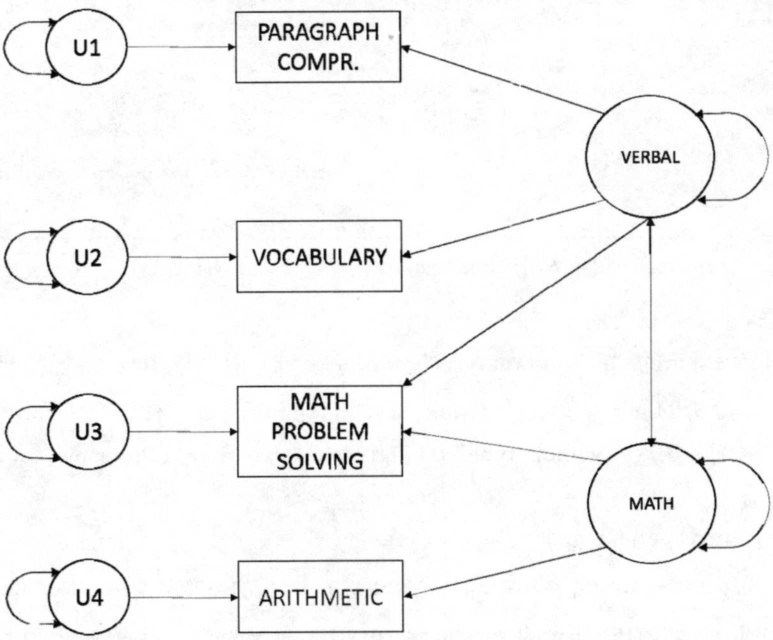

图15.1　因子模型图示

15.4 因子分析的SPSS操作

本节利用示例说明因子分析过程的SPSS操作步骤。

现有157个各种不同车型的数据，包括汽车生产厂家、汽车型号、各种型号汽车的销售额、价格、燃油效率等相关数据，数据中的变量有manufact、model、sales等10个变量。由于涉及变量较多，直接进行不同车辆的比较分析较为繁琐，因此首先考虑采用因子分析方法减少变量个数，之后再进行比较和综合评价（数据文件：factor1.sav）。

15.4.1 基本操作

（1）如图15.2所示，单击菜单“Analyze”→“Dimension Reduction”→“Factor”命令，打开因子分析对话框。

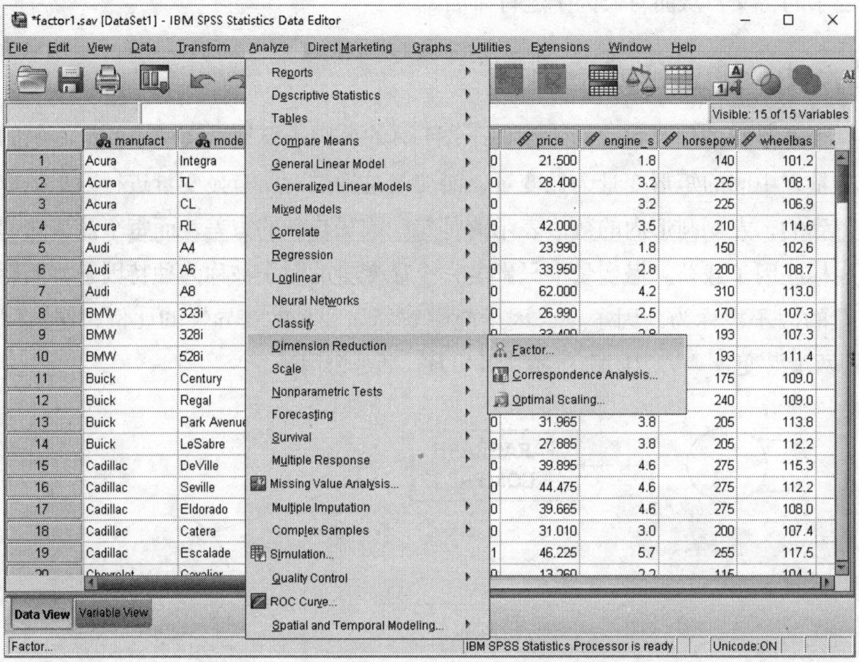

图15.2 “Factor Analysis”（因子分析）对话框

（2）选择因子分析变量

在如图15.3所示的“Factor Analysis”（因子分析）对话框中从左侧的变量列表框中选择参与因子分析的变量，单击向右的箭头按钮，将其移动至右侧的“Variables”（变量）窗口。本例选择从“Vehicle type”（汽车类型）到“Fuel efficiency”（燃油率）的所有10个变量。

（3）选择因子分析的个案条件

将左侧的变量列表框中选择变量移动至“Selection Variable”（选择变量）窗口，并单击“Value”按钮，在如图15.4所示的“Factor Analysis：Set Value”（因子分析：设置变量值）对话框中输入变量值，只有满足该变量值的相应样本数据个个案的才可以参与因子分析。

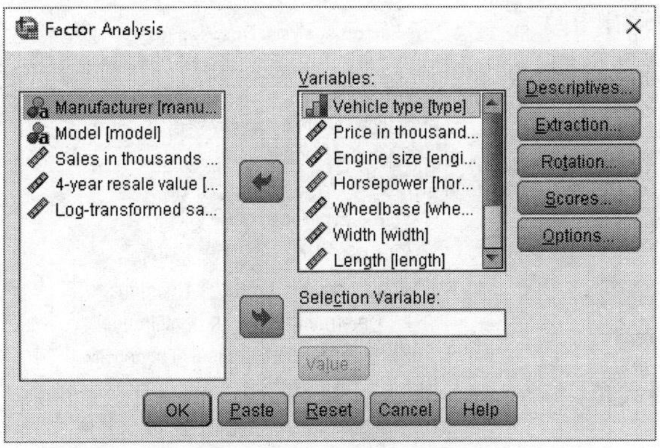

图15.3 “Factor Analysis”（因子分析）对话框

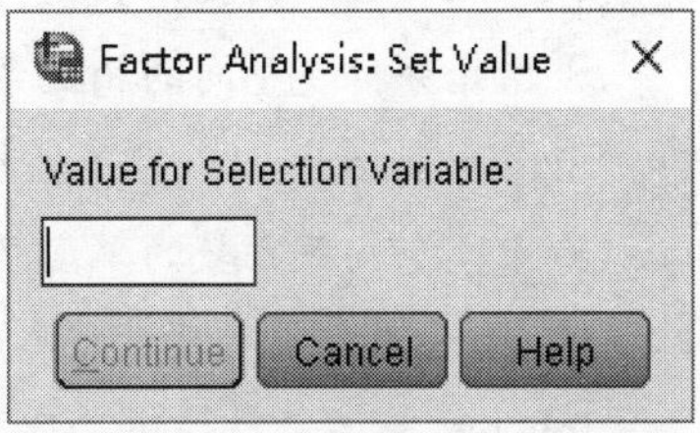

图15.4 “Factor Analysis：Set Value”（因子分析：设定值）对话框

(4) 执行操作

选择完毕后，单击“OK”按钮，执行因子分析的操作。

(5) “Paste”得到的syntax命令语句

```
/* 因子分析的命令语句 .
FACTOR
  /VARIABLES type price engine_s horsepow wheelbas width length curb_wgt
  fuel_cap mpg
/MISSING LISTWISE
/ANALYSIS type price engine_s horsepow
  wheelbas width length curb_wgt fuel_cap mpg
  /PRINT INITIAL EXTRACTION ROTATION FSCORE
  /PLOT EIGEN
  /CRITERIA MINEIGEN(1) ITERATE(25)
  /EXTRACTION PC
  /CRITERIA ITERATE(25)
  /ROTATION VARIMAX
  /SAVE REG(ALL)
  /METHOD=CORRELATION .
```

15.4.2　Descriptivs选项

在主对话框中，单击“Descriptivs”（描述性）按钮，出现“Factoe Analysis：Descriptivs”（因子分析：描述性统计量）对话框，如图15.5所示。该对话框用于选择因子分析的统计量和相关矩阵。

该对话框的“Statistics”（统计量）窗口中给出输出基本统计量选项，其中包括：

- Univariate descriptive　单变量描述性统计分析。输出个变量的基本统计量，包括每个变量的均值、标准差及其有效例数。
- Initial solution　初始解，为默认选项。输出因子分析的初始解，显示初始公因子方差、特征值及其解释变量的百分比。

对话框的“Correlation Matrix”窗口输出相关系数矩阵，选择因子分析的方法和输出结果，有7个复选项：

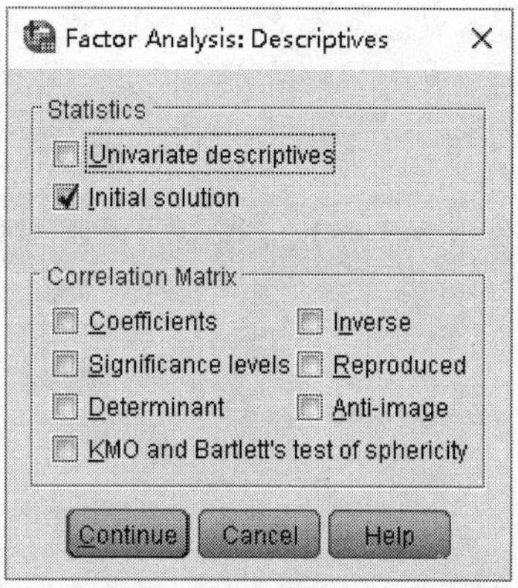

图15.5 “Factoe Analysis：Descriptivs”（因子分析：描述性统计量）对话框

- Coefficients 相关系数矩阵。选择此项，输出原始分析变量间的相关系数矩阵。
- Significance levels 显著性水平。选择此项，输出每个相关系数的单尾显著性水平。
- Determinant 相关系数矩阵的行列式值。
- Inverse 相关系数矩阵的逆矩阵。
- Reproduced 再生相关系数矩阵。选择此项，输出因子分析的估计相关系数矩阵，并显示残差值，即原始相关系数矩阵与再生相关系数矩阵之间的差值。
- Anti-image 反映射相关系数矩阵（Anti-image correlation matirxi）。包括负偏相关系数矩阵，在一个设置合理的因子模型中，大部分非对角线项目的数值较小，反映射相关系数矩阵的对角线可以显示变量的抽样适度测定值。
- KMO and Bartlett’s test of Sphericity KMO和球形Bartlett检验。关于KMO和球形Bartlett检验的方法，参考因子分析基本方法的讲述。

15.4.3 Extraction选项

在主对话框中，单击“Extraction”按钮，出现“Factoe Analysis：Extraction”（因子分析：因子提取）对话框，如图15.6所示。该对话框用于因子分析过程中控制提出进程和提取结果的选择项。

在该对话框中，单击“Method”窗口的下拉箭头按钮，出现提取因子的下拉式菜单，此菜单中给出提取因子的7种方法：

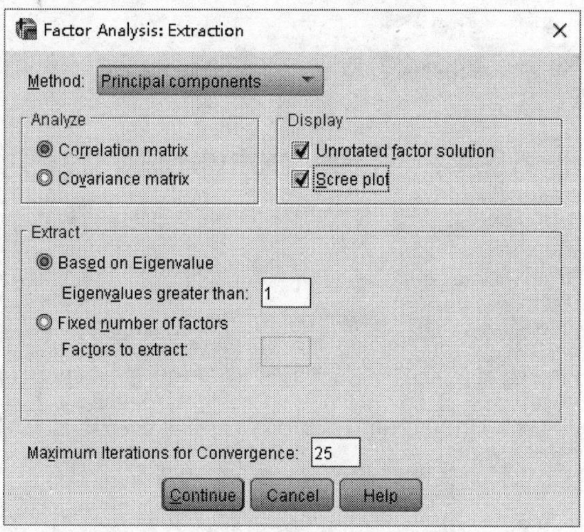

图15.6 “Factoe Analysis：Extraction”（因子分析：因子提取）对话框

- Principal components 主成份分析法。默认选项。该方法计算变量之间不相关的线性组合，第一个成分具有较大的方差，其余成分可解释较小方差，且各成分间不互为相关，一般可以利用主成分分析法获取初始因子。
- Unweighted least Square 非加权最小二乘法。该方法计算观测值和再生相关系数矩阵之差的平方和的最小值，这里，忽略对角线上的元素。

- Generalized least squares 广义最小二乘法。该方法首先利用观测值的倒数进行加权，然后计算观察因子和再生相关系数矩阵之差平方和的最小值。该方法对于较大的值给予更小的权数。
- Maximum Likelihoud 最大似然估计法。此方法是利用变量值的倒数加权，并进行迭代运算产生相关系数矩阵的参数估计值；如果样本来自于多元正态分布总体，其计算方法和产生观测值的相关系数矩阵过程非常类似。
- Principal Axis factoring 主轴因子法。利用原始相关系数矩阵提取公因子，将多元相关系数的平方代替对角线的值作为公因子方差的初始估计值，用估计新公因子方差的因子载荷替代对角线中旧的公因子方差。当公因子方差的改变符合收敛准则的要求时，将终止迭代过程。
- Alpha factoring Alpha（α）因子法。该方法利用分析变量作为一个假设的总体样本，使因子的α可靠性最大。
- Image factoring 映像因子法。该方法由Guttman提出，也是一种因子提取方法，是根据映像学原理得到的方法。该方法将变量的公共部分定义为偏映像，是将部分映像作为剩余变量的线性回归处理的，而非因子的函数。

“Analyze”窗口中给出分析矩阵的选项：

- Correlation Matrix 相关系数矩阵。选择该项，用于指定利用分析变量相关矩阵为提取因子的依据，当参与分析的变量测度单位不同时，应该选择此项。
- Covariance matrix 协方差矩阵。选择该项，指定利用分析变量的协方差矩阵为提取因子的依据。
- “Display”窗口选择和因子提取方法有关的输出项：
- Unrotated factor solution 非旋转因子解，为默认选项。要求显示未经旋转的因子载荷、公因子方差和特征值。
- Scree plot 碎石图。每个因子的方差图，该图利用特征值为两个坐标轴。碎石图可以决定保留因子的数量，典型的碎石图有一个明显的拐点，在该点之前是与大因子连接的陡峭的折线，之后是与小因子相连的缓坡折线。本例选择该项。

“Extract”（提取）窗口用于选择提取因子的准则：

- Eigenvalues over 特征值。默认选项，且默认选择值为1。该选择项指定因子的特征值，在此项后面的输入框中输入特征值，系统默认值为1。选择该项，将保留特征值超过输入值的所有因子。
- Number of factors 指定提取公因子的数目。该选择项指定保留的公因子数，在此项后面的输入框中输入公因子数，输入范围可以是从0到因子分析变量数目之间的正整数。

“Factoe Analysis：Extract ion”（因子分析：提取因子）对话框中还可以选择迭代的最大次数，选项“Maximum iterations for Convergence”，表示收敛的最大迭代次数，默认值为25。

15.4.4 Rotation选项

在主对话框中，单击“Rotation”按钮，出现“Factoe Analysis：Rotation”（因子分析：旋转）对话框，如图15.7所示。该对话框用于选择因子旋转方法。

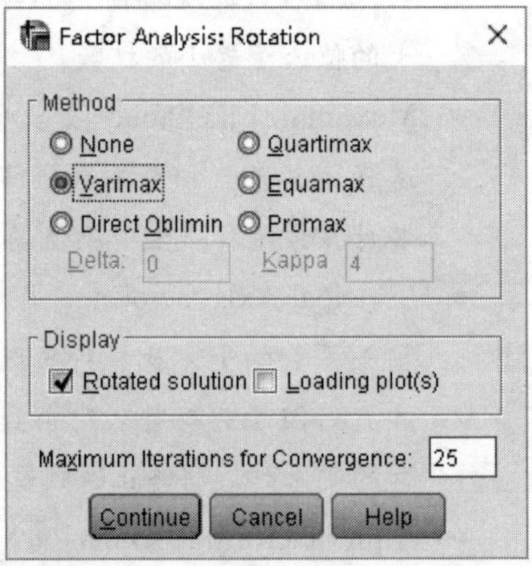

图15.7 “Factoe Analysis：Rotation”（因子分析：旋转）对话框

该对话框的“Method”（方法）窗口选择旋转方法，其中包括：

- None 为默认选择项，不进行旋转。
- Varimax 方差最大正交旋转法。是一种正交旋转方法，它使每个因子上的具有最高载荷的变量数最小，因此选择该项，可以简化对因子的解释。本例选择该项。
- Direct Oblilmin 直接斜交旋转方法。选择该项，需要在下面的“Delta”框中输入δ值，当δ的值为0（默认值），结果为最大斜交；δ值越小，因子的斜交程度就越小。δ值的选择范围为小于等于0.8。
- Quartmax 四分位最大正交旋转法。该旋转方法使每个变量中需要解释的因子数最少，选择该方法，可以简化对变量的解释。
- Equamax 等量正交旋转法。是方差最大正交旋转法与四分位最大正交旋转法的综合，可以得到在一个每个因子具有高载荷的变量数最小和需要解释的变量的因子数最少。
- Promax 斜交旋转方法。该方法允许因子彼此相关，并且计算速度比直接斜交旋转更快，因此适用于大数据集的因子分析，同时需要在“Kappa”框中输入Kappa值，默认值为4。

“Display”（显示）窗口指定输出与因子旋转相关的信息。有两个相关选项：

- Rotated solution 旋转解。首先在“Method”窗口中指定旋转方法才能激活此项，选择该项，将对正交旋转显示旋转后的因子模式矩阵和因子转换矩阵。对于斜交旋转将显示旋转后的因子模式矩阵因子、因子结构矩阵和因子相关系数矩阵。本例选择该项。
- Loading plot(s) 因子载荷散点图。选择该项，多于两个因子时，给出前三个因子的三维因子载荷散点图；只有两个因子时，给出二维因子载荷图；若只提取了一个因子时，将不会输出载荷散点图。当选择旋转方法时，则显示选择旋转后的结果。

“Factoe Analysis：Extraction”对话框中还可以选择迭代的最大次数，选项“Maximum iterations for Convergence”表示收敛的最大迭代次数，默认值为25。

15.4.5 Scores选项

在主对话框中，单击“Scores”按钮，出现“Factor Analysis：Factor Scores”（因子分析：因子得分）对话框，如图15.8所示。

该对话框用于选择因子得分的方法。选择“Save as variables”（保存变量）复选项，可以将因子得分作为新变量保存在数据文件中，产生新变量的数量和因子数相同。变量名的形式为FACn_m，其中n是因子编号，以数字序号的形式表示；m表示是因子分析的次序。选择该项后，在“Method”窗口的关于计算得分方法的3个单选项被激活：

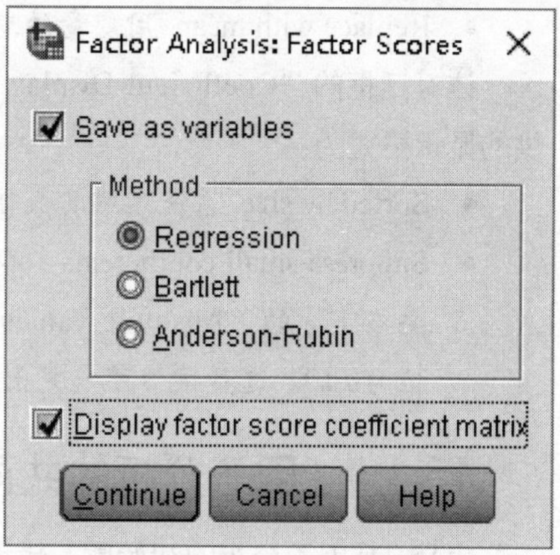

图15.8　“Factoe Analysis：Factor Scores”（因子分析：因子得分）对话框

- Regression　回归法。因子得分的均值为0，方差等于估计因子得分与实际因子得分之间的多元相关系数的平方。本例选择该项。
- Bartlett　巴特利特法。因子得分均值为0，其他超出变量范围的各因子平方和被最小化。
- Anderson−Rubin　Anderson−Rubin法。为了保证因子的正交性，而对Bartlett 因子得分的调整其因子得分的均值为0，标准差为1，且彼此不相关。

该对话框还给出了显示因子得分系数矩阵的选项，即“Display factor score coefficient matrix”选项，选择该项，表示显示因子得分系数矩阵。将在输出窗口中显示因子得分系数矩阵，注意：该系数矩阵是经过标准化的得分系数。可以根据该矩阵给出的系数，计算各观测量的因子得分。本例选择该项。

15.4.6　Options选项

在主对话框中，单击“Options”按钮，出现“Factoe Analysis：Options”（因子分析：选项）对话框，如图15.9所示。该对话框用于指定缺失值的方法和因子载荷矩阵的输出方法。

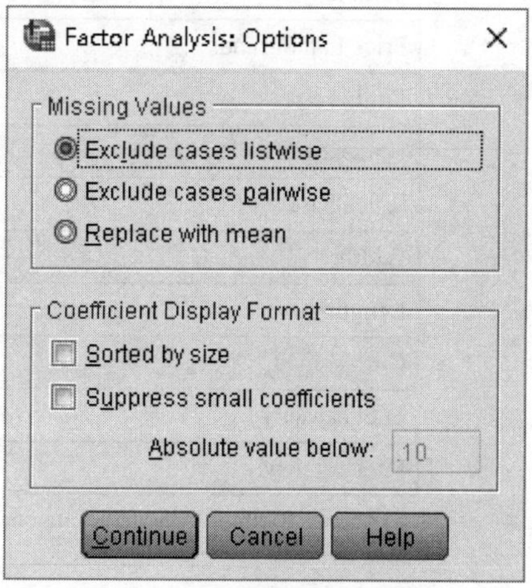

图15.9　“Factoe Analysis：Options”（因子分析：选项）对话框

在该对话框中，“Missing Values”（缺失值）区域选择选择缺失值的处理方法：

- Exclude cases listwise　剔除含有缺失值的个案为默认选项。因子分子过程中，剔除含有缺失值的全部个案，这些个案将不参与因子分析过程。
- Exclude cases pairwise　成对剔除带有缺失值的个案。选择该项，表示在进行分析和计算过程中，只剔除参与计算的缺失值的个案，在计算其他和含有缺失值的变量无关的过程时，该变量值所属的个案仍存在。

- Replace with mean 用变量的均值代替该变量的所有缺失值。

该对话框的“Coefficient Display Format”窗口选择控制因子载荷系数的显示格式，提供的显示格式为：

- Sorted by size 系统按照其数值的大小进行排列。
- Suppress small coefficients 不显示绝对值小于指定值的载荷系数。选择此项后，需要在下方的“Absolute values below”输入框中输入0到1之间的临界值，系统默认值为0.10。选择该项可以突出因子载荷较大的变量。

15.4.7 因子分析的共同度

表15.2是因子分析的初始解，显示了所有变量的共同度数据。表中的第2列显示初始共同度。初始共同度考虑了所有的成分和因素后，得到的每一个变量的方差估计；在相关分析中，利用系统默认的主成分法提取因子方法得到的共同度值恒为1，也就是所有的变量标准化以后方差为1，原始变量的所有方差都可被解释。因子分析的目的是寻找个数小于变量数的因子，所以不可能取全部特征根。

表中的第3列是提取特征根的共同度。是在指定特征根大于1的条件下的共同度，可以看到，10个变量的共同度基本都在80%以上，即这些变量的信息丢失较少，变量都能被因子解释。所以该例的因子提取效果较好。如果在主成分提取方式下，存在其中的共同度数值很低，可以重新选择其他提取方法或者重新指定提取特征值的标准。

表15.2 因子分析的共同度

Communalities

	Initial	Extraction
Vehicle type	1.000	.930
Price in thousands	1.000	.876
Engine size	1.000	.843
Horsepower	1.000	.933
Wheelbase	1.000	.881
Width	1.000	.776
Length	1.000	.919
Curb weight	1.000	.891
Fuel capacity	1.000	.861
Fuel efficiency	1.000	.860

Extraction Method: Principal Component Analysis.

15.4.8 因子分析中的总方差解释

表15.3给出的是因子分析中的原有变量中总方差被解释的列表。该表由3部分组成，分别为初始因子解的方差解释、提取因子解的方差解释和旋转因子解的方差解释，分述如下。

第一部分（Initial Eigenvalues）描述了初始因子解的情况。其中“Total”列给出因子的特征值，即被每一个因子解释的原始变量的方差；“% of Variance”列给出的是每一个因子解释所有原始变量总方差的百分比；“Cumulative %”列给出的是前n个因子对原始变量总方差的累计贡献率。观察该表，可以看出，第一个因子的特征根为5.994，解释10个原始变量总方差的59.938%，累计方差贡献率为59.938%；第二个因子的特征根为1.654，解释10个原始变量总方差的16.545%，累计方差贡献率为76.482%（59.938%+16.545%）；其余的数据含义可类似解释。在初始解中提出了10个全部因子，因此原始变量100%被解释。

第二部分（Extraction Sums of Squared Loadings）描述了提取后的因子对中方差的解释情况。表中看出，经过主成分方法提取因子后，有3个因子被提取，3个因子共解释原始变量总方差的87.709%，12%多一点的信息丢失，从总的情况分析，3个因子的解释效果比较好。

第三部分（Rotation Sums of Squared Loadings）描述了旋转后的因子解，也是因子分析的最终解。因子旋转后，累计解释总方差百分比没有变化，但重新分配各个因子的解释原始变量的方差，使得因子更易于解释和命名。

表15.3 因子分析的解释总变量

Total Variance Explained

Component	Initial Eigenvalues			Extraction Sums of Squared Loadings			Rotation Sums of Squared Loadings[a]
	Total	% of Variance	Cumulative %	Total	% of Variance	Cumulative %	Total
1	5.994	59.938	59.938	5.994	59.938	59.938	4.480
2	1.654	16.545	76.482	1.654	16.545	76.482	4.179
3	1.123	11.227	87.709	1.123	11.227	87.709	3.407
4	.339	3.389	91.098				
5	.254	2.541	93.640				
6	.199	1.994	95.633				
7	.155	1.547	97.181				
8	.130	1.299	98.480				
9	.091	.905	99.385				
10	.061	.615	100.000				

Extraction Method: Principal Component Analysis.

a. When components are correlated, sums of squared loadings cannot be added to obtain a total variance.

15.4.9 因子分析的碎石图和解释

图15.10是因子分析的碎石图。利用因子分析的碎石图可以帮助确定最优的因子数量。在碎石图中，横坐标表示因子数目，纵坐标表示特征根。图中看出，前3个因子的特征值都很大，从第四个开始特征值很小，因子特征值连线也变得很平缓，即前3个因子对解释变量的贡献最大，所以因子分析中提取3个因子数最合适。

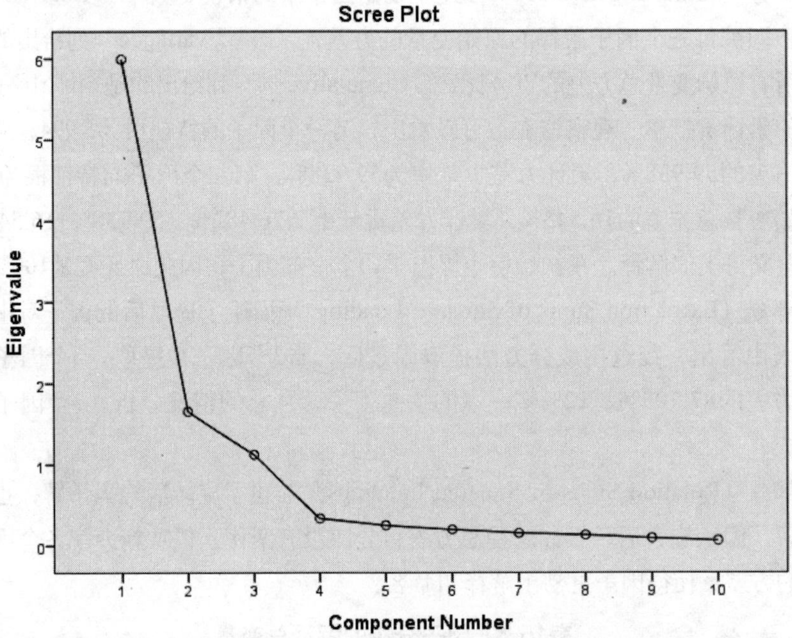

图15.10　因子分析的碎石图

15.4.10　旋转后的因子载荷矩阵

表15.4是因子分析中旋转后的因子载荷矩阵。利用该矩阵，可以帮助我们更好地解释因子的含义，为下一步命名作出合理的分析。

表15.4　旋转后的因子载荷矩阵

Rotated Component Matrix[a]

	Component		
	1	2	3
Vehicle type	–.101	.095	.954
Price in thousands	.935	–.003	.041
Engine size	.753	.436	.292
Horsepower	.933	.242	.056
Wheelbase	.036	.884	.314
Width	.384	.759	.231
Length	.155	.943	.069
Curb weight	.519	.533	.581
Fuel capacity	.398	.495	.676
Fuel efficiency	–.543	–.318	–.681

Extraction Method: Principal Component Analysis.

Rotation Method: Varimax with Kaiser Normalization.

a. Rotation converged in 4 iterations.

第一个因子和汽车价格具有很高得到相关系数（0.935），汽车价格是第一个因子的合适的代表；类似地，可以看出，第二个因子和汽车长度相关程度很高，而第三个因子和汽车类型具有高的相关度，所以，这就启发读者，在进一步的分析中，可以集中在汽车价格、汽车的长度和汽车类型三个因素考虑。从旋转后的因子载荷矩阵可以看出，经旋转后的因子，其解释力较没有旋转更强。

15.4.11　因子得分

表15.5是利用回归法估计的因子得分系数。如果分别利用x_1，x_2，…，x_{10}表示10个变量，则根据表15.5，可以写出以下的得分函数：

$$F_1=-0.173x_1+0.414x_2+0.226x_3+0.368x_4-0.177x_5+0.011x_6-0.105x_7+0.070x_8+0.012x_9-0.107x_{10}$$

$$F_2=-0.149x_1-0.081x_2+0.028x_3-0.046x_4+0.397x_5+0.289x_6+0.477x_7+0.043x_8+0.017x_9+0.108x_{10}$$

$$F_3=0.615x_1-0.081x_2-0.016x_3-0.139x_4-0.042x_5-0.102x_6-0.234x_7+0.175x_8+0.262x_9-0.298x_{10}$$

从第一个因子得分函数中可知，汽车价格的权重较高；第二个因子得分函数中，汽车长度的权重较高，第三个因子函数中，汽车类型的权重较高；这些都和旋转后的因子载荷矩阵中得到的结果是一致的。

表15.5　因子得分的系数矩阵

Component Score Coefficient Matrix

	Component		
	1	2	3
Vehicle type	−.173	−.194	.615
Price in thousands	.414	−.179	−.081
Engine size	.226	.028	−.016
Horsepower	.368	−.046	−.139
Wheelbase	−.177	.397	−.042
Width	.011	.289	−.102
Length	−.105	.477	−.234
Curb weight	.070	.043	.175
Fuel capacity	.012	.017	.262
Fuel efficiency	−.107	.108	−.298

Extraction Method: Principal Component Analysis.
Rotation Method: Varimax with Kaiser Normalization.
Component Scores.

15.5 实例：奥运项目的因子分析

现有2016年奥林匹克运动会十项全能项目的34位运动员的成绩表，成绩表中包括100米、跳远、铅球、跳高、400米、110栏、铁饼、撑杆跳高、标枪、1500米和总分等共11个变量。利用因子分析方法分析在信息尽可能损失少的情况下，运动项目是否可减少？利用SPSS给出因子分析过程和进一步的说明。（数据文件：factor2.sav）

15.5.1 操作步骤

SPSS因子分析的操作过程如下：

步骤 1 打开数据文件factor2.sav。

步骤 2 单击菜单“Analyze”→“Dimension Reduction”→“Factor”命令，打开因子分析主对话框，选择除“分数”以外的10个运动项目变量移动自因子分析变量列表框。

步骤 3 单击“Extraction”按钮，在“Display”窗口选择“Scree Plot”选项，单击“Continue”按钮。

步骤 4 单击“Rotation”按钮，在“Method”窗口选择“Varimax”选项，在“Display”窗口选择“Loading plot(s)”选项，单击“Continue”按钮。

步骤 5 单击“Options”按钮，在“Coefficient Display Format”窗口选择“Sorted by size”选项和“Suppress small coefficients”选项，并将默认参数0.1修改为0.3，单击“Continue”按钮。

步骤 6 单击“Descriptives”按钮，选择“Univariate descriptives”选项和“KMO and Bartlett’s test of sphericity”选项，单击“Continue”按钮。

步骤 7 单击“OK”按钮，执行因子分析操作。

步骤 8 “Paste”得到的syntax命令语句程序：

```
/* 因子分析的命令语句 .
FACTOR
  /VARIABLES r100米 跳远 铅球 跳高 r400米 h110栏 铁饼 撑杆跳高 标枪
r1500米
  /MISSING LISTWISE /ANALYSIS r100米 跳远 铅球 跳高 r400米 h110栏 铁饼
撑杆跳高
  标枪 r1500米
  /PRINT UNIVARIATE INITIAL KMO EXTRACTION ROTATION
  /FORMAT SORT BLANK(.3)
  /PLOT EIGEN ROTATION
  /CRITERIA MINEIGEN(1) ITERATE(25)
  /EXTRACTION PC
```

```
    /CRITERIA ITERATE(25)
    /ROTATION VARIMAX
    /METHOD=CORRELATION .
```

15.5.2　结果分析

（1）描述性统计量

表15.6是因子分析过程提供的统计量，表中给出10个变量的均值、标准差和样本容量，为后续的因子分析过程提供一个直观的数据描述。

表15.6　描述性统计量

Descriptive Statistics

	Mean	Std. Deviation	Analysis N
r100米	11.2235	.28723	34
跳远	7.0950	.37387	34
铅球	13.8509	1.50193	34
跳高	1.9744	.10448	34
r400米	49.3662	1.17555	34
h110栏	15.1076	.60566	34
铁饼	41.9053	4.50071	34
撑杆跳高	4.6765	.49302	34
标枪	58.8406	6.43874	34
r1500米	276.1915	13.47813	34

（2）KMO和球形Bartlett检验

表15.7给出因子分析的KMO和球形Bartlett检验结果。Bartlett球度检验的概率p值为0.000，即假设被拒绝，也就是说，可以认为相关系数矩阵与单位矩阵有显著差异。同时，KMO值为0.788，根据KMO度量标准可知，原变量适合进行因子分析。

表15.7　KMO和球形Bartlett检验

KMO and Bartlett's Test

Kaiser–Meyer–Olkin Measure of Sampling Adequacy.		.788
Bartlett's Test of Sphericity	Approx. Chi–Square	211.586
	df	45
	Sig.	.000

（3）因子分析的共同度

表15.8是因子分析的共同度。表中的第二列显示初始共同度，全部为1；第三列是提取特征根的共同度，本例中是在指定特征根大于1的条件下的共同度，可以看到，“跳高”变量的共同度只有0.360，“标枪”和“r1500米”的共同度较低（低于80%），这几个变量的信息丢失较为严重。

表15.8 因子分析的共同度

Communalities

	Initial	Extraction
r100米	1.000	.733
跳远	1.000	.737
铅球	1.000	.851
跳高	1.000	.360
r400米	1.000	.815
h110栏	1.000	.736
铁饼	1.000	.833
撑杆跳高	1.000	.768
标枪	1.000	.617
r1500米	1.000	.654

Extraction Method: Principal Component Analysis.

（4）因子分析的总方差解释

表15.9显示的是因子分析中的原有变量中总方差被解释的列表。该表由3部分组成，分别为初始因子解的方差解释、提取因子解的方差解释和旋转因子解的方差解释。

表15.9 因子分析的总方差解释

Total Variance Explained

Component	Initial Eigenvalues			Extraction Sums of Squared Loadings			Rotation Sums of Squared Loadings		
	Total	% of Variance	Cumulative %	Total	% of Variance	Cumulative %	Total	% of Variance	Cumulative %
1	5.024	50.235	50.235	5.024	50.235	50.235	3.624	36.238	36.238
2	2.080	20.799	71.034	2.080	20.799	71.034	3.480	34.796	71.034
3	.735	7.355	78.389						
4	.686	6.857	85.246						
5	.376	3.763	89.009						
6	.302	3.021	92.030						
7	.286	2.855	94.885						
8	.224	2.238	97.123						
9	.205	2.047	99.170						
10	.083	.830	100.000						

Extraction Method: Principal Component Analysis.

Initial Eigenvalues部分描述了初始因子解的情况。第一个因子的特征根为5.024，解释

10个原始变量总方差的50.235%；第二个因子的特征根为2.080，解释了10个原始变量总方差的20.799%，累计方差贡献率为71.034%，也就是说，两个变量解释了所有10个运动项目的71%，且也只有这两个变量的特征值大于1。

Extraction Sums of Squared Loadings部分和Rotation Sums of Squared Loadings部分描述了因子提取后和旋转后的因子解。表中看出，有两个因子被提取和旋转，其累计解释总方差百分比和初始解的前两个变量相同，但经旋转后的因子重新分配各个因子的解释原始变量的方差，使得因子的方差更接近，也更易于解释。

（5）因子分析的碎石图

图15.11是运动项目的因子分析碎石图。利用因子分析的碎石图可以帮助确定最优的因子数量。在碎石图中，横坐标表示因子数目，纵坐标表示特征根。图中看出，前2个因子的特征值都很大，从第3个开始特征值很小，因子特征值连线也变得很平缓，即前2个因子对解释变量的贡献最大。

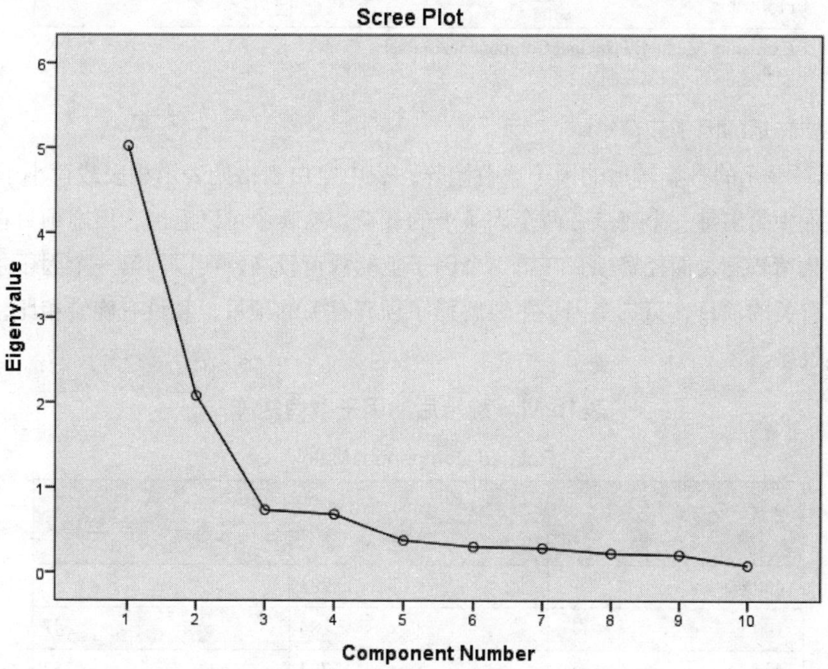

图15.11　运动项目的因子分析碎石图

（6）旋转前的因子载荷矩阵

表15.10显示的是旋转前的因子载荷矩阵，表中空白表格处表示相应载荷小于0.3。因子载荷矩阵中给出每一个变量在两个因子上的载荷。

由表15.10可以看出，在旋转前的载荷矩阵中，所有变量在第一个因子上的载荷都比较高，即与第一个因子的相关程度较高，第一个因子解释了大部分变量的信息；而第二个因子与原始变量的相关程度较小，对原始变量的解释效果不明显，没有旋转的因子的含义很难解释。根据该表还可以写出因子分析模型，例如：铅球成绩 = $0.726f_1+0.569f_2$。

表15.10　因子载荷矩阵

Component Matrix[a]

	Component	
	1	2
撑杆跳高	.872	
h110栏	–.837	
跳远	.810	
r100米	–.804	
铅球	.726	.569
铁饼	.687	.601
r400米	–.660	.616
标枪	.657	.430
跳高	.600	
r1500米		.787

Extraction Method: Principal Component Analysis.

a. 2 components extracted.

（7）旋转后的因子载荷矩阵

表15.11显示的是旋转后的因子载荷矩阵，表中空白表格处表示相应载荷小于0.3。因子载荷矩阵中给出每一个变量在两个因子上的载荷。从表中可以看出，田赛项目在第一个因子上的载荷较高，而径赛项目在第二个因子上的载荷较高，所以，第一个因子主要解释了和田赛有关的项目，第二个因子主要解释了径赛有关的项目。和没有旋转相比，因子的含义清楚很多。

表15.11　旋转后的因子载荷矩阵

Rotated Component Matrix[a]

	Component	
	1	2
r400米	.903	
r100米	.785	–.341
跳远	–.783	.352
h110栏	.737	–.440
r1500米	.678	.441
跳高	–.442	.406
铅球		.913
铁饼		.909
标枪		.765
撑杆跳高	–.570	.666

Extraction Method: Principal Component Analysis.

Rotation Method: Varimax with Kaiser Normalization.

a. Rotation converged in 3 iterations.

（7）旋转空间的因子图

图15.12显示的是旋转空间的因子图。旋转因子图可以看作是旋转后的载荷矩阵的图形表示。从图中又一次验证了前面旋转后的载荷矩阵对因子的解释。

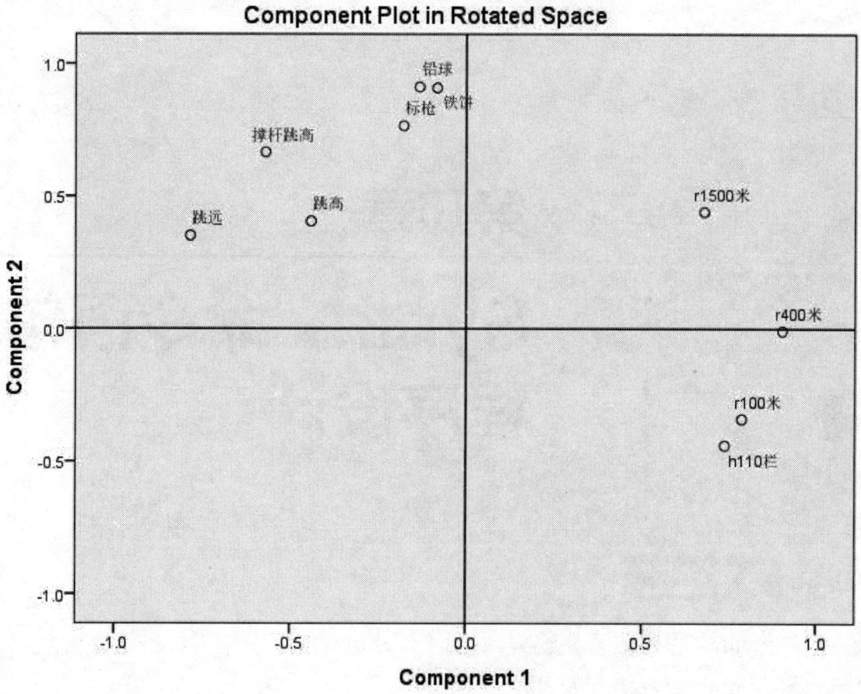

图15.12　旋转空间的因子图

15.6　小结

本章对因子分析方法的基本概念和分析步骤进行了简单的概述，重点讲述了SPSS因子分析的基本过程和操作步骤。SPSS因子分析的操作设置窗口较多，输出结果较为繁杂，重点理解共同度表、载荷矩阵表、总方差解释表和因子碎石图的基本含义。

第16章

Syntax 命令语句程序设计

本章包括

- Syntax 程序语言概述
- Syntax 命令语句及其定义规则
- 创建和运行 Syntax
- SPSS Syntax 语法
- Syntax 语句错误与程序调试

SPSS 的 syntax 命令语句程序功能是 SPSS 的另一具有其特色的软件功能，凡是在菜单方式下可以进行的工作，都可以在 syntax 环境下进行。本章介绍 syntax 的语法和基本编程方法。

SPSS 24

16.1 Syntax程序语言概述

Synatx是SPSS开发的程序设计语言，也称SPSS语言，或SPSS命令语句（syntax command）。SPSS的Syntax是以命令语句的形式进行数据管理和统计分析。

16.1.1 Syntax命令语句的特性

Syntax和SPSS的SaxBasic及其他诸如VB等高级程序设计语言功能和语法方面都存在较大的不同，其实质更侧重于数据管理和统计分析的具体功能。

例如，SPSS语言的数据定义命令是对统计分析的数据类型和格式的描述，过程命令以语句的形式定义了SPSS的各种数据的统计分析功能，转换命令主要用于修改已存在的变量或者创建新变量。

利用Syntax程序进行统计分析，首先要求了解程序的语法，包括统计分析功能的命令，例如方差分析、聚类分析以及；数据处理相关的命令，例如个案的计数和频数百分比等命令。当然，作为高级程序语言，还应了解语句的一般规则、SPSS命令语句的语法以及SPSS程序的词汇。

SPSS语言也提供了SPSS系统的关键字，作为程序的保留字，这一点和其他高级程序设计语言相同。例如，保留字TO和THRU表示变量名和变量值的详表；BY和WITH表示计算过程中包含指定变量之间的关系。类似保留字还有很多。SPSS语言允许使用特定的数学、逻辑、关系运算符构建复合命令，并对变量名、变量值、关键字和标签等使用特定的定义进行标识。

SPSS for Windows中，即使用户可以不了解Syntax语法，也可以通过菜单操作中对话框的“Paste”按钮得到正在操作的SPSS命令。显然，这种通过菜单产生的syntax程序不会产生语法错误，这一点对于计算机编程不甚了解，同时又需要利用命令语句进行重复和复杂统计分析的用户无疑提供了巨大的便利，这一点也体现出了SPSS不同于其他应用软件的优势。

16.1.2 统计分析方式的选择

究竟是选择菜单方式还是命令语句方式，主要根据具体情况进行确定。一方面，个人的偏好不同，选择也会不同；但更多时候应该根据SPSS的工作特点，选择合适的操作方式。

初级用户一般选择菜单方式，免除了编制和调试SPSS程序等步骤，同时也不需要掌握命令语句的语法规则和命令的表示；但对于经常利用SPSS进行统计分析的有经验用户，利用命令语句方式可以提高效率，同时还可以通过编制程序进行复杂的统计分析；但对于更多的用户来讲，经常会两种方式结合使用。

例如，可以利用菜单方式选择数据处理和统计分析的对话框，并设置相应参数，然后利用SPSS的“Paste”按钮，系统自动将菜单中所定义的操作以命令语句的形式粘贴到

SPSS Syntax窗口。该窗口中运行程序，可以得到和菜单方式完全相同的结果；也可对自动生成的命令语句程序进行相应的修改，以适应某些特殊的分析工作。

虽然利用SPSS的菜单操作方式进行数据管理和统计分析具有界面友好、操作简单、易于掌握等优点，但在有一些场合下利用syntax进行分析会具有更大的优势，甚至是必需的。SPSS的命令语句提供了一些菜单方式不具备的数据管理和统计分析功能。例如，读取复杂结构的数据，可以利用SPSS命令的条件语句DO & IF以及SPSS定义的宏等进行操作，而菜单方式可能无法实现此类语句所行使的功能。

对于进行大量重复的数据管理和统计分析工作的用户，可以将编制好的命令语句以Synatx文件形式保存，使用时只需调用和运行该程序即可；有时也会根据需要进行一定的修改，例如不同的变量执行相同的分析过程等情形。

16.2 Syntax命令语句及其定义规则

Syntax文件是包含各种SPSS命令的文本文件。SPSS的命令表示一系列的指令集合，具有完成某些特定工作的功能。例如利用一条命令定义一个变量的标签，或者执行方差分析任务。编制syntax命令语句需要遵守其定义规则。

16.2.1 SPSS命令的类型

SPSS命令的数量的种类很多，例如前面我们已接触过两种主要类型：数据转换命令（Transformation Commands）和统计分析过程命令（Procedure Commands）。实际上，从特性和功能方面，SPSS命令可分为下列几种类型：

（1）文件定义命令（File Definition Commands）

文件定义类型的命令是指和SPSS读入和转换数据相关的命令。例如前面介绍过的GET、DATA LIST、GET CAPTURE ODBC；还有其他命令，诸如FILE TYPE、IMPORT、MATCH FILES等。

（2）输入程序命令（Input Program Commands）

此类命令指的是和SPSS数据的输入和创建有关的命令。例如RECORD TYPE、REPEATING DATA、END CASE等。下面在讨论SPSS数据语句时详细介绍这些命令的用法。

（3）转换命令（Transformation Commands）

此类命令的功能不尽相同，但基本都与数据输入和数据分析相关。例如，修改数据命令（COMPUTE、RECODE）、创建新变量命令（VECTOR、NUMERIC）、写入数据命令（WRITE）、标签数据命令（VARIABLE LABELS）。

（4）过程命令（Procedure Commands）

所有的过程命令都是和数据的统计分析相关的，这也是SPSS的最主要的命令类型。例如REGRESSION（回归分析）、FACTOR（因子分析）等命令。

（5）功能命令（Utility Commands）

功能命令包括添加注释命令（COMMENT、DOCUMENT）、定义新文件命令（NEW

FILE）以及定义宏命令（DEFINE--!END DEFINE）等。

16.2.2 SPSS命令的定义规则及其构成

1. SPSS命令的定义

SPSS的命令名通常和其表达的含义是一致的。例如REGRESSION命令表示线性回归分析；但也有例外，如执行FREQUENCIES命令得到的是个案的计数和百分比。

SPSS命令的一般规则如下：

（1）SPSS的命令名是由一个具有一定含义的英文单词表示，且不分大小写。例如Regression、REGRESSION和regression都是表示回归分析过程的有效命令名。

（2）SPSS的命令可以缩写为前3个字母，但如果存在前3个字母相同的两个命令时，可以简写为前4个字母。例如DISCRIMINANT和DISPLAY的前3个字母相同，DISCRIMINANT可以缩写成DISC，但不能缩写为DIS。

（3）子命令的关键字。关键字（Keywords）用于识别命令、子命令和函数以及其他的指令。包括别逻辑操作符（AND，OR，NOT）、关系操作符（EQ，GE，GT，LE，LT和NE）和其他ALL、BY、TO、WITH等保留字，以上所列的关键字不能用于变量名。

2. SPSS命令的字符值表示

SPSS命令语句中出现字符值时，应利用单撇号“'”或者双撇号“"”表示。例如表示标题、变量标签、变量值标签等。

下面是一个定义变量标签和变量值标签的示例：

```
Variable labels ID‘学号’.
Value labels 满意度 1‘非常满意’ 2‘比较满意’ 3‘不满意’ 4‘不满意’
5‘没有填选’ 9‘拒绝回答’.
```

对于命令语句中出现的长字符串可以分成两行或多行显示，每行中的字符串需用撇号标出，在前一行字符串片断的末尾用加号“+”连接。

下面是一个在表格中显示标题字符串的示例：

```
TABLES
Variable labels ID‘学号’.
  /TABLES polviews BY 国家 > (STATISTICS)
  /TITLE“ 世界各国军费开支增加量的相关分析表。数据来源：2005 中”+
 “ 国统计年签，瑞典斯德哥尔摩国际和平研究所《2004 各国军费支出研”+
 “ 究报告》，美国军备控制裁军署的研究报告。”.
```

3. SPSS命令语句的分隔符

分隔符用于分割命令语句中的数据、关键字和变量。有下面几种情况需要使用命令语句的分隔符：

（1）空格作为两个表示式之间的分隔符，也是SPSS语句中最常用的分隔符。例如：

```
FREQUENCIES variables = marital sex happy.
```

（2）逗号作为函数变量的分隔符。下面给出的是COMPUTE命令下的mean函数具有多个变量的一个示例。

```
COMPUTE satmean = mean(satcity,satfam,satfrnd,sathealt,sathobby).
```

（3）数学操作符（+、–、*、/）作为表达式的分隔符。例如：

```
COMPUTE meubpop = (urpop60 + urpop76 + urpop90) / 3.
```

（4）空格可以用在操作符以及等号的前后，以增加程序的可读性。

4. SPSS命令语句的注释

几乎所有的高级程序设计语言都有添加注释的功能，目的是增加程序的可读性；但不同语言的注释语句的规则不尽相同。

SPSS添加注释命令的方式有两种：

（1）COMMENT命令方式。例如：

```
COMMENT 该程序给出时间序列的季节因素分解方法 .
```

（2）星号“*”作为注释语句的开始。例如

```
* METHOD 命令选择逐步递归方法 .
```

注 意

当注释语句结束时，必须以圆点作为结束符添加至注释语句的结尾；否则，程序会将后续的命令误为注释语句。在编程过程中这类错误出现的次数很多，又不容易查找。

16.2.3 SPSS命令的显示顺序

命令一般显示为自然的逻辑顺序。一般情况下，命令的顺序依次为定义变量、数据管理和统计分析。例如在利用转换命令（COMPUTE，RECODE等）或统计分析命令（FREQUENCIES，CROSSTABS等）对数据变量处理之前，首先应利用变量的定义命令定义变量，一般规则如下：

（1）数据的变量定义命令（DATA LIST，GET，GET DATA，MATRIX DATA等）应该出现在分配改变量的标签和定义该变量缺失值命令之前；也必须出现在和该变量有关的数据处理以及统计分析过程命令之前。

（2）用于创建和修改变量的转换命令（IF、COUNT、COMPUTE等）通常出现在对该变量分配标签、指定缺失值和统计分析过程命令之前。

（3）一般情况下，命令过程的逻辑上的结果顺序决定了命令的顺序。例如，在活动数据集中创建新变量的命令过程出现在利用这些变量进行分析的命令之前。

下面给出一示例：

```
DO IF expense = 0.
  - COMPUTE profit=-99.
```

```
   - MISSING VALUES expense (0).
ELSE.
   - COMPUTE profit=income-expense.
END IF.
LIST VARIABLES=expense profit.
```

其中，COMPUTE命令出现在MISSING VALUES命令之前；然而，该命令直到读取变量以后才会被执行。MISSING VALUES命令立即被执行，使数据中不存在缺失值的情况，即不存在个案的expense等于0；LIST为读取数据命令，因此当数据给定后，SPSS同时执行COMPUTE和LIST命令。

16.2.4 SPSS命令语句的状态

当运行SPSS程序时，首先需要定义活动数据集，然后对数据进行必要的转换，最后进行数据分析。SPSS程序体现出的命令语句的顺序是和SPSS程序的状态密切相关的。

SPSS的程序状态（Program States）是SPSS执行某一条命令前后所表现出的程序特征。具体而言，SPSS程序状态分为4种类型：

- 初始状态（Initial State）
- 输入程序状态（Input Program）
- 转换状态（Transformation State）
- 过程状态（Procedure State）

这4种状态构成了SPSS程序的创建程序环境、读取数据、修改数据、执行过程的几种主要结构功能。一个合法的SPSS程序总是开始于初始状态。

图16.1所示为SPSS程序是如何从一种状态转向另一种状态的结构图。程序的当前状态类型由构成状态的命令所决定，并判断何种命令允许定义该种状态类型。

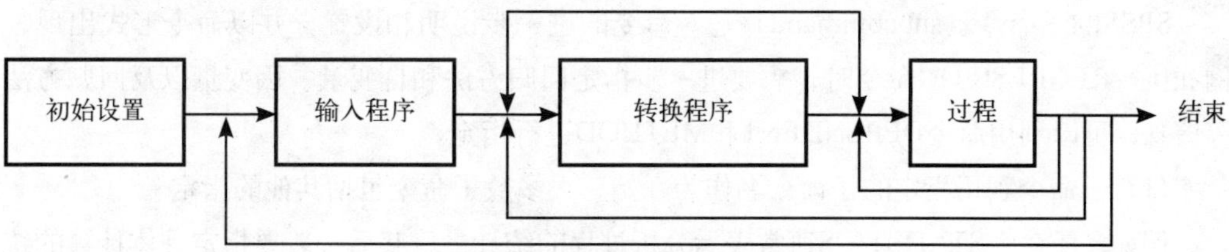

图16.1　SPSS程序的状态图

完成一个SPSS程序须经过初始状态、输入程序、过程状态等几个状态类型。因为所有程序开始于初始状态，所以编制程序时了解定义初始状态的数据集和分析数据的允许命令就变得尤为重要。

下面给出一简单示例说明该问题：

```
GET FILE=DATAIN.
FREQUENCIES VARIABLES=ALL.
```

例子中的GET命令定义了一个活动数据集；FREQUENCIES命令用于读取和分析数据；本程序中中出现3个状态：初始状态、输入程序和过程状态；注意到，该程序不含转换状态。一般而言，转换状态可不出现在程序中。

再考虑一例：

```
/* SPSS 程序状态示例 .
TITLE '不同组别之间的摘要图' .
DATA LIST FILE=TESTDATA
/AGE 1-3 ITEM1 TO ITEM3 5-10
VARIABLE LABELS ITEM1 '对国防费水平的观点'
ITEM2 '对国民福利水平的观点'
ITEM3 '对医疗卫生水平的观点'
VALUE LABELS ITEM1 TO ITEM3 -1 '同意' 0 '没意见' 1 '同意'
MISSING VALUES 年龄 (-99,-98)
ITEM1 TO ITEM3 (9)
RECODE ITEM1 TO ITEM3 (0=1) (1=0) (2=-1) (9=9) (ELSE=SYSMIS).
RECODE 年龄 (MISSING=9) (18 THRU HI=1) (LO THRU 18=0) INTO VOTER.
PRINT /$CASENUM 1-2 AGE 4-6 VOTER 8-10.
VALUE LABELS VOTER  '0 岁到 18 岁' 1 '18 岁以上' .
MISSING VALUES VOTER (9).
PRINT FORMATS VOTER (F1.0).
FREQUENCIES VARIABLES=VOTER, ITEM1 TO ITEM3.
```

该程序的初始状态以命令TITLE开始；一旦执行DATA LIST命令时，表示数据转换状态或者输入程序的开始。本例中，从命令VARIABLE LABELS到PRINT FORMATS之间两次出现数据转换状态，正如在图16.1中表示的一样，一个程序的数据转换和过程等状态可重复出现多次。

16.2.5 SPSS的子命令

SPSS的子命令（subcommand）是对命令的进一步说明和设置，并以命令形式出现。例如执行REGRESSION命令时，需要进一步指定回归方法和自变量、因变量以及回归方法等信息，可以利用命令DEPENDENT和METHOD进行指定。

（1）子命令利用指定的子命令名作为开始，大多数子命令包括其他的指定。

例如，子命令STATISTICS通常表示分析过程的统计量，其后一般要指定具体计算的统计量内容，如COEFF（相关系数）等；有时不需要指定，这时通常系统自动选择默认设置。

（2）子命令的出现顺序和命令的内部计算和分析步骤有关。

例如制表命令TABLES下的子命令STATISTICS就不能出现在子命令TABLE之前；而对于回归命令REGRESION，要求DEPENDENT子命令在前，METHOD子命令在后。

（3）子命令之间需用斜杠“/”分割，第一个子命令可以省略分割符。

下面给出的是一个回归分析的示例：

```
REGRESSION
  /MISSING LISTWISE
  /STATISTICS COEFF OUTS R ANOVA
```

```
    /CRITERIA=PIN(.05) POUT(.10)
    /NOORIGIN
    /DEPENDENT 生产总值
    /METHOD=ENTER 技术进步 投资总额 .
```

其中，MISSING、STATISTICS、CRITERIA、DEPENDENT等都是REGRESSION命令的子命令，用于指定回归分析的各个参数值和方法设置选项。

16.2.6 命令执行的两种方式

SPSS的命令的执行模式有两种：批处理模式（batch mode）和交互式处理模式（interactive mode）。批处理模式自动读取程序命令，该模式下执行程序时，SPSS会根据读到的新的命令判断前一条命令的结束。交互模式下的命令被立即执行，SPSS根据用户指定的某一条命令结束标识判断命令结束。

16.3 创建和运行Syntax

SPSS提供了3种syntax命令语句的运行方式，即Syntax命令语句窗口运行方式、INCLUDE命令运行方式和Production Facility运行方式。

本节讨论建立syntax文件和利用不同模式运行syntax程序的方法。

16.3.1 认识Syntax窗口

SPSS是在语句编辑窗口（SPSS Syntax Editor）编辑和运行syntax程序。在SPSS主画面下，单击菜单“File”→“New”→“Syntax”命令，打开SPSS的synatx编辑窗口（SPSS Synatx Editor），如图16.2所示。SPSS Synatx编辑窗口是syntax文件的编辑器，可以在该窗口下创建、编辑和修改syntax文件，并且对syntax文件进行调试和运行。

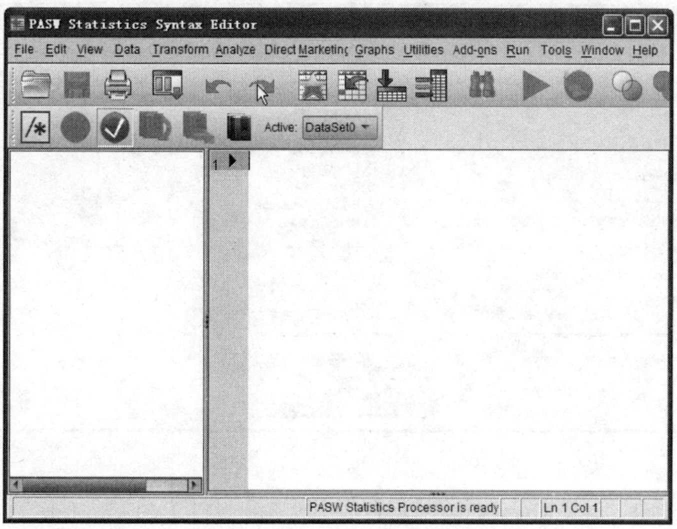

图16.2 SPSS Synatx编辑窗口

synatx编辑窗口的菜单栏和工具栏与数据编辑窗口（SPSS Data Editor）基本相同，但也存在一些差别。“Run”菜单给出运行syntax文件的命令选择项，用于执行syntax编辑窗口中的一条或全部命令。在工具栏中，有3个和数据编辑窗口不同的工具按钮：

执行synatx编辑窗口下用鼠标将文本涂黑的命令。

打开synatx帮助文件。

指定从菜单方式对话框中生成的命令语句粘贴到哪一个syntax窗口，只有同时打开两个以上的syntax窗口时该按钮才被激活。需要注意的是，syntax的粘贴窗口和活动窗口是不同的。

16.3.2 定制SPSS syntax编程环境

SPSS允许用户利用鼠标拖拽的方式定制工具按钮。用户可以将常用的菜单命令和操作定制为工具按钮，还可以定制外部脚本工具和宏工具按钮。不同类型的用户可以定制适合自己的个性化工具栏，大大增加了SPSS的灵活性和便捷性。

下面给出定制syntax编辑窗口工具栏的操作步骤：

步骤 1 在syntax窗口（或其他窗口），单击菜单“View”→“Toolbars”命令，显示“Show Toolbars”（显示工具按钮）对话框，如图16.3所示。

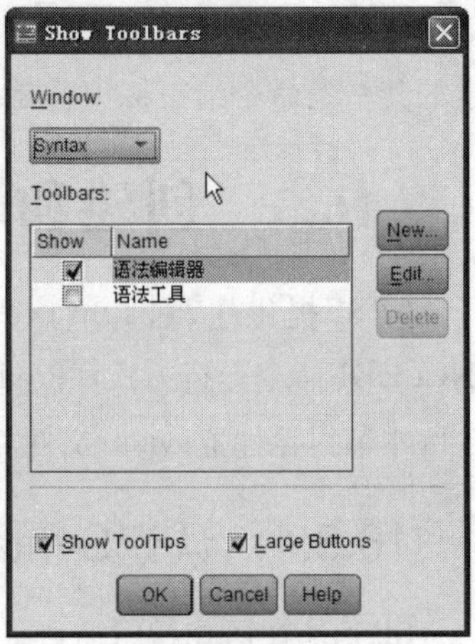

图16.3 “Show Toolbars”（显示工具按钮）对话框

步骤 2 单击View→Toolbars→Customize按钮，显示“Customize Toolbar”（自定义工具按钮）对话框，如图16.4所示。

图16.4 “Customize Toolbar”（自定义工具按钮）对话框

在“Categories”（类别）窗口中选择工具按钮的类别，包括“File”（文件操作）、“Edit”（编辑）、“Data”（数据处理）等；在“Items”（项目）窗口选择具体的工具按钮，选中之后用鼠标将其拖拽至“Customizing Toolbar：Syntax Editor”（定制工具按钮：语句编辑窗口）窗口的合适位置；单击“Edit Tool”按钮，编辑工具按钮的显示图标；单击“Properties”（属性）按钮，定义工具按钮的名称和应用窗口；单击“Reset Toolbar”按钮，恢复工具栏的默认设置。

图16.5是定制以后的工具栏按钮。第一个按钮为增加的“New Data”按钮，单击该按钮，将打开一个新数据编辑窗口；第二个按钮是“New Script”按钮，打开脚本编辑窗口；其后的4个按钮为syntax运行按钮，相当于语句编辑窗口中选择菜单“Run”，执行“Selection”、“Current”、“To End”、“All”操作。设置完毕后，单击“OK”按钮，回到主对话框。

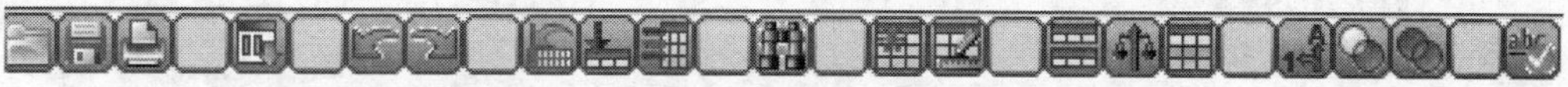

图16.5　定制的语句编辑窗口工具栏

16.3.3　创建和运行Syntax文件

1. 创建synatx文件的方式

图形界面的SPSS菜单操作情形下，有多种方式创建syntax命令语句程序文件：

（1）直接编写syntax程序

打开Syntax编辑窗口后，可直接在该窗口输入有效的命令语句。利用该方法创建syntax程序，要求用户熟悉SPSS命令语句的语法规则和其他过程命令语句的选择及参数设置，需要记忆大量的SPSS命令，且编写过程中容易出现错误；所以，对于初级用户，不提倡利用该种方法进行SPSS编程。

（2）利用“Paste”按钮得到命令语句程序

当选择菜单和对话框进行SPSS操作时，设置完毕后，单击对话框的“Paste”按钮后，系统自动将所有的操作以syntax命令语句的形式粘贴到syntax窗口。这是创建syntax命令语句的最常用的方法。

（3）结果输出窗口中log得到命令语句程序

利用此方法创建syntax命令语句程序，首先设置SPSS系统的浏览功能。方法为单击菜单“Edit”→“Options”命令，在打开的对话框中，单击上方“Viewer”（浏览）按钮，切换至“Options：Viewer”（选项：浏览）对话框，选择“Display commands in the log”选项。单击“OK”按钮。

当运行SPSS菜单方式的操作时，对话框选择的命令将自动显示在输出结果窗口的log栏中；选择所选命令的显示区域，然后将其后粘贴到syntax命令语句窗口。

（4）日志文件（journal file）中得到命令语句程序

SPSS系统中，图形界面下的所作的大多数操作（包括在命令语句窗口执行的命令语句程序）都以命令语句的形式自动记录在日志文件（Journal File）中，默认文件名为spss.jnl。日志文件不仅仅保存操作的命令语句，还保存操作过程中产生的错误和警告信息。

该文件的默认保存位置依赖于系统设置。例如，本机该文件保存的路径为：C:\

Documents and Settings\maple(本机用户名)\Local Settings\Application Data\SPSS 24.0\spss.jnl。设置和查询该文件路径信息，可单击菜单“Edit”→“Options”命令，在打开的对话框中，单击上方“General”按钮，出现“Options：General”（选项：概括）对话框，“Session Journal”窗口中可以看到该文件的保存位置和基本设置，也可单击“Browse”按钮，重新指定日志文件的位置和名称。

可以利用任何文本编辑工具打开和编辑Journal文件。下例是从Journal文件中摘录的一段程序信息：

```
DATA LIST /ID 1-3 Gender 4 (A) Age 5-6 Opinion1 TO Opinion5 7-11.
BEGIN DATA
001F2621221
002M5611122
003F3422212
004F45112L2
>Warning # 1102
>An invalid numeric field has been found. The result has been set to the
>system-missing value.
END DATA.
LIST.
```

其中，例中“>”符号标志后的文字为警告信息，含义为命令语句中出现无效的数值域；经检查，发现最后一个语句行的第10列中出现字符“L”，应该是键盘输入时导致的误操作，将该字符改为数值字符后，删除警告信息后粘贴到Syntax窗口执行该程序，不再出现警告信息。

2. 保存Syntax命令语句文件

在SPSS Syntax编辑窗口，单击菜单“File”→“Save As”命令，在出现的保存对话框中，指定保存的文件夹路径和文件名，单击“保存”按钮。syntax文件的扩展名为sps，需要时可以调用该语句文件。

3. 运行Syntax命令语句文件

运行SPSS Syntax编辑窗口中的命令，有下列两种方式：

（1）利用工具按钮运行程序。鼠标指向命令及其子命令的任意部分，单击运行按钮后，系统运行该命令及其所有子命令的语句，并在输出结果窗口中得到运行结果；如果出现错误，则给出错误信息；如果需要运行多个命令，利用鼠标涂黑命令所在的区域，单击运行按钮。

（2）利用菜单方式运行程序。利用和（1）相同的方法选择命令后，单击菜单“Run”栏提供的4个选项之一。这4个选项为“All”、“Selection”、“Current”、“To End”，分别表示运行语句编辑窗口的全部程序、或用鼠标选择的命令、当前选择的命令、从鼠标所指处到程序结束的部分。

16.3.4 SPSS程序的类型

SPSS的程序可表现为三种形式，其中两种形式是利用syntax语句编程，第三种需要利用SaxBasic语言编程。

1. 标准语句（Standard Syntax）

SPSS的标准语句是SPSS编程中最常用的语句形式，是利用一系列的SPSS命令来完成一项或多项任务的简单编程方法。

下面程序中给出的是一个简单编程的示例。该程序中利用GET DATA命令读入CSV格式（逗号分割值数据）的数据文件。从程序中可以看出，标准语句程序的每一条命令执行一项操作。运行该程序有三种方式，即在语句编辑窗口单击“Run”按钮、INCLUDE命令方式或者SPSS Production Facility方式。

```
GET DATA /TYPE = TXT
  /FILE = 'C:\examples\data\CSV_file.csv'
  /DELIMITERS = ","
  /QUALIFIER = '"'
  /ARRANGEMENT = DELIMITED
  /FIRSTCASE = 2
  /VARIABLES = 编号 F3 姓名 A15 性别 A1
  工作时间 ADATE10 部门 F1.
```

2. 宏（Macros）

很多高级语言允许用户定义宏。一般情况下，宏指的是将一系列的命令组合在一起作为一个单独的命令文件，并完成一定的功能。宏命令经封装以后，可以以工具栏按钮的形式或菜单形式出现，以便于用户使用。对于一般的编程环境，编制完成的宏可以以一系列的指令形式保存为宏文件，而编制宏是利用特定的宏语言。

SPSS的宏和其他编成环境的宏定义有一些差别。

首先，SPSS的宏是利用SPSS的syntax语句和少量的SPSS宏命令编写的，执行方式也和SPSS的syntax文件一致。

其次，SPSS的宏生成合乎SPSS语法规则的命令语句，即标准语句。

宏命令通常执行一些复杂但很常用的功能，利用宏可以减少任务的处理时间，提高工作效率。因为宏本身就是一系列的SPSS命令语句集合，所以并不需要专门的编辑器编辑和执行宏，宏可以视为一类特殊的syntax文件。

下面是一个宏的示例。执行例子中的宏将得到一个变量，即一个随机样本的样本容量。宏文件总是以语句DEFINE作为宏定义的开始，并结束于语句!ENDDEFINE。该例中宏的变量名为size，并且在宏的定义中，变量名size前总是添加符号“!”。

```
DEFINE !getsamp (size=!TOKENS(1))
GET FILE="c:\Program Files\SPSS 18\Employee data.sav".
SAMPLE !size.
```

```
!ENDDEFINE.
SET MPRINT=ON.
* 给定变量 size 的一个值后调用宏 .
!getsamp size=.1.
```

3. SPSS脚本运行方式（SPSS Scripting Facility）

采用SPSS的脚本方式同样可完成syntax语句和宏所完成的任务，并且比SPSS的宏具有更强的功能。例如，创建对话框、自定义输出窗口以及选择输出结果中的某些部分写入一个独立的文件中，并可为其他程序调用。

与syntax程序以及宏程序不同的是，SPSS脚本是利用SPSS的SaxBasic语言编写，但在脚本的定义中却可以引用SPSS命令语句。

16.4 SPSS Syntax语法

16.4.1 流程结构语句

与其他高级程序语言一样，我们也可以定义多种SPSS Syntax的流程结构语句，基本含义也与其他高级语言类似。

1. DO IF & END IF结构

DO IF & END IF结构的语句常用于根据给定的条件对满足条件的数据个案进行转换操作，可替代多个IF语句。DO IF & END IF语句的调用格式为：

```
DO IF (logical expression).
  Transformation statements.
ELSE IF (logical expression).
  Transformation statements.
Etc.
END IF.
```

其中，第一个逻辑表达式logical expression为真时，执行第一个数据转换命令Transformation statements；否则，判断下一个逻辑表达式是否为真，如果是，执行下一个数据转换命令Transformation statements；依次类推，继续后面的判断，直到有一个逻辑表达式为真时为止；否则，跳出该程序段。

下面的例子中，利用DATA LIST语句读出变量“var1”的数据，然后利用DO IF结构语句计算变量“var2”的变量值。

```
* DO IF & END IF 结构语句示例 .
DATA LIST FREE /var1.
BEGIN DATA
  1 2 3 4 5
END DATA.
```

```
DO IF (var1 > 2) & (var1 < 5).
  - COMPUTE var2=1.
ELSE IF (var1=2).
  - COMPUTE var2=2.
ELSE.
  - COMPUTE var2=3.
END IF.
```

运行结果：

```
var1    var2
  1       3
  2       2
  3       1
  4       1
  5       3
```

2. DO REPEAT &END REPEAT结构

DO REPEAT & END REPEAT结构语句允许用户对指定的变量集进行重复的分组转换。利用该语句可以减少命令语句的输入，但SPSS执行命令的次数却没有减少。基本调用格式为：

```
DO REPEAT stand-in variable = variable list/
  stand-in variable = variable list/.
  Transformation statements, using stand-in variable(s)
END REPEAT.
```

其中，stand–in variable为对指定转化变量的替代变量名（stand–in variable），后面的variable list为指定的变量列表，如果选择ALL，则指定数据文件中的所有变量；transformation commands为对指定变量的转换命令。

例如，下面给出的例子中，利用DATA LIST读入4个变量的数据，然后利用DO REPEAT结构语句转换“var1”和“var2”的变量值，从程序语句COMPUTE v=99中可以看到，该语句将这两个变量的变量值都变为99；END REPEAT为该结构的结束语句。

```
* DO REPEAT &END REPEAT 结构语句示例 .
DATA LIST LIST /var1 var3 id var2.
BEGIN DATA
  3 3 3 3
  2 2 2 2
END DATA.

DO REPEAT v=var1 var2.
  - COMPUTE v=99.
END REPEAT.
```

```
EXECUTE.
```

运行程序后，数据编辑窗口显示如下的结果：

```
var1     var3    id     var2
99.00   3.00    3.00   99.00
99.00   2.00    2.00   99.00
```

注 意

当DO REPEAT执行完毕后，替代变量也不再存在，所以，替代变量实际上是一个SPSS临时变量。

3. LOOP & END LOOP结构

LOOP结构的语句仍是一种循环语句结构，该结构用于对变量值的循环变换，和DO REPEAT结构不同，这里的变换一般针对变量的个案。其基本调用格式为：

```
LOOP varname=n TO m
transformation commands
END LOOP. [IF (logical expression).]
```

LOOP–END LOOP结构语句重复执行数据转换语句命令，直到达到停止条件。LOOP结构语句中的停止条件可以用一个指标语句指定，也可在END LOOP命令语句中后指定IF停止条件语句。另外，一个循环的最大迭代次数由子命令MXLOOPS指定，默认值为40。

下例中给出一个计算变量“X”阶乘的示例。变量X为从1到7的整数，变量“FACTOR”给出初始变量值1，利用LOOP语句转换“FACTOR”的变量值，方法为对变量X从1连乘至当前变量值。

```
* LOOP & END LOOP 结构语句示例 .
DATA LIST FREE / X.
BEGIN DATA
  1 2 3 4 5 6 7
END DATA.
COMPUTE FACTOR=1.
LOOP #I=1 TO X.
  COMPUTE FACTOR=FACTOR * #I.
END LOOP.
LIST.
```

数据编辑窗口的显示结果：

```
X         FACTOR
1.00      1.00
2.00      2.00
3.00      6.00
4.00      24.00
```

```
5.00        120.00
6.00        720.00
7.00        5040.00
```

提 示

程序中的#I表示指标变量，语句#I=1 TO X表示指标变量初始值为1，每次执行个案转换完毕后指标值加1，当指标值超过当前变量“X”的变量值时，停止循环；每次循环后指标值的增加数默认为1，也可设置每次循环后指标值的增加数。

4. VECTOR结构

利用VECTOR结构语句可以将工作数据文件中的多个变量视为一个向量，并重新指定连续的变量名。执行该语句后产生的向量可以为其他语句调用。例如，“年龄”、“性别”和“薪金收入”为数据文件中的3个数值型变量，我们可以为这3个变量定义一个向量VectorVar，并且向量包含3个元素，即3个变量，重新定义变量名：VectorVar(1) VectorVar(2) VectorVar(3)。

该结构语句既可以和LOOP语句结合使用，也可以单独使用。

VECTOR结构的基本格式为：

```
VECTOR {vector name=varname 1 TO varname n }    [/vector name …]
{vector name(n [format]) }
```

其中，vector name为向量名，varname 1 TO varname n表示定义的向量中包含从varname 1到varname n的n个变量，这n个变量的变量名可以是原始序列变量名，也可以是重新定义的变量名，用以表示原始变量中指定的n个变量。

下面给出一个VECTOR语句的示例：

```
* 利用变量的均值替换个案的缺失值 .
DATA LIST FREE /V1 V2 V3 V4 V5 V6 V7 V8.
MISSING VALUES V1 TO V8 (99).
COMPUTE MEANSUB=MEAN(V1 TO V8).
VECTOR V=V1 TO V8.
LOOP #I=1 TO 8.
  + DO IF MISSING (V(#I)).
  + COMPUTE V(#I)=MEANSUB.
  + END IF.
END LOOP.
BEGIN DATA
  1 99 2 3 5 6 7 8
  2 3 4 5 6 7 8 9
  2 3 5 5 6 7 8 99
  3 1 7 2 99 1 0 99
```

```
  3 4 5 6 7 8 9 0
END DATA.
LIST.
```

上例中，第一个COMPUTE命令对每个个案非缺失值数据计算均值，并转换为变量“MEANSUB”；VECTOR命令定义了向量V，该向量包含原始变量V1到V8的8个变量；LOOP语句对每一个个案执行一次转换；LOOP结构内的COMPUTE命令将含有缺失值的所有个案转换为变量均值。

图16.6是在数据编辑窗口中显示的执行结果。

	V1	V2	V3	V4	V5	V6	V7	V8	MEANSUB
1	1.00	4.57	2.00	3.00	5.00	6.00	7.00	8.00	4.57
2	2.00	3.00	4.00	5.00	6.00	7.00	8.00	9.00	5.50
3	2.00	3.00	5.00	5.00	6.00	7.00	8.00	5.14	5.14
4	3.00	1.00	7.00	2.00	2.33	1.00	.00	2.33	2.33
5	3.00	4.00	5.00	6.00	7.00	8.00	9.00	.00	5.25

图16.6　运行命令语句后的数据编辑窗口

5. EXECUTE命令

EXECUTE命令用于读取活动数据集的数据以及执行在该命令前的数据转换操作，该命令通常位于文件处理和数据转换命令之后。当SPSS读取到文件处理和数据转换命令时，这些命令并没有立即执行；针对这种情况，通过添加EXECUTE命令，执行在这以前的所有未执行的命令。

例如ADD FILES、MATCH FILES、UPDATE、PRINT和WRITE等文件处理命令就属于这种情况。

下面给出一个利用EXECUTE命令的程序段：

```
DATA LIST FILE=RAWDATA / 1 LNAME 1-13 (A) FNAME 15-24 (A)
MMAIDENL 40-55.
VAR LABELS MMAIDENL 'MOTHER''S MAIDEN NAME'.
DO IF (MMAIDENL EQ 'Smith').
  WRITE OUTFILE=SMITHS/LNAME FNAME.
END IF.
EXECUTE.
```

本例中，将数据文件中母亲的名字中含有Smith的所有人员的记录写入数据文件。当数据在被某一过程命令读取之前，DO IF-END IF和WRITE命令只是保存在内存中，并没有立即被执行；但在该程序段中没有出现其他过程，只有利用EXECUTE命令执行先前的所有数据处理和转换命令；否则，该命令不会被执行。

16.4.2　过程语句

SPSS的过程语句都是和SPSS的统计分析功能相关的，是SPSS命令语句的核心内容。例如REGRESSION、FACTOR等命令是执行回归分析和因子分析的SPSS过程语句命令。

对于经常使用SPSS的重复统计分析功能的用户，利用SPSS的过程语句可以大大提高操作效率；同时，SPSS的过程语句也提供了一些对话框方式不具备的统计分析功能。例如，结合分析（Conjnint Analysis）模块只能通过编程方式，在SPSS菜单方式中没有提供该模块的功能。

利用SPSS过程语句进行统计分析需要编制命令语句。可以选择两种方法编制SPSS的过程语句程序：

（1）在SPSS Syntax窗口直接输入程序命令

这种方式需要对SPSS语句命令的功能和语法规则有详细的了解，且容易产生语法等错误；但灵活性较强，可以编制功能复杂的SPSS程序。

（2）利用SPSS对话框模式自动生成语句程序

这种方式更为简单，同时不会产生语法错误。当需要作其他类似分析或增减输出结果时，只需要对自动生成的程序作少许修改，大大减少了编程工作量和程序错误。我们将该种执行数据管理和统计分析方式称为混合方式。

16.4.3 文件操作语句

本节给出文件操作的syntax命令语句，包括个案选择、打开和保存文件、合并文件等。虽然所有这些操作都可在菜单操作放下进行，但是利用命令语句的形式允许用户有更多的选择，也增加了对数据管理的灵活性。

1. 读取数据文件

SPSS Syntax命令语句中利用GET命令打开已存在的SPSS格式数据文件。例如：

```
  GET
    FILE='C:\Program Files\SPSS\Tutorial\sample_files\customers_model.
sav'.
```

执行打开指定路径的SPSS数据文件customers_model.sav。

GET命令的调用格式为：

```
GET FILE='file'
[/KEEP={ALL** }] [/DROP=varlist]
       {varlist}
[/RENAME=(old varnames=new varnames)...]
[/MAP]
```

该命令的选项和功能如下：

- GET命令读取指定路径的SPSS格式的数据文件，并在数据编辑窗口显示打开文件的数据集。

> **注 意**
>
> GET命令不能内嵌DO IF & END IF或者LOOP & END LOOP等条件或循环结构。

- 子命令DROP和KEEP用于复制数据文件的变量到活动数据集。其中DROP指定所有变量中不显示在活动数据集的变量；而KEEP子命令指定复制到活动数据集的变量。如果需要指定所有变量显示在活动数据集，KEEP子命令可选择关键字ALL；如果需要指定连续的变量名，可利用关键字TO，例如，/KEEP = name1 to name2表示指定变量名为name1、name2和name3的变量到活动数据集。
- 子命令RENAME用于修改复制到活动数据集的变量名。例如，子命令/RENAME=（sex=gender）将变量“sex”改为“gender”。
- 关键字MAP用于显示活动数据集中变量列表和它们相应的SPSS数据文件中的名称，这是一个很有用的功能，可以帮助用户检查对数据文件的变量名和变量顺序所做的修改。

举例说明：

```
GET
  FILE='C:\Program Files\SPSS\Tutorial\sample_files\customers_model.sav'
  /RENAME=(Age=Age88) (Customer_ID=ID)
  /KEEP= ID Age88 Gender Age_Group ALL /MAP.
```

上例中，读取指定路径的SPSS数据文件customers_model.sav；并将数据文件中的变量Age和Customer_ID分别改为Age88和ID；在活动数据集中显示所有变量，其中前4个变量的顺序依次指定为Customer_ID、Age88、Gender、Age_Group，其余变量仍按照数据文件中的顺序显示。

关键字MAP用于在结果输入窗口显示对新变量名的修改信息，即前4个变量的顺序依次指定为ID、Age88、Gender、Age_Group，其余变量按照数据文件中的顺序显示。

如果需要打开其他格式的数据文件，可利用GET命令的其他形式，其中包括：

- Get Capture 读取利用ODBC驱动的数据库格式的数据文件。
- Get SAS 读取SAS格式的数据文件。
- Get Data 读取利用ODBC驱动的数据源、Excel格式的数据文件和文本数据文件等，功能上与命令Get Capture和Data List相似。
- Get Translate 读取各种逗号格式的数据文件，其中包括Lotus 1-2-3、Excel（Excel 4以前的版本）、dBASE IV及早期版本和制表分割符的ASCII数据文件。

以上命令，除了Get SAS命令以外，其余都可以在菜单方式下进行操作；但利用syntax命令格式读取数据文件，可提供比菜单方式下更多的选择和更大的灵活性。

2. 保存数据文件

SPSS Syntax命令语句中利用SAVE命令保存已打开的SPSS格式数据文件。例如

```
SAVE OUTFILE= C:\dada\customers_model.sav’.
```

将活动数据集数据保存到指定路径的位置，且保存文件名为customers_model.sav。

SAVE命令的调用格式为：

```
SAVE OUTFILE='filespec'
```

```
[/VERSION={3**}]
          {2 }
[/UNSELECTED=[{RETAIN}]
              {DELETE}
[/KEEP={ALL** }]
        {varlist}
[/DROP=varlist]
[/RENAME=(old varlist=new varlist)...]
[/MAP]
[/{COMPRESSED }]
{UNCOMPRESSED}
[/NAMES]
[/PERMISSIONS={READONLY }
{WRITEABLE}
```

该命令的选项和功能如下：

- 子命令VERSION允许用户保存利用7.5以前的版本打开的数据文件。默认选择为3，含义为保存为当前版本的数据文件；若选择2，则保存为早期版本可以识别的SPSS数据文件。
- 子命令UNSELECTED用于设置数据集中的过滤个案是否仍保存在数据文件中。在默认状态下，选择RETAIN，开启过滤功能，过滤的个案保存在数据文件中，以便需要的时候，恢复过滤的个案；如果需彻底删除过滤的个案，选择DELETE。
- 子命令COMPRESSED和UNCOMPRESSED用于设置保存文件是否为压缩形式。例如，选择COMPRESSED子命令，则数据文件保存为压缩形式，数据中较小的整数（99至155）占用1个字节，而不是通常的8个字节；选择压缩形式可以节省储存空间，但打开压缩文件需要更长的时间。
- 子命令NAMES用于变量名超过8个字符的长变量名。当读取12.0以前的版本时，NAMES显示8个等价字符。
- 子命令PERMISSIONS设置操作系统的文件读写属性。选择READONLY，表示文件设置为只读文件；选择WRITEABLE时，文件为可读写。
- 其他子命令或关键字，例如KEEP、DROP、RENAME、MAP与GET命令中的相应子命令或关键字的含义相同，不再赘述。

给出一示例：

```
GET
  FILE='C:\Program Files\SPSS\Tutorial\sample_files\customers_model.sav'
SAVE OUTFILE='c:\ customers_model.sav'
  /RENAME=(Age=Age88) (Customer_ID=ID)
  /KEEP= ID Age88 Gender Age_Group ALL
  /MAP.
```

上例中，将SPSS提供的数据文件重新保存至C盘的data文件夹中，文件名仍为

customers_model.sav，但新文件中变量“Age”和“Customer”的名称发生了变化；同时，新文件变量的显示顺序与原文件也有所不同，具体信息在输出结果中给出。

说 明

利用syntax命令语句也可将SPSS格式的数据文件保存为其他数据格式，相应的命令为Save Translate。

在SPSS程序中，SAVE命令是立即执行的，这意味着SPSS将该命令视为过程命令；同时，也意味着SAVE命令中不能嵌入Do If & End If和Loop & End Loop等转换结构的语句。

另一可选的命令为Xsave，该命令和SAVE本质上具有相同的功能，但Xsave命令却是数据转换命令，所以在Xsave命令后出现过程命令时，才会执行该命令；否则的话，只能通过添加Execute命令，强制执行该命令。

对于含有巨量数据的统计分析任务，数据转换结构语句中利用Xsave命令，可以有效地减少数据处理时间。例如，对于给定不同险种的保险数据，如果需要将客户不同险种的数据保存为不同的文件，结合Do IF & End If转换结构语句和Xsave命令，产生如下的程序段：

```
IF 险种 = '家庭财产险'.
XSAVE OUTFILE = 'homeowner.sav'.
ELSE IF POLICY = '人寿险'.
XSAVE OUTFILE = 'life.sav'.
```

3. 创建数据文件

利用DATA LIST命令定义原始数据文件，并对文件中的每一变量给出变量名和数据类型。原始数据可以直接利用BEGIN DATA和END DATA命令在程序中读取，也可以使用其他格式的外部文件；SPSS可以读取固定格式的数据，也可以读取自由格式数据。

DATA LIST命令的语法格式为：

```
DATA LIST /varname(format) varname(format) varname(format)….
```

其中，varname为定义数据文件的变量名，format为变量的数据类型及其格式，例如，语句：

```
DATA LIST /考号 1-3 性别 5 (A) 年龄 7-8 课程1 TO 课程5 10-14.
```

定义了8个变量的数据文件，VarID 1–3表示变量名为“考号”，变量值位于1~3列的数据，该变量没有指定数据类型，则自动默认为数值型；DATA LIST命令支持TO语句定义序列变量，课程1 TO 课程5 10–14定义了5个变量，变量名分别为“课程1”到“课程5”，数据依次位于第10列至第14列。该命令默认数据为固定格式（FIXED）。

注 意

对于数值型格式（F）（默认格式）和科学计数法（E）格式的数据，输入数据的小数标识必须和SPSS的小数标识相匹配（圆点或者逗号）。SHOW DECIMAL命令显示当前小数标识；SET DECIMIAL设置小数标识。

DATA LIST语句的一般定义规则如下：

- 指定数据的显示格式：FIXED（固定）或FREE（自由）。
- 如果数据来自外部数据文件，利用子命令FILE指定外部文件的路径和文件名。
- 如果数据为内联（inline）的，利用BEGIN DATA和END DATA命令显示数据。
- 固定格式数据变量的定义应包括变量名、变量的列位置以及数据类型。
- 自由格式数据变量的定义应包括变量名、分隔符。

下面给出两个示例说明DATA LIST命令的用法。

利用DATA LIST读取固定格式的数据：

```
DATA LIST /考号 1-3 性别 5 (A) 年龄 7-8 课程1 TO 课程5 10-14.
BEGIN DATA
001 m 28 12212
002 f 29 21212
003 f 45 32145
128 m 17 11194
END DATA.
```

图16.8所示为执行该程序后的数据编辑窗口显示的结果。

	考号	性别	年龄	课程1	课程2	课程3	课程4	课程5
1	1	m	28	1	2	2	1	2
2	2	f	29	2	1	2	1	2
3	3	f	45	3	2	1	4	5
4	128	m	17	1	1	1	9	4

图16.8　固定格式数据读取的显示结果

利用DATA LIST读取自由格式的数据：

```
DATA LIST FREE / 学号 (F) 姓名 (A) 性别 (A) 年龄 成绩 .
BEGIN DATA
20050254, 刘圆 , f, 16, 81, 20050254, 涂强 , m, 18, 99, 20050254, 赵一
A, f, 22, 82, 20050254, 刘兴泰 , m, 22, 93
END DATA.
```

图16.9所示为执行该程序后的数据编辑窗口显示的结果。

	学号	姓名	性别	年龄	成绩
1	20050254	刘圆	f	22.00	81.00
2	20050254	涂强	m	18.00	99.00
3	20050254	赵一A	f	22.00	82.00
4	20050254	刘兴泰	m	22.00	93.00

图16.9　自由格式数据读取的显示结果

16.5　Syntax语句错误与程序调试

利用Syntax编程出现错误是在所难免的。常见的程序错误有以下几种：

- Syntax语法错误
- 程序运行错误
- 数据错误

Syntax命令语句和菜单操作过程中都会出现运行错误和数据错误；本节中我们重点讨论只有在Syntax中才会出现的语法错误，主要包括如何定位syntax语法错误、如何正确理解SPSS错误信息以及修改错误的一些技巧；同时也给出示例说明调试和修改程序的一般过程。

16.5.1 识别Syntax命令的语法错误

迅速识别Syntax错误的有效方法是在结果输出窗口显示运行的Syntax命令语句，并自动定位错误语句所在的位置。

在“Options”对话框进行显示Syntax命令语句的设置。单击菜单“Edit”→“Options”命令，在打开的对话框中，单击上方的“Viewer”（浏览）按钮，切换至“Options：Viewer”（选项：浏览）对话框，选择“Display commands in the log”选项，单击“OK”按钮，如图16.10所示。

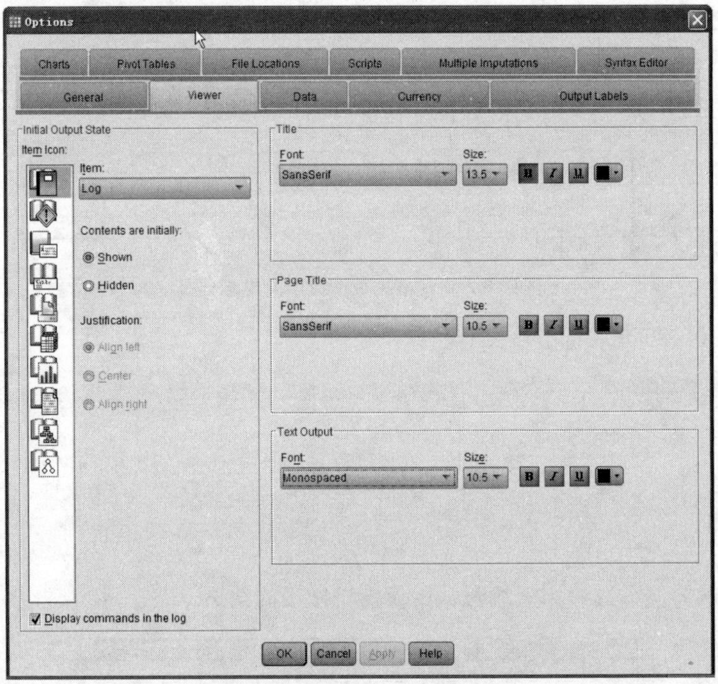

图16.10 “Options：Viewer”（选项：浏览）对话框

设置完毕后，无论是在菜单方式下，还是Syntax命令语句环境下的操作，都会在输出结果窗口中显示相应操作的syntax命令语句；同时，如果程序出现错误，也会显示错误的相应位置，为迅速查找和定位SPSS的错误提供了很大的便利。

16.5.2 错误信息

Syntax程序出现错误时，结果输出窗口显示错误信息的位置，并指出错误的属性以及改正建议；出现错误时，程序中断运行；但在有一些情形下，SPSS也会自动处理某些错误，并继续运行程序，即使运行结果可能并不是我们所期望的。

例如，VARIABLE LABELS命令后输入变量名时产生拼写错误，程序将忽略该变量名和变量标签，但不影响在同一命令下定义的其他变量名。

致命错误不仅仅可以导致该命令及其子命令不被执行，甚至还会使整个程序中止运行。例如，在SPSS的早期版本中，DATA LIST命令后如果输入超过8个字符的长变量名（如OCCUPATION），SPSS系统认为该错误为致命错误，整个程序中止运行。

SPSS的错误信息显示在结果输出窗口中的Outline面板下的Warning Items，也有一些错误信息显示在Log Items。Log的错误信息大多和读取数据文件、数据转换有关；Log的错误信息分为两种：Warnings（警告）和Errors（错误），警告信息一般不会导致程序中止运行，仅是程序段中部分命令的执行受到影响。

16.5.3 理解错误信息的含义

错误信息提供了导致错误信息的原因和修改建议，正确理解错误信息的含义可以解决绝大多数复杂的程序错误。

SPSS错误信息有以下几种一般的描述方式：

- The command which caused the error 产生错误的命令（如果该命令显示在Log中）。
- The source of the problem 产生问题的语句（后面给出出现错误的语句）。
- The actual error message itself 当前错误信息。
- Suggestions on how to correct the error 修改错误的建议。
- The action taken by SPSS for Windows SPSS for Windows对错误的处理。

16.5.4 修改Syntax语法错误

当程序出现错误时，首先检查错误信息中指定的可能出现错误的命令语句；如果该命令没有错误，则检查过程命令，有时需要检查其他相关的命令，直至找到错误位置，改正后执行通过为止。

最常见的syntax命令语句的错误有如下几种：

- 定义了违反SPSS变量命名规则的变量名。
- 遗漏了子命令中经常需要的斜杠符号和等号。
- 遗漏了单引号、双引号和括号的另一端，或者不匹配。
- 子命令的错误顺序。
- 遗漏了命令结束符。

16.5.5 Syntax语法错误的实例分析

这里我们讨论几个出现错误的Syntax命令语句，分析其产生原因，并给出改正的命令语句。

1. 缺失值导致DO IF结构产生的错误

缺失值对DO IF结构的语句产生一定的影响，甚至会导致错误。利用条件表达式判断缺失值，如果对缺失值的定义值恰好满足条件表达式，则中止循环。为避免此类问题，应该在DO IF结构语句开始之前处理好缺失值的定义值。

下面给出一示例说明此类错误。

```
* 缺失值对 DO  IF 结构的影响示例 .
DATA LIST FREE (",") /a.
BEGIN DATA
1, , 1 , ,
END DATA.
COMPUTE b=a.
* 由于第二个条件不满足，下列 DO  IF 语句不起作用 .
DO IF a=1.
COMPUTE a1=1.
ELSE IF MISSING(a).
COMPUTE a1=2.
END IF.
DO IF MISSING(b).
COMPUTE b1=2.
ELSE IF b=1.
COMPUTE b1=1.
END IF.
EXECUTE.
```

- 第一个DO IF不会产生2的值，因为如果a是缺失值，则语句DO IF a=1使得循环条件满足，循环中止。
- 第二个DO IF语句中，如果b是缺失值，DO IF MISSING(b)计算为真，b1赋值为2；否则，b1为1。

2. 不同操作模式下的Syntax语法错误

交互式（Interactive）和批处理（batch/include）模式是SPSS Syntax命令语句运行的不同模式，不同模式下的syntax语法规则错在一些细微的差别。一种模式下能够正确运行的程序在另一种模式下可能会产生一些错误，原因如下：

- 交互模式下，如果没有给出命令结束符（句点），系统自动读取下一行的语句作为该命令的继续。
- 批处理（batch/include）模式下，无论有无命令结束符，任一行的第一列文字都将被读取为命令。

例如，下例中的COMPUTE命令没有给出命令结束符，在交互模式下，产生错误信息。

```
* COMPUTE 命令没有给出命令结束符的错误示例 .
COMPUTE newvar=1
VARIABLE LABEL
jobcat "A new label for this variable".
>Error # 4381 in column 1. Text: VARIABLE
```

```
>The expression ends unexpectedly.
>This command not executed.
*Error in include file because a continuation line
starts in first column.
INCLUDE 'c:\data\temp_include.sps'.
78 COMPUTE newvar=1
79 VARIABLE LABEL
80 jobcat "A new label for this variable".
>Error # 1 on line 80. Command name: jobcat
>The first word in the line is not recognized as an SPSS command.
>This command not executed.
```

为避免此类错误，编写命令语句时，应及时在命令结束时添加命令结束符。

16.6　小结

本章讲述SPSS的Syntax命令语句的程序设计方法，主要包括SPSS命令的概念、分类和定义规则；并简要叙述了SPSS Syntax命令语句的语法规则，介绍了错误信息的识别与程序调试的基本方法。通过本章的学习，读者应对SPSS软件的功能有进一步的了解。

第17章

SPSS 应用实战——音乐产品

本章包括

- 研究方案设计
- 定量问卷设计
- 数据定义与数据清洗
- 数据配比与数据转换
- 描述统计方法的实际应用
- 推论统计方法的实际应用
- 研究总结与研究报告的撰写

SPSS 在商业研究中应用广泛，SPSS 处理数据的优势在于操作简单灵活，结果清晰直观。本章首先介绍如何处理原始商业数据，将原始数据整理成能够应用于实际分析的有效数据，避免数据质量对研究结果产生影响，然后介绍在实际研究项目中应用 SPSS 分析项目数据，逐步挖掘有价值的数据信息的方法。

SPSS 24

17.1 项目介绍

在实际的行业应用中，数据分析通常只是作为一个研究项目的一个环节。一个研究项目通常包括项目需求分析、研究方案设计、研究执行阶段，通过对研究过程中收集的数据展开分析，这个分析要紧扣整个研究项目的核心研究目的，同时在给出分析结论时要紧密结合研究项目的背景进行考量，避免得出与已知行业常识相违背的数据，当然，这并不代表与常识相违背的数据结论都不可采用，只是对于这样的结论应当更加谨慎对待，建议结合多个渠道的数据进行对比，同时对已有的数据进行多个维度的自我校对和验证。此外，研究通常包括定性和定量的数据，定量研究得到的结果可以与定性的结果互相支持互相验证。由此也可以看出，数据分析结果并不完全等同于项目研究报告，一个项目研究可能包含多种研究方法和多个数据来源渠道，主要的研究分析过程是通过对诸多数据进行系统性的比较得出一个相对严谨的参考性结论。

17.1.1 项目背景

魔方音乐产品团队尝试在改版之前进行一次用户调研，希望通过调研结果了解产品的市场渗透率、用户对产品的使用评价，同时深入了解产品的用户群体。根据业务方的需求，研究团队给出的研究方案一共包含3个部分，包括音乐市场概况分析、魔方音乐产品的需求分析，以及魔方音乐的用户画像分析。

在研究员与业务方进行充分需求沟通，对需求进行解析和定义之后，一同制定了如下研究方案：

Step 1. 多渠道收集并分析现有市场数据，估计现有市场的分布和潜在市场的规模。

Step 2. 通过问卷收集魔方音乐产品的用户评价和使用习惯，了解用户对于产品的需求所在。

Step 3. 问卷收集并分析魔方音乐用户的人口属性和行为特征数据，描绘音乐用户的群体画像。

Step 4. 结合各部分数据对音乐市场进行整体分析判断，针对产品定位给出建议以辅助决策。

17.1.2 数据介绍

研究员先从网上的公开渠道收集了大量音乐市场相关信息，包括2010–2016年全球数字音乐收入及增长率、2010–2016年手机音乐用户及市场规模音乐市场分布情况及2010–2016年中国手机网民规模及占整体网民比例等市场和行业概况的数据信息。前期收集到的多渠道公开数据有利于在研究过程中进行相互校验，避免因特定渠道数据有误得到与实际有较大偏差的分析结论。

在对产品市场有了一定判断之后，研究员根据需求方提供的产品和竞品信息，设计并反复修改得到如图17.1到图17.4所示的包含市场渗透、产品使用、基础行为和人口属性四个部分的调查问卷。

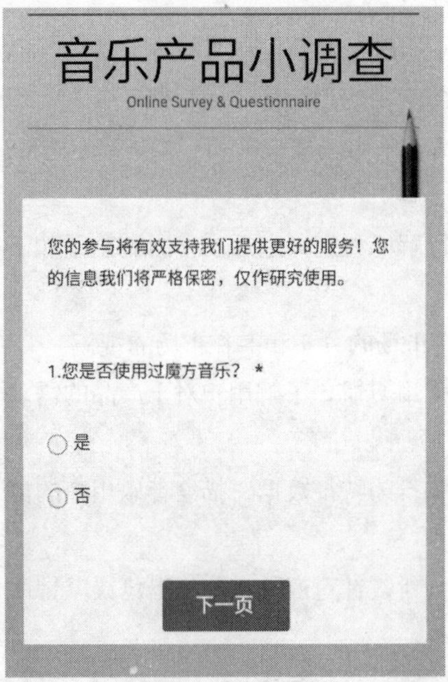

图17.1-A　音乐小调查问卷 Part 1 市场渗透

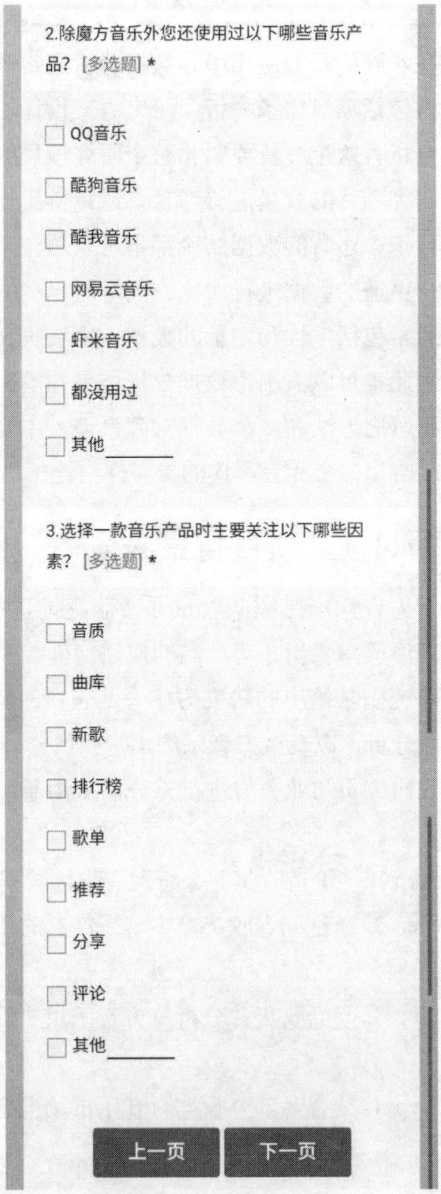

图17.1-B　音乐小调查问卷 Part 1 市场分布及市场竞争力

*注：Q1中选择“否”的用户将会直接退出问卷，不会填答后续问题。

图17.1是问卷中的第一部分，主要了解若干竞品的市场渗透率以及市场竞争力。图17.2是问卷的第二部分，主要用于了解魔方音乐用户产品使用习惯及产品评价：

图17.2-A涉及包括产品使用时长、日常使用频率以及音乐收听偏好等3个变量，图17.2-B中要求魔方产品用户为魔方音乐从音质、曲库、新歌、排行榜、歌单、推荐、分享和评论等8个维度进行7点李克特量表评分。图 17.2-B中还包括了用户主要使用魔方音乐的设备以及推荐度NPS的10点评价：

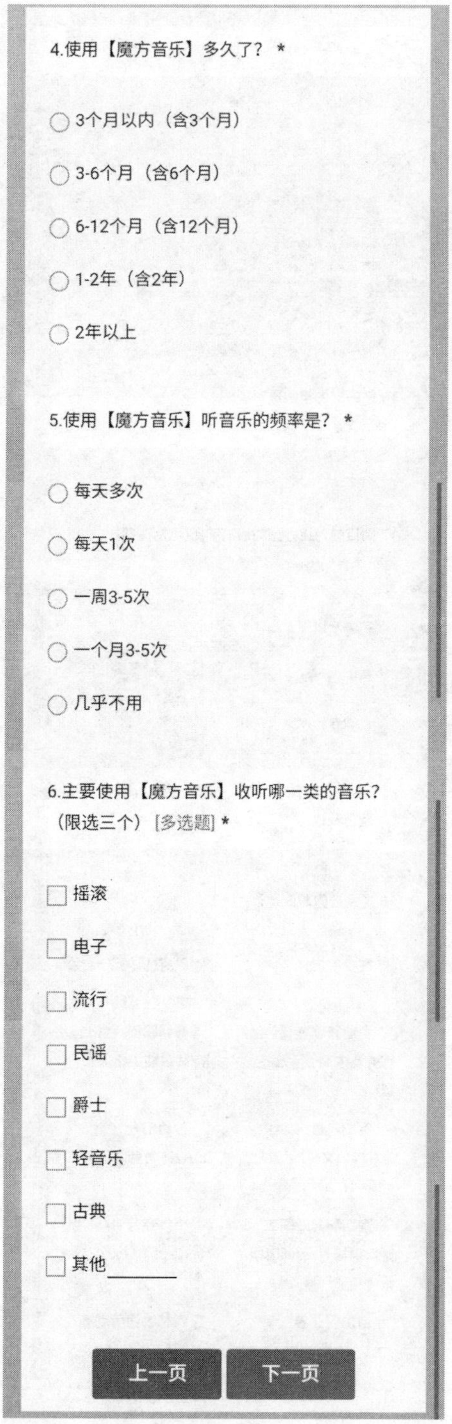

4.使用【魔方音乐】多久了？ *

◯ 3个月以内（含3个月）
◯ 3-6个月（含6个月）
◯ 6-12个月（含12个月）
◯ 1-2年（含2年）
◯ 2年以上

5.使用【魔方音乐】听音乐的频率是？ *

◯ 每天多次
◯ 每天1次
◯ 一周3-5次
◯ 一个月3-5次
◯ 几乎不用

6.主要使用【魔方音乐】收听哪一类的音乐？（限选三个）[多选题] *

□ 摇滚
□ 电子
□ 流行
□ 民谣
□ 爵士
□ 轻音乐
□ 古典
□ 其他______

上一页　下一页

图17.2–A　音乐小调查问卷 Part 2 竞品使用与评价1

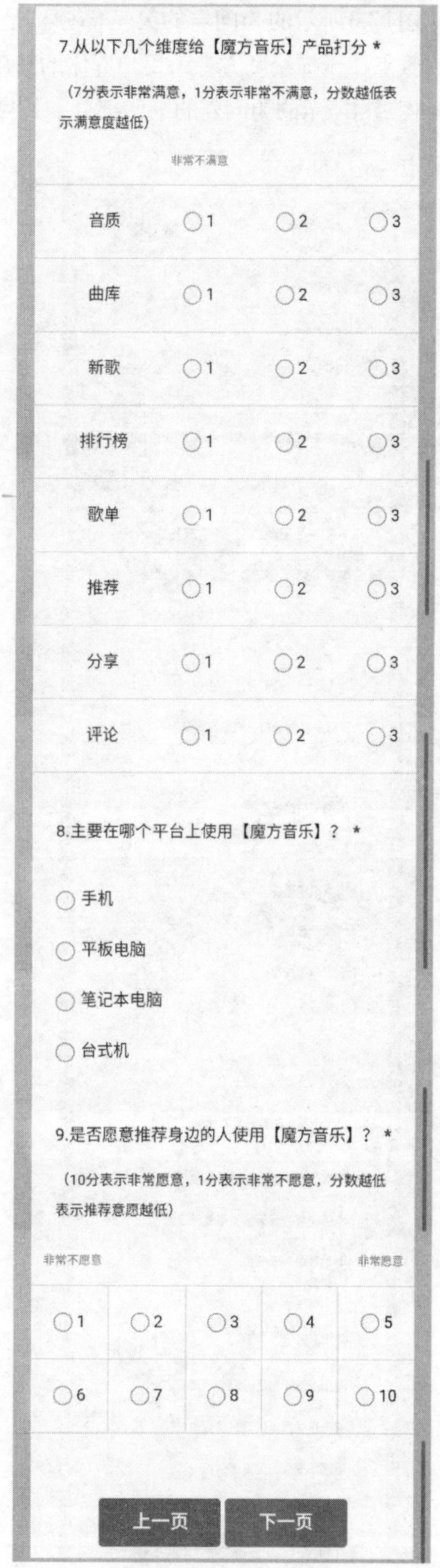

7.从以下几个维度给【魔方音乐】产品打分 *

（7分表示非常满意，1分表示非常不满意，分数越低表示满意度越低）

	非常不满意		
音质	◯1	◯2	◯3
曲库	◯1	◯2	◯3
新歌	◯1	◯2	◯3
排行榜	◯1	◯2	◯3
歌单	◯1	◯2	◯3
推荐	◯1	◯2	◯3
分享	◯1	◯2	◯3
评论	◯1	◯2	◯3

8.主要在哪个平台上使用【魔方音乐】？ *

◯ 手机
◯ 平板电脑
◯ 笔记本电脑
◯ 台式机

9.是否愿意推荐身边的人使用【魔方音乐】？ *

（10分表示非常愿意，1分表示非常不愿意，分数越低表示推荐意愿越低）

非常不愿意　　非常愿意

◯1	◯2	◯3	◯4	◯5
◯6	◯7	◯8	◯9	◯10

上一页　下一页

图17.2–B　音乐小调查问卷 Part 2 竞品使用与评价2

图17.3所示的为问卷的第三部分，是针对魔方音乐用户的基础音乐收听习惯进行提问，重点在于描绘魔方音乐用户群体的基础行为特征和潜在需求挖掘：

图17.4所示的为问卷的第四部分，是魔方音乐用户的人口属性信息：

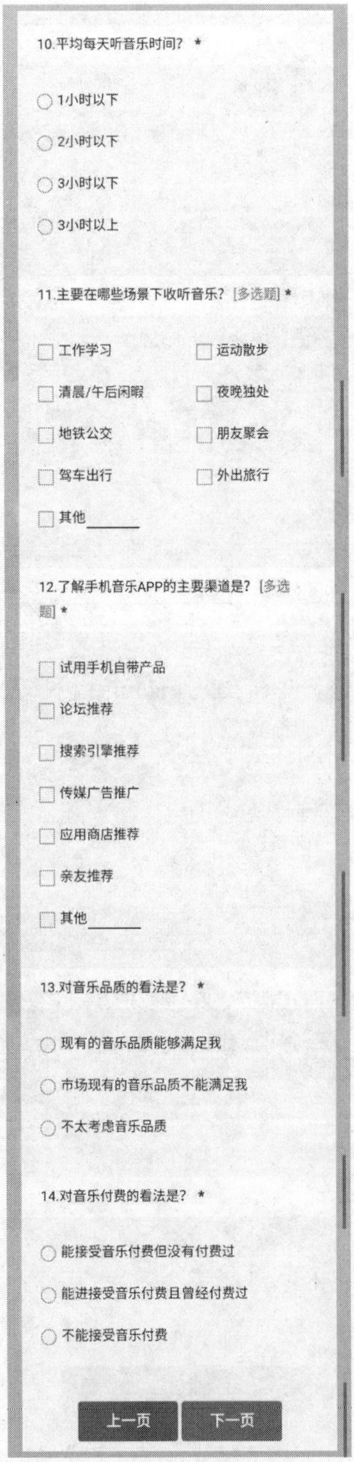

10.平均每天听音乐时间？ *

◯ 1小时以下
◯ 2小时以下
◯ 3小时以下
◯ 3小时以上

11.主要在哪些场景下收听音乐？[多选题] *

☐ 工作学习 ☐ 运动散步
☐ 清晨/午后闲暇 ☐ 夜晚独处
☐ 地铁公交 ☐ 朋友聚会
☐ 驾车出行 ☐ 外出旅行
☐ 其他______

12.了解手机音乐APP的主要渠道是？[多选题] *

☐ 试用手机自带产品
☐ 论坛推荐
☐ 搜索引擎推荐
☐ 传媒广告推广
☐ 应用商店推荐
☐ 亲友推荐
☐ 其他______

13.对音乐品质的看法是？ *

◯ 现有的音乐品质能够满足我
◯ 市场现有的音乐品质不能满足我
◯ 不太考虑音乐品质

14.对音乐付费的看法是？ *

◯ 能接受音乐付费但没有付费过
◯ 能进接受音乐付费且曾经付费过
◯ 不能接受音乐付费

上一页 下一页

图17.3　音乐小调查问卷 Part 3 音乐用户基础行为

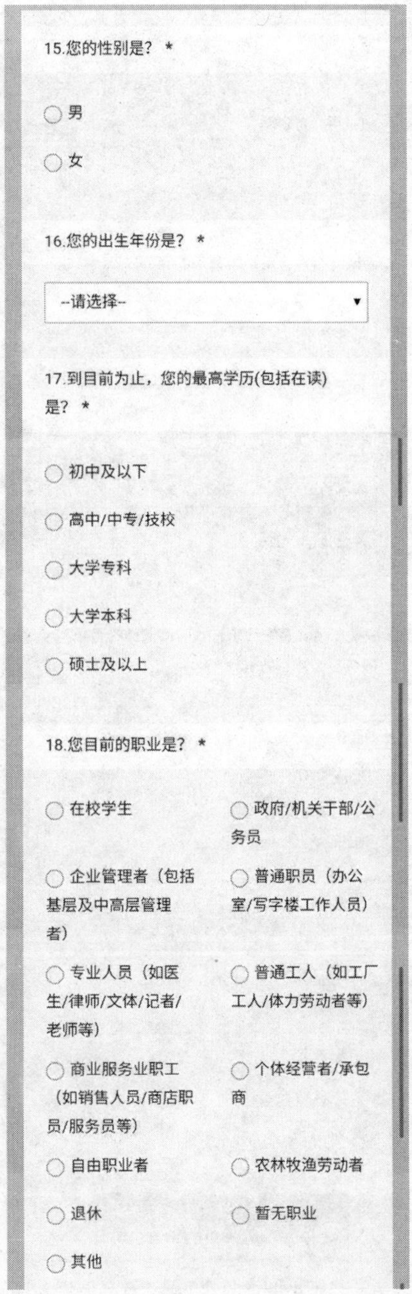

15.您的性别是？ *

◯ 男
◯ 女

16.您的出生年份是？ *

--请选择--

17.到目前为止，您的最高学历(包括在读)是？ *

◯ 初中及以下
◯ 高中/中专/技校
◯ 大学专科
◯ 大学本科
◯ 硕士及以上

18.您目前的职业是？ *

◯ 在校学生 ◯ 政府/机关干部/公务员
◯ 企业管理者（包括基层及中高层管理者） ◯ 普通职员（办公室/写字楼工作人员）
◯ 专业人员（如医生/律师/文体/记者/老师等） ◯ 普通工人（如工厂工人/体力劳动者等）
◯ 商业服务业职工（如销售人员/商店职员/服务员等） ◯ 个体经营者/承包商
◯ 自由职业者 ◯ 农林牧渔劳动者
◯ 退休 ◯ 暂无职业
◯ 其他

图17.4–A　音乐小调查问卷 Part 4 人口属性1

图17.4–B　音乐小调查问卷 Part 4 人口属性2

上述问卷由研究员通过腾讯问卷在线投放，研究员在1周时间内回收了10000份原始样本*（部分示例样本数据为随机生成，仅供示例参考，不具现实意义），其中有2000份表示是魔方音乐的目标用户，仅抽取2000个目标用户数据进行后续分析，详细数据参见：mofan_music_data.sav

关于问卷投放所涉及的总体抽样，首要原则是尽量避免抽样误差。例如研究对象是全国网民，就不能仅收集1–2个省份，即使不能覆盖所有城市，也应当从各线城市中抽取特定数量比例的城市样本，如果仅收集到一二线城市的网民数据，显然数据整体是有偏差的，就会导致代表性不足。抽样的随机性和代表性在商业调查中是比较大的挑战，因为商业研究往往有更多时间和资源的限制，一个项目可能很着急地要结果，这意味着不太可能完全按照科学研究的标准去抽样，所以通常是在尽可能匹配和平衡潜在影响因素的条件下进行方便抽样。

17.2　数据准备

17.2.1　数据定义

由于研究得到的原始数据通常不是SPSS的数据文件形式，所以需要尝试将数据整理到SPSS的数据表中。不论是何种文件形式，通常整理后的结果如图17.5所示。首先需要重新为各个变量命名（Name），通常单选题可以直接按照变量实际意义命名，就不必打标签，多选题的主干部分可以意译，下划线之后用数字代替，建议把“其他”项用数字“98”代替，因为通常选项不会有98个，避免重叠，还方便在后续定义多重响应集时快速找到默认结束项。其次，可以将问卷中的题干用作标签列（Lable），但多选题在分析时如果用题干做标签会很长，可以适当精简。随后，需要调整数据类型（Type），确认数据类型和实际数据相符。

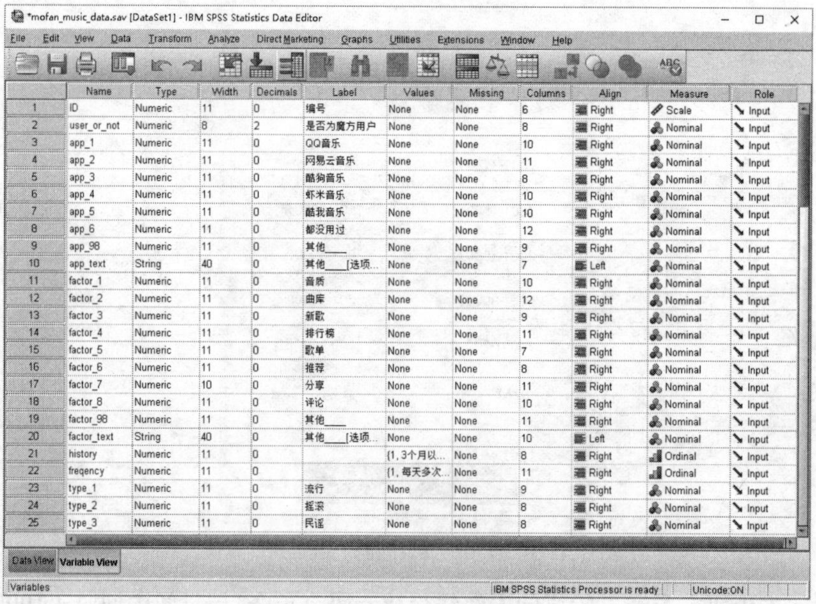

图17.5　音乐小调查数据（变量视图）

最后需要对单选题中的选项添加注释值（Value），主要是为称名变量和定序变量中的数值赋予具体的意义。赋值的操作可以通过Syntax语句批量添加。图17.6呈现了为部分变量赋值的语句，其他变量赋值的语句与此类似，可以通过Excel的“CONCATENATE”函数批量编辑。具体操作是在打开数据文件之后，新建一个Snytax文件，然后输入并选中图中语句（记得要用句点分隔完整语句），单击菜单栏上的“Run Selection”，即可成功为目标变量赋值。

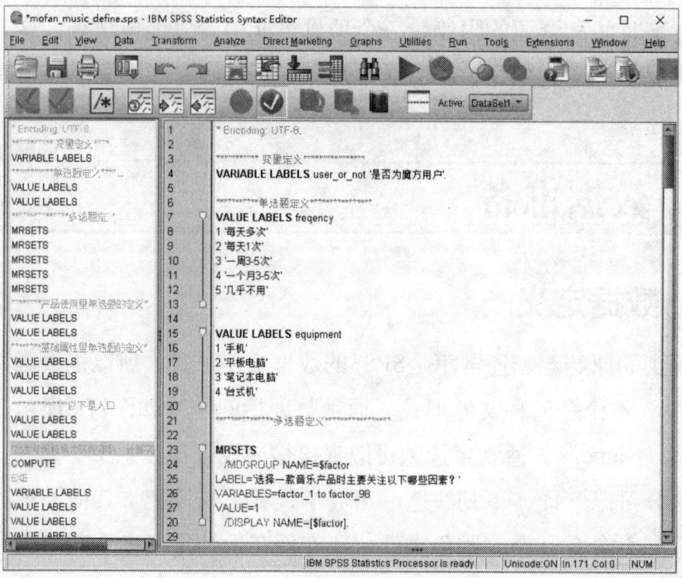

图17.6　音乐小调查数据定义示例

由于后续分析涉及样本年龄，所以提前进行年龄变量的转换。问卷中只有出生年份在1960年–2010年之间是有具体年份可选的，由于2010年之后和1960年之前出生的用户占比非常小同时也并非我们关注的目标用户群，所以将变量“year”（出生年份）转化为“age”（实际年龄）时将2010年之后出生的可统一编码为6岁，1960年前出生的统一编码为58岁。详细语句参见：mofan_music_define.sps

数据定义完成后可通过单击“File”→“Display Data File Information”→“Working File”命令浏览文件中所有变量的名称和属性。

17.2.2　数据清洗

问卷回收得到的是原始数据，原始数据中可能包含缺失值、极端值和其他的干扰数据，因为不是所有填写问卷的人都有足够的耐心认真填写。所以需要进行数据的清洗，清洗的情况包括问卷漏答、错答和惯性回答，例如所有的选项都选第一项，以及答题逻辑前后矛盾、人口属性相互矛盾（比如学历为研究生，年龄却小于18岁，通常认为是可以删除的异常值），问卷设计时会提前拟定数据清洗的方案，有时会增加一些专门用于筛选的项目。

首先处理缺失值和极端值。可以通过单击“Analysis”→“Missing Value Analysis”命令打开如图17.7缺失值分析对话框，进行缺失值分析，根据分析结果对缺失值进行处理。在对话框中将分类变量移至“Categorical Variable”框中，将定距变量（多点定序可当作定距变量处理）和定比变量移至“Quantitative Variable”框中，同时将个案编号移动到“Case Label”栏，方便识别缺失值个案。缺失值分析不支持对字符串变量进行分析，所以可以事先将字符串变量编码为数值，无法编码的建议单独进行文本分析。

设置完毕后单击“OK”按钮得到如表17.1的分析结果，从表中可以看出有缺失值的变量有“history”、“freqency”、“equipment”、“attitude_quality”和“attitude_charge”等5个变量，缺失的样本量仅有2–3个，属于小样本量，可以直接删除。如果分析得到的含缺失值的样本量过大则可以通过“Transform”→“Replace Missing Value”来对缺失值进行替换，避免因大量删除样本对研究结果造成影响。

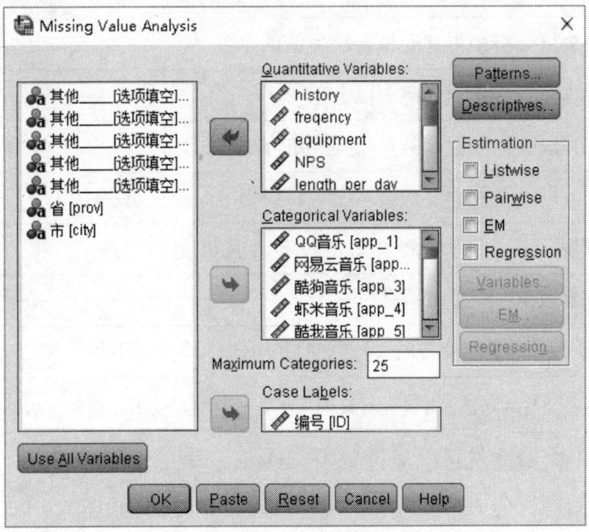

图17.7　音乐小调查数据定义示例

表17.1　缺失值分析结果

Univariate Statistics

	N	Mean	Std. Deviation	Missing		No. of Extremes[a]	
				Count	Percent	Low	High
history	1997	3.60	1.357	3	.2	0	0
freqency	1998	2.55	1.322	2	.1	0	0
equipment	1997	1.80	1.101	3	.2	0	0
attitude_quality	1998	1.77	.884	2	.1	0	0
attitude_charge	1997	2.10	.889	3	.2	0	0
age	2000	26.06	11.477	0	.0	0	71
job	2000	3.90	3.461	0	.0	0	155

从表中还可以看出“year”和“job”两个变量存在极端值，有71个个案的实际年龄超出了该样本年龄分布的3个标准差范围，有155个个案的工作类别超出了该样本职业分布的3个标准差范围。由于涉及样本较多，不宜直接删除。通常对于极端值可以尝试用3个标准差内的极大值或极小值代替，本例中该产品的目标群体没有清晰的年龄和职业固定分布，暂不进行替代处理，年龄分布后续会通过配比进行校正。

然后再处理其他的异常值。此处的异常值主要指前后矛盾的信息，筛选填答质量较低的数据才能提升分析结果的有效性。表17.2中是本例中研究员初步拟定的数据清洗条件。

表17.2　数据清洗条件

筛选条件	处理方式
缺失值分析中得到的带有缺失值的个案	删除
14岁以下：学历为高中以上	删除
14岁以下：职业公务员/企业管理者/普通职员/专业人员/个体经营者/退休	删除
18岁以下：职业公务员/企管/普通职员/专业人员/退休	删除
21岁以下：职业是公务员/企管/专业人员/退休	删除
45岁以下：职业“退休”	删除
Q2中选择“都没有用过”同时Q5中选择“几乎不用”	删除

*注：此处的筛选条件是按照概率来限定的，即默认小概率事件不发生

个案清洗可以通过单击“Data”→“Select Cases”命令打开如图17.8所示的个案选择对话框，先在“Output”栏中选择“Delete unselected cases”，然后在“Select”栏中选择“If condition is satisfied”并单击“If”按钮，以打开如图17.9所示的个案选择条件编辑窗。

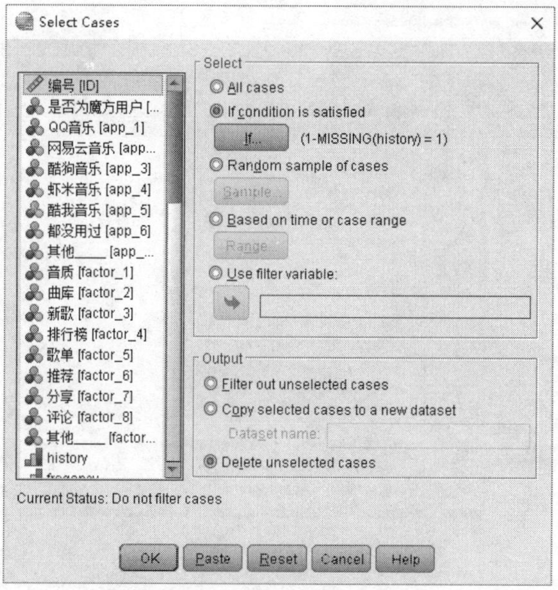

图17.8　个案选择对话框

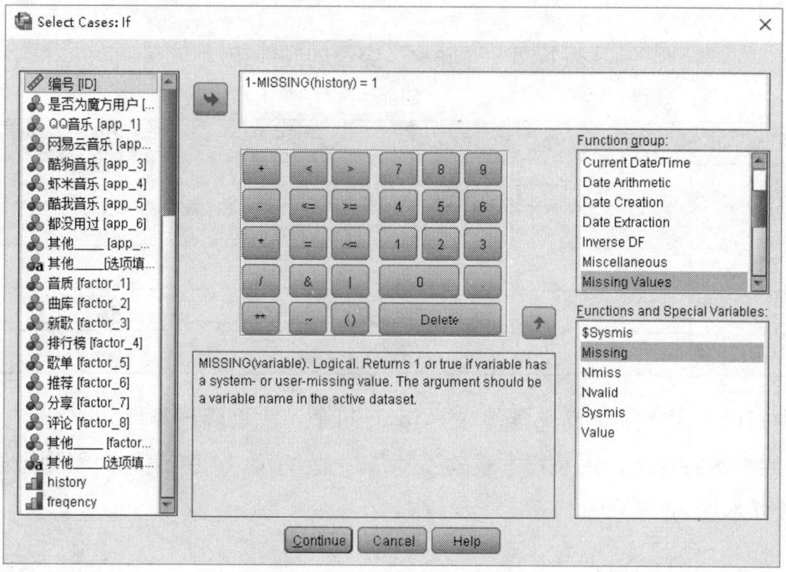

图17.9　个案选择条件编辑窗

在个案选择条件编辑窗中编辑好函数表达式后，单击“Continue”回到个案选择对话框，单击“OK”即可完成单次清洗，建议单击“Paste”将操作命令语句复制到命令窗口，方便批量编辑清洗条件，详细语句参见：mofan_music_define.sps。删除完所有含有缺失值的个案之后剩余有效样本量为1990，如图17.10所示。另一种清洗方式是通过定义清洗变量Clear来完成。

在执行过上述命令之后，生成了新的变量“Clear”，单击“Analysis”→“Descriptive Statistic”→“Frequency”命令，选中“Clear”并单击确认，得到如表17.3所示的“Clear”变量频率统计表。

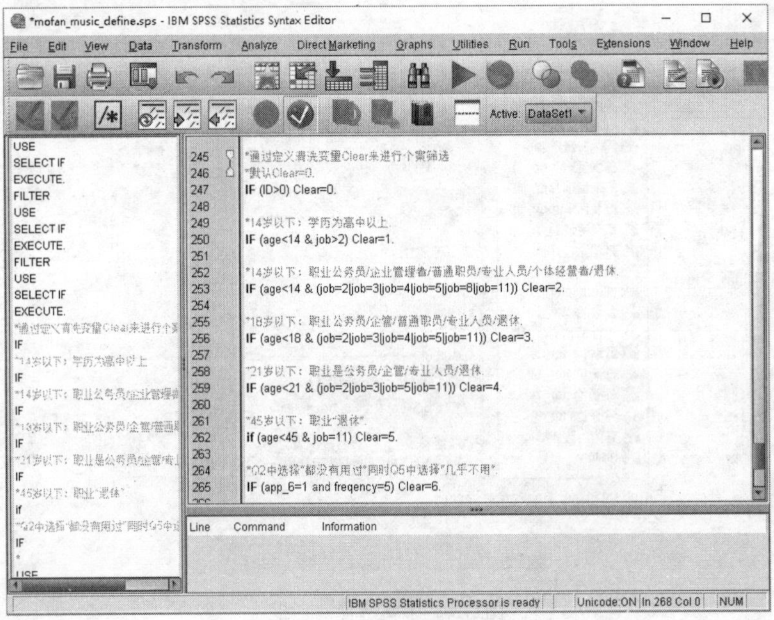

图17.10 个案选择条件编辑窗

表17.3 "Clear"变量的频率统计

Clear

		Frequency	Percent	Valid Percent	Cumulative Percent
Valid	.00	1963	98.6	98.6	98.6
	1.00	11	.6	.6	99.2
	5.00	4	.2	.2	99.4
	6.00	12	.6	.6	100.0
	Total	1990	100.0	100.0	

从表中可以看出，满足筛选条件1的个案有11个，满足筛选条件5的个案有4个，满足筛选条件6的个案有12个，占总样本量的不到2%，故而可以直接删除。删除操作同前文，删除后有效样本量为1963个。

17.2.3 数据配比

数据清洗之后需要考虑数据是否进行配比，所谓配比是指按照一份已有的更有公信力的数据进行配别，例如已知当下全体网民的性别比例，如果性别比例与已知网民比例差异太大，那么需要考虑现有获取的问卷数据是否有效代表全国网民。可以配比的数据包括年龄、婚否、收入、城市地区等，可以同时选择多个因素进行配比。但配比操作不是必须的，如果事前并没有目标样本总体的相关数据，那么不恰当的配比不如不进行匹配。需要记住的原则是，时刻关注当前获取的样本是否能够有效代表目标总体。

本例将数据参照如表17.6中CNNIC（中国互联网络信息中心） 2017年1月发布的《中国互联网络发展状况统计报告》中的网民性别比例进行配比作为示例。如需同时针对多个变量进行配比，建议用语句命令完成。由于CNNIC报告中只提供在特定年龄段的分布比例，故而在进行配比之前需要先对年龄进行分段，具体操作参见数据转换章节，操作执行后得到“age_cnnic”变量。然后通过单击“Analysis”→“Descriptive Statistic”→“Crosstabs”命令，分别选择“gender”和“age_cnnic”作为行、列变量，得到年龄与性别交叉分析的结果，分析结果对应整理在表17.4中。

表17.4 “Clear”变量的频率统计

性别	年龄段	CNNIC(2016.01)	问卷数据	Index
男	19岁以下	12.3%	21.6%	0.57
	20–29岁	15.9%	27.9%	0.57
	30–39岁	12.2%	12.0%	1.02
	40–49岁	7.2%	7.7%	0.93
	50岁以上	4.9%	4.5%	1.09
女	19岁以下	11.1%	11.4%	0.98
	20–29岁	14.4%	8.3%	1.75
	30–39岁	11.0%	4.3%	2.55
	40–49岁	6.5%	1.7%	3.77
	50岁以上	4.5%	0.6%	7.32

表格中的“Index”是通过CNNIC数据列的值除以问卷数据列的值得到的，也就是说通过将问卷的数据乘以“Index”即可与CNNIC公开的网民年龄和性别数据相匹配。如图17.11所示，配比的具体操作首先是定义“age_cninc”变量，然后是定义“Index”变量，最后是进行个案加权。

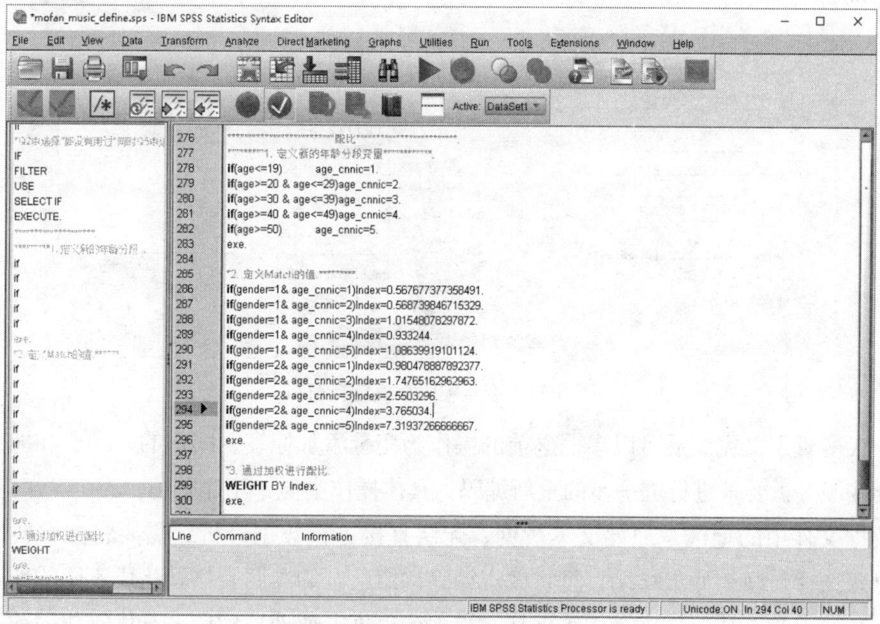

图17.11 数据配比操作的命令语句

17.2.4 数据转换

在数据分析过程中经常需要根据不同的分析情境而对数据进行重新编码。例如在数据清洗时需要将出生年份“year”转为实际年龄“age”，而在数据配比中又需要将实际年龄转化为参照CNNIC的年龄分段变量“age_cnnic”，而在后续的分析中则建议将实际年龄进一步转化为90后、80后、70后等年代变量“generation”，以便进行人群的划分。此处介绍年代变量的编码，其他编码操作类似。单击“Transform”→“Recode into Different Variables”打开如图17.12所示变量重新编码对话框。

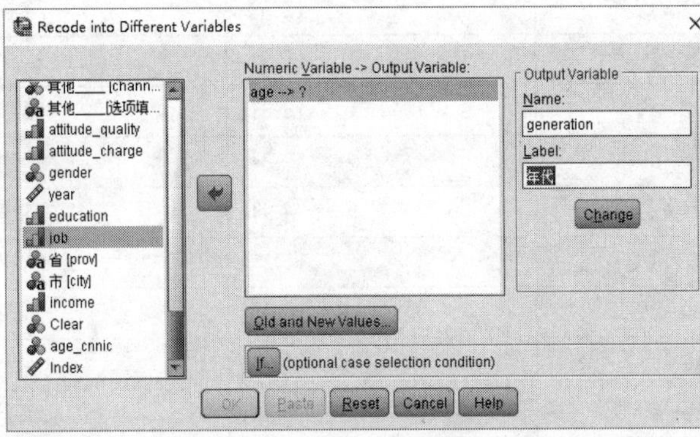

图17.12　变量重新编码对话框

移动“age”到中间栏，然后在右侧输入如图所示变量名“generation”和标签“年代”，并单击“Change”按钮，然后单击“Old and New Value”打开如图17.13所示的编码数值定义窗口。在窗口中完成如图所示的定义。

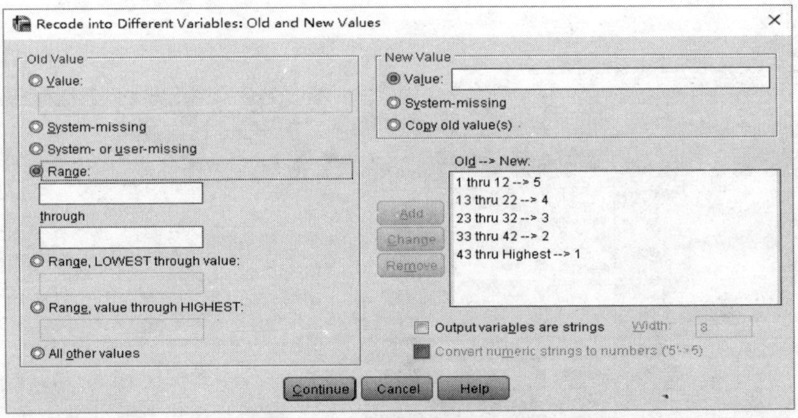

图17.13　变量编码数值定义窗口

年代变量定义完成后可以参照之前的操作为变量添加标签。同样的，职业和地区变量都需要按照分析要求进行进一步的重新编码。具体操作类似，不作赘述。

数据文件中的地区是原始文本数据，无法直接进行数据分析，需要将文本转换为数字，可以选择转换为城市邮编，再将城市编码按照已有的参照表格转化成不同的地区，例如城市和城郊等，从而让这个标签更具有辨识度也更方便地被解读。具体操作同前，操作执行后新增“City”变量。

17.3　描述统计

17.3.1　图表分析

1. 市场概况

根据问卷回收结果，10000个抽样样本中有2000个样本表示是魔方音乐的用户（Q1选择“是”的用户），即在此次问卷调研结果中，魔方音乐的渗透率为20%。在确认抽样随机无明显偏差的情况下，可以推论到魔方音乐的总体市场占有率约为20%。结合研究员收集到的公开市场数据，如表17.5所示，从2010年到2016年全球数字音乐收逐年上涨，从43亿美元涨至72亿美元，虽然2016年增速放缓至7.5%，但从表17.6中可以看出从2010年至2016年上半年中国手机音乐市场规模从20.1亿元增长至43.1亿元，2016年上半年统计所得的手机音乐用户规模已达4.34亿人，可见中国的手机音乐市场非常广阔，而且仍旧蓬勃发展中。 中国手机音乐市场的扩增与中国手机网民的扩增有紧密的关联，从表17.7中可知，2010–2016年中手机网民规模已从3亿人激增至近7亿人，手机网民在整体网民中的占比也从66.2%上升至95.1%，可见中国手机网民将和整体网民几乎重合，侧面印证了抢占中国手机音乐市场是至关重要的，产品方应当考虑提高对移动端的投入。

表17.5　2010–2016年全球数字音乐收入及增长率

时间	全球数字音乐收入（亿美元）	增长率
2010	43	
2011	49	14.0%
2012	55	12.2%
2013	58	5.5%
2014	61	5.2%
2015	67	9.8%
2016	72	7.5%
2017*	76	5.6%

*数据来源：2016中国在线音乐行业研究报告（2017年为期望估计值）

表17.6　2010–2016年手机音乐用户及市场规模

时间	手机音乐用户规模（亿人）	中国手机音乐市场规模（亿元）
2010	1.18	20.1
2011	1.63	24.7
2012	2.14	27.2
2013	2.91	31.2
2014	3.66	38.4
2015	4.16	41.5
2016*	4.34	43.1

*数据来源：Big Data – Research（2016仅为上半年统计数据）

表17.7　2010–2016年中国手机网民规模及占整体网民比例

时间	手机网民规模（万人）	手机网民占整体网民的比例
2010	30274	66.2%
2011	35558	69.3%
2012	41997	74.5%
2013	50006	81.0%
2014	55678	85.8%
2015	61981	90.1%
2016	69531	95.1%

*数据来源：CNNIC中国互联网络发展状况统计调查

2. 用户画像

用户画像描绘通常从人口属性出发，问卷中收集到的人口属性信息包括性别、年龄、学历、职业、所处地区和个人月收入等6个常用信息。性别已参照CNNIC最新报告数据进行配比，即男性占52.4%，女性网民占47.6%。其余变量可通图形有更直观的展示，具体操作看见图形制作章节，结果如下：

从图17.14中可以看出，魔方音乐用户最多的是90后，其次为80后，00后占比最少。

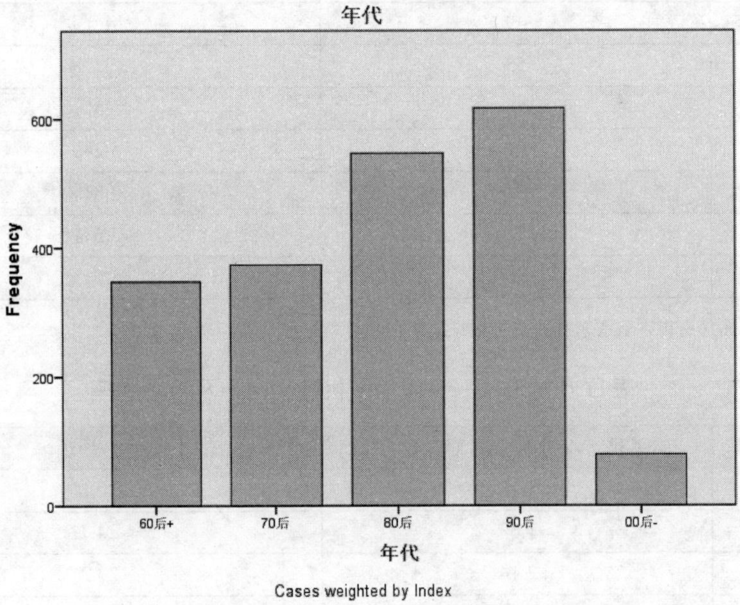

图17.14　魔方音乐用户的年龄分布

从图17.15中可以看出，魔方音乐用户最多是本科学历，硕士学历占比最少，其余类别占比相当。

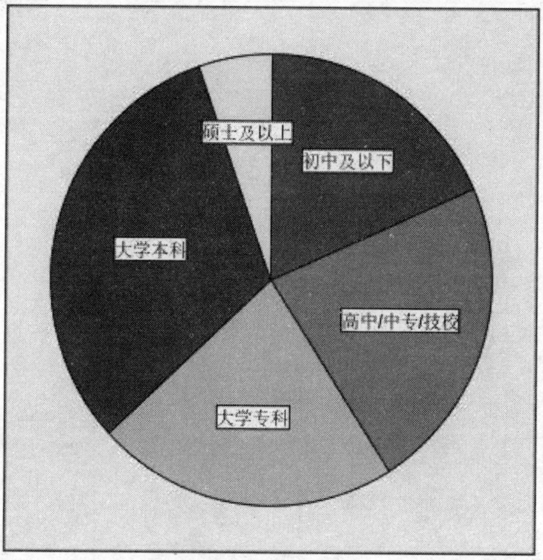

图17.15 魔方音乐用户的学历分布

用户所在地区的原始数据已编码为了6个分级的城市划分。从图17.16中可以看出，魔方音乐拥有更多三四线城市的用户，其次是一二线用户，五六线用户数量相对较低。

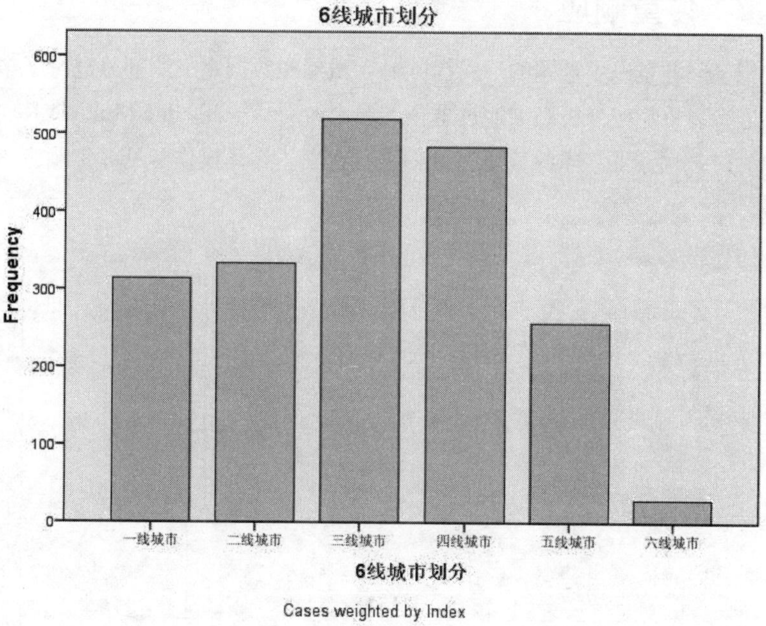

图17.16 魔方音乐用户的城市分布

研究员将用户的职业和收入原始数据编码为了3类目标用户群。3个变量代表3个人群，绘制条形图时须选择变量汇总模式，因为是0/1计数，在“Bar Present”中应当设置为“Sum of Values”。从图17.17中可以看出，魔方音乐用户中有较大比例是学生用户，其次是白领用户，蓝领用户数量相对较低。

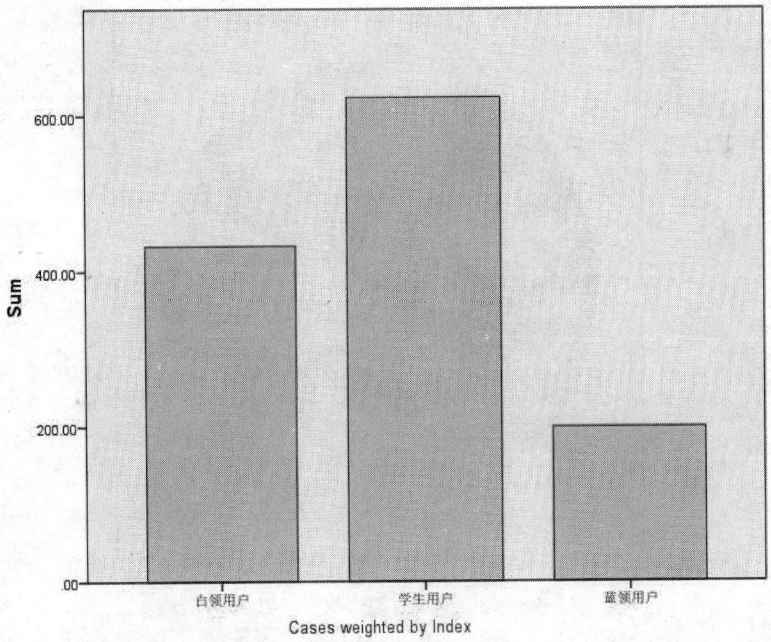

图17.17　魔方音乐用户的群体细分

17.3.2　多重响应

问卷中很多问题是以多选题的形式提问的，虽然在数据定义的部分进行了多选题定义，但如果需要进行多重响应分析必须通过单击"Analysis"→"Define Multiple Response Sets"命令打开如图17.18所示的多重响应集对话框进行定义。具体操作参见多重响应分析章节。

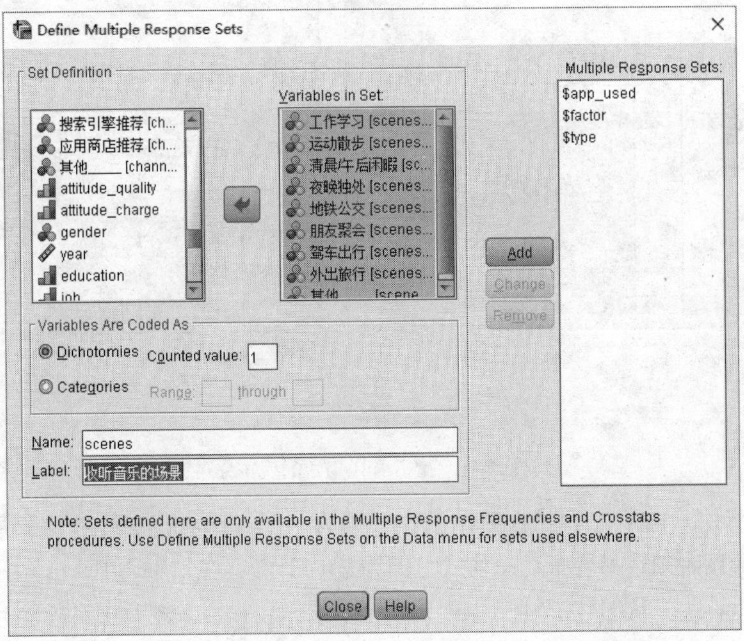

图17.18　多重响应集定义窗口

在完成多重响应集定义之后，可以通过单击“Analysis”→“Define Multiple Response Sets”→“Frequency”命令进行多选题的频率分析，将定义好的多重反应集添加目标进变量框即可。

从表17.8中可知，魔方音乐用户与QQ音乐用户的交叉比例最高，在所有抽样的魔方用户中有高达67.3%的同时是QQ音乐的用户，侧面佐证QQ音乐目前是市场份额最高的音乐产品。

表17.8　魔方音乐用户用过的其他APP

$app_used Frequencies

		Responses		Percent of Cases
		N	Percent	
用过的音乐APP[a]	QQ音乐	1322	31.1%	67.3%
	网易云音乐	934	22.0%	47.6%
	酷狗音乐	811	19.1%	41.3%
	虾米音乐	502	11.8%	25.6%
	酷我音乐	363	8.5%	18.5%
	都没用过	140	3.3%	7.1%
	其他____	176	4.1%	8.9%
Total		4248	100.0%	216.4%

a. Dichotomy group tabulated at value 1.

从表17.9中可知，魔方音乐用户在选择音乐产品时更为关注“曲库”（80.7%）、“歌单”（76.4%）、“推荐”（74.3%）和“新歌”（69.2%）等4个因素。

表17.9　魔方音乐用户选择音乐APP时关注的因素

$factor Frequencies

		Responses		Percent of Cases
		N	Percent	
关注的因素[a]	音质	863	8.7%	44.0%
	曲库	1584	15.9%	80.7%
	新歌	1359	13.6%	69.2%
	排行榜	734	7.4%	37.4%
	歌单	1499	15.0%	76.4%
	推荐	1458	14.6%	74.3%
	分享	1014	10.2%	51.7%
	评论	1192	11.9%	60.7%
	其他____	277	2.8%	14.1%
Total		9981	100.0%	508.5%

a. Dichotomy group tabulated at value 1.

从表17.10中可知，魔方音乐用户主要使用魔方音乐收听“流行”（49.8%）、“电子”（38.2%）、“民谣”（32.2%）等3类风格的歌曲。

表17.10　魔方音乐用户主要收听的音乐风格

$type Frequencies

		Responses		Percent of Cases
		N	Percent	
收听的音乐类型[a]	流行	977	23.7%	49.8%
	摇滚	468	11.3%	23.8%
	民谣	631	15.3%	32.2%
	电子	750	18.2%	38.2%
	轻音乐	433	10.5%	22.1%
	古典	273	6.6%	13.9%
	爵士	334	8.1%	17.0%
	其他____	257	6.2%	13.1%
Total		4124	100.0%	210.1%

a. Dichotomy group tabulated at value 1. .

从表17.11中可知，82.1%的魔方音乐用户在地铁公交上收听音乐，79.0%在工作学习时收听，在运动散步、驾车出行和外出旅行时听音乐的用户占比均在四成左右。

表17.11　魔方音乐用户主要收听音乐的场景

$scenes Frequencies

		Responses		Percent of Cases
		N	Percent	
收听音乐的场景[a]	工作学习	1552	21.2%	79.0%
	运动散步	783	10.7%	39.9%
	清晨/午后闲暇	578	7.9%	29.5%
	夜晚独处	517	7.1%	26.3%
	地铁公交	1611	22.0%	82.1%
	朋友聚会	465	6.3%	23.7%
	驾车出行	794	10.8%	40.4%
	外出旅行	744	10.2%	37.9%
	其他____	280	3.8%	14.3%
Total		7323	100.0%	373.1%

a. Dichotomy group tabulated at value 1.

从表17.12中可知，最多用户是通过“亲友推荐”（69.9%）了解音乐APP的，其次是通过“传媒广告推广”（60.4%），排第三的渠道是“试用手机自带产品”（53.9%）。

表17.12　魔方音乐用户了解音乐APP的渠道

$channel Frequencies

		Responses		Percent of Cases
		N	Percent	
了解APP的渠道[a]	试用手机自带产品	1058	16.8%	53.9%
	论坛推荐	930	14.7%	47.4%
	传媒广告推广	1186	18.8%	60.4%
	亲友推荐	1372	21.7%	69.9%
	搜索引擎推荐	647	10.3%	33.0%
	应用商店推荐	841	13.3%	42.8%
	其他____	276	4.4%	14.1%
Total		6309	100.0%	321.4%

a. Dichotomy group tabulated at value 1.

17.3.3　交叉分析

在描述统计阶段可以用列联表来呈现不同用户组别之间的差异。多选题的列联表分析有单独的入口，需要在定义过多重反应集之后才能进行。例如在选择音乐产品时关注不同因素的用户，其使用过的音乐产品类别是否会有差异，反之亦然。具体操作是通过“Analysis”→“Define Multiple Response Sets” → “Crosstabs”命令打开如图17.19所示的多重反应列联表分析窗，在“Multiple Response Sets”中选择事先定义好的多重反应并添加到右侧对应的行列框中，然后单击“OK”按钮确认执行。

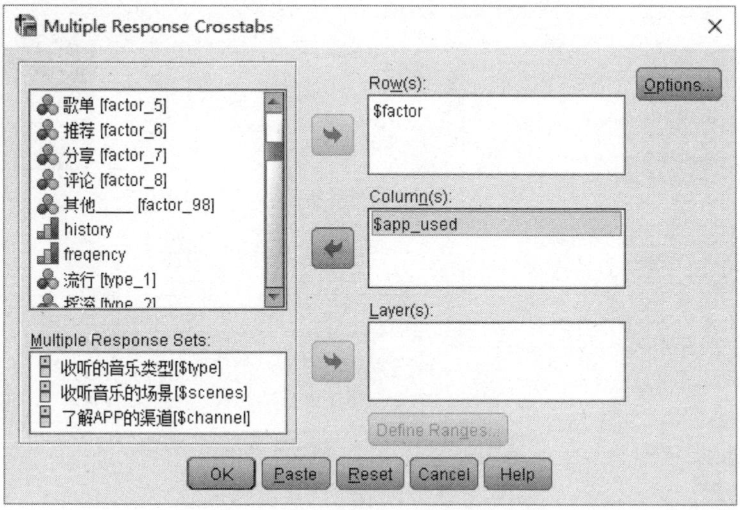

图17.19　多重反应列联表分析窗

多重反应集的列联表分析结果如表17.13所示，从表中可知，在1322名用过QQ音乐的用户中有1064名表示在选择音乐APP时主要关注“曲库”，但整体上用过不同产品的用户关注因素无明显差异。

表17.13 选择音乐产品时关注的因素~使用过的音乐产品

$factor* $app_used Crosstabulation

			QQ音乐	网易云音乐	酷狗音乐	虾米音乐	酷我音乐	都没用过	其他____	Total
关注的因素[a]	音质	Count	579	426	347	203	154	65	89	863
	曲库	Count	1064	746	644	413	299	118	132	1584
	新歌	Count	937	645	560	351	262	95	133	1359
	排行榜	Count	493	364	308	201	134	54	61	734
	歌单	Count	994	715	628	404	282	98	136	1499
	推荐	Count	976	695	609	378	270	109	117	1458
	分享	Count	669	485	393	288	173	73	107	1014
	评论	Count	795	565	477	300	215	89	106	1192
	其他____	Count	187	133	106	89	43	15	13	277
Total		Count	1322	934	811	502	363	140	176	1963

Percentages and totals are based on respondents.

a. Dichotomy group tabulated at value 1.

单选题的列联表分析则是通过“Analysis”→“Descriptive Statistic”→“Crosstabs”命令打开如图17.20所示的列联表分析窗，然后选择目标变量并移动到右侧的行列框内，单击“Cells”按钮并在弹出的对话框中选中“Percentages”栏下的“Row”、“Column”、“Total”，取消选中“Count”栏下默认选中的“Observed”，然后单击继续回到主对话框并单击“OK”确认执行。

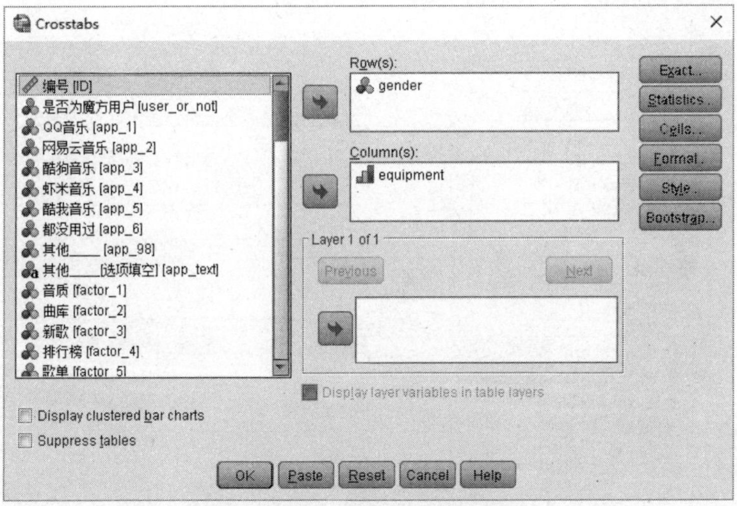

图17.20 列联表分析窗

表17.14所示的列联表与表17.13中的差异在于列联表内每个单元的统计值不同。表17.13中输出的为默认的样本量统计，而表17.14中输出的是该样本量在行、列、总样本量中的占比。

从表17.14中可以看出使用台式机的用户中有58.1%为男性，而只有41.9%为女性。而使用手机、平板、笔记本的用户中男女比例没有明显差异。表中还可以看出，主要使用手机的用户占总样本量的60.2%，明显高于使用平板、笔记本和台式机的用户占比。

表17.14 不同性别魔方音乐用户主要使用魔方音乐的设备

gender * equipment Crosstabulation

			equipment				Total
			手机	平板电脑	笔记本电脑	台式机	
gender	男	% within gender	59.7%	12.2%	15.3%	12.8%	100.0%
		% within equipment	51.9%	50.8%	51.0%	58.1%	52.4%
		% of Total	31.3%	6.4%	8.0%	6.7%	52.4%
	女	% within gender	60.7%	12.9%	16.1%	10.2%	100.0%
		% within equipment	48.1%	49.2%	49.0%	41.9%	47.6%
		% of Total	28.9%	6.2%	7.7%	4.8%	47.6%
Total		% within gender	60.2%	12.5%	15.7%	11.6%	100.0%
		% within equipment	100.0%	100.0%	100.0%	100.0%	100.0%
		% of Total	60.2%	12.5%	15.7%	11.6%	100.0%

17.4 推论统计

17.4.1 T检验与方差分析

分类变量通常会把用户区分成若干组别，对于不同组别用户之间的差异感兴趣时，在描述统计阶段可以用交叉分析，但如果要验证差异是否显著，应当考虑T检验和方差分析。当用户分作2个组别时考虑用T检验，比如本例中的性别变量。通过单击“Analysis”→“Compare Means”→“Independent-Sample T Test”命令打开如图17.21所示的对话框，选择需要进行测试的目标变量至对应框内，选择性别作为分组变量，设定分组值，其他选项保持默认，单击“OK”按钮。

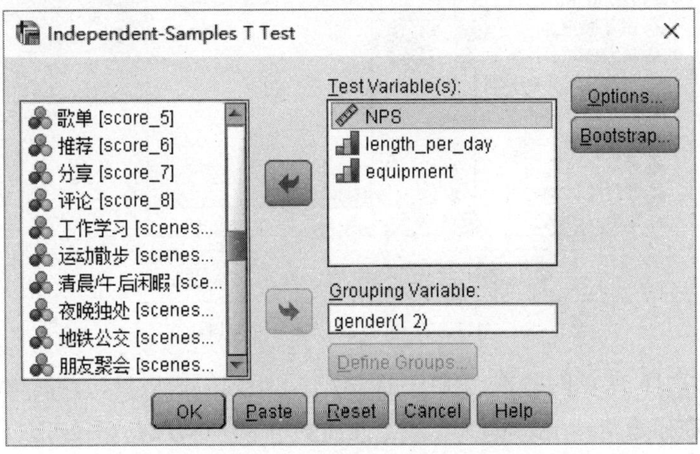

图17.21 两独立样本T检验窗口

得到如表17.15所示，表中可以看出，不同性别用户在选择收听音乐的设备上存在显著差异（p<.05），但不同性别用户在产品推荐意愿和音乐收听时长上没有显著差异。

表17.15　独立T检验结果

Independent Samples Test

		Levene's Test		t-test for Equality of Means						
		F	Sig.	t	df	Sig.(2-tailed)	Mean Differ.	Std. Error D.	95% CI Lower	95% CI Upper
NPS	Equal variances assumed	.041	.840	−.003	1961	.998	.000	.104	−.204	.204
	Equal variances not assumed			−.003	1945.762	.998	.000	.104	−.204	.204
length_per_day	Equal variances assumed	3.004	.083	−1.064	1961	.288	−.056	.052	−.158	.047
	Equal variances not assumed			−1.065	1952.113	.287	−.056	.052	−.158	.047
equipment	Equal variances assumed	4.396	.036	1.098	1960	.272	.054	.049	−.042	.150
				1.101	1955.490	.271	.054	.049	−.042	.150

当用户被特定变量区分为超过2个的组别时需要检验各组间差异的情况下考虑方差分析。比如本例中的年代变量。通过单击 “Analysis” → “Compare Means” → “One-Way ANOVA”命令打开如图17.22所示的对话框，选择需要进行测试的目标变量至对应框内，选择年代作为分组变量，设定分组值，其他选项保持默认，单击“OK”按钮。

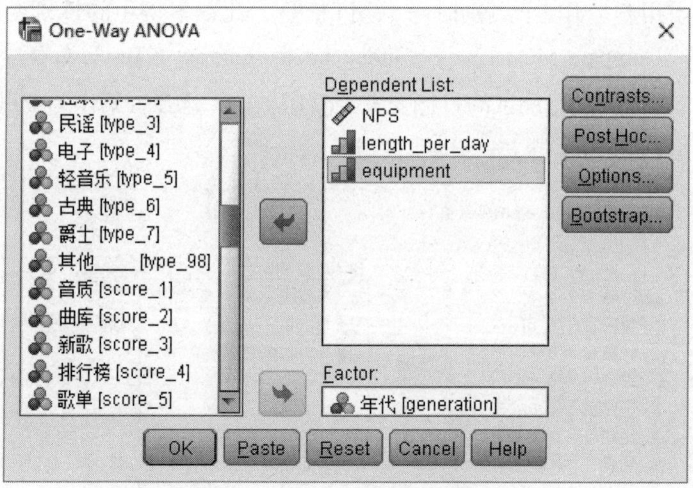

图17.22　单因素方差分析窗口

得到如表17.16 所示的结果，从中可以看出，不同年代用户在产品推荐意愿和音乐收听时长上存在显著差异（p<.05），但不同性别用户在选择收听音乐的设备上没有显著差异。

表17.16 单因素方差分析结果

ANOVA

		Sum of Squares	df	Mean Square	F	Sig.
NPS	Between Groups	63.111	4	15.778	2.993	.018
	Within Groups	10315.920	1957	5.271		
	Total	10379.032	1961			
length_per_day	Between Groups	13.802	4	3.451	2.582	.036
	Within Groups	2614.865	1957	1.336		
	Total	2628.667	1961			
equipment	Between Groups	3.392	4	.848	.721	.577
	Within Groups	2299.877	1956	1.176		
	Total	2303.269	1960			

17.4.2 相关分析

常用的相关分析中涉及2类相关系数，一类是像皮尔森相关系数一样的线性相关系数，主要用于定量变量的相关分析，如针对魔方音乐8个维度的7点评分变量，在实际分析中可以当作定距变量来处理。通过单击“Analysis”→“Correlate”→“Bivariate”命令，打开如图17.23所示的对话框，在对话框中将8个评分变量以及产品推荐意愿NPS一同添加到右侧变量栏内，并选择“Pearson”作为目标相关系数，单击“OK”进行分析。

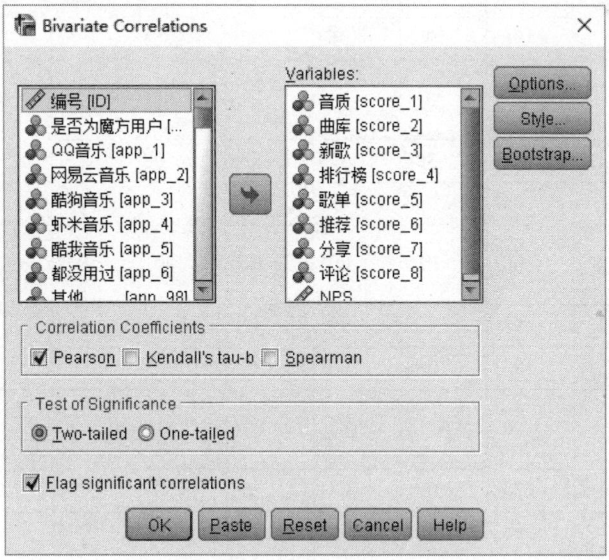

图17.23 相关分析对话框

从表17.17中可以看出，与推荐意愿NPS显著相关的因素只有“曲库”（r=–.047，p<.05），同时“曲库”和“音质”（r=–.045）、“评论”(r=–.072)显著相关，“评论”与“新歌”显著相关(r=–.075)。

表17.17　相关分析矩阵（皮尔森相关系数）

		音质	曲库	新歌	排行榜	歌单	推荐	分享	评论	NPS
音质	Pearson Correlation	1	−.045*	−.025	−.007	.016	.039	−.001	.007	−.029
	Sig. (2−tailed)		.045	.276	.772	.486	.084	.977	.763	.193
	N	1963	1963	1963	1963	1963	1963	1963	1963	1963
曲库	Pearson Correlation	−.045*	1	−.001	.012	.026	.021	.016	−.072**	−.047*
	Sig. (2−tailed)	.045		.970	.591	.254	.364	.477	.001	.039
	N	1963	1963	1963	1963	1963	1963	1963	1963	1963
新歌	Pearson Correlation	−.025	−.001	1	−.007	−.022	−.020	−.001	−.075**	.000
	Sig. (2−tailed)	.276	.970		.773	.334	.374	.951	.001	.993
	N	1963	1963	1963	1963	1963	1963	1963	1963	1963
排行榜	Pearson Correlation	−.007	.012	−.007	1	−.038	.005	−.018	−.016	−.009
	Sig. (2−tailed)	.772	.591	.773		.093	.826	.428	.468	.679
	N	1963	1963	1963	1963	1963	1963	1963	1963	1963
歌单	Pearson Correlation	.016	.026	−.022	−.038	1	−.015	.001	.019	.001
	Sig. (2−tailed)	.486	.254	.334	.093		.500	.947	.389	.967
	N	1963	1963	1963	1963	1963	1963	1963	1963	1963
推荐	Pearson Correlation	.039	.021	−.020	.005	−.015	1	.002	−.016	.005
	Sig. (2−tailed)	.084	.364	.374	.826	.500		.927	.471	.817
	N	1963	1963	1963	1963	1963	1963	1963	1963	1963
分享	Pearson Correlation	−.001	.016	−.001	−.018	.001	.002	1	−.027	−.041
	Sig. (2−tailed)	.977	.477	.951	.428	.947	.927		.225	.066
	N	1963	1963	1963	1963	1963	1963	1963	1963	1963
评论	Pearson Correlation	.007	−.072**	−.075**	−.016	.019	−.016	−.027	1	.010
	Sig. (2−tailed)	.763	.001	.001	.468	.389	.471	.225		.672
	N	1963	1963	1963	1963	1963	1963	1963	1963	1963
NPS	Pearson Correlation	−.029	−.047*	.000	−.009	.001	.005	−.041	.010	1
	Sig. (2−tailed)	.193	.039	.993	.679	.967	.817	.066	.672	
	N	1963	1963	1963	1963	1963	1963	1963	1963	1963

*. Correlation is significant at the 0.05 level (2−tailed).

**. Correlation is significant at the 0.01 level (2−tailed).

另一种是像斯皮尔曼等级相关系数一样的秩相关系数，主要用于称名变量和定序变量的相关分析。例如本例中的8个收听音乐的细分场景，是0/1计数的，可以通过斯皮尔曼等级相关系数来衡量彼此间关系的紧密程度。操作同上，只是在选择相关系数时选择“Spearman”作为目标相关系数，得到如表17.18 所示的相关系数矩阵。

表17.18 相关分析矩阵（斯皮尔曼相关系数）

			工作学习	运动散步	清晨/午后闲暇	夜晚独处	地铁公交	朋友聚会	驾车出行	外出旅行
Spearman's tho	工作学习	Correlation Coefficierit	1.000	−.062**	−.011	−.075**	−.041*	−.069**	−.001	.010
		Sig. (2−tailed)		.002	.587	.000	.041	.001	.952	.625
		N	2469	2469	2469	2469	2469	2469	2469	2469
	运动散步	Correlation Coefficierit	−.062**	1.000	−.035	−.015	−.016	−.011	−.020	.001
		Sig. (2−tailed)	.002	.	.080	.467	.427	.596	.317	.963
		N	2469	2469	2469	2469	2469	2469	2469	2469
	清晨/午后闲暇	Correlation Coefficierit	−0.11	−.035	1.000	−.032	−.011	−.003	−.016	−.007
		Sig. (2−tailed)	.587	.080	.	.116	.585	.867	.441	.710
		N	2469	2469	2469	2469	2469	2496	2469	2469
	夜晚独处	Correlation Coefficierit	−.075**	−.015	−.032	1.000	.023	.026	.008	.002
		Sig. (2−tailed)	.000	.457	.116	.	.264	.201	.674	.921
		N	2469	2469	2469	2469	2469	2469	2469	2469
	地铁公交	Correlation Coefficierit	−.041*	−.016	−.011	.023	1.000	.001	.017	.027
		Sig. (2−tailed)	.041	.427	.585	.264	.	.961	.388	.180
		N	2469	2469	2469	2469	2469	2469	2469	2469
	朋友聚会	Correlation Coefficierit	−.069**	−.011	−.003	.026	.001	1.000	−.007	.000
		Sig. (2−tailed)	.001	.596	.857	.201	.961	.	.712	.982
		N	2469	2469	2469	2469	2469	2469	2469	2469
	驾车出行	Correlation Coefficierit	−.0.01	−.020	−.016	.008	.017	−.007	1.000	−.005
		Sig. (2−tailed)	.952	.317	.441	.674	.388	.712	.	.815
		N	2469	2469	2469	2469	2469	2469	2469	2469
	外出旅行	Correlation Coefficierit	.010	.001	−.007	.002	.027	.000	−.005	1.000
		Sig. (2−tailed)	.625	.963	.710	.921	.180	.982	.815	.
		N	2469	2469	2469	2469	2469	2469	2469	2469

*. Correlation is significant at the 0.01 level (2−tailed).

**. Correlation is significant at the 0.05 level (2−tailed).

17.4.3 因子分析

产品方通常很关注用户对产品的评价，也希望找到能够提升用户粘性的因素，故而问卷中让用户从音质、曲库等8个维度对魔方音乐产品进行满意度评分，但是在真正优化产品时无法同时从8个维度同时入手，故而希望找到更关键的核心因素。通常希望从多个同类变量中提炼出更少的核心因素的情境下会使用因素分析。通过“Analysis”→“Dimension Reduction”→“Factor”命令打开如图17.24所示的因素分析对话框，将8个满意度评分变量移动至右侧“Variables”栏内，然后单击“Descriptives”命令在弹出的窗口中选中“Initial Solution”和“KMO and Bartlett’s test of sphericity”命令，再单击继续回到主页面，单击“Rotation”并在弹窗中选择“Varimax”以及“Rotated solution”命令，单击“Scores”并在弹窗之后选中“Save as variables”，然后单击继续并在页面单击“OK”确认执行。

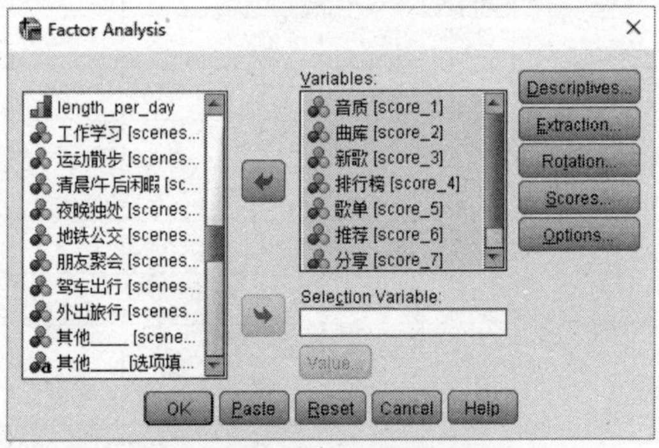

图17.24 因子分析对话框

如表17.19所示，KMO =.498，说明比较适合进行因子分析。Bartlett检验结果显著（p<.05），表明数据来自正态分布总体，适合进一步分析。

表17.19 KMO 球形检验

KMO and Bartlett’s Test

Kaiser-Meyer-Olkin Measure of Sampling Adequacy.		.498
Bartlett’s Test of Sphericity	Approx. Chi-Square	42.051
	df	28
	Sig.	.043

表17.20中的第3列是提取特征根的共同度，是在指定特征根大于1的条件下的共同度，可以看到，除“分享”之外其他变量共同度都高于50%，变量大致能够被因子解释。

表17.20 变量共同度

Communalities

	Initial	Extraction
音 质	1.000	.565
曲 库	1.000	.652
新 歌	1.000	.599
排行榜	1.000	.555
歌 单	1.000	.514
推 荐	1.000	.570
分 享	1.000	.254
评 论	1.000	.533

Extraction Method: Principal Component Analysis.

表17.21中的初始特征值（Initial Eigenvalues）大于1的只有前4个主成分，所以只有这4个公因子参与解释力分析，前4个因子的方差贡献率是53.03%，说明这4个因子的解释力一般，与旋转后的因子提取结果无显著差异。

表17.21　因子分析的解释总变量

Total Variance Explained

Component	Initial Eigenvalues			Extraction Sums of Squared Loadings			Rotation Sums of Squared Loadings		
	Total	% of Variance	Cumulative %	Total	% of Variance	Cumulative %	Total	% of Variance	Cumulative %
1	1.127	14.082	14.082	1.127	14.082	14.082	1.084	13.552	13.552
2	1.050	13.123	27.206	1.050	13.123	27.206	1.068	13.344	26.897
3	1.046	13.081	40.287	1.046	13.081	40.287	1.046	13.078	39.974
4	1.020	12.745	53.031	1.020	12.745	53.031	1.045	13.057	53.031
5	.991	12.387	65.418						
6	.965	12.061	77.479						
7	.920	11.494	88.973						
8	.882	11.027	100.000						

Extraction Method: Principal Component Analysis.

表17.21可以看出，与因子1相关度比较高的是“评论”，和因子2相关度较高的是“评论”，和因子3相关度高的是“推荐”，和因子4相关度较高的是“歌单”，说明在进一步的分析中可以集中在这4个因素。

表17.22　旋转后的因子载荷矩阵

Rotated Component Matrix[a]

	Component			
	1	2	3	4
音　质	.026	−.339	.650	.165
曲　库	−.017	.806	−.017	.042
新　歌	−.728	−.171	−.194	.046
排行榜	.068	.199	.046	−.714
歌　单	.334	.241	−.094	.579
推　荐	.022	.188	.723	−.111
分　享	−.227	.131	.169	.396
评　论	.621	−.351	−.154	−.011

Extraction Method: Principal Component Analysis.

Rotation Method: Varimax with Kaiser Normalization.

a. Rotation converged in 6 iterations.

17.4.4 回归分析

在因子分析中得到了4个新变量，是每个个案在4个抽取出的主因子上的因子得分。接下来可以用这4个主因子去预测一些目标变量，比如产品推荐意愿NPS。

通过单击 “Analysis” → “Regression” → “Linear” 命令，打开如图17.25所示的对话框，在对话框中将4个新得到的因子得分移动至“Independent”栏，同时将产品推荐意愿NPS添加到右侧“Dependent”栏内，其他选项保持默认即可，单击“OK”进行分析。

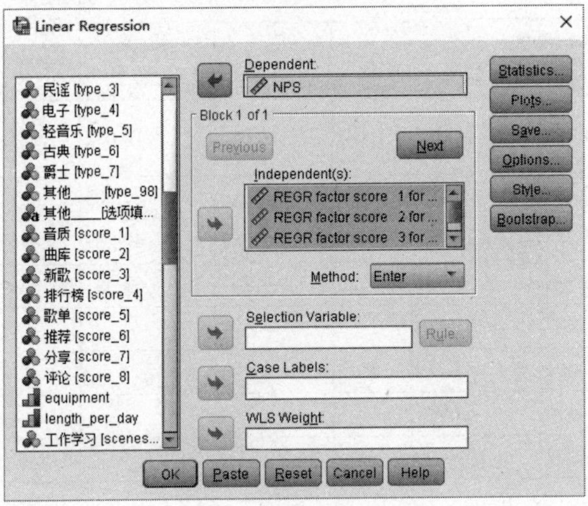

图17.25 线性回归对话框

分析得到如表17.23 所示回归系数表，从表中可以看出4个因子的系数都不显著，说明这4个因子无法用于预测产品推荐意愿（NPS）。

表17.23 回归系数表

Coefficients[a]

Model		Unstandardized Coefficients		Standardized Coefficients	t	Sig.
		B	Std. Error	Beta		
1	(Constant)	2.557	.030		86.624	.000
	REGR factor score 1 for analysis 1	.046	.030	.035	1.569	.117
	REGR factor score 2 for analysis 1	−.049	.030	−.037	−1.660	.097
	REGR factor score 3 for analysis 1	.024	.030	.018	.803	.422
	REGR factor score 4 for analysis 1	−.008	.030	−.006	−.286	.775

a. Dependent Variable: freqency

但是可以进一步继续挖掘有哪些其他变量可用来预测用户的产品推荐意愿，比如用户使用魔方音乐的频率等。操作同上，只须更换"Independent"变量。

从表17.24可以看出，R方只有0.02，说明模型只能够解释2%的因变量变异，解释力过低。

表17.24　模型拟合情况表

Model Summary

Model	R	R Square	Adjusted R Square	Std. Error of the Estimate
1	.048[a]	.002	.002	2.298

a. Predictors: (Constant), freqency

从表17.25 可以看出，模型整体的解释力还是显著的（p<.05）。

表17.25 方差分析表

ANOVA[a]

Model		Sum of Squares	df	Mean Square	F	Sig.
1	Regression	23.526	1	23.526	4.455	.035[b]
	Residual	10355.506	1961	5.281		
	Total	10379.032	1962			

a. Dependent Variable: NPS

b. Predictors: (Constant), freqency

从表17.26 可以看出，freqency的系数为.084，模型表达式为NPS=.084*frequency+6.418，可以看出虽然频率用来预测NPS是显著的，但是解释力微乎其微。

表17.26　回归系数表

Coefficients[a]

Model		Unstandardized Coefficients		Standardized Coefficients	t	Sig.
		B	Std. Error	Beta		
1	(Constant)	6.418	.114		56.362	.000
	freqency	.084	.040	.048	2.111	.035

a. Dependent Variable: NPS

17.5　研究总结

数据分析之后往往需要撰写数据分析报告，此处不进行报告的示范，仅介绍报告撰写的原则。在写分析报告前需要做的是搭建报告框架，搭建报告框架的同时需要确定每个部分究竟有哪些分析结果是有足够把握能够充分说明问题的，即解释力的强弱。写报告的过程可以由上至下也可以由下至上，既可以先搭好框架，再寻找数据支持，也可以先分析哪些数据可以呈现再完善报告框架。从理想的研究角度而言，应当在研究设计时就应当搭建好报告框架，然后基于数据分析结果阐述结论和决策建议。但在实际的研究过程中，可能存在数据质量不佳或是分析结果不理想的情况，此时的一个备选方案是可以在充分比较的前提下选择其他渠道的数据做补充，但需要在报告中阐述弃用初始拟定数据渠道的合理原因。另一个备选方案是，根据数据分析结果对报告框架进行微调，大结构不变的前提下，放弃没有发现有效结论的数据，选择其他角度进行数据分析，尝试挖掘新的信息用以辅助决策。例如在研究之初希望探究不同地区的音乐用户是否存在音乐产品使用差异，但若产品使用数据在地区上的差异不甚显著，这时可以考虑放弃从地区角度挖掘差异，但须在报告中写明，问卷研究的结果不支持不同地区的音乐产品用户存在行为或是偏好差异，同时提供从其他渠道收集的地区差异显著或是不显著的结果供需求方参考，并给出研究者基于专业角度给出的判断。

根据“二八原则”，80%有效的结论往往来自于20%的数据。所以不是所有的数据都需要进行全面对比、交叉，细致地分析，其一是很多数据结论往往是一致的，因为变量之间存在相关，例如高学历和高收入、年龄与收入之间在目标样本里相关的概率较高，用学历和收入对特定观测变量进行交叉，可能得到一致的结论，这个时候择一即可，不必面面俱到，反复赘述。其二是，有些变量划分了过小的细分单元之后，可能存在样本量过小，不具备代表性，分析所得的结论也很难从样本衍生到目标总体。数据报告的原则是“言之有物”，不要逐条列举。分析报告的目的是“对解决问题有帮助”，所以项目研究不仅仅停留在现有数据分析完成之后，研究者需要反复从不同角度尝试挖掘现有数据，甚至需要从不同渠道收集更多参照数据。所以在开始写报告前需要整合所有数据进行系统分析，找到整体数据支持的特定结论方向，同时也需要避免为了支持特定结论而忽视数据事实，如何把握其中的尺度是需要通过诸多研究经验积累的。